東京'25 特別附錄❷

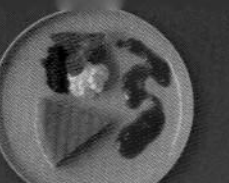

特別附錄❷

東京晴空塔城®&東京MIZUMACHI®完全導覽

無論菜鳥或旅行老手★玩多少遍都還是很好玩！

東京晴空塔城® & 東京MIZUMACHI® 完全導覽

Tokyo Skytree Town

最新&限定 全部都有 完美導覽介紹!!

contents

access

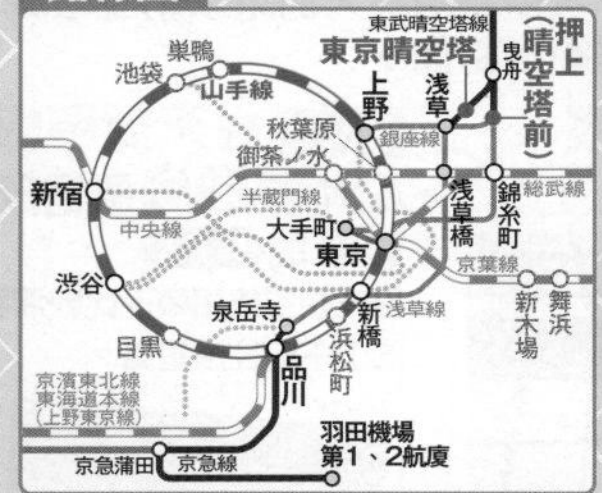

電車

出發站	時間・費用	路線	轉乘站	路線	抵達站
東京站	約25分 210円	地鐵丸之內線	大手町站	地鐵半藏門線	押上（晴空塔前）站
新宿站	約30分 360円	JR中央・總武線各站停車	淺草橋站	地鐵淺草線	押上（晴空塔前）站
羽田機場第1、2航廈站	約50分 650円	京急線（直通の場合もあり）	泉岳寺站	地鐵淺草線	押上（晴空塔前）站
上野站	約15分 290円	地鐵銀座線	淺草站	地鐵淺草線	押上（晴空塔前）站
淺草站	約3分 160円	東武晴空塔線			東京晴空塔站

巴士

出發站	時間・費用	路線	抵達站
羽田機場	約40~60分 1000円	晴空塔接駁車®	東京晴空塔城
上野站	約30分 230円	晴空塔接駁車®（僅週六日、假日運行）	東京晴空塔城

※交通費用為2024年7月時的金額。

不斷持續進化的
「東京經典景點」

晴空塔城® 原來是這樣的地方

634m

充分享受充滿美景、娛樂設施、購物樂趣與美食的一大設施吧！

以世界第一高為傲的象徵性高塔

東京晴空塔®

P.4

這是以東京晴空塔城的中心高聳而立，高約634公尺的塔樓。從地板抬頭仰望令人衝擊的姿態，或從觀景臺望去的絕景，皆讓人感動不已。盡情感受世界第一高塔的魅力吧。

有天望甲板與天望迴廊兩座觀景臺

450m 天望迴廊 P.5

350m 天望甲板 P.4

生日特別福利

若在生日月入場，使用拍照服務就能獲得限定相框，是令人開心的特別福利！

可以在售票櫃臺取得生日卡

享受多彩美麗星象館與滿天星斗
柯尼卡美能達天文館天空in東京晴空塔城® P.13

有很多貴重的收藏品！
郵政博物館 P.13

透過最新技術體驗未知世界
千葉工業大學東京晴空塔城校區 P.13

押上（晴空塔前）站
- 京成押上線
- 東武晴空塔線
- 都營淺草線
- 東京地鐵半藏門線

接近可愛海洋動物
墨田水族館 P.12

東京晴空塔站
- 東武晴空塔線

東京晴空塔官方吉祥物

Sukoburuburu
誕生於下町的老狗，精通下町文化。

晴空塔妹妹
誕生於「尖尖星球」的女孩，星型頭是正字標記。

Teppenpen
以纖長睫毛自傲，喜歡流行的企鵝女孩。

整體在這裡！ 全體MAP

東京晴空塔站
農場花園
東京晴空塔
寬度 約36900㎡
見坂
圓頂花園
連接空橋
觀天坂
押上（晴空塔前）站
晴空廣場
西庭院
高塔庭園
東庭院
全長約400m
北十間川

1天玩遍 行程範例

為了更有效率玩遍範圍廣大的東京晴空塔城，這裡推薦行程範例給你！

10:00 到天望甲板&天望迴廊盡情欣賞景色 P.4

首先在空氣相較下比較清新的上午前往展望臺。

12:00 到晴空塔景觀餐廳享用絕景午餐 P.8

在可眺望晴空塔周圍景觀的絕景餐廳吃午餐，享用絕品菜色。

:00 以咖啡廳限定甜點打療癒時光♪ P.8

有限定菜單的可愛咖啡廳息片刻。

14:00 前往墨田水族館與海洋生物相見歡 P.12

參觀可遇見許多種海洋生物的室內水族館。

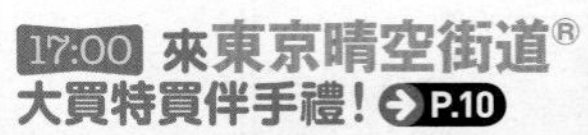

17:00 來東京晴空街道®大買特買伴手禮！ P.10

行程最後果然想找找看伴手禮，這裡的伴手禮商品種類廣泛。

＼出發前 Check!／

東京晴空塔的基礎知識

事先確認以觀光相關的東京晴空塔基本資訊吧！

觀景臺票券的種類與費用

有多種票券預約方式跟費用，若在週末或連假前往，先預約比較安心。

票券種類		購票方式、內容	成人（18歲以上）	國中・高中生（12～17歲）	小學生（6～11歲）
天望甲板	當日票	在東京晴空塔售票櫃臺（4樓）每日10點起售票。或於東京晴空塔官網購票。	平日 2400円 假日 2600円	平日 1550円 假日 1650円	平日 950円 假日 1000円
	預售票	於東京晴空塔官網或7-11的多功能複印機販售。到場日的7天前起至前一天為止可購票。	平日 2100円 假日 2300円	平日 1400円 假日 1500円	平日 850円 假日 900円
套票（天望甲板＋天望迴廊）	當日票	天望甲板或天望迴廊兩者皆可入場。僅限東京晴空塔售票櫃臺（4樓）當天販售。或於東京晴空塔官網購票。	平日 3500円 假日 3800円	平日 2350円 假日 2550円	平日 1450円 假日 1550円
	預售票	天望甲板或天望迴廊兩者皆可入場。可於東京晴空塔官網購票。到場日的7天前至前一天為止可購票。	平日 3100円 假日 3400円	平日 2150円 假日 2350円	平日 1300円 假日 1400円

※預計以上為2024年7月最新價格。詳情請見東京晴空塔官方網站 HP https://www.tokyo-skytree.jp
※5歲以下的幼兒、6歲以下的學齡前兒童免費

點燈樣式每天更換！

不可錯過閃耀美麗光輝的夜間晴空塔。夜間點燈從日落到24點。

平常有三種

粋：代表「氣質」的顏色。表現力道與隅田川的水流。

雅：江戶紫能感受到其優雅。注意表現「時」的變化。

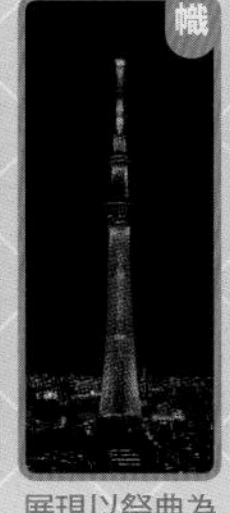
幟：展現以祭典為形象的活力表演。陰影更加明顯。

搭配季節與活動的特殊點燈樣式

舞：演繹櫻花花瓣美麗飛舞的漸層粉色。

蠟燭塔：聖誕節的點燈樣式，有如搖曳的蠟燭火焰。

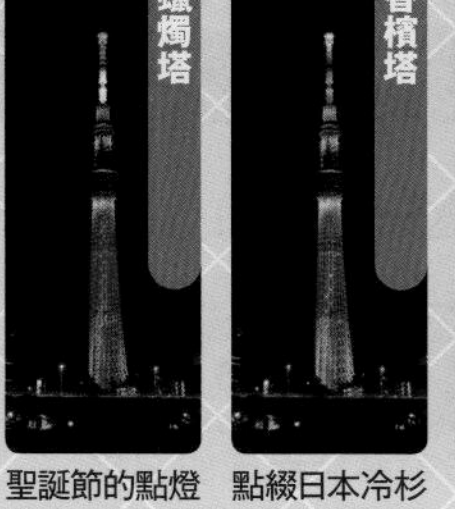
香檳塔：點綴日本冷杉色彩的香檳金美麗動人。

日本國旗：心柱紅色部分上升的模樣有如旭日高升。

東京

這裡充滿限定&最新品項！

東京晴空街道®

→P.6

東京晴空塔底部的寬廣商業設施。廣大的腹地內有可品嘗絕品美食的餐廳、蒐羅晴空街道限定伴手禮的商店，豐富選擇，不分年齡都能在這盡情享受一整天。

↑超過300間店鋪櫛比鱗次的巨大設施

＼首先要知道的基礎知識

東京晴空塔城 Q&A

第一次造訪晴空塔城如果事先知道基本玩樂方法，會更加安心！

Q1 東京晴空塔城是怎麼樣的地方？

A 東京晴空塔城是以「東京晴空塔」為中心的大型複合設施。除了晴空塔外，還有商業設施「東京晴空街道」、水族館、天文館等各種景點，有多種玩法。

↑東京晴空塔以外的景點也很多

Q2 觀光時間大約會是多久呢？

A 觀景臺參觀為1～2小時，要把購物、娛樂設施一起算在內的話約是半天，但安排一整天也可以。觀景臺可能會很擁擠，在人潮較少的時段前往吧。

Q3 每個季節有什麼活動？

A 聖誕節與萬聖節會舉辦燈節活動或販售限定商品，能體驗跟平常不同的晴空塔城樂趣所在。

春

冬

↑將觀天坂裝飾得五彩繽紛的聖誕節點燈秀

Q4 觀景臺以外的景點？

A 「東京晴空街道」（→P.6）匯集300間以上的店鋪，有許多晴空街道限定菜單或商品。另外還有水族館、星象館與博物館等種類豐富的娛樂設施。

↑可欣賞壯觀天體秀的星象館

Q5 有可以欣賞景色的餐廳嗎？

A 東京晴空街道位於30、31樓的「Solamachi Dining SKYTREE VIEW」，有眾多景觀絕佳的餐廳。在用餐的同時，能夠欣賞充滿震撼力的高塔景觀與城市絕景。

↑有和食、義大利餐廳等11間店進駐

Q6 哪裡可以買到伴手禮？

A 到「SKY TREE SHOP」（→P.5）可以買到晴空塔官方商品。東京晴空街道1～4樓也可以入手許多伴手禮。

↑尋找下町特色的逸品

←也有晴空塔妹妹的周邊

從世界第一高塔的觀景臺盡情眺望美景！

位在世界第一高塔的兩個觀景臺，在這裡除了欣賞絕景，也有咖啡廳、商店、拍攝紀念照服務等各種玩樂方式！

登上東京晴空塔®吧！

340·345·350樓

天望甲板

3層樓構成的觀景臺，四周環繞著大片的玻璃落地窗，也設有咖啡廳與商店。

能透過大片玻璃窗遠眺東京知名景點

在世界第一高塔許願吧！

A 350樓

W1SH RIBBON（ウィッシュ リボン）

由寫有「願望」的緞帶集結而成的紀念碑。飽含了每個人不同的心願！

➲緞帶附徽章500円

感受340公尺的高度！

B 340樓

天望甲板

可從透明玻璃的地板往下探望地面的景點，也提供1張1500円的拍攝服務。

➲➲在這裡才能見到的震撼景色！

眺望景色稍作休息

C 340·350樓

SKYTREE CAFE（スカイツリーカフェ）

能享受到原創菜單的咖啡廳。350樓的用餐席為站式，340樓的則是座位式。

🕒10:00～21:15

➲在340樓能喝到「晴空塔拿鐵」700円

➲在350樓能吃到「晴空霜淇淋(佐覆盆子醬)」550円

※菜單價格視情況異動

夜晚可盡情欣賞動態影像

D 350樓

SKYTREE ROUND THEATER®（スカイツリーラウンドシアター）

投影在天望甲板窗戶上的影像、帶有魄力的音樂，帶來精彩表演。

🕒時程表須於官網確認

¥免費(天望甲板的入場費另計)

➲上映內容會隨著活動變換

東京晴空塔®

とうきょうスカイツリー

建築形象是向天空延伸的大樹，高達634公尺，為世界最高的獨立式電波塔。在2處觀景臺可以享受各種角度的美景，即使遇雨也別有一番風味，令人開心。

☎0570-55-0634(東京晴空塔景觀臺11:00～18:00) 所墨田区押上1-1-2

休無休 🕒10:00～22:00(週日、假日9:00～)

票券的購買方式及價格請Check P.3！

MAP 附錄③P.6 F-3

登塔玩樂4STEP

STEP 1 首先前往4樓天空競技場

從押上站側的「觀天坂」上來最後會抵達的廣場，這裡是前往觀景臺的入口。

STEP 2 走進正面入口

預售票必須在此售票櫃臺換票。

STEP 3 往天望甲板

搭乘日本最快的40人乘載電梯前往天望甲板，4座電梯每個季節都會有不同的主題設計。

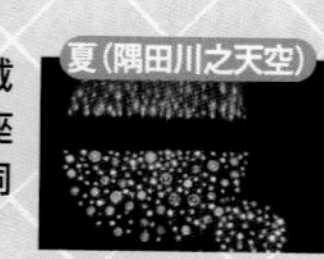

STEP 4 買套票前往天望迴廊

買套票前往天望迴廊。搭乘透明電梯往更高處移動。

↑晴空塔會改變燈飾照明

445·450樓

天望迴廊

比天望甲板還要再往上，450公尺的觀景臺。在110公尺長的迴廊來趟空中漫步吧。

漫步在天空步道前往最高點！

↑在柔和曲線的坡道狀迴廊，邊往上走邊體驗在空中散步的感覺

→附襯紙的紀念照1張1500円

←可以拍到不可思議又好玩的照片

F 445樓 迴廊才有的有趣視角

天望迴廊445樓攝影服務

這裡的拍攝服務在天望迴廊的起點，可以拍到從天望迴廊終點往下俯視的獨特構圖。

E 能獲得不可思議體驗的最高點

450樓

SORAKRA POINT

位在451.2公尺的最高點。在這裡能透過光與玻璃，感受到寬闊感、飄浮感與地球的球狀等體驗。

↑有時活動期間也會裝飾（照片為萬聖節期間）

←以離地452公尺的最高點為目標！

樓層MAP

讓晴空塔妹妹幫你介紹喔！

晴空塔妹妹的插圖也到這高點！

在東京晴空塔官方商店買到這些！

東京晴空塔伴手禮

晴空塔特色伴手禮，買到絕對會開心！

KURUTOGA ADVANCE 各814円

→上有晴空塔圖案的自動鉛筆。細緻的圖案採極光色印刷，非常酷炫。是345樓的限定商品。

東京晴空塔甜酥餅（大） 20片入 1250円

→使用嚴選素材仔細揉捏而成，甚至經過4階段拉伸再烤成的酥酥脆脆酥餅。

晴空塔妹妹靠枕 3080円

→晴空塔妹妹臉型的靠枕，柔軟又蓬鬆，抱起來最舒服了！

東京晴空塔白乳酪夾心 10片入 1296円

←卡門貝爾起司風味的白巧克力夾心。甜度有降低，容易入口。

東京晴空塔法蘭酥 6片（2片×3袋）入 各460円

↑原創罐子裡裝有「上野凮月堂」的法蘭酥。有3種口味。

官方商店有2間

SKYTREE SHOP

天望甲板 345樓

天望甲板內的商店，務必來看看這裡才有的限定商品。

🕒10:00～21:30（週日、假日9:00～）

塔庭園 5F

地點在晴空塔出口樓層的店。2024年3月重新開幕參觀完觀景臺順道過來吧。

🕒10:15～21:45（週日、假9:30～）

塞滿各種最新資訊又好讀易懂的導覽介紹

徹底解析！東京晴空街道®

晴空街道有各種話題餐廳、可愛咖啡廳跟蒐羅限定商品的商店等等，具備各式各樣的魅力，來確認一下樓層介紹吧！

東京晴空街道

とうきょうソラマチ

此為東京晴空塔1F腹地廣大的商業設施。類型廣泛的餐廳與特色十足的商店、期間限定咖啡廳等等，有300間店以上，種類豐富，各種年齡、性別都能樂在其中。

☎0570-55-0102（東京晴空塔景觀臺11:00～18:00） 所墨田区押上1-1-2 休不定休 L全館10:00～21:00（6-7樓、30-31樓餐廳樓層11:00～23:00）※視部分店鋪而異

MAP 附錄③P.6 F-3

←享用能近距離眺望晴空塔的高級料理

東庭院 30F・31F

Solamachi Dining SKYTREE VIEW

離地約150公尺的絕景美食街

位在高樓層的景觀絕佳美食區，入駐義式、法式等11間一流餐廳。

東庭院 6F・7F

Solamachi Dining

聚集名店的主要餐廳

聚集拉麵、壽司、親子丼等來自全日本的豐富餐廳，是晴空街道首屈一指的美食第一級戰區。

↑休閒的氣氛可以放心帶家人一同前往

東庭院 9F

郵政博物館

介紹郵政歷史的博物館，羅列與郵政相關國內外貴重資料。也有附設商店。

→P.13

東庭院 8F

千葉工業大學 東京晴空街道校區

可認識機器人工學與宇宙開發相關的最先進科學。

→P.13

31F	Solamachi Dining SKYTREE VIEW
30F	Solamachi Dining SKYTREE VIEW
29F～11F	辦公室
10F	生活&文化
9F	郵政博物館
8F	生活&文化
7F	柯尼卡美能達天文館天空in東京晴空塔城® / Solamachi Dining（圓頂花園）
6F	Solamachi Dining
5F	大家的遊樂場「晴空彩樂園」
4F	日本紀念品
3F	流行時尚／雜貨
2F	女性流行時尚／雜貨
1F	晴空街道商店街 i
地下1F	P
地下3F	押上（晴空塔前）站

東庭院

東庭院 5F

大家的遊樂場「晴空彩樂園」

從遊戲中學習 大家的遊樂場

地點在晴空街道5樓，邊感受天空邊使用最新技術遊玩體驗的玩樂空間。

↑學習到地球貴重之處的「地球之庭」

東庭院 4F

日本紀念品

琳瑯滿目的日本特色雜貨與食品

主題是「當今日本」的伴手禮，也有很多和風雜貨、食品和晴空街道限定商品。

↑眾多日本特色伴手禮

東庭院 2F・3F　塔庭園 3F　西庭院 3F

流行時尚／雜貨

廣布兩層樓的流行時尚區域

集結流行服飾與雜貨等80店在此，從人氣品牌到與晴空塔的聯名商品都有。

←女性流行服飾店家特別多

東庭院 1F

晴空街道商店街

充滿活力的「新下町風格」商店街

全長約120公尺的街道上林立雜貨、流行服飾、餐飲店等種類豐富的35間店。

↑店家標誌為江戶切子玻璃的燈飾，演繹出和風摩登氛圍

東京晴空街道 攻略導覽

為了玩更開心

要更有效率地遊逛腹地廣大的東京晴空街道，就來確認資訊吧。

1 區域移動的祕訣

要來回西庭院與東庭院的話，從連結兩棟建築物的2樓跟3樓比較方便。

2 活用投幣式置物櫃&行李寄放服務

大型置物櫃多在地下3樓與1、4樓，而1樓又有寄放1件行李500円的「行李暫時寄放處」。

3 提供嬰兒室&嬰兒車租借服務

1、3、4、6樓都有可帶小孩前往的嬰兒室。1、2、3樓有投幣式嬰兒車可租借。

4 注意特別活動！

週末或連假時，1樓的晴空街道廣場與4樓的天空競技場會舉行街頭表演。每到週二，2樓的美食市集也會開市。

西庭院 3F

晴空街道美食平台

有豐富限定美食的美食區

能輕鬆吃到章魚燒、拉麵等11家店美食的美食區。顧客座位也有附設兒童區。

↑座位有500席以上，想快速用餐時很方便

→想吃飽的話當然有，也有許多解饞的小小美食

西庭院 4F

TV角色商店／餐廳

人氣角色商品大集合

此區域有許多電視局的直營店與咖啡廳，人氣角色、節目相關商品琳瑯滿目。

↑也有販售電視節目的官方商品

→最適合休息的咖啡廳

↑日本人熟悉的角色商品一字排開

©TOKYO-SKYTREE
©TBS

東京晴空塔®
→P.4

天望迴廊

天望甲板

東京晴空塔

東庭院 7F

柯尼卡美能達天文館天空 in 東京晴空塔城®

在此人氣景點能體驗最新進技術打造出的逼真星空。

→P.13

西庭院 5F・6F

墨田水族館

完全人工海水室內水族館能親近約260種、5000隻生物，獨特的展示方式必看。

→P.12

塔庭園 2F 西庭院 2F

美食市集

林立點心、熟菜的晴空街道廚房

有和菓子&西點區與熟菜區的食品區，擺滿晴空街道限定的甜點與鹹食。

↓當然有限定商品，也千萬別錯過獨特的點心

↑從下町老店到新型態甜點都有，種類相當豐富

實用資訊①

綜合服務處在1、3樓，有專人服務。

ℹ＝資訊服務中心

實用資訊②

5樓的農場花園和8樓的圓頂花園是絕佳休息好去處。

西庭院 1F

St.（ステーション）購物街

齊聚美好事物車站即到購物街

有許多能感受到手作感的店家。

↓也有東京限定伴手禮

←東京晴空塔站剪票口出站即到

6F 墨田水族館
5F 墨田水族館
農場花園
4F 餐廳 TV角色商店
3F P 晴空街道美食平台
2F 美食市集
1F St.購物街
地下1F P
東京晴空塔站 西庭院 塔庭園
東京晴空塔入口樓層
東京晴空塔入口樓層
東京晴空塔團體樓層

東京晴空街道®

口袋名單都集中在這裡！限定美食&特別推薦甜點

既然難得來到東京晴空街道，就要吃點好東西。用高級感滿溢的餐點填飽肚子，肯定會留下美妙的回憶！

⊖從店內大片窗戶可望見晴空塔

能享受晴空塔®造型和四季美味

TOPLUNCH 1人 2980円

有豐盛前菜的歡樂塔擺盤是人氣全餐。2人以上供餐

⊕主菜料理會隨季節替換，可從魚類或肉類料理中挑選

東庭院 31F

晴空街道餐廳　晴空塔景觀

天空LOUNGE TOP of TREE

てんくうラウンジトップオブツリー

適合紀念日、女生聚會等多種情境的咖啡酒吧。店內無論哪個位置都能眺望晴空塔，除了有供應晚餐之外，也能享受酒吧時光。

03-5809-7377　11:00～22:00（午餐～15:00，晚餐17:00～）

想依喜好選擇♡ 限定美食

晴空塔文字燒 2199円

如同東京晴空塔般巨大的蝦子

包含9種海鮮的文字燒。像東京晴空塔般傲立的蝦子是重點。

⊖充滿復古下町風情的室內裝潢

東庭院 7F

晴空街道餐廳

月島名物もんじゃ だるま 東京スカイツリータウン ソラマチ店

つきしまめいぶつもんじゃだるま とうきょうスカイツリータウンソラマチてん

東京下町的佳餚代表 ── 本店位於月島的文字燒專賣店。充滿活力的下町風店員會幫你做好文字燒和大阪燒。

03-5809-7408

10:30～22:00(飲品供應至22:30)

卡比的軟呼呼鬆餅 1848円

在有相當厚度的鬆軟鬆餅上，放上一球卡比造型的草莓冰淇淋。

好捨不得吃掉！超可愛的卡比餐點

⊖風語大樹在門口迎接來客，店內充滿木質溫暖的感覺

東庭院 4F　日本紀念品區

KIRBY CAFÉ TOKYO

カービィカフェトーキョー

以「星之卡比」為主題的角色咖啡廳。從正餐到甜點，都可以嘗到以卡比和夥伴們為造型的各種餐點。

03-3622-5577　10:00～21:00

東庭院 7F　晴空街道餐廳

Tamahide Ichino

たまひで いちの

日本橋人形町軍雞（鬥雞）料理老店「玉ひで」的姊妹店。使用的醬汁由「玉ひで」第8代老闆和女兒いちの開發，製作出的親子丼堪稱絕品。

03-5809-7228

11:00～15:00、17:00～21:30

⊖店內僅有吧檯座，一共24個座位

品嘗原創菜單中的老字號親子丼

粋親子丼 1694円

使用川俣軍雞的雞腿肉及雞胸肉的奢華料理。僅在晚餐時段供應

特別推薦 甜點
飯後滿心期待

經典香蕉果汁 650円(R)

堅持以完熟香蕉與牛奶製作滋味簡樸的香蕉果汁

內用 外帶

西庭院 3F 晴空街道 美食廣場

Banana Biyori
バナナびより

可品嘗需多花一些工夫準備的香蕉甜點與果汁。除了招牌菜單霜淇淋、果汁之外，小巧雞蛋糕和巧克力香蕉也很受歡迎。

☎03-6658-8707 🕒10:00～20:50

↑適合小憩片刻或肚子小餓時來訪

↑店家前也有空間可以坐下品嘗

東庭院 6F 晴空街道餐廳

祇園辻利
ぎおんつじり

1860年創業，歷史悠長的京都宇治茶專賣店。使用抹茶或焙茶等製作的甜點很受歡迎。

☎03-6658-5656
🕒11:00～21:45

©TOKYO-SKYTREETOWN

內用

辻利塔霜淇淋(抹茶) 700円

濃醇的抹茶霜淇淋與紅豆、白玉簡直是絕配

盡情品嘗濃厚的宇治抹茶吧

香脆可口！充滿震撼力的豪爽芭菲

果實園採集水果 1580円

將6種水果盛在鳳梨碗中，十分醒目。

內用

東庭院 1F 晴空街道商店街

堀内果実園
ほりうちかじつえん

在奈良縣傳承6代的果實園直營店。稱為「採水果」的芭菲如其名，最大的特色是使用整顆水果的豪邁外觀。

☎03-6658-8588 🕒10:00～20:30

↑店內是舒適沉靜的氛圍

濃縮美味精華的完美起司蛋糕

高塔庭院 2F Food Marche

CHEESE GARDEN
チーズガーデン

因為「御用邸起司蛋糕」而大受歡迎，來自栃木縣那須高原的店家。除了起司蛋糕外，也有陳排許多烘焙點心、生菓子等起司點心。在咖啡廳不僅能品嘗甜點，還可以吃到麵包餐點、湯品等。

☎03-6658-4534 🕒10:00～21:00

↑明亮又寬廣的店內。銷售區的品項也很豐富

御用邸起司蛋糕(切片) 500円(單點)

人氣第一名的餐點。果醬的口味每天都會更換。

內用 外帶

←室內裝潢採用鹿沼組子及烏山和紙，值得注目

滿滿的栃乙女草莓！奢侈的義式冰淇淋

栃乙女牛奶義式冰淇淋 450円

栃木縣栃乙女的果酸味是絕妙的滋味(12點～販售)。

外帶

東庭院 4F 日本紀念品區

Tochigi Satellite Shop Tochimaru

栃木縣的特產直銷商店。能買到加工食品等栃木獨有的縣產產品。在外帶區還可以享用「栃乙女果昔」等。

☎03-5809-7280 🕒10:00～21:00
(外帶12:00～17:00)

口渴的話 飲品店

散步在晴空街道，走累了就喝杯好喝的飲料，稍微休息一下吧！

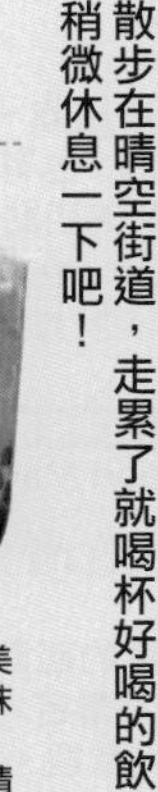

時尚的私房咖啡店

東庭院 2F 女性流行時尚／雜貨

BE A GOOD NEIGHBOR COFFEE KIOSK

「BEAUTY & YOUTH UNITED ARROWS」內的咖啡店。能喝到講究咖啡豆產地的正統咖啡。

☎03-5619-1692
🕒10:00～21:00(閉店)

↑「拿鐵咖啡」600円～

←氛圍時髦，非常適合在購物中途稍作休息

草莓控會忍不住的店！

東庭院 4F 日本紀念品區

STRAWBERRY MANIA
ストロベリーマニア

全年都可以吃到草莓的「草莓甜點專賣店」。從和菓子到西點、飲品，每種都有用到草莓！

☎03-6456-1584
🕒10:00～21:00

↑酸酸甜甜的「草莓果昔」650円

←草莓色調的店內擺滿商品

堅持茶葉品質的芳香茗品

東庭院 1F 晴空街道商店

THE ALLEY
ジアレイ

話題飲品店在晴空街道開幕囉。口感Q彈的珍珠和香醇奶茶實在是太對味了！

☎03-6284-1917
🕒10:00～22:00(閉店)

↑色彩漸層的美麗飲品「黑糖抹茶拿鐵」702円

←面向1樓的「晴空街道廣場」，店家明亮好找

⋯巴，都一起買回去吧！伴手禮

晴空街道的伴手禮種類眾多，或許會迷惘不知該買什麼。這裡依類型選出推薦的食品、雜貨伴手禮。也參考限定標記挑選採買吧。

真的好想要！自用伴手禮

雜貨

⋯紙膠帶　各110円

不突兀的設計很好用

⋯空塔城設計的紙膠⋯。推薦一次購齊。

⋯TOKYO-SKYTREETOWN

晴空街道限定

不會跟別人重複的特色繡章！

C 奔跑忍者繡章（左）金遁之術繡章（右）各550円

也能當貼紙使用的忍者刺繡徽章。可以別在背包或手機殼上裝飾。

A 半袖T恤「來去東京晴空塔」4180～5940円

親子裝T恤會連接成電車，背景還繪有東京晴空塔。

©TOKYO-SKYTREE

設計中充滿趣味的T恤　晴空街道限定

B 歐兜邁冒險趣的透明鑰匙圈 鑰匙圈（出發）550円（左）徽章（LOGO）385円（右）

東京電視台的人氣節目《歐兜邁冒險趣》原創鑰匙圈及徽章。

©TV TOKYO

別在包包上裝飾吧！

價格實惠，能分送給大家♪ 分送用伴手禮

食品

⋯東京晴空塔® Crispy Chocolat 8個入　648円

晴空塔造型的可愛巧克力

⋯存期限⋯約7個月

⋯嘗得到蔓越莓的果酸⋯未，口感酥脆的美味⋯克力。

⋯OKYO-SKYTREE

⋯価格は変更の場合あり

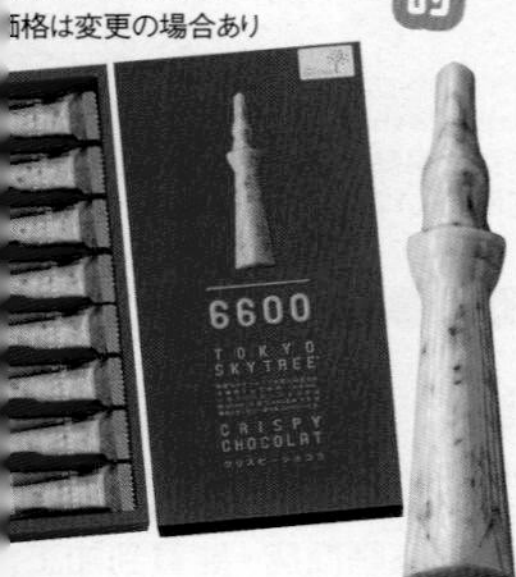

挑選可愛餅乾的過程也很有趣

G 袋裝餅乾 8個入　1296円

保存期限⋯60天

1袋有3種餅乾的組合包。花朵圖案的包裝最適合當作小禮物了。

（包裝設計可能變動）

東京晴空塔®的原創包裝

F 東京晴空塔® 芝麻蛋 12個入　1404円

保存期限⋯製造日起30天

講究黑芝麻的可愛蛋型點心，是常見的東京伴手禮。

©TOKYO-SKYTREE

圓滾滾的可愛蘋果造型

E 費南雪 10個入　1566円

保存期限⋯製造日起60天

使用了蘋果泥與發酵奶油，可同時品嘗到清爽又濃郁的滋味。

G 高塔庭院 2F　Food Marche

⋯luria

⋯レーリア

⋯放多種餅乾、葉型酥派等⋯焙點心，也有外觀華麗且⋯味柔和的西點。

⋯03-5637-8810

⋯10:00～21:00

H 高塔庭院 2F　Food Marche

⋯orozoff

⋯ロゾフ

⋯自神戶的西點店，以布丁⋯巧克力聞名。活用食材的⋯味很受歡迎。

⋯078-822-5533

（⋯orozoff客服中心）

⋯10:00～21:00

E 高塔庭院 2F　Food Marche

りんごとバター。

陳列許多以芳香蘋果與濃郁奶油製成的甜點。除了費南雪之外，也有塔類點心。

03-5637-8690

10:00～21:00

F 東庭院 1F　晴空街道商店街

空の小町

そらのこまち

提供多種東京人氣品牌點心的名產選物店。光是用眼睛欣賞就很令人開心。

03-5809-7058

10:00～22:00

C 東庭院 4F　日本紀念品區

京東都

きょうとうと

結合傳統京都與流行最前線東京的設計，頗有人氣的刺繡品牌。

03-6274-6840

10:00～21:00

D 西庭院 1F

NATURAL KITCHEN &

ナチュラルキッチンアンド

以實惠價格販售自然風雜貨和廚房商品的店家。

03-5610-2746

10:00～21:00

A 東庭院 4F　日本紀念品區

OJICO

オジコ

風格獨特，款式眾多的T恤店家。品質也不錯，推薦買來送人。

03-5809-7126

10:00～21:00

B 西庭院 4F　電視卡通人物／餐廳

電視台官方商店 ~Tree Village~

テレビきょくこうしきショップツリービレッジ

綜合娛樂商店內，販售各種類型的電視節目及藝人等相關商品。

03-5610-3181

9:00～21:00

東京晴空街道® 給大家、給重要的人、給自 類別型

Point!
也要注意期間限定商店
東庭院4、5樓電扶梯附近等處，會有期間限定的話題商店登場，要特別留意這些區域！

L Hello Kitty玩偶(標準)S 2750円
坐姿也很可愛的玩偶，蓬鬆柔軟觸感相當好。

想一直摸下去的療癒玩偶

©2024 SANRIO E23122703

具有玩心的原創商品琳瑯滿目！

J つまみ寿司 中腹肉 3850円
重現沾到醬油碟的瞬間，非常獨特的模型。

小小的尺寸非常好用

K 野生動物口金包 2.6圓扁Tiger 各1540円
描繪上真實觸感老虎刺繡的口金包，適合收納小東西。

J 晴空塔 奶油吐司磁鐵 3300円
設計成奶油融化在焦黃色吐司上的磁鐵，超可愛。©TOKYO-SKYTREE

晴空街道限定

J 晴空塔 橡皮糖吊飾 1320円
以晴空塔為靈感的食品樣本，適合當伴手禮。
©TOKYO-SKYTREE

晴空街道限定

I 糖果髮圈 天空女孩 1760円
閃閃發亮的糖果是撩動少女心的商品。

I 糖果耳環 小顆草莓球 1760円
耳環讓耳垂顯得更可愛

職人專業製作 可愛閃耀的糖果搖身變成首飾

I 糖果造型吊飾 摩登女孩 2090円
將金平糖、琥珀糖串在一起是亮點。

個性商品齊聚一堂！

少人數用 伴手禮

P 飴細工「金魚」 3180円
保存期限…6個月
由於是手工製作，姿勢等細節都各有不同。

P 團扇飴 各650円
保存期限…6個月
像是扇子一般的糖果。美麗的圖案會隨季節更換。

宛如藝術作品的美麗飴細工

O 晴空街道限定茶2種(各50克罐裝) 各970円
保存期限…2年
「Over the Rainbow」(左)為紅茶，「Jack and the Beanstalk」(右)為南非國寶茶。

用香氣富饒的好茶來段品茶時光

晴空街道限定 ©TOKYO-SKYTREE

將美味梅乾變化一番做成的輕巧伴手禮也很推薦！

N 立ち喰い梅干し屋的橄欖油漬Shirara梅 1296円
保存期限…製造日起6個月
將南高梅以黃金比例入味，打造義式風味。

M 貓熊年輪蛋糕 540円
保存期限…製造日起63天
直接從旁邊吃或把圖案壓出來吃都行的壓模年輪蛋糕。

跟其他品項稍有不同的有趣點心！

O 東庭院 1F 晴空街道商店街
LUPICIA
ルピシア
紅茶、綠茶、烏龍茶等世界茶品專賣店。晴空街道限定的茶葉帶有水果的清香
03-5610-2795
9:00～22:00

M 高塔庭院 2F Food Marche
Katanukiya
カタヌキヤ
可將圖案分離的年輪蛋糕專賣店。能開心享用以鐵板一層層仔細烤製的年輪蛋糕。
03-5610-2694
10:00～21:00

K 東庭院 4F 日本紀念品區
Pocchiri
ぽっちり
來自京都的口金包品牌。擁有許多原創商品，外觀設計讓人看了心情愉悅又兼具實用性。
03-5809-7137
10:00～21:00

I 東庭院 4F 日本紀念品區
にっぽんの飴プロジェクト by nanaco plus+
にっぽんのあめプロジェクトバイナナコプラス
販售的飾品都是師傅用真正的糖果製作而成。商品的種類也很豐富。
03-5608-6868
10:00～21:00

P 東庭院 4F 日本紀念品區
浅草 飴細工 アメシン
あさくさあめざいくアメシン
師傅精巧手作的飴細工專賣店。在店裡還可參觀師傅的手藝。
03-5808-7988 (浅草本社)
10:00～21:00

N 東庭院 4F 日本紀念品區
立ち喰い梅干し屋
たちぐいうめぼしや
以立食風格享用從日本全國嚴選的梅乾。跟茶、酒一起搭配食用吧。
03-5809-7890 10:00～21:00(內用L.O.20:40)

L 東庭院 4F 日本紀念品區
Hello Kitty Japan
ハローキティジャパン
於2019年2月整新開幕，能買到和風三麗鷗商品的店鋪。也有陳列許多東京晴空塔聯名商品。
03-5610-2926 10:00～21:00

J 東庭院 4F 日本紀念品區
元祖食品サンプル屋
がんそしょくひんサンプルや
創業超過90年的食品模型專賣店。擺滿有趣商品讓人想拿起來看看。
03-5809-7089
10:00～21:00

東京晴空塔城 邊玩邊學真快樂！娛樂設施

東京晴空塔城裡除了晴空塔，還有許多好玩的景點。大人小孩都一起來暢快遊玩吧！

人氣室內型水族館 新常設展登場

企鵝
日本規模最大室內開放型水池。可近距離觀察麥哲倫環企鵝與海狗

西庭院5・6F

墨田水族館
すみだすいぞくかん

室內型水族館可接觸約260種的生物。以「若接近就會更加喜歡」為理念，打造的展示方式能更親近生物，千萬別錯過期間限定活動。

☎03-5619-1821
休 無休 🕒10:00～20:00(週六日、假日9:00～) ¥2500円，高中生1800円，國中小學生1200円，幼兒(3歲以上)800円
MAP 附錄③P.6 E-3

⬆飼育員與企鵝培養出的信賴關係也很值得注意

海狗
在泳池型水槽內，可看到海狗邊在陸地上休息，邊在水中自在游泳的樣子

江戶館
日本最大的金魚展示區。許多金魚在圓柱狀水槽中漫游，展示的方式相當華麗

小笠原大水槽
以「小笠原諸島」大海為主題的挑高大型水槽。鯊魚與魟魚等約45種生物在此優游

花園鰻
約飼養200隻花園鰻。可從寬5.5公尺的水槽360度觀察花園鰻

⬅平常會展示和金、琉金、蘭壽等15個品種

堅持材質與設計，只有3席的「三日月座椅」很受情侶歡迎

東庭院 7F

柯尼卡美能達天文館天空in 東京晴空塔城®

コニカミノルタプラネタリウムてんくうインとうきょうスカイツリータウン

以「Magic Blue（特別的瞬間）」為理念的熱門天文館。採用最新的投影系統，能夠沉浸在逼真的星空當中。推薦可悠閒欣賞的限定座位。

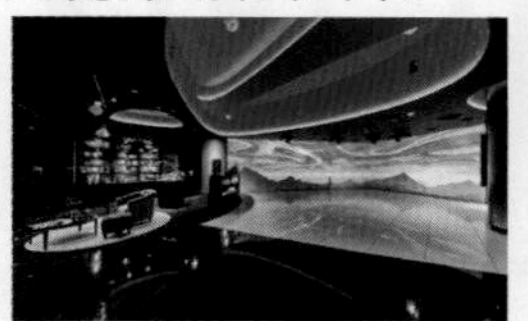
入口處等牆壁，整體皆投影上夢幻的星空影像

03-5610-3043
休不定休(更換作品期間休館)
10:30～22:00，週六日、假日9:30～ ¥1600円，4歲～小學生1000円～(三日月座椅1席4200円～)
MAP附錄③P.6 F-3

展示的郵票有33萬種之多

東庭院 9F

郵政博物館

ゆうせいはくぶつかん

介紹郵政歷史的博物館。包含郵票與明信片等，展示眾多與郵政相關的國內外貴重資料。特展場地每年會舉行4～5次特展或展覽活動。

03-6240-4311 休不定休
10:00～17:00 ¥300円，小學～高中生150円
MAP附錄③P.6 F-3

也展出郵差制服或背包等物品

東庭院 8F

千葉工業大學東京晴空塔城® 校區

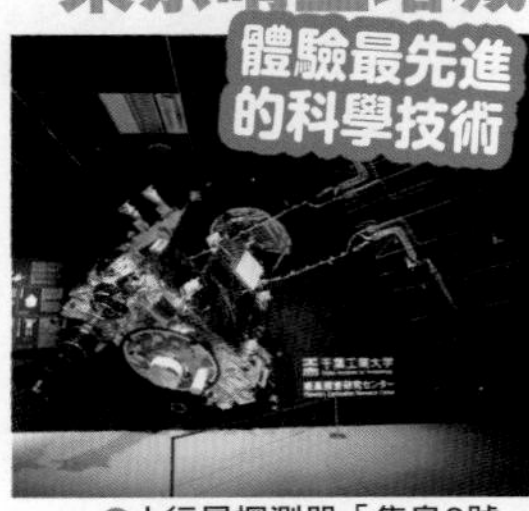

小行星探測器「隼鳥2號」的實體大模型

ちばこうぎょうだいがくとうきょうスカイツリータウンキャンパス

千葉工業大學營運的體驗型設施場地，能實際感受機器人技術、人工智慧、行星探查等各式各樣最新的技術。一定要前往欣賞300英寸的宇宙戲院。

03-6658-5888 休不定休
10:30～18:00 ¥免費
MAP附錄③P.6 F-3

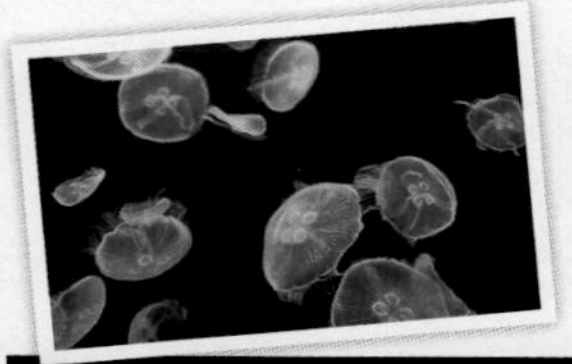
悠然漂動的水母泳姿相當夢幻，百看不膩

巨大培養皿

長徑約7公尺的水盤型水槽，可不透過壓克力板，從上直接觀察500隻水母

小笠原大型水族箱

展現世界自然遺產小笠原諸島的美麗自然風景，為了與未來連結，於2023年9月開幕。能近距離觀察列為積極保護對象的紅水母寶寶。

使用小笠原產食材的「小笠原聖代」680円

可愛海龜寶寶游動的樣子一定要看

推薦購買水族館伴手禮

原創和三盆水母 1200円
塞了滿滿五彩繽紛的金平糖與水母形狀的和三盆糖

水母吊飾(薄荷綠・粉) 各850円
鬆軟觸感令人心情愉悅的鑰匙圈

\ 幾乎位於淺草與東京晴空塔城®的正中間 /

來SUMIDA RIVER WALK®可輕鬆往來兩地！

這座位於隅田川的人行橋連結了東京晴空塔地區與淺草地區。不需要繞路即可往來兩地，非常方便。

✆03-5962-0102
(東武鐵道服務中心)
所台東区花川戸1-1～墨田区向島1-1地先 休無休 L7:00～22:00（視時期而異） ¥免費 🚃東武晴空塔線淺草站北口即到

MAP 附錄③P.7 D-3

可以享受散步樂趣的水岸商業設施

東京MIZUMACHI®的注目Topics

作為嶄新下町交流景點而受到大眾矚目的「MIZUMACHI」。在此詳細介紹能在風情滿溢的風景中，享受個人美好時光的景點。

東京MIZUMACHI

●とうきょうミズマチ

誕生於東武鐵道高架橋下的複合設施。以來自海外的人氣店為首，還有東京都內的人氣咖啡廳、獨特的運動設施等豐富陣容。也可以沿著河岸漫步、享受下町風景，是散步之餘也能順道去的魅力景點。

✆視店鋪而異
所墨田区向島1
休L視店鋪而異
🚃東武晴空塔線東京晴空塔站步行3分，地鐵淺草站5號出口步行7分

MAP 附錄③P.7 D-3

Topic 1 講究食材的餐廳

介紹2家食材及原創性都非常講究的實力派餐廳。來確認人氣餐廳的美食味道如何吧！

E06 Shake Tree Diner

シェイクツリーダイナー

本店位於兩國的人氣漢堡店2號店，使用手切肩里肌肉與腿肉製成的粗絞肉，製成100%牛肉肉排，鮮美多汁且口感十足。微甜的特製漢堡包也非常美味，建議肉食主義者點「WORLD FAMOUS WILD OUT」。也有三明治和熱狗。

✆03-6658-8017 休週二（逢假日則翌日休） L11:00～17:30

◐店內氛圍就像道地的美式餐廳。漢堡也可以外帶

◐取代漢堡包，用肉排夾起司及番茄的「WORLD FAMOUS WILD OUT（附薯條）」1750円

以安心安全的食材製作原創料理

◐夾在隅田公園和北十間川之間的店內視野絕佳。也推薦天晴時選擇露天座位

◐五彩繽紛的早餐菜單（9～11點）「市集蔬菜的沙拉碗」附湯種麵包為1350円

W01 LAND_A

ランドエー

在這間以東京、大阪為中心展店的「BALNIBARBI」所經手的餐廳，可以享用講究產地和季節、盛有滿滿新鮮食材的豐盛料理。也有附設露天市集，供應合作農家的蔬菜與食材。提供多種享用美食的方法，例如在露天座位享用BBQ、外帶可麗餅或熟食等等。

✆03-5637-0107 休不定休 L11:00～20:00

Topic 2
人氣店經營的咖啡廳

在由表參道的烘焙坊、曳舟當地知名和菓子店經手的咖啡廳，度過療癒的悠閒時光。

盡情享用咖啡廳菜單上的人氣吐司美味

使用Mou的「鐵鍋法式吐司」900円。附娟珊牛奶冰淇淋與自製餡料醬

W07 Mūya
むうや

表參道的熱門烘焙咖啡廳「BREAD, ESPRESSO＆」為人氣餐點「Mou」吐司設立的專賣店。可在內用空間享用以Mou製成的三明治與法式吐司。

03-6240-4880 休不定休 10:00～18:00(週六日、假日9:00～)

以白色為基調的店面。以Mou為形象的裝潢也很醒目

W04 いちや

本店位於曳舟的人氣和菓子店「いちや」所經手的甜點店。可以品嘗職人手作白玉的百滙與餡蜜。吃起來軟軟的「軟黏蕨餅」770円堪稱絕品。盡情享用甜點後，還可以外帶店家自豪的銅鑼燒和大福回家。

03-6456-1839 休週二 10:00～17:30(販售至18:00，售完打烊)

跟本店一樣到了假日就大排長龍。想買銅鑼燒跟大福的話建議早點來

嚴選食材的自製甜點

盛有北海道產最高級紅豆粒餡、白玉和冰淇淋等的「いちや特製蜜」1200円

Topic 3
流行敏銳度高的店家

在來自澳洲的生活風格店家與藏前的獨特商店，購買僅此才有的商品！

點綴日常生活的滿滿創意商品

將喜愛的花卉妝點生活場所的小巧花器「道草」各2420円，全8色

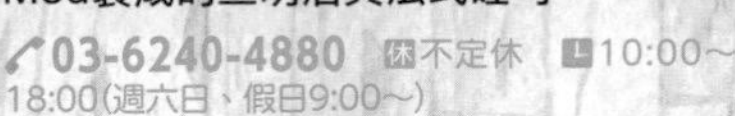

不用濾紙也能泡咖啡的「陶瓷濾杯咖啡組」6930円

W05 DEUS EX MACHINA ASAKUSA
デウスエクスマキナアサクサ

這家生活型態商店來自以衝浪和機車文化立基的澳洲。由舒適的咖啡廳與擺買原創商品的流行服飾店構成。馬克杯和瓶裝啤酒也很適合作為伴手禮。

03-6284-1749 休不定休 10:00～19:00(週六日、假日～20:00)

在東京東區首次設店。置於店門口的機車十分吸睛

W02 KONCENT
コンセント

在製造業興盛的街區藏前創業的設計商品店鋪。從皮革小物到文具、廚房用品，陳列許多講究使用方便性又充滿玩心的商品。其高度創意與設計點子令人驚訝。

03-5637-8285 休不定休 11:00～19:00

擺滿原創商品。最適合來此挑禮物了

以時髦商店×咖啡自豪的咖啡廳

淺草店限定的T恤為每件7700円。與咖啡廳有關的設計也很可愛

也有附設咖啡廳！

咖啡廳除了拿鐵、啤酒等飲品之外，也有提供三明治、焗烤飯等分量十足的餐點。

以木紋和紅色為基調的店內一角也有附設藝廊

最受歡迎的餐點「BBQ手撕豬肉三明治」1200円

Topic 4
運動複合設施

在可以享受正統咖啡與運動的新型態設施，輕鬆地動動身體吧！

攀岩館的體驗時間為1小時起。設施內也會舉辦活動

結合咖啡站與運動的新設施

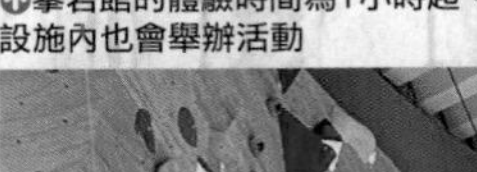

咖啡師所沖泡的自家烘焙拿鐵1杯560円～

E07 LATTEST SPORTS
ラテストスポーツ

表參道人氣咖啡站所經營的運動設施。除了由JazzySports監製的攀岩館、自行車商店和咖啡站之外，還有使用澳洲海灘白沙的沙場，大人跟小孩都可以樂在其中。

03-6240-4300 休不定休 10:00～23:00(週六日、假日～22:00) 咖啡廳～22:00，自行車商店～19:00

東京廣域
荒川区
台東区
墨田区
江東区
千代田区
中央区
葛飾区
江戸川区
市川市
浦安市
本書P.101 谷根千
P.22 上野
上野站
東京晴空塔®
東京站
東京鐵塔
P.4 東京中心部
P.20 台場
東京迪士尼度假區
羽田機場
羽田大都會飯店 P.169
銀座 松﨑煎餅 附錄①P.15
Mameya Kanazawa Banky 附錄①P.15
Anniversary 附錄①P.15
三本珈琲×ラ・メゾン白金 附錄①P.14
TOKYO BANANA WORLD 附錄①P.14
叶 匠壽庵 附錄①P.14
CLUB HARIE 附錄①P.14
東京牛奶起司工廠 附錄①P.14
羽田機場 附錄①P.14
カフェ・キキ（魔法の文学館）P.51
P.17 東京迪士尼樂祥飯店
東京湾
浦安市
舞濱
P.17 東京迪士尼樂園大飯店
東京ディズニーランド・ステーション
リゾートゲートウェイ・ステーション
東京迪士尼樂園
P.19 伊克斯皮兒莉
P.16 迪士尼大使大飯店
舞濱圓形劇場 P.19
東京灣舞濱酒店 琺爾斯特度假村 P.19
東京灣舞濱酒店 P.19
東京迪士尼度假區 P.2
東京迪士尼海洋夢幻泉鄉大飯店 P.16
P.19 東京灣舞濱日航大酒店
P.17 東京迪士尼海洋觀海景大飯店
ベイサイド・ステーション
東京ディズニーシー・ステーション
東京迪士尼海洋
希爾頓飯店東京灣 P.18
東京灣喜來登大飯店 P.18
東京灣大倉飯店 P.18
東京迪士尼度假區玩具總動員飯店 P.17
ディズニーリゾートライン
京葉線
舞浜駅

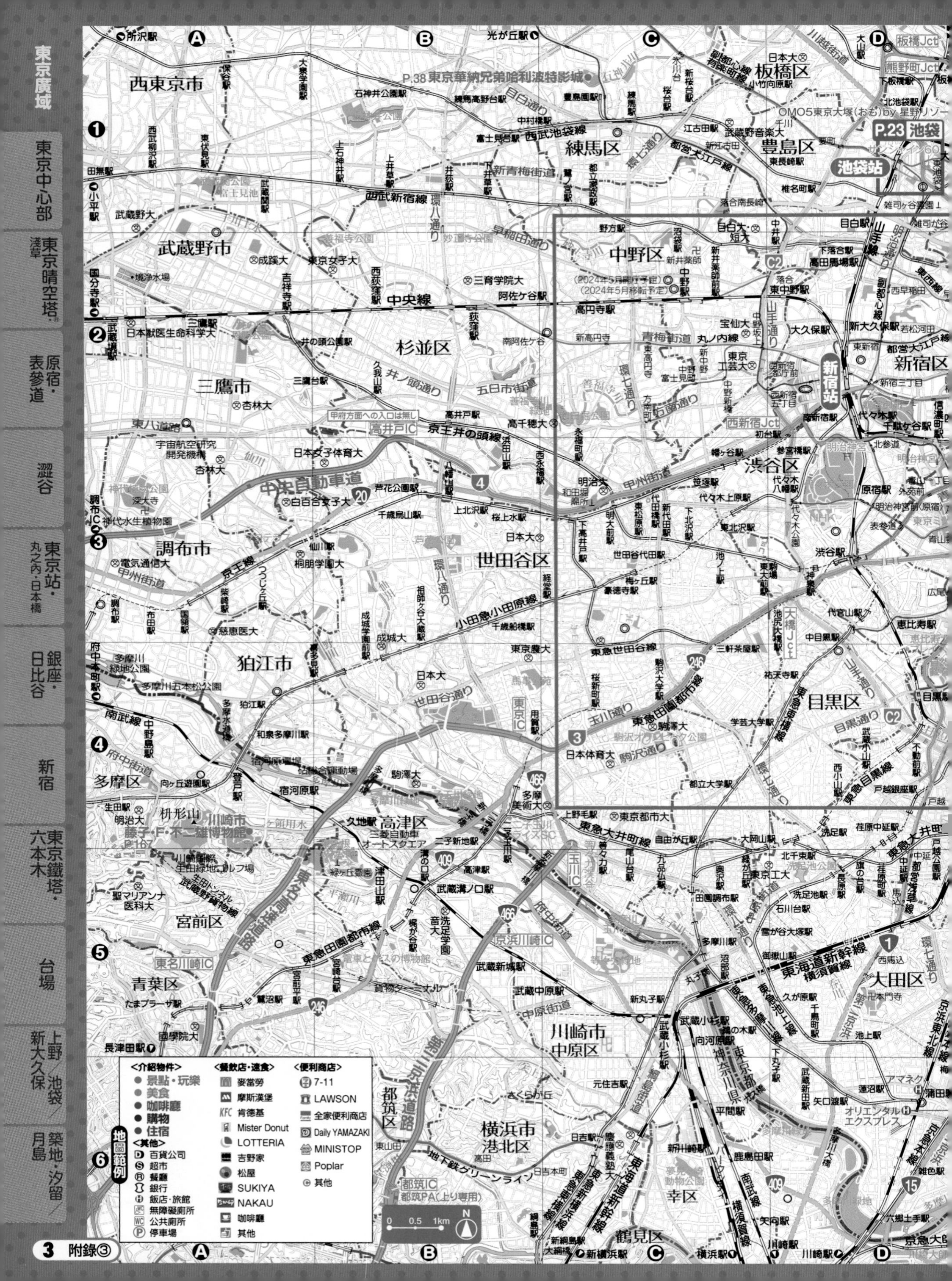
東京廣域
東京中心部
東京晴空塔・淺草
原宿・表參道
澀谷
東京站・丸之內・日本橋
銀座・日比谷
新宿
東京鐵塔・六本木
台場
上野／池袋／新大久保
築地・汐留／月島
西東京市
武蔵野市
三鷹市
調布市
狛江市
杉並区
中野区
練馬区
豊島区
板橋区
新宿区
渋谷区
世田谷区
目黒区
大田区
多摩区
高津区
宮前区
青葉区
都筑区
川崎市 中原区
横浜市 港北区
鶴見区
幸区
P.38 東京華納兄弟哈利波特影城
P.23 池袋
池袋站
新宿站
中央線
西武新宿線
西武池袋線
京王井の頭線
京王線
小田急小田原線
東急田園都市線
東急東横線
東急目黒線
東急大井町線
東急世田谷線
南武線
東海道新幹線
横須賀線
中央自動車道
第三京浜道路
東名高速道路
環八通り
環七通り
甲州街道
青梅街道
五日市街道
井ノ頭通り
早稲田通り
目白通り
世田谷通り
玉川通り
駒沢通り
目黒通り
府中街道
中原街道
<介紹物件>
景點・玩樂
美食
咖啡廳
購物
住宿
<其他>
百貨公司
超市
餐廳
銀行
飯店・旅館
無障礙廁所
公共廁所
停車場
<餐飲店・速食>
麥當勞
摩斯漢堡
肯德基
Mister Donut
LOTTERIA
吉野家
松屋
SUKIYA
NAKAU
咖啡廳
其他
<便利商店>
7-11
LAWSON
全家便利商店
Daily YAMAZAKI
MINISTOP
Poplar
其他
地圖範例
0 0.5 1km N

本書P.101 谷根千
上野站
P.22 上野
P.6 東京晴空塔®・淺草
東京晴空塔®
P.12 東京站・丸之內・日本橋
東京站
P.14 銀座・日比谷
P.24 築地・汐留
P.24 月島
P.20 台場
18 東京鐵塔・六本木
東京鐵塔
品川站
P.166 TOKYO DOME CITY ATTRACTIONS
P.166 東京巨蛋城
文京区
台東区
墨田区
千代田区
中央区
江東区
港区
皇居
上野公園
隅田公園
墨田北斎美術館 P.165
江戸東京博物館
P.43 淺草橋 鮨 うらおにかい
P.117 小網神社
水天宮 P.117
東京都現代美術館
宜必思尚品東京銀座酒店 P.168
赤坂Sacas P.166
Harry Potter Cafe P.48
BRUNCH PARK P.166
BOOK HOTEL 神保町
HOTEL 1899 TOKYO
TAVINOS
Tokyo Bay Cruising Restaurant SYMPHONY P.139
P.133 豐洲 千客萬來
東京都中央批發市場 豐洲市場 P.132
P.132 寿司大
P.132 海鮮丼 大江戸
彩虹大橋遊步道 P.137
ecute品川 附錄① P.12
味街道 五十三次 P.47
東京國際展示場（ビッグサイト）
東京港
東京ビッグサイト
東京テレポート駅
お台場海浜公園
ヒルトン東京お台場
グランドニッコー東京台場
ららぽーと豊洲
フジテレビ
東京国際クルーズターミナル
東京港フェリーターミナル
フェリーふ頭
12号地貯木場
砂町南運河
りんかい線
東京モノレール
ゆりかもめ
首都高速
0 250 500m
周邊圖 ▶ P.2・3
景點・玩樂
咖啡廳
購物
美食
住宿

東京中心部
中野区
杉並区
新宿区
渋谷区
豊島区
世田谷区
目黒区
P.23 新大久保
P.16 新宿
新宿站
P.8 原宿・表参道
P.10 澀谷
P.32 國立競技場導覽行程
P.32 都立明治公園
公園内部介紹請參照左方清單
ONSEN RYOKAN 由縁
P.169
P.62 NATA de Cristiano
P.62 The Monocle Shop Tokyo
FUGLEN TOKYO P.62
P.62 CAMELBACK sandwich & espresso
白髭泡芙工房 代田店 P.51
P.63 avan 澀谷本店
P.50 miffy cafe tokyo
P.45 Charles-Henry
中野区役所（2024年5月開庁予定）
中野区役所（2024年5月移転予定）
中央線
京王線
京王井の頭線
小田急小田原線
東急東横線
東急田園都市線
東急目黒線
山手線
西武新宿線
丸ノ内線
早稲田通り
青梅街道
甲州街道
井ノ頭通り
明治通り
目黒通り
駒沢通り
新宿駅
渋谷駅
原宿駅
恵比寿駅
目黒駅
中野駅
代々木駅
高田馬場駅
新大久保駅
池袋駅
都立明治公園
「都立明治公園」在本頁的D-3
TOTOPA 都立明治公園店 P.32
BLUE SIX COFFEE P.32
ecute品川
「ecute品川」在本頁的E-6
立町カヌレ SHINAGAWA 附錄①P.12
VERY RUBY CUT 附錄①P.12
自由が丘 蜂の家 附錄①P.12
Atelier UKAI 附錄①P.12
FiOLATTE 附錄①P.12
coneri 品川 附錄①P.12
和楽紅屋 附錄①P.12

東京晴空塔®・淺草

世界第一高塔聳立在下町區域

●とうきょうスカイツリー・あさくさ

東京晴空塔城® MAP F-3

東京晴空街道® 西庭院	
NATURAL KITCHEN &	附錄②P.10
晴空街道 美食廣場	
Banana Biyori	附錄②P.9
電視卡通人物／餐廳	
電視台官方商店～Tree Village～	附錄②P.10
高塔庭院	
Food Marche	
CHEESE GARDEN	附錄②P.9
りんごとバター。	附錄②P.10
Fluria	附錄②P.10
Morozoff	附錄②P.10
katanukiya	附錄②P.11
東庭院	
KIRBY CAFÉ TOKYO	P.49・附錄②P.8
晴空街道餐廳 晴空塔景觀	
天空LOUNGE TOP of TREE	附錄②P.8
晴空街道餐廳	
Tamahide Ichino	附錄②P.8
月島名物もんじゃ だるま 東京スカイツリータウン ソラマチ店	附錄②P.8
祇園辻利	附錄②P.9
日本紀念品區	
STRAWBERRY MANIA	附錄②P.9
Tochigi Satellite Shop Tochimaru	附錄②P.9
OJICO	附錄②P.10
京東都	附錄②P.10
Hello Kitty Japan	附錄②P.11
にっぽんの飴プロジェクト by nanaco plus+	附錄②P.11
Pocchiri	附錄②P.11
淺草 飴細工 アメシン	附錄②P.11
元祖食品サンプル屋	附錄②P.11
立ち喰い梅干し屋	附錄②P.11
女性流行時尚／雜貨	
BE A GOOD NEIGHBOR COFFEE KIOSK	附錄②P.9
晴空街道商店街	
堀内果実園	附錄②P.9
THE ALLEY	附錄②P.9
空の小町	附錄②P.10
LUPICIA	附錄②P.11
東京晴空塔®	
SKYTREE SHOP	附錄②P.5
東京晴空塔 天望甲板	
SKYTREE ROUND THEATER®	附錄②P.4
SKYTREE CAFE	附錄②P.4

這樣就不會迷路！往各景點的路線

東京晴空塔®

走出東武晴空塔線**東京晴空塔站**即到。地鐵半藏門線、都營淺草線等的**押上〈晴空塔前〉站**從地下3樓走的話，走出**B3出口**即到。

☎0570-55-0634（東京晴空塔客服中心）
☎0570-55-0102（東京晴空街道客服中心）

附錄②P.2 MAP 附錄③P.6 F-3

淺草寺

從地鐵銀座線**淺草站1號出口**走到地面後直走，**雷門**就在右手邊。穿過**雷門**，沿著**仲見世通**前進，即可見到位於本堂前的**寶藏門**。

☎03-3842-0181 MAP 附錄③P.7 D-4

本書P.80

まるごとにっぽん

筑波快線**淺草站**從**A1出口**出來，往右走到**五差路**即可見到。

☎03-3845-0510

本書P.93 MAP 附錄③P.7 B-2

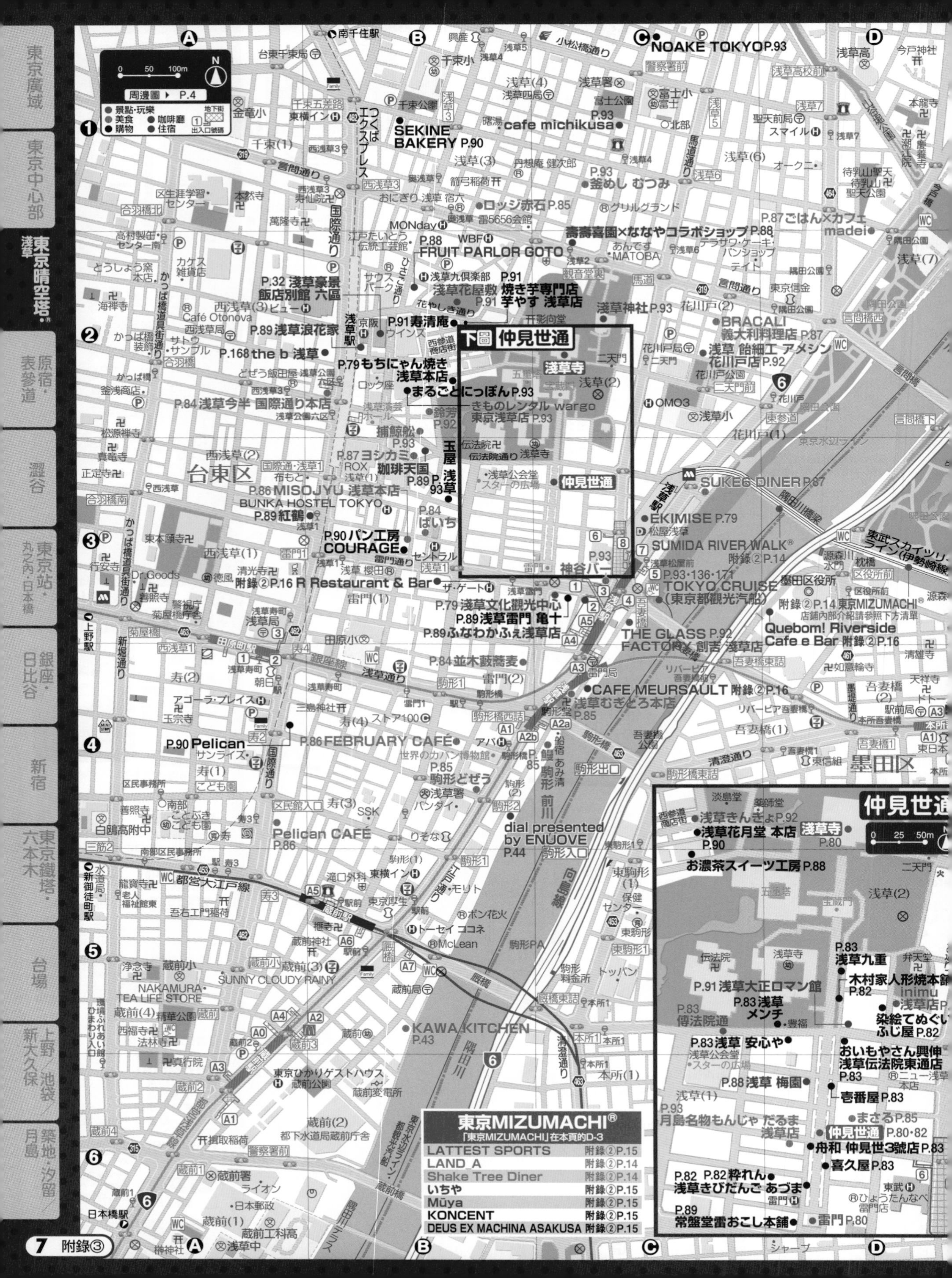

東京廣域
東京中心部
淺草 東京晴空塔
原宿・表參道
澀谷
東京站・丸之內・日本橋
銀座・日比谷
六本木 東京鐵塔
新宿
台場
上野/池袋/新大久保
築地・汐留/月島
周邊圖 ▶ P.4
景點・玩樂
美食
購物
咖啡廳
住宿
地下街
出入口號碼
南千住駅
NOAKE TOKYO P.93
SEKINE BAKERY P.90
cafe michikusa
P.93
つくばエクスプレス
言問通り
P.93 釜めし むつみ
ロッジ赤石 P.85
國際通り
P.88 FRUIT PARLOR GOTO
壽壽喜園×ななやコラボショップ P.88
P.87 ごはん×カフェ madei
P.32 淺草豪景飯店別館 六區
淺草花屋敷
P.91 焼き芋専門店 芋やす 淺草店
淺草神社 P.93
P.91 寿清庵
下圖 仲見世通
淺草寺
BRACALI 義大利料理店 P.87
淺草 飴細工 アメシン 花川戸店 P.92
P.89 淺草浪花家
P.168 the b 淺草
P.79 もちにゃん焼き 淺草本店
まるごとにっぽん P.93
きものレンタル wargo 東京淺草店 P.93
P.84 淺草今半 國際通り本店
OMO3
捕鯨船 P.93
P.87 ヨシカミ
珈琲天国 P.89
玉屋 P.93
淺草
台東区
P.86 MISOJYU 淺草本店
BUNKA HOSTEL TOKYO
P.89 紅鶴
P.84 ぱいち
P.90 パン工房 COURAGE
仲見世通
神谷バー P.93
SUKE6 DINER P.87
EKIMISE P.79
SUMIDA RIVER WALK 附錄②P.14
P.93・136・171
TOKYO CRUISE (東京都觀光汽船)
附錄②P.16 R Restaurant & Bar
P.79 淺草文化觀光中心
P.89 淺草雷門 亀十
P.89 ふなわかふぇ淺草店
附錄②P.14 東京MIZUMACHI
Quebom! Riverside Cafe e Bar 附錄②P.16
THE GLASS FACTORY 創吉 淺草店 P.92
P.84 並木藪蕎麦
CAFE MEURSAULT 附錄②P.16
淺草むぎとろ本店 P.85
東武スカイツリーライン(伊勢崎線)
墨田区役所
P.90 Pelican
P.86 FEBRUARY CAFÉ
P.85 駒形どぜう
Pelican CAFÉ P.86
dial presented by ENUOVE P.44
都營大江戸線
SUNNY CLOUDY RAINY
NAKAMURA TEA LIFE STORE
KAWA KITCHEN P.43
隅田川
墨田区
東京ひかりゲストハウス
東京MIZUMACHI
「東京MIZUMACHI」在本頁的D-3
LATTEST SPORTS 附錄②P.15
LAND_A 附錄②P.14
Shake Tree Diner 附錄②P.14
いちや 附錄②P.15
Mūya 附錄②P.15
KONCENT 附錄②P.15
DEUS EX MACHINA ASAKUSA 附錄②P.15
仲見世通
淺草きんぎょ P.92
淺草花月堂 本店 P.90
お濃茶スイーツ工房 P.88
淺草寺 P.80
P.83 淺草九重
P.91 淺草大正ロマン館
木村家人形焼本舗 P.82
inimu 淺草店
P.83 淺草メンチ
P.83 傳法院通
染絵てぬぐい ふじ屋 P.82
P.83 淺草 安心や
おいもやさん興伸 淺草伝法院東通店 P.83
P.88 淺草 梅園
壱番屋 P.83
まさる P.85
P.93 月島名物もんじゃ だるま 淺草店
仲見世通 P.80・82
舟和 仲見世3號店 P.83
喜久屋 P.83
P.82 淺草きびだんご あづま
P.82 粋れん
P.89 常盤堂雷おこし本舗
雷門 P.80

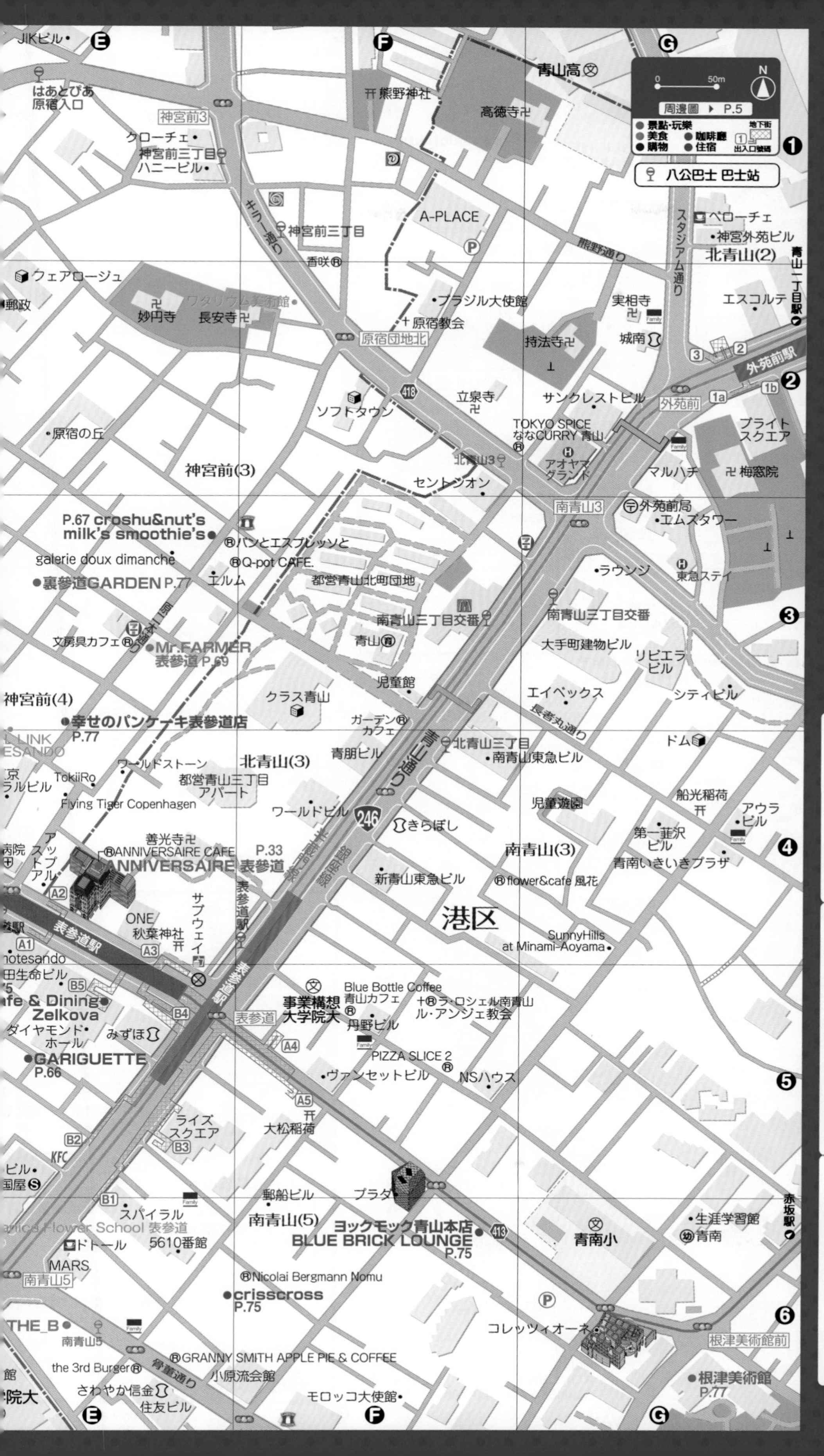

原宿・表参道

可愛小物與美食的熱潮發源地

●はらじゅく・おもてさんどう

這樣就不會迷路！

往各景點的路線

竹下通

走出JR**原宿站竹下口**，**穿越斑馬線後**的**正面**就是竹下通入口。

本書P.70
MAP 附錄③P.9 B-2

表参道新城

從地鐵銀座線、半藏門線、千代田線**表參道站A2出口**走到地面上後，一直直走就會看到出現在**右手邊**。

☎03-3497-0310
（綜合資訊／服務時間11:00～18:00）

本書P.73 MAP 附錄③P.9 D-3

Laforet原宿

走出地鐵**明治神宮前<原宿>站5號出口**出口後，往**右手邊**前進。在**神宮前十字路口左轉**，即會出現在**左手邊**。

☎03-3475-0411

本書P.72
MAP 附錄③P.9 C-3

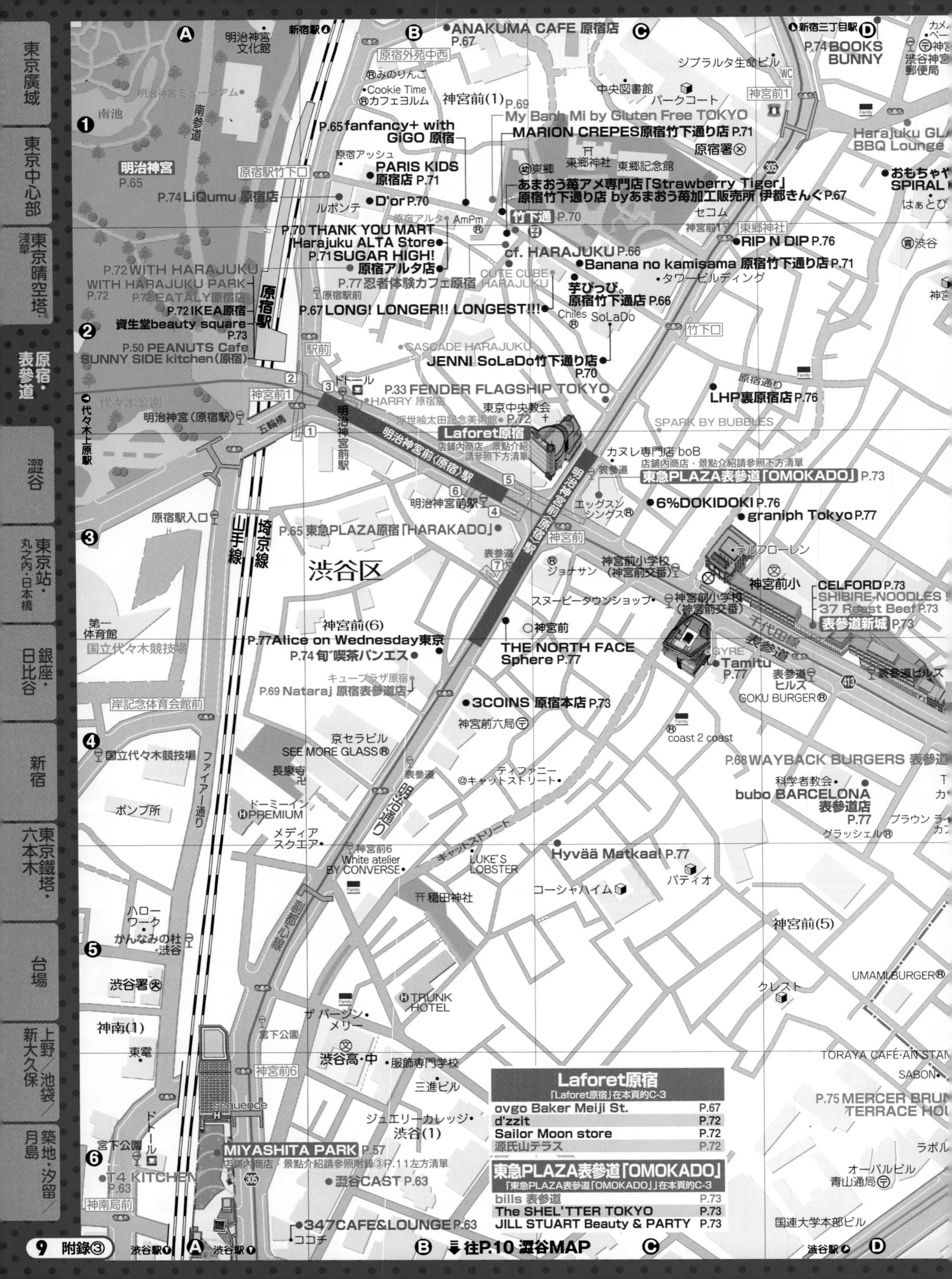

東京廣域
東京中心部
淺草・東京晴空塔
原宿・表參道
澀谷
丸之內・日本橋・東京站
銀座・日比谷
新宿
六本木・東京鐵塔
台場
上野・池袋・新大久保
築地・汐留・月島
ANAKUMA CAFE 原宿店 P.67
P.74 BOOKS BUNNY
明治神宮文化館
新宿駅
新宿三丁目駅
原宿外苑中西
ジブラルタ生命ビル
みのりんご
Cookie Time
カフェヨルム
神宮前(1)
中央図書館
パークコート
神宮前1
P.69 My Banh Mi by Gluten Free TOKYO
P.65 fanfancy+ with GiGO 原宿
MARION CREPES原宿竹下通り店 P.71
原宿署
Harajuku GLA BBQ Lounge
明治神宮ミュージアム
南池
南参道
原宿アッシュ
東郷神社
東郷記念館
明治神宮 P.65
原宿駅竹下口
PARIS KIDS 原宿店 P.71
おもちゃや SPIRAL
P.74 LiQumu 原宿店
ルポンテ
D'or P.70
あまおう苺アメ専門店「Strawberry Tiger」
原宿竹下通り店 byあまおう苺加工販売所 伊都きんぐ P.67
セコム
原宿アルタ
AmPm
竹下通 P.70
東郷神社
神宮前1
P.70 THANK YOU MART
Harajuku ALTA Store
P.71 SUGAR HIGH! 原宿アルタ店
cf. HARAJUKU P.66
RIP N DIP P.76
渋谷
P.72 WITH HARAJUKU
WITH HARAJUKU PARK P.72
P.72 EATALY原宿店
P.72 IKEA原宿
資生堂beauty square P.73
P.50 PEANUTS Cafe SUNNY SIDE kitchen(原宿)
原宿駅
P.77 忍者体験カフェ原宿
CUTE CUBE HARAJUKU
Banana no kamisama 原宿竹下通り店 P.71
タワービルディング
芋ぴっぴ。原宿竹下通店 P.66
原宿駅前
P.67 LONG! LONGER!! LONGEST!!!
Chiles
SoLaDo
竹下口
駅前
CASCADE HARAJUKU
JENNI SoLaDo竹下通り店 P.70
ドトール
代々木公園
P.33 FENDER FLAGSHIP TOKYO
HARRY 原宿店
原宿通り
LHP裏原宿店 P.76
神宮前1
明治神宮(原宿駅)
五輪橋
明治神宮前駅
浮世絵太田記念美術館
東京中央教会
P.72
Laforet原宿
店鋪內商店、景點介紹請參照下方清單
SPARK BY BUBBLES
代々木上原駅
明治神宮前〈原宿〉駅
カヌレ専門店 boB
店鋪內商店、景點介紹請參照下方清單
表参道
東急PLAZA表参道「OMOKADO」P.73
明治神宮前駅
エッグスンシングス
6%DOKIDOKI P.76
graniph Tokyo P.77
原宿駅入口
P.65 東急PLAZA原宿「HARAKADO」
神宮前
山手線
埼京線
渋谷区
表参道
ジョナサン
神宮前小学校(神宮前交番)
ラルフローレン
神宮前小
CELFORD P.73
SHIBIRE-NOODLES
37 Roast Beef P.73
スヌーピータウンショップ
神宮前小学校(神宮前交番)
表参道新城 P.73
第一体育館
神宮前(6)
神宮前
千代田線
P.77 Alice on Wednesday東京
THE NORTH FACE Sphere P.77
表参道
国立代々木競技場
P.74 旬*喫茶パンエス
GYRE
Tamitu P.77
表参道ヒルズ
表参道ビルズ
キュープラザ原宿
P.69 Nataraj 原宿表参道店
GOKU BURGER
岸記念体育会館前
3COINS 原宿本店 P.73
神宮前六局
coast 2 coast
京セラビル
国立代々木競技場
SEE MORE GLASS
P.68 WAYBACK BURGERS 表参道
長泉寺
表参道
ティファニー@キャットストリート
科学者教会
bubo BARCELONA 表参道店 P.77
ファイアー通り
ポンプ所
ドーミーイン PREMIUM
ブラウン
グラッシェル
明治通り
キャットストリート
メディアスクエア
神宮前6
White atelier BY CONVERSE
LUKE'S LOBSTER
Hyvää Matkaa! P.77
パティオ
穏田神社
コーシャハイム
ハローワーク
かんなみの杜・渋谷
神宮前(5)
渋谷署
UMAMI BURGER
TRUNK HOTEL
クレスト
ザ バージン・メリー
神南(1)
宮下公園
東電
渋谷高・中
服飾専門学校
TORAYA CAFÉ·AN STAN
神宮前6
三進ビル
SABON
sequence
ジュエリーカレッジ
P.75 MERCER BRUNCH TERRACE HOUSE
渋谷(1)
宮下公園
ドトール
MIYASHITA PARK P.57
店鋪內商店、景點介紹請參照附錄③P.11左方清單
ラポルテ
T4 KITCHEN P.63
澀谷CAST P.63
オーバルビル
青山通局
神南局前
347CAFE&LOUNGE P.63
ココチ
国連大学本部ビル
渋谷駅
往P.10 澀谷MAP
Laforet原宿
「Laforet原宿」在本頁的C-3
ovgo Baker Meiji St. P.67
d'zzit P.72
Sailor Moon store P.72
源氏山テラス P.72
東急PLAZA表参道「OMOKADO」
「東急PLAZA表参道「OMOKADO」」在本頁的C-3
bills 表参道 P.73
The SHEL'TTER TOKYO P.73
JILL STUART Beauty & PARTY P.73

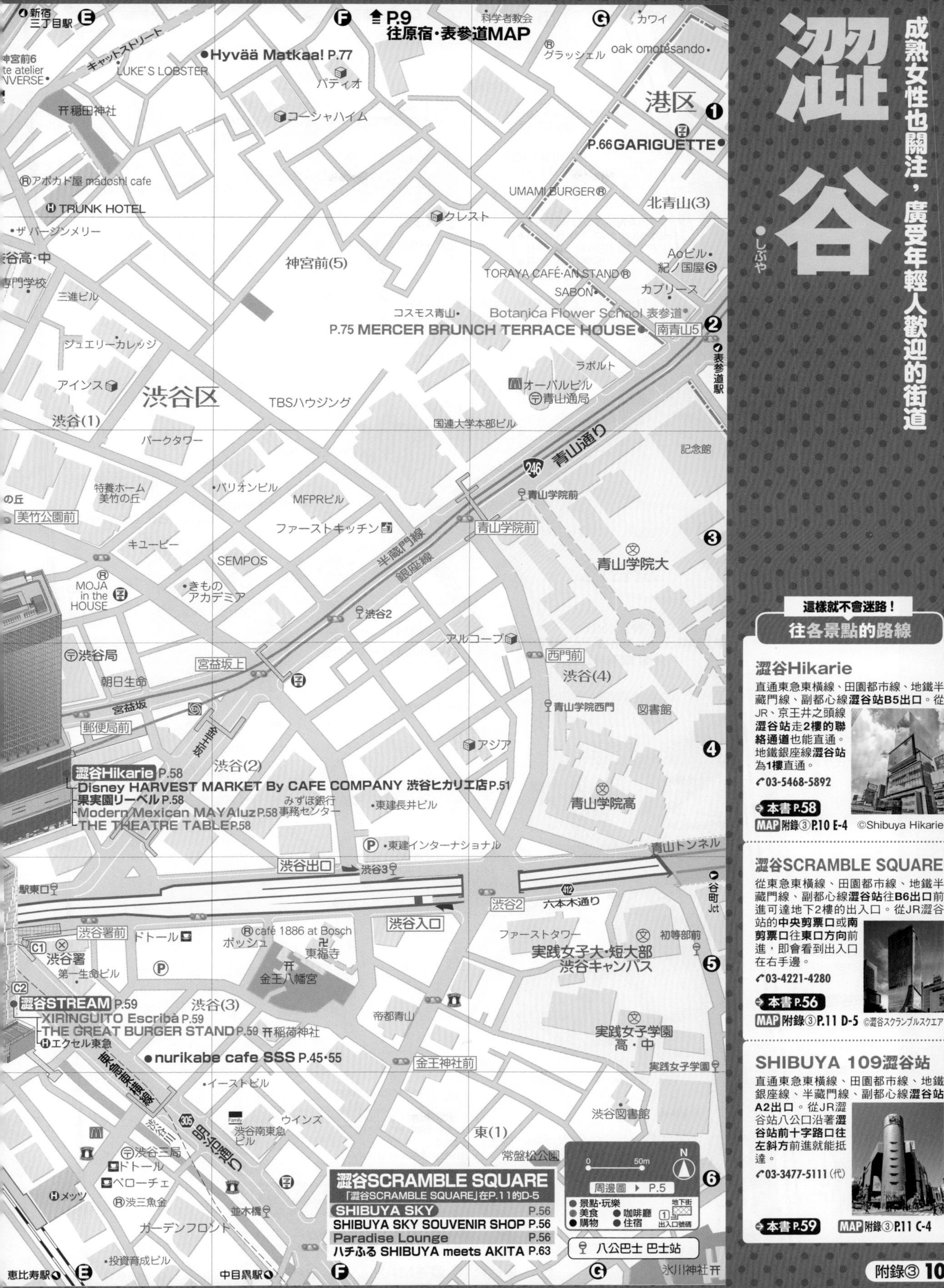

澀谷

しぶや

成熟女性也關注，廣受年輕人歡迎的街道

這樣就不會迷路！

往各景點的路線

澀谷Hikarie

直通東急東横線、田園都市線、地鐵半藏門線、副都心線**澀谷站B5出口**。從JR、京王井之頭線**澀谷站**走**2樓的聯絡通道**也能直通。地鐵銀座線**澀谷站**為**1樓**直通。

☎03-5468-5892

本書 P.58

MAP 附錄③ P.10 E-4

©Shibuya Hikarie

澀谷SCRAMBLE SQUARE

從東急東横線、田園都市線、地鐵半藏門線、副都心線**澀谷站**往**B6出口**前進可達地下2樓的出入口。從JR澀谷站的**中央剪票口**或**南剪票口**往**東口方向**前進，即會看到出入口在右手邊。

☎03-4221-4280

本書 P.56

MAP 附錄③ P.11 D-5

©澀谷スクランブルスクエア

SHIBUYA 109澀谷站

直通東急東横線、田園都市線、地鐵銀座線、半藏門線、副都心線**澀谷站A2出口**。從JR澀谷站八公口沿著**澀谷站前十字路口往左斜方**前進就能抵達。

☎03-3477-5111(代)

本書 P.59

MAP 附錄③ P.11 C-4

東京廣域
東京中心部
東京晴空塔®・淺草
原宿・表參道
澀谷
東京站・丸之內・日本橋
銀座・日比谷
新宿
東京鐵塔・六本木
台場
上野／池袋／新大久保
築地・汐留／月島
MIYASHITA PARK
「MIYASHIT PARK」在本頁的D-2
澀谷區立宮下公園 P.57
RAYARD MIYASHITA PARK P.57
SOAK P.42
澀谷横丁 P.57
Café Kitsuné P.57
HIGHTIDE STORE MIYASHITA PARK P.63
東急PLAZA澀谷
「東急PLAZA澀谷」在本頁的C-5
CLUB THE PEPPER P.33
BEAMS JAPAN SHIBUYA P.59
CÉ LA VI TOKYO P.59
純洋食とスイーツ パーラー大箸 P.61
茶房 オクノシブヤ P.61
SPBS 本店 P.62
SHIBUYA CHEESE STAND
NRビル
ニューワシントン
放送センター西口
NHKスタジオパーク
NHKセンター西門前
NHK放送センター
井ノ頭通り
神南(2)
ポンプ所
北谷稲荷神社
ファイアー通り
フラワー
かんなみの杜・渋谷
渋谷区役所
ハローワーク
区役所前
コロンバンビル
MIDWEST WOMEN
高齢者ケアセンター
渋谷署
ブルーボトルコーヒー渋谷カフェ
エミット
白一
北谷公園
年金事務所
LINE CUBE SHIBUYA
税務署
渋谷税務署前
センター内局
Zarigani Cafe P.60
アムウェイ
渋谷区役所
公園通り
神南プラザ
神南(1)
東電
PL病院
NHKセンター下
ピットキューブ
クレストン
第二共同ビル
宇田川町
P.61 Ivorish 澀谷
渋谷東武ホテル
神南小
メトロポリス
共同ビル
神山町東
宇田川町
神南分庁舎
ゴールドラッシュ
ジンナンカフェ
P.63 T4 KITCHEN
MIYASHITA PARK
宮下公園
店鋪內商店、景點介紹請參照左
山手線
埼京線
sequence
サイゼリヤ
神南小下
オルガン坂
ザ ミレニアルズ
神南局前
神南局
神南郵便局
P.63 347CAFE&LOUNGE
タワーレコード
cafe BOHEMIA
P.61 宇田川カフェ 別館
ハンズ
P.58 澀谷PARCO
P.58 Campy!bar
P.58 Nintendo TOKYO
P.58 寶可夢中心澀谷店
and people jinnan P.60
モヴィーダ
渋谷モディ
大山稲荷
BEAM
ヨシモト∞ホール P.63
スペイン坂
宮下公園前
神南1
渋谷センター街(バスケットボールストリート)
クアトロ
ちとせ会館
渋谷ロフト
宇田川カフェ
きらぼし
松濤(1)
井ノ頭通り入口
西武渋谷店
H&M
P.63 atmos pink
Risotto Café 東京基地 澀谷店 P.63
IKEA
P.55 Bunkamura (休業中)
道玄坂2
東急本店前
文化村通り
駅西口
駅東口
東急REI
松濤局
松濤局前
P.57 道玄坂通 dogenzaka-dori
P.57 eashion fun SHIBUYA 道玄坂通店
P.169 東京澀谷英迪格酒店
ヤマダデンキ
みずほ
QFRONT
MAGNET by SHIBUYA109
P.59 SHIBUYA 109澀谷店
MOG MOG STAND
ザ・プライム
P.59 ViTO COFFEE
P.59 Strawberry Fetish
P.59 Waffle Khan
WANDER COMPASS SHIBUYA
道玄坂下
駅前
渋谷駅
宮益坂下
渋谷駅東口地下広場
松濤文化村ストリート
名曲喫茶ライオン
道玄坂(2)
P.63 喜楽
P.55 澀谷站前十字路口
明日の神話
ハチ公口
ハチ公像
宮益坂口
駅東口
I'm ON
TOHOシネマズ渋谷
渋谷駅ハチ公口
道玄坂
O-EAST
O-WEST
WOMB
エクセル東急
澀谷SCRAMBLE SQUARE
モヤイ像
P.56
店鋪內商店、景點介紹請參照右頁清單
東急田園都市線
ノア道玄坂
P.61 BLOODY ANGLE Dougen Tong
P.63 澀谷 東急 FoodShow
渋谷駅
渋谷マークシティ
西口
東口
エルアルカサル
理容美容専門学校
円山町
P.61 tokyo salonard cafe : dub
P.59 東急PLAZA澀谷
店鋪內商店、景點介紹請參照下方清單
E・スペースタワー
交番前
京王井の頭線
神泉駅
プリメーラ
La.mama
ヒューマックスビル
さわやか信金
下北沢駅
藤田ビル
道玄坂上
道玄坂局
SKプラザ
道玄坂(1)
渋谷線
シブヤタワー
センタープレイス
キッチン ハセガワ
渋谷DTビル
P.55 Shibuya Sakura Stage
渋谷ソラスタ
道玄坂上
セルリアンタワー
東急
日本経済大
グランベル
道玄坂上
道玄坂ピア
南平台
TAC
桜丘町
日本会館
フジビル40
サクラ
マルエツプチ
東急ステイ
南平台町
帝都ビル
JT前
ファーストプレイス
渋谷出口
インフォスタワー
大橋Jct
二子玉川駅
南平台町
新宿駅

東京站・丸之内・日本橋

持續進化的東京玄關口和備受矚目的老店城市

●とうきょうえき・まるのうち・にほんばし

這樣就不會迷路！

往各景點的路線

丸之內BRICK SQUARE

走出JR**東京站丸之內南口**，穿越行人穿越道，往**皇居方向**直走。在丸之內二丁目大樓的轉角左轉，穿越**丸之內仲通**即到。

03-5218-5100（丸之內客服中心）

本書 P.112　MAP 附錄③P.13 C-5

JP TOWER「KITTE」

走出JR**東京站丸之內南口**，穿越行人穿越道即到。

03-3216-2811（10:00～19:00）

本書 P.112　MAP 附錄③P.13 C-5

COREDO室町

地鐵銀座線**三越前站**剪票口附近有**A6出口**，直通**COREDO室町1・2**的地下樓層。旁邊的**A4出口**可以直通**COREDO室町3**的地下樓層。

03-3242-0010（日本橋案內所）

本書 P.119　MAP 附錄③P.12 F-2

東京廣域
東京中心部
淺草 東京晴空塔®
原宿・表參道
澀谷
東京站・丸之內・日本橋
銀座・日比谷
新宿
六本木 東京鐵塔・
台場
上野／池袋／新大久保
築地・汐留／月島
Metro link日本橋巴士停
周邊圖 ▶ P.4
景點・玩樂
美食
咖啡廳
購物
住宿
地下街
出入口號碼
GRANSTA東京
「GRANSTA東京」在這頁的D-4
とんかつ まい泉食堂 P.109
ほんのり屋×marukome P.109
TOKYO!!! P.119
楓糖男孩 The MAPLE MANIA 附錄①P.4
COCORIS 附錄①P.4
PIERRE MARCOLINI 附錄①P.4
虎屋 附錄①P.5
colombian 附錄①P.5
Mamegui 附錄①P.5・10
Jaba Boulde 附錄①P.6
boB 附錄①P.6
和卵菓子ららら 附錄①P.6
あまみカオリ研究所 附錄①P.6
Caffarel 附錄①P.7
Ivorish 附錄①P.7
喫茶店に恋して。 附錄①P.7
le pépin 附錄①P.7
Mary Chocolate 附錄①P.7
petit gargantua 附錄①P.7
HANAGATAYA GRANSTA東京中央通路店 附錄①P.6
美十 附錄①P.6
TERRA CONFECT 附錄①P.7
東京ひよ子 附錄①P.7
さかえ屋 附錄①P.7
TOUBEI 附錄①P.8
サカナバッカ 附錄①P.8
駅弁屋 祭 GRANSTA東京店 附錄①P.8
日本百貨店とうきょう 附錄①P.10
INDEN・YA×JIZAING 附錄①P.10
LOVERARY BY FEILER 附錄①P.10
Nihonbo Chopsticks 附錄①P.11
TRAINIART 附錄①P.11
GRANSTA八重北
「GRANSTA八重北」在這頁的D-4
うなぎ四代目菊川 東京站黑塀横丁店 P.115
ビストロ石川亭 GRANSTA八重北店 P.115
TOKYO GIFT PALETTE
「TOKYO GIFT PALETTE」在這頁的D-4
ALMOND東京 附錄①P.4
大角玉屋 附錄①P.5
東京RUSK 附錄①P.5
東京動漫人物街
「東京動漫人物街」在這頁的D-4
Chiikawa Land TOKYOStation P.106
TBS store P.106
Sumikko gurashi shop東京站店 P.106
精靈寶可夢Store P.106
假面騎士 東京專賣店 P.106
Miffy style 東京站店 P.106
GRANSTA丸之內
「GRANSTA丸之內」在這頁的D-4
mango tree kitchen GAPAO P.119
EATALY MARUNOUCHI P.119
東京甜點樂園
「東京甜點樂園」在這頁的D-4
Kamedaseika P.107
Glico ALMOND DAYS P.107
Calbee+東京站店 P.107
森永製菓的御菓子店 P.107
東京拉麵街
「東京拉麵街」在這頁的D-5
六厘舍 P.107
天空色・NIPPON P.107
東京煮干 拉麵 玉 P.107
GRANSTA東京 京葉STREET AREA
「GRANSTA東京京葉STREET AREA」在這頁的D-5
日本橋 天丼 天むす 金子半之助 附錄①P.9
おむすび百干 附錄①P.9
塚田農場OBENTO&DELI 附錄①P.9
築地 鳥藤 附錄①P.9
九段下駅
神保町駅
御茶ノ水駅
大手町合同庁舎3号館
内神田(1)
内神田(2)
神田橋
東京消防庁
日経ビル
JAビル
経団連会館
丸の内署
グランキューブ
ノースタワー
大手濠
フォーシーズンズ
Otemachi One
KDDIビル
星のや東京
サウスタワー
NTTコミュニケーションズビル
読売新聞ビル
サンケイビル
大手町プレイス
プレイスウエスト
宮内庁病院
大手町パークビルディング
大手町ホトリア
大手町ビル
大手町駅
大手門タワー・エネオスビル
大手町センタービル
SMBC信託
大手門
大手町(1)
大手町(2)
ファーストスクエア
アーバンネット
大手町タワー
大手町之森 P.110
野村ビル
皇居
パレスビル
三井住友本店
P.43 buffet du marche
パレスホテル東京
新大手町ビル
大手町駅
丸の内(1)
丸の内センタービルディング
丸の内オアゾ
M&C Café P.109
DEAN & DELUCA Café 丸之内 P.109
日本生命ビル
三菱UFJ信託
P.108 RIGOLETTO WINE AND BAR
和田倉噴水公園
和田倉橋
P.105 Marunouchi HOUSE terrace
P.105 eric'S by Eric Trochon
燒肉 The INNOCENT CARVERY P.105
P.105 Kushi-ageはん亭
P.113 Dr. Vranjes Marunouchi
P.113 CHOCOLATIER PALET D'OR
P.113 L'ABEILLE
P.110 半島精品店及咖啡
新丸大樓店
P.113 Koko Head cafe
P.113 新丸之內大樓
CASUAL TEPPAN
TRAINIART P.104
東京車站美術展覽室
附錄①P.5 TOKYO GIFT PALETTE
P.106 東京動漫人物街
附錄①P.2 東京ばな奈
中央口
東京站丸之內站舍 P.104
東京站內部介紹請參照左方清單
P.105 ISOLA SMERALDA
P.108 EX marunouchi
P.113 CITA・CITA
P.113 銀座和館椿屋茶房
P.113 Hotel Chocolat
P.113 SHIRO
行幸通り
P.113 丸之內大樓
郵船ビル
三菱商事
TOKYO TULIP ROSE 附錄①P.4
東京站 P.104
GRANSTA P.119 丸之內
GRANSTA東京 附錄①P.4・6・8・10
大丸東京店
大丸茶廊 P.104
東京ステーションホテル
にっぽん、グルメ街道
函館立喰い寿司 函太郎
附錄①P.9 GRANSTA東京 京葉STREET AREA
P.107 東京拉麵街
エアポートバスTYO-NRT乗車場所
P.103 BEAMS PLUS 丸之內
P.109 Marunouchi Happ.
P.112 東京中央郵局
P.112 CLASKA Gallery & Shop "DO"
P.112 千疋屋総本店
KITTE丸之內店
P.109 PRONTO-Tokyo City i CAFE
P.111 丸之內仲通
城市露臺
三菱ビル
スカイバス東京
P.112 JP Tower「KITTE」
千代田区
皇居外苑
丸の内(2)
丸の内 MY PLAZA
明治生命館
丸の内パークビル
丸之內 BRICK SQUARE P.112
LA BOUTIQUE de Joel Robuchon 丸之內店 P.112
ÉCHIRÉ MAISON DU BEURRE P.112
東京中央郵局 P.112
三菱UFJ
東京ビル TOKIA
グラントウキョウサウスタワー
馬場先門
P.112 三菱一號館美術館
国際フォーラム前
パシフィックセンチュリープレイス
フォーシーズンズ
P.111 楠木正成像
二重橋スクエア
東京會舘 本舘
東京會舘 SWEETS & GIFTS P.119
一保堂茶舗 東京丸之內店 P.111
新東京ビル
国際フォーラム
相田みつを美術館
丸の内(3)
東京国際フォーラム
楠公レストハウス
国際ビル
帝国劇場
出光美術館 P.111
新日石ビル
三菱UFJ
新国際ビル
DNタワー21
有楽町(1)
有楽町駅
西銀座Jct
有楽町インフォス
日比谷公園
往P.15 銀座・日比谷MAP
商工中金
日本橋
呉服橋

銀座・日比谷

●ぎんざ・ひびや

在孕育傳統的街道上，新景點誕生中

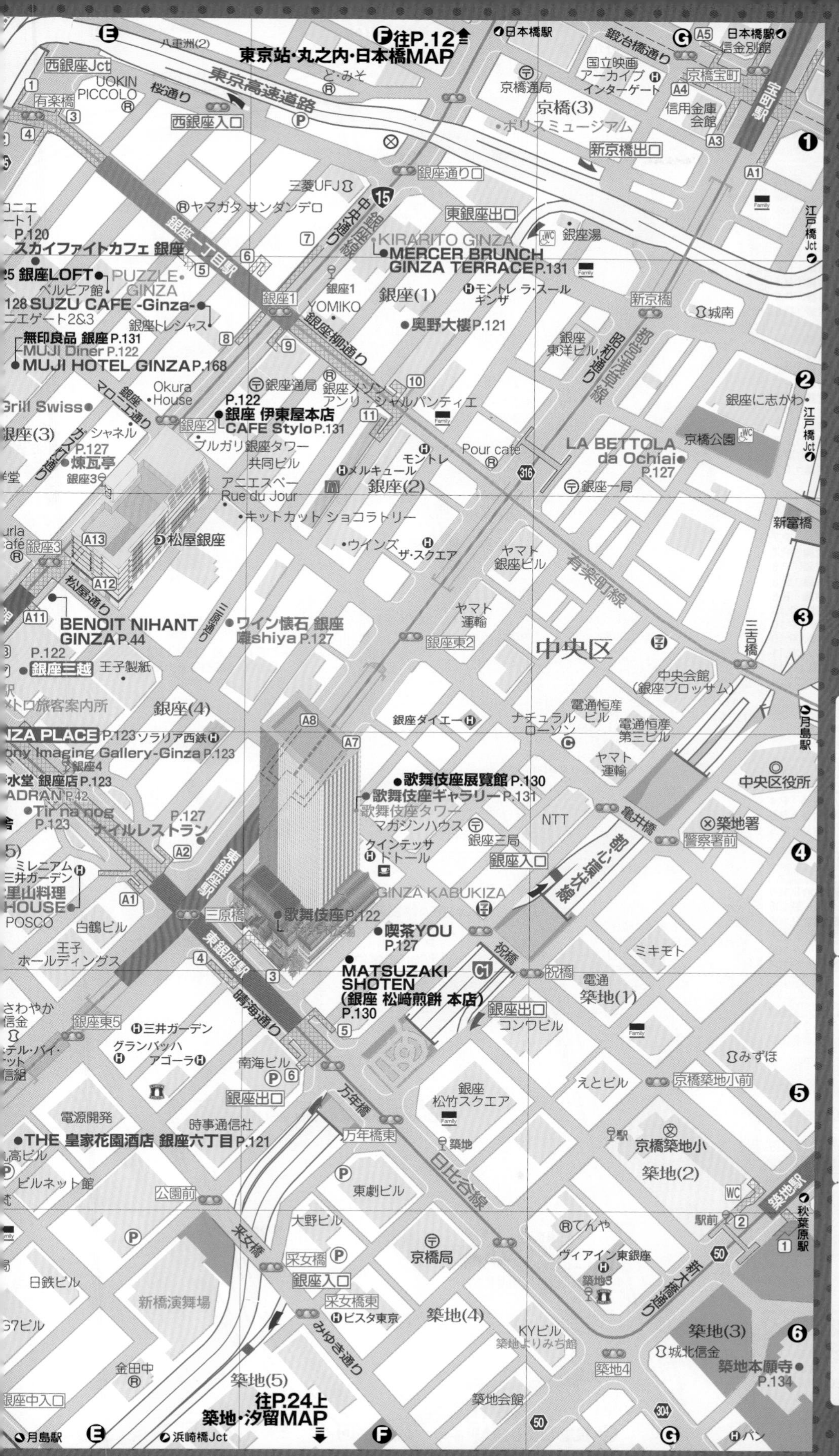

這樣就不會迷路！

往各景點的路線

歌舞伎座

從地鐵日比谷、都營淺草線**東銀座站3號出口**走到地面上即到。從地鐵銀座線、丸之內線、日比谷線**銀座站A7出口**走到地面上，背對銀座4丁目十字路口，沿著**晴海通**直走。穿越**昭和通**，即出現在**左手邊**。 ☎03-3545-6800

本書P.122 MAP 附錄③P.14 F-4

GINZA SIX

從地鐵銀座線、丸之內線、日比谷線**銀座站**走**地下通道**可以直通。

☎03-6891-3390 MAP 附錄③P.15 D-4

本書P.124

銀座三越

走出地鐵銀座線、丸之內線、日比谷線**銀座站A7出口**，眼前就是銀座三月的入口。

☎03-3562-1111 MAP 附錄③P.14 E-3
（大代表）

本書P.122

往P.13 東京站・丸之内・日本橋MAP
往P.24上 築地・汐留MAP
東京中城日比谷
「東京中城日比谷」在本頁的B-2
Buvette P.125
ISETAN MIRROR Make & Cosmetics P.125
TODAY'S SPECIAL Hibiya P.125
Tempo Hibiya P.125
鈴懸 P.125
東急PLAZA銀座
「東急PLAZA銀座」在本頁的C-3
METoA Cafe & Kitchen P.127
CIRCLE P.124
TWG Tea P.124
The PERFUME OIL FACTORY P.124
SALON GINZA SABOU P.124
GINZA SIX
「GINZA SIX」在本頁的D-4
漆器 山田平安堂 P.124
EATALY銀座店 P.124
Viennoiserie JEAN FRANCOIS P.124
中村藤吉銀座店 P.124
JOTARO SAITO CAFÉ P.128
P.124 東京PLAZA銀座
P.128 PIERRE MARCOLINI 銀座本店
P.125 東京鳩居堂 銀座本店
P.131 Del Rey 銀座店
P.131 BUNMEIDO CAFE GINZA
P.129 GINZA WEST本店
P.123 月光荘画材店
P.129 資生堂 Parlour 銀座本店SALON DE CAFÉ
P.130 資生堂Parlour 銀座本店商店
P.131 月光荘サロン 月のはなれ
CAFÉ PAULISTA P.129
やさいの王様 銀座店 P.127
P.126 麥與橄欖 銀座店
P.126 天婦羅 阿部
千代田区
港区
新橋駅
銀座駅
有楽町駅
日比谷駅
東京高速道路
都営浅草線
都営大江戸線

新宿

●しんじゅく

白天夜晚都有滿滿的娛樂活動！

這樣就不會迷路！

往各景點的路線

東京都廳

直通都營大江戶線都廳前站A4出口。

☎03-5320-7890
(平日10:00～17:00、展望室專用導覽電話)

本書 P.144　MAP 附錄③P.17 A-4

©東京都提供

伊勢丹新宿店

地鐵丸之內線、副都心線新宿三丁目站B3、B4、B5出口即到

☎03-3352-1111 (代)

本書 P.145　MAP 附錄③P.16 F-2

NEWoMan新宿

直通JR新宿站新南剪票口。

☎03-5334-0550
(LUMINE·NEWoMan綜合客服中心)

本書 P.144　MAP 附錄③P.16 E-4

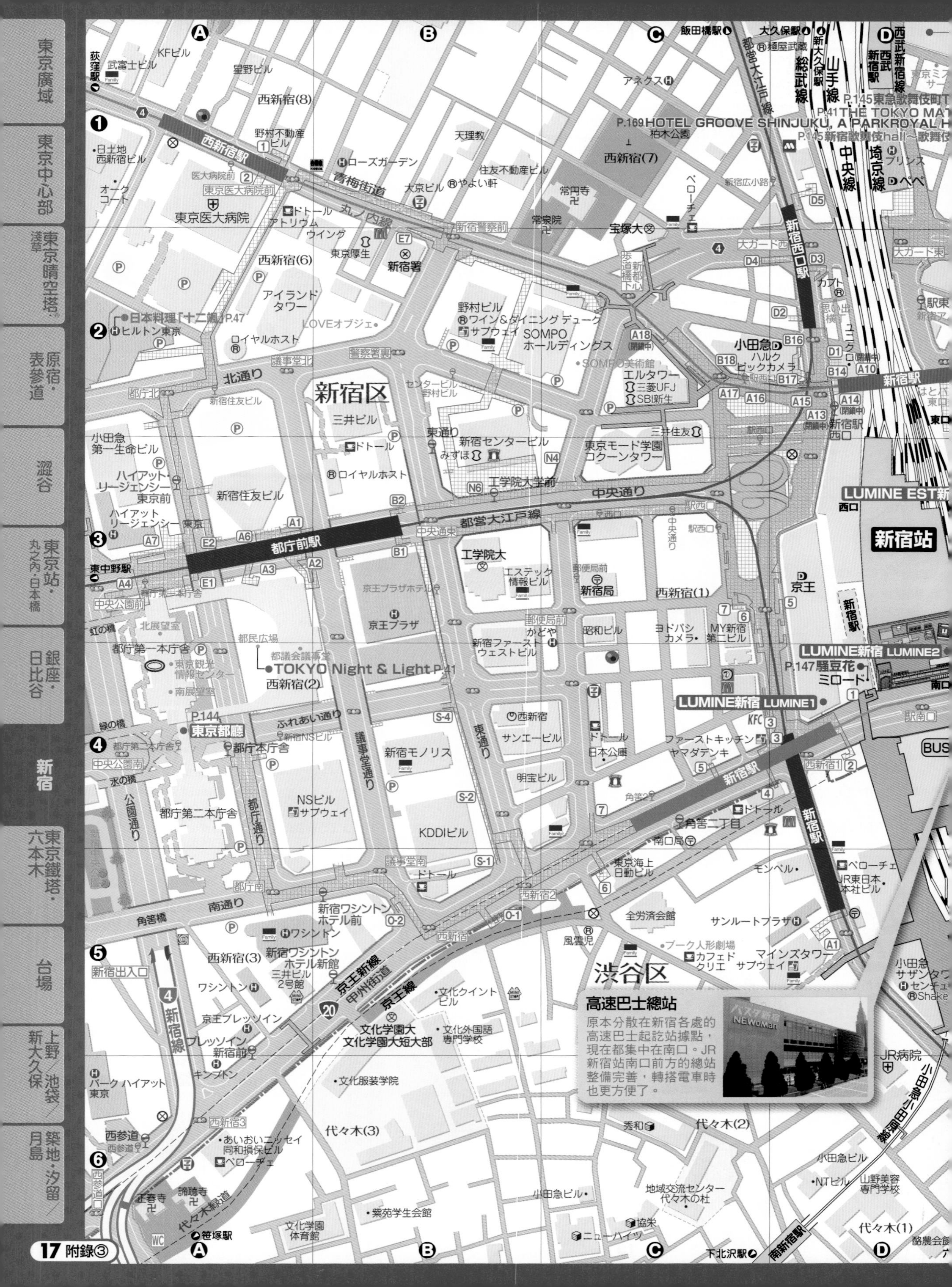

高速巴士總站

原本分散在新宿各處的高速巴士起訖站據點，現在都集中在南口。JR新宿站南口前方的總站整備完善，轉搭電車時也更方便了。

東京鐵塔·六本木

高質感的大人城市

●とうきょうタワー・ろっぽんぎ

虎之門之丘車站大樓

「虎之門之丘車站大樓」在本頁的G-1

TOKYO NODE	P.30
Le Pristine Restaurant Tokyo	P.30
中華バル サワダ	P.31
THE GRILL TORANOMON	P.31
鮨すがひさ	P.31
flour+water	P.31
T-MARKET	P.31
dam brewery restaurant	P.31
虎之門之丘酒店	P.30

麻布台之丘

「麻布台之丘」在本頁的E-4

森大廈 數位藝術博物館:EPSON teamLab Borderless	P.40
Hills House Dining 33	P.28
Minimal The Specialty 麻布台ヒルズ	P.29
Nicolai Bergmann NOMU	P.29
Alchemy	P.29
RistoPizza by Napoli sta ca	P.29
Balcony by 6th	P.29
SAAWAAN BISTRO	P.29
迦努東京	P.28

東京鐵塔 P.160
鐵塔大神宮 P.161
THE SKY P.161

P.41·161
RED° TOKYO TOWER
摩斯漢堡 P.161
GALAXY P.161
Mother牧場咖啡 P.161

麻布台之丘 P.28
虎之門之丘車站大樓 P.30
Stellar Garden P.159

這樣就不會迷路！

往各景點的路線

六本木新城

地鐵日比谷線**六本木站1C出口**直達。都營大江戶線**六本木站**從**3號出口**出來地面後往左手邊前進，**直走**一段路之後左手邊即可見到。

☎03-6406-6000
（綜合資訊）

➔本書 P.154　MAP 附錄③ P.19 B-4

國立新美術館

地鐵千代田線**乃木坂站6號出口**直達。地鐵日比谷線**六本木站**從**4a出口**出來地面，不要過眼前的交叉路口直接左轉。右手邊是東京中城，經過中城後在交叉路口左轉，**正面右手邊**即可見到。

☎050-5541-8600（代館諮詢）

➔本書 P.157　MAP 附錄③ P.19 A-2

©國立新美術館

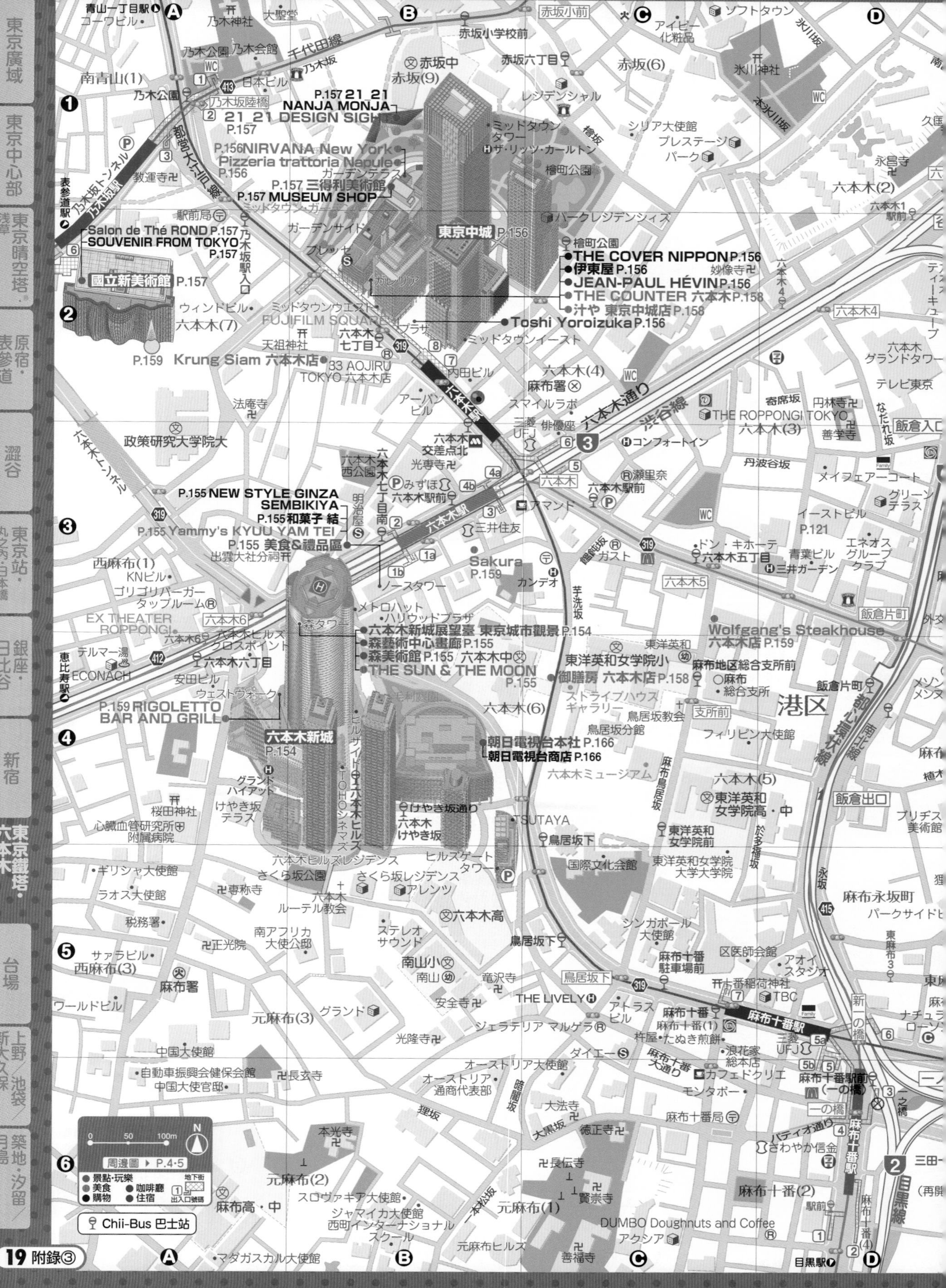
P.157 21_21
NANJA MONJA
21_21 DESIGN SIGHT
P.157
P.156 NIRVANA New York
Pizzeria trattoria Napule
P.156
P.157 三得利美術館
P.157 MUSEUM SHOP
Salon de Thé ROND P.157
SOUVENIR FROM TOKYO P.157
國立新美術館 P.157
東京中城 P.156
THE COVER NIPPON P.156
伊東屋 P.156
JEAN-PAUL HÉVIN P.156
THE COUNTER 六本木 P.158
汁や 東京中城店 P.158
Toshi Yoroizuka P.156
P.159 Krung Siam 六本木店
33 AOJIRU TOKYO 六本木店
THE ROPPONGI TOKYO
P.155 NEW STYLE GINZA SEMBIKIYA
P.155 和菓子 結
P.155 Yammy's KYUU YAM TEI
P.155 美食&禮品區
Sakura P.159
EX THEATER ROPPONGI
六本木新城展望臺 東京城市觀景 P.154
森藝術中心畫廊 P.155
森美術館 P.155
THE SUN & THE MOON P.155
御膳房 六本木店 P.158
Wolfgang's Steakhouse 六本木店 P.159
P.159 RIGOLETTO BAR AND GRILL
六本木新城 P.154
朝日電視台本社 P.166
朝日電視台商店 P.166
港区
六本木通り
首都高速3号渋谷線
乃木坂駅
六本木駅
麻布十番駅
政策研究大学院大
東洋英和女学院高・中
周邊圖 ▶ P.4・5
景點・玩樂
美食
購物
咖啡廳
住宿
出入口號碼
Chii-Bus 巴士站

台場

滿是娛樂設施、可以遊玩的海濱度假區

臨海青海特別支援
青海埠頭公園 P.137
遠程通訊中心瞭望臺Rounge ViewTokyo P.137
テレコムセンター
テレコムセンター前
テレコム駅前
青海(3)
青海ふ頭公園
ゆりかもめ
滝の広場
産業技術研究センター
青海フロンティアビル
タイム24ビル
青海(2)
東京港湾合同庁舎
合同庁舎前
ウエストプロムナード
P.142 日本科學未來館
フジテレビ湾岸スタジオ
国際大学村
東京湾岸署
日本科学未来館前
警察署前
青海客船ターミナル
東京水辺ライン
東京国際クルーズターミナル
シンボルプロムナード公園前
宗谷
BMW GROUP Tokyo Bay
東京国際交流館
船の科学館駅前
船の科学館入口
東京国際クルーズターミナル
青海トンネル
青海
青海1
東京国際クルーズターミナル駅前
別館展示場
東八潮緑道公園
東京沉浸城堡 P.34
青海(1)
東八潮
パラアリーナ
出会い橋
プロムナード
シンボルプロムナード公園
水と緑のプロムナード
噴水広場
P.140 DiverCity Tokyo購物中心
店鋪內部介紹請參照右下方清單
テレポート駅前
水陸兩用巴士 SKY Duck 台場 P.137
臨海副都心出入口
潮風公園南
日だまり広場
東京港トンネル
13号地換気所
大井 Jct
13号地換気所トンネル入口
お台場中央
湾岸線
湾岸道路
品川区
グランドニッコー東京 台場
サニーテラス北
フロンティアビル
トレードピア台場(2)
台場1
フジテレビ前
潮風公園北口
売店
太陽の広場
ウェルエイタワー
台場
台場駅前
街と海の広場
ヒルトン東京お台場
台場(1) マリンハウス
海上バス待合所
TOKYO NO IKARA
展望広場
りんかい線
Bakery & Pastry Shop P.137
海濱公園
海に向う広場
都観光汽船
TOKYO CRUISE（東京都觀光汽船）P.93・136・171
富士電視台本社大樓 P.138
GACHAPIN與MUKKU博物館 P.138
球體瞭望台「八玉」P.138
恰恰特快車&吉祥物商店 P.138
富士電視台周邊店 Fujisan P.138
海螺小姐 Sazae-san商店 P.138
AQUA CITY ODAIBA P.141
#C-pla P.141
Flying Tiger Copenhagen
AQUA CITY ODAIBA店 P.141
MUSEUM & MUSEUM P.141
LONGBOARD CAFE
CALIFORNIA DRIVE IN P.137
Eggs 'n Things 台場店 P.139
cafe LA BOHEME 台場 P.139
東京拉麵國技館 舞 P.141
大井町駅
鳥の島
KS東京Beach P.141
ND MALL
ave Point 台場店 P.141
京歡樂城 P.142
京樂高樂園®・探索中心 P.143
京杜莎夫人蠟像館 P.143
京幻視藝術館 P.143
SIDE MALL
場一丁目商店街 P.141
ikara橫丁 P.141
EAN CLUB BUFFET P.139
AND VINTAGE COFFEE 台場店 P.139
場章魚燒博物館 P.141
第三台場
台場公園
砲台跡記念碑
インボーブリッジ
第六台場
新橋駅

DiverCity Tokyo 購物中心

「DiverCity Tokyo 購物中心」在本頁的F-3

實物大小獨角獸鋼彈立像	P.140
THE GUNDAM BASE TOKYO	P.140
東京便便博物館	P.140
哆啦A夢未來百貨公司	P.140
TYFFONIUM ODAIBA	P.143
Carl's Jr	P.140
HELLO KITTYのこんがり焼	P.140

這樣就不會迷路！

往各景點的路線

富士電視台本社大樓

從百合海鷗線**台場站**剪票口往**右手邊（南口）**前進。一直直走，就會出現在**左手邊**。☎0570-088-081（視聽者綜合中心9:30～21:00）

本書 P.138　MAP 附錄③P.20 E-4

DiverCity Tokyo購物中心

走出臨海線**東京電訊站B出口**，往前**直走**，隔著道路的正對面即可見到。
☎0570-012780

本書 P.140　MAP 附錄③P.20 F-3

日本科學未來館

從百合海鷗線**遠程通訊中心站北口**出來，沿著左手邊西長廊內的**公園直走**，左手邊即可見到。
☎03-3570-9151

本書 P.142　MAP 附錄③P.20 F-2

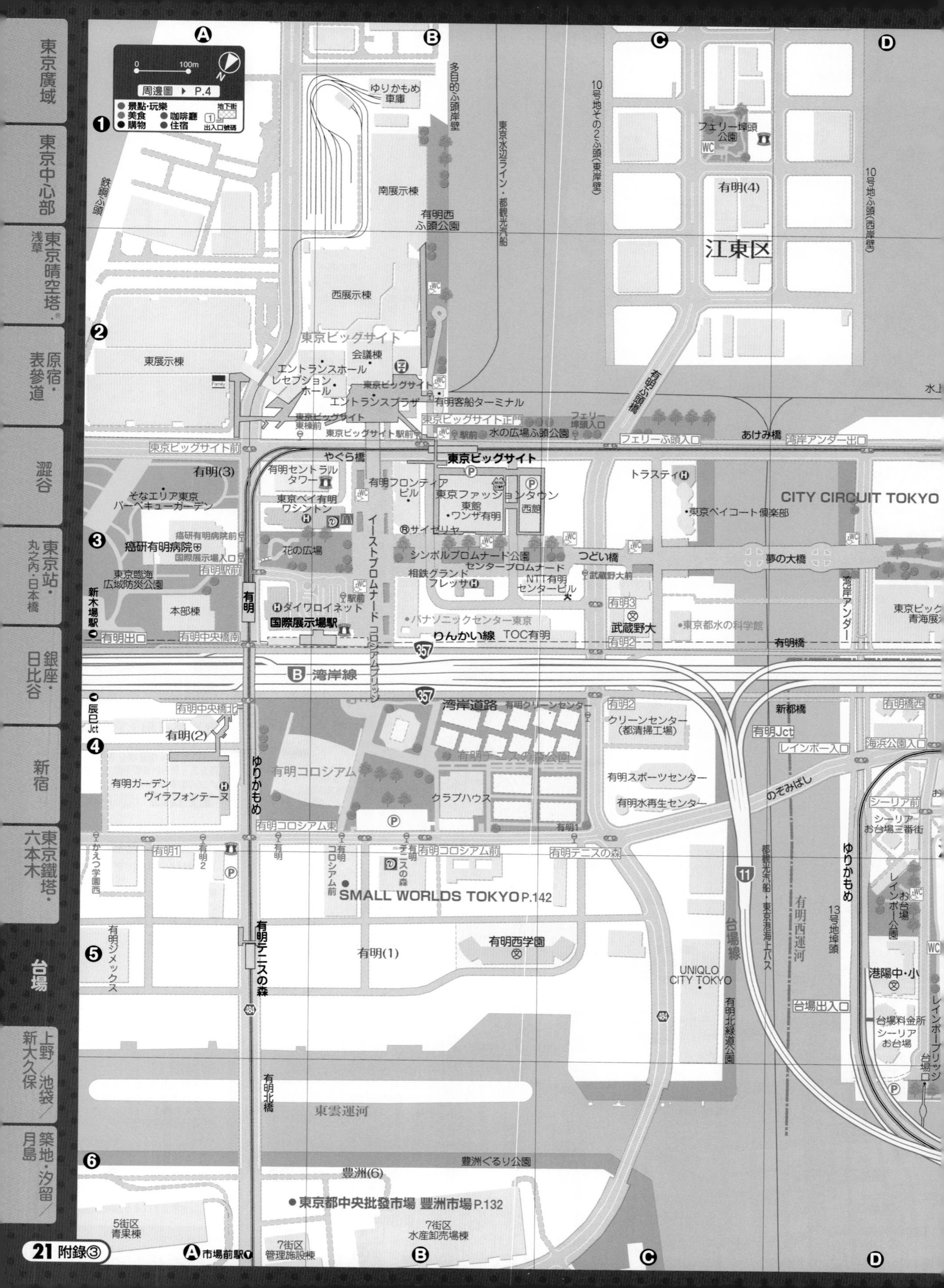

周邊圖 ▶ P.4
景點·玩樂
美食
購物
咖啡廳
住宿
地下街
出入口號碼
ゆりかもめ車庫
多目的ふ頭岸壁
東京水辺ライン・都観光汽船
10号地その2ふ頭(東岸壁)
フェリー埠頭公園
有明(4)
10号地ふ頭(西岸壁)
江東区
南展示棟
有明西ふ頭公園
鉄鋼ふ頭
西展示棟
東京ビッグサイト
会議棟
東展示棟
エントランスホール
レセプションホール
エントランスプラザ
有明客船ターミナル
有明ふ頭橋
フェリー埠頭入口
水の広場ふ頭公園
東京ビッグサイト正門
東京ビッグサイト駅前
東京ビッグサイト前
フェリーふ頭入口
あけみ橋
湾岸アンダー出口
水上
やぐら橋
東京ビッグサイト
有明(3)
有明セントラルタワー
有明フロンティアビル
東京ファッションタウン
東館
西館
ワンザ有明
トラスティ
CITY CIRCUIT TOKYO
東京ベイコート倶楽部
そなエリア東京
バーベキューガーデン
東京ベイ有明ワシントン
サイゼリヤ
癌研有明病院前
癌研有明病院
国際展示場入口
有明駅前
花の広場
イーストプロムナード
シンボルプロムナード公園
センタープロムナード
つどい橋
夢の大橋
東京臨海広域防災公園
相鉄グランドフレッサ
NTT有明センタービル
武蔵野大前
本部棟
有明
ダイワロイネット
国際展示場駅
パナソニックセンター東京
有明3
武蔵野大
東京都水の科学館
湾岸アンダー
東京ビッグサイト青海展示棟
新木場駅
有明出口
有明中央橋南
りんかい線
TOC有明
有明2
有明橋
湾岸線
コロシアムブリッジ
湾岸道路
有明クリーンセンター
クリーンセンター(都清掃工場)
有明橋西
新都橋
辰巳Jct
有明中央橋北
有明(2)
有明Jct
レインボー入口
海浜公園入口
有明テニスの森公園
有明コロシアム
有明スポーツセンター
のぞみばし
有明ガーデン
ヴィラフォンテーヌ
ゆりかもめ
クラブハウス
有明水再生センター
シーリア前
シーリアお台場三番街
有明コロシアム東
有明1
かえつ学園西
有明2
有明コロシアム前
テニスの森
有明テニスの森
都観光汽船・東京海上バス
SMALL WORLDS TOKYO P.142
レインボー公園
お台場
有明西運河
13号地埠頭
有明ジメックス
有明テニスの森
有明西学園
有明(1)
台場線
UNIQLO CITY TOKYO
港陽中·小
台場出入口
有明北緑道公園
台場料金所
シーリアお台場
レインボーブリッジ
台場口
有明北橋
東雲運河
豊洲ぐるり公園
豊洲(6)
東京都中央批發市場 豊洲市場 P.132
5街区青果棟
7街区水産卸売場棟
7街区管理施設棟
市場前駅

上野

●うえの

能遇見熊貓、藝術、超便宜商品的街區

還樣就不會迷路！

往各景點的路線

東京都恩賜上野動物園

JR**上野站公園口**出來後，**穿過**眼前的大馬路進入公園。朝著國立西洋美術館前的道路直走，前方就會看到動物園東園的表門。

03-3828-5171（代）

本書 P.94　MAP 附錄③ P.22 A-3

國立科學博物館

JR**上野站公園口**出來後，穿過眼前的大馬路進入公園，經過**國立西洋美術館後右轉直走**，右手邊即可見到。

050-5541-8600（代館諮詢）

MAP 附錄③ P.22 C-3　本書 P.97

照片提供：國立科學博物館

阿美横丁

JR**上野站不忍口**出來後，順著眼前的**大馬路直走**，右邊小路就能看到寫有「アメヤ横丁」的招牌，那裡就是入口。

本書 P.99　MAP 附錄③ P.22 B-5

池袋
•いけぶくろ

這樣就不會迷路！

往各景點的路線

太陽城

從東京地鐵有樂町線東池袋站6、7號出口走地下道行3分

☎03-3989-3331

本書 P.152

MAP 附錄③ P.23 C-2

新大久保
•しんおおくぼ

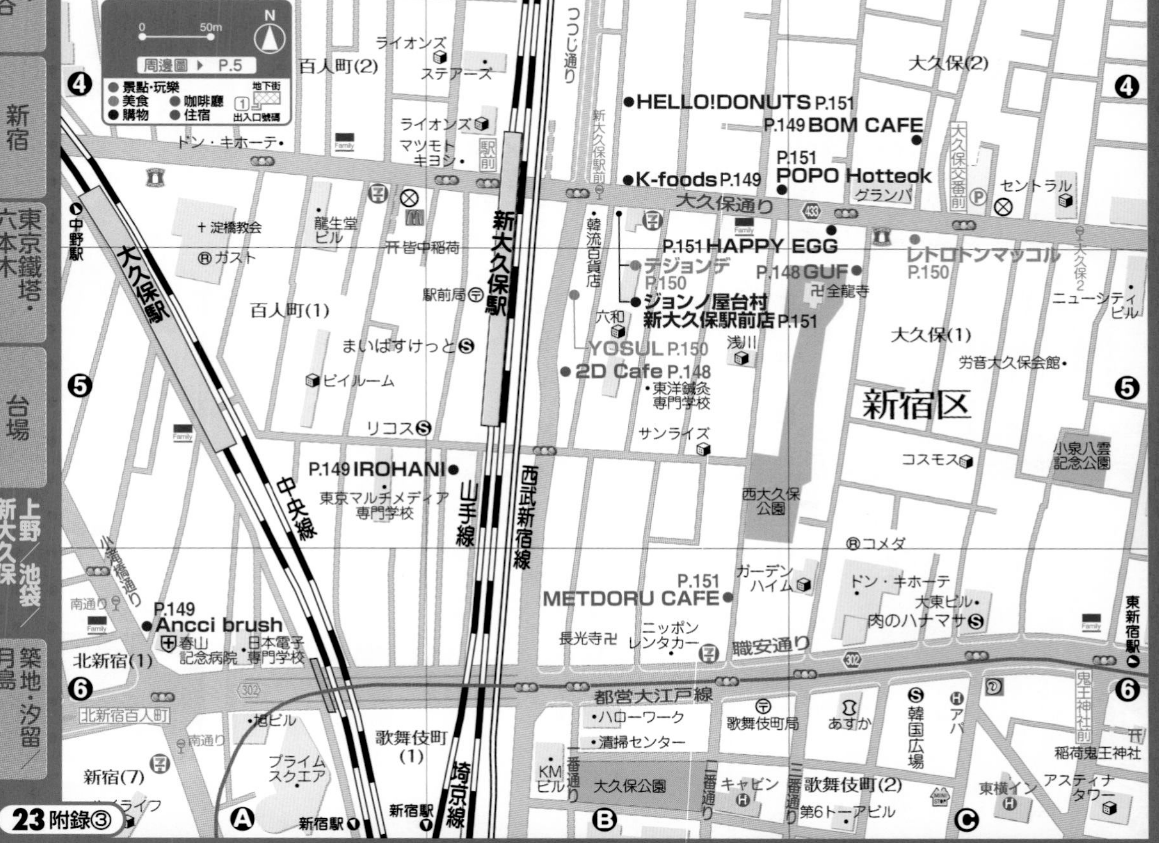

築地・汐留

•つきじ・しおどめ

市場移建後仍然朝氣如往昔

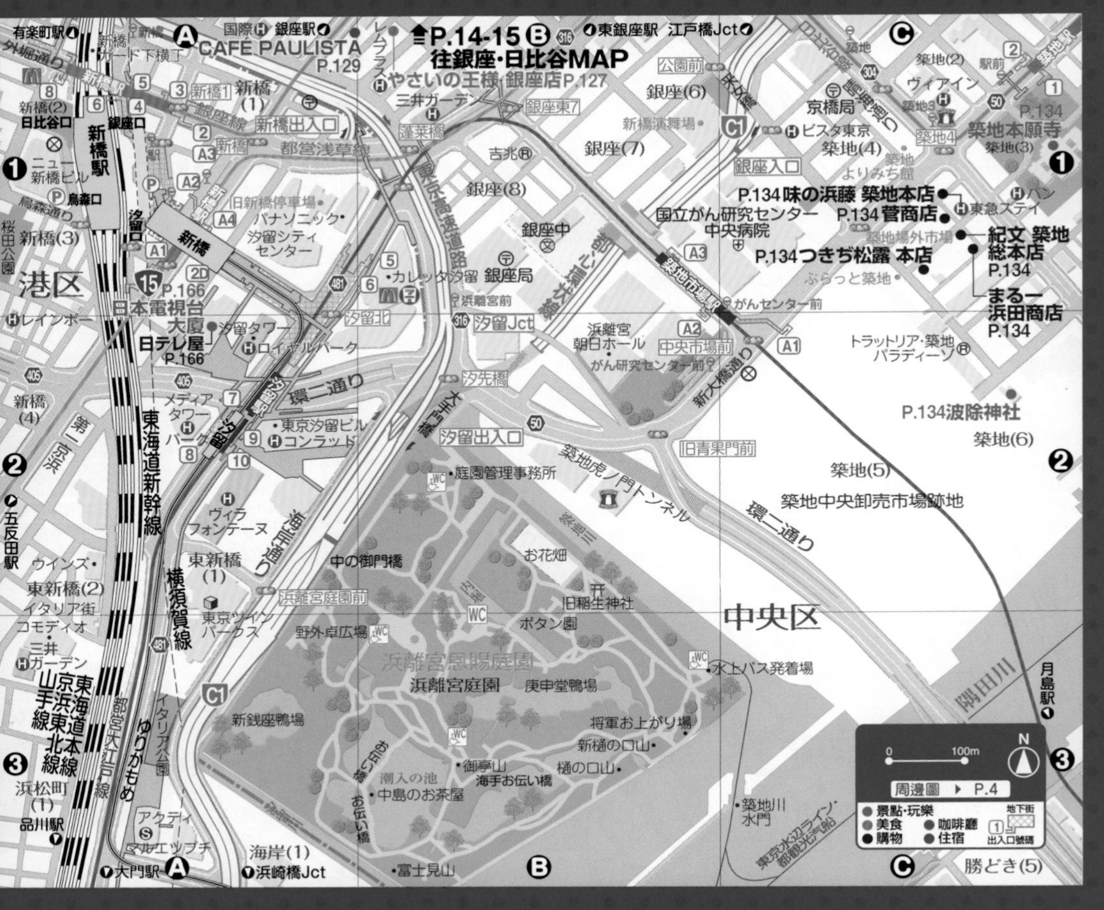

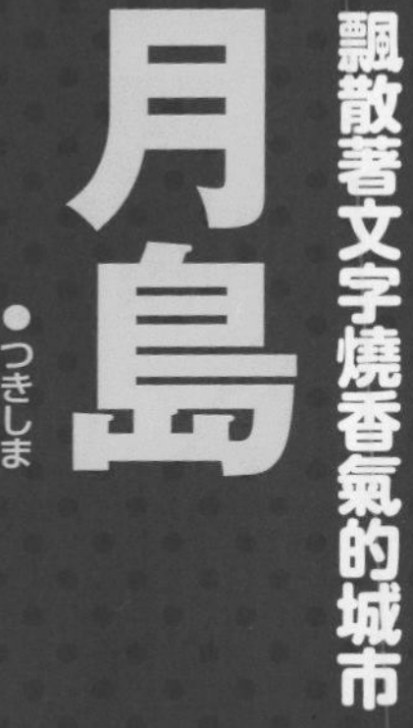

月島

•つきしま

飄散著文字燒香氣的城市

隅田川
月島三遊園
有楽町駅
佃(1)
わたし遊園
月島ホームズ
月島(3)
西河岸通り
月島スポーツプラザ
月島名物もんじゃ だるま 海鮮処
つきしま小町
しなのや
めんこ
いろは本店
おしお和店
おしおNST店
月島(1)
さかえ
ダイエー
西仲通り
バンビ
おかめ
錦
てまり
好美家 月島
みその
友
五平
ふくちゃん
能登
おしお だるま 月島本店
もんじゃ はざま本店
もんじゃ近どう
来る実
もんじゃ月島本店
もんじゃ近どう本店
もんじゃ まぐろ家
路地裏もんじゃ もん吉本店 P.135
もんじゃ蔵 P.135
月島名物もんじゃ だるま 粋な店 P.135
もんじゃ 月島本店
もんじゃ麦
もんじゃ 太郎
ミッドタワーグランド
まろん
アイマークタワー
月島もんじゃ振興会協同組合
海鮮もんじゃ片岡
キャピタルゲートプレイス
魚菜はざま
保健所分室
区民館
佃(2)
初見橋
月島駅
清澄通り
都営大江戸線
築地市場駅
月島一小
月島局
月島区民センター図書館
中央区
保健センター
月島
ムーンアイランドタワー
門前仲町駅
月島(4)
第一公園
CBC
ダイハツ
月島(2)
佃(3)
佃三遊園
月島二遊園
有楽町線
公園前
東海岸通り
朝潮運河
新木場駅
周邊圖 P.4
景點・玩樂
美食
咖啡廳
購物
住宿
地下街
出入口號碼

還樣就不會迷路！

往各景點的路線

月島文字燒振興協同組合

地鐵有樂町線、都營大江戶線**月島站7號出口**出來筆直前進，過馬路後即到。

MAP 附錄③P.24 C-5

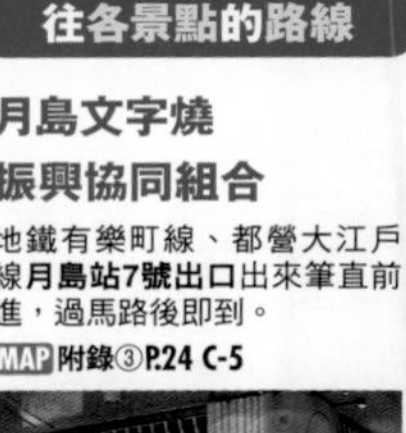

CAFE MEURSAULT

●カフェムルソー

在這間咖啡廳可眺望來回行駛於隅田川上的船隻。店名取自卡謬小說《異鄉人》的主角名字。香氣濃郁的綜合茶與咖啡，搭配每日替換的手作蛋糕一起享用吧。蛋糕也可以外帶。

☎03-3843-8008
所台東区雷門2-1-5
休不定休
L11:00～21:30
交地鐵淺草站4號出口即到
MAP附錄③P.7 C-4

↑位於大馬路與隅田川之間的小巷弄裡。標誌是綠意環繞的樓梯

←「每日蛋糕套餐」1320円。自家製的2種蛋糕，搭配飲料的套餐是人氣菜單

東京晴空塔®與隅田川的雙重景觀

CHECK 景觀
從2、3樓的靠窗座位望出的景觀遼闊放鬆。可望見從河川對岸大樓之間突出的晴空塔

眺望下町美景

以景觀自豪的咖啡廳

隅田川沿岸和大樓的高層樓等，散布著視野景觀良好的咖啡廳。眺望晴空塔、淺草寺的同時，好好度過一段放鬆時光吧！

CHECK 景觀
從沿著隅田川的露臺座位一覽淺草街景。拂面吹來舒適的風，在此渡過奢侈片刻時光

視野相當開闊

↑配菜跟擺盤都是正統風格的巴西鄉土料理「黑豆燉肉」1000円

Quebom! Riverside Cafe e Bar

●キボンリバーサイドカフェエバー

誕生於巴西的足球品牌「ATHLETA」所經營的咖啡廳。從下酒菜到正統餐點都能品嘗到巴西的豐富輕食文化。人數少也能入場，方便用餐。

☎03-6658-8193
所墨田区吾妻橋1-23-8先 墨田区役所前うるおい広場隣接地1F 休無休 L10:00～19:30
交地鐵淺草站4號出口步行5分
MAP附錄③P.7 D-3

R Restaurant & Bar

●アールレストランアンドバー

小酒館風格的餐廳＆酒吧，以西餐基礎製作的佳餚廣受好評。白天也可當作咖啡廳來光顧。

☎03-5826-3877(雷門大門飯店)
所台東区雷門2-16-11 ザ・ゲートホテル雷門13F 休無休 L6:30～22:00
交地鐵淺草站2號出口即到
MAP附錄③P.7 B-3

→盛有雷米果的「阿芙佳朵加雷米果」950円

CHECK 景觀
從店內的桌位座和室外的露天座位，能夠望見晴空塔和朝日啤酒總公司的大樓群

下町的街道展現在眼前

東京'25
特別附錄❸

可以拆下來使用

TOKYO 散步MAP

圖片提供：東京Station City營運協議會

contents

●關於本書刊載的地圖
係根據測量法經日本國土地理院長認可（使用）R 5JHs 14-297785　R 5JHs 15-297785　R 5JHs 16-297785
此外，超過1萬分之1比例尺的地圖製作，使用了以航空攝影照片為基礎製成的資料庫MAPPLE2500。

MAPPLE まっぷる 哈日情報誌

東京'25 CONTENTS

欲領取免費電子書者，請掃描右方QRcode，進入「旅遊書買紙送電活動專區」，上傳購買證明並填寫相關資料，待審核通過即會發送GOOGLE圖書兌換券及兌換步驟說明。

MAPPLE編輯部 官方X @mapple_editor 記得追蹤喔♪

利用本書前請詳細閱讀下列事項

●本書刊載的內容為2023年11月～2024年2月採訪及調查的資訊。
本書出版後，餐廳的菜單、商品內容與費用等各種刊載資訊有可能變動，也可能依季節而有調整或售完、臨時休業、停止營業的情況。因為消費稅的調高，各項費用可能異動，因此會有部分設施的標示費用為稅外的情況，消費之前請務必事先確認。此外，因本書刊載內容而造成的糾紛和損害等，敝公司無法提供賠償，請在確認此點之後再行購買。

●記號索引　各物件刊載的象形符號表示以下內容。

景點

美食

咖啡廳

玩樂

購物

●各種資訊使用以下的方式刊載
✆…電話號碼　刊載的電話號碼為各設施的洽詢用電話號碼，因此可能會出現非當地號碼的情況。使用衛星導航等設備查詢地圖時，可能會出現和實際不同的位置，敬請留意。

所…地址　各設施的所在位置。自然景點僅為大略標示，使用衛星導航設定時請務必注意。

L…營業時間・開館時間　營業時間、開館時間為實際上可以使用的時間。基本上餐廳為開店到最後點餐時間，各種設施為開館到可入館的最終時間。

休…公休日　原則上只標示出公休日，基本上省略過年期間、黃金週、盂蘭盆節和臨時休業等情況。

¥…費用・價錢　◎表示入場時需要費用，基本上為大人1人份的費用。 ◎住宿費原則上是一般客房的1房費用，附餐點時則標示2人1房時1人份的費用。金額包含各種稅金、服務費在內的費用，但可能依季節、星期、房型、住宿人數而有所變動，預約時請務必確認。

交…交通方式　原則上標示出最近的車站，所需時間僅為預估值，可能因季節、天候和交通機關的時刻表更動而有所不同。

MAP 00X-0　標示出該物件在地圖上的位置。

※本書內容也有刊登在右方的資訊中。 HP…官網

※刊載的資訊可能會根據各設施對傳染病的對應、對策而有所不同。請預先確認最新的狀況。

更新最新資訊！
東京迪士尼度假區®
©Disney
新主題港口誕生！
讓人好興奮

要暢遊持續進化的迪士尼度假區，就必須掌握最新資訊。先行查看最新動態，不斷更新吧！

所千葉県浦安市舞浜 休無休 L需至官方網站或東京迪士尼度假區資訊中心確認 P總計約2萬輛（普通車平日2500円；週六日、假日3000円）

MAP 附錄③P.2 H-5

Tickets

票券種類	大人 18歲以上	學生票 12～17歲（中學・高中生）	兒童票 4～11歲（幼童・小學生）	內容
一日護照	7900～19000円	6600～9000円	4700～5600円	可指定入園日期、園區的指定日期票券。園區開園起即可入場
午後護照	6500～8700円	5300～7200円	3800～4400円	可選擇一座園區自假日的15點起入園
平日傍晚護照	一律4500～6200円			可選擇一座園區自平日的17點起入園（假日除外）
注意！	園區票券為價格變動制，2個月前開始販售。價格請至下方的東京迪士尼度假區官方網站的價格月曆確認。除了上述票種，也有身心障礙者專用的一日護照。			

Information

HP **https://www.tokyodisneyresort.jp/**

（東京迪士尼度假區官方網站）

綜合服務 **050-3090-2613**

（東京迪士尼度假區資訊中心／10:00～15:00）

※請同時參閱東京迪士尼度假區官方網站內的「常見問題」。

Access

車：浜崎橋JCT →（首都高台場線）→ 有明JCT →（首都高灣岸線）→ 浦安出口 →（一般道）→ 抵達東京迪士尼度假區

電車：新宿站 →（JR中央線）→ 東京站 →（JR京葉線・武藏野線）→ 舞濱站 →（步行）→ 抵達東京迪士尼度假區

舞濱站 →（JR東海道線）→ 東京站

舞濱站 →（步行）→ 度假區總站 →（迪士尼度假區線）→ 抵達東京迪士尼海洋站

也有許多直達巴士營運中

有往返新宿、池袋、東京、秋葉原、東京晴空塔城、小岩、龜有、錦糸町、蒲田、吉祥寺、調布、浦安、橫濱、川崎、多摩廣場站、大宮、川越、武藏浦和的巴士。費用和時間請至東京迪士尼度假區官方網站確認。

※2024年7月的資訊。刊載的內容可能有所變更。此外，圖片為過去所拍攝。現今的營運方針及安全衛生措施部分可能有異。詳細資訊請至東京迪士尼度假區官方網站確認。

2024年度 令人期待的活動日程

除了新主題港口盛大開幕，也一併介紹2024年的最新活動資訊！

即將開幕！拉開新冒險的帷幕

6/6

夢幻泉鄉 盛大開幕

詳細資訊➡P.4

東京迪士尼海洋

4/1～6/30 東京迪士尼海洋美食&葡萄酒節

以「用美食環遊世界」為主題的新活動。第1彈推出世界各國料理，以及以「夢幻泉鄉」為設計靈感的菜單。

4/9～6/30 心馳神往的夢幻泉鄉

詳細資訊 ➡P.5

東京迪士尼樂園

4/9～6/30 Disney Pal-Palooza第2彈 唐老鴨的呱呱鴨趣城

主角為唐老鴨的歡樂活動登場！
以唐老鴨的理想城市「鴨趣城」為主題，園區內會舉辦熱鬧的慶典遊行和城堡表演。也別錯過可愛的唐老鴨周邊商品和餐點。

4/9～7/31 同慶太空山：最終發射！

「太空山」將於2024年7月31日關閉，全面翻新後預計於2027年重新開放。周邊不僅設有拍照點，也有販售限定商品和餐點。

9/20～ 新城堡投影秀(名稱未定)

以灰姑娘城堡為舞臺的全新夜間表演。配合迪士尼經典歌曲，運用光雕投影創造生動影像，並結合燈光和火焰（煙火）效果，呈現活力四射的表演。

季節性活動！

7月2日～9月18日	夏日企劃
10月1日～11月7日	迪士尼萬聖節
11月15日～12月25日	迪士尼聖誕節
2025年 1月1日～1月13日	新年特別活動

必勝訣竅1 東京迪士尼度假區APP使用方法

到園區遊玩一定要下載APP！趕緊掌握使用方法，讓遊園變得更順暢吧。

看一眼地圖就能知道等候時間！

STEP 1 下載APP
決定要去玩後，下載APP並註冊帳號。已有帳號的遊客請更新到最新版本。

STEP 2 用APP購買票券
票券可於2個月前購買，1次最多可購買5張（可使用信用卡、PayPay等付款）。

STEP 3 事先預約餐廳
➡P.13

入園！

STEP 4 入園後開始使用下方的服務
- 遊樂設施⇒40週年紀念優先入場卡 ➡P.6
- 部分表演觀賞⇒報名體驗 ➡P.9
- 餐飲選單⇒迪士尼行動點餐 ➡P.12
- 進入部分商店⇒預約等候卡 ➡P.14

STEP 5 查看遊樂設施和餐廳的等候時間，盡情享受吧！

東京迪士尼海洋 夢幻泉鄉 全區介紹

2024年6月6日盛大開幕！

東京迪士尼海洋第8個新主題港口開幕！
以下針對3個區域內開放的新設施進行詳細介紹。

姊妹倆共同治理的艾倫戴爾王國出現！

北山

艾倫戴爾城

以此作品為題材！

↑《冰雪奇緣》2013年在台灣上映。聽說現在正在製作第三集!?

出現 冰雪奇緣 的世界

冰雪王國

完整呈現安娜和艾莎姊妹倆居住的艾倫戴爾城堡，以及矗立著冰雪皇宮的北山。這個區域會建造搭乘式遊樂設施「安娜與艾莎的冰雪之旅」，乘船尋訪姊妹倆的故事。艾倫戴爾城內也會開設餐廳。

預定設施

1. 安娜與艾莎的冰雪之旅（遊樂設施），乘船尋訪電影《冰雪奇緣》的故事
2. 艾倫戴爾皇家宴會廳（餐廳）
3. 奧肯好食（餐飲設施）

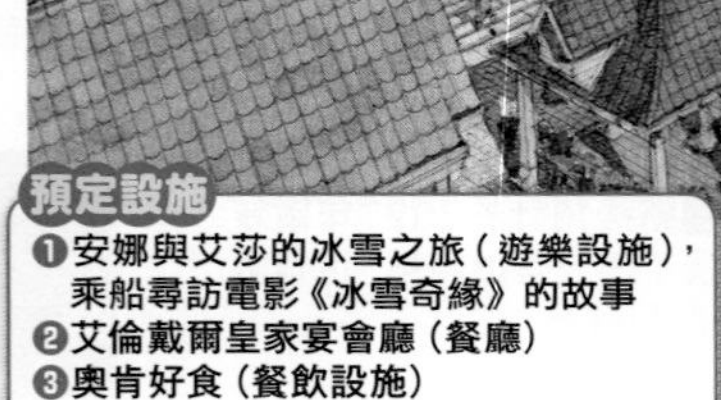

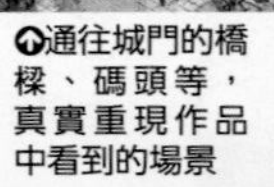

↑通往城門的橋樑、碼頭等，真實重現作品中看到的場景

↑重現舉行加冕儀式派對大禮堂的餐廳「艾倫戴爾皇家宴會廳」

↑「安娜與艾莎的冰雪之旅」中的一幕。也能聽到〈Let it go〉等經典歌曲

與小飛俠彼得潘一起踏上冒險之旅

↑隱蔽的家、海盜船、骷髏岩等，有很多能激發好奇心的景點

以此作品為題材！

↑電影《小飛俠彼得潘》1953年在台灣上映。華特迪士尼也有參與製作

PETER PAN ピーター・パン 與小飛俠彼得潘大冒險

小飛俠夢幻島

孩子永遠不會長大之地·夢幻島。這裡會有兩項遊樂設施。「小飛俠夢幻島歷險記」是配戴3D護目鏡體驗的遊樂設施。為了救出少年而成為走失男孩一員，與海盜展開攻防戰。

樂佩住的紫色尖塔就跟電影中的一樣

塔の上のラプンツェル 會成為樂佩公主嗎？
樂佩公主森林

樂佩公主居住的高塔是地標。旁邊即是乘坐小船體驗浪漫故事的遊樂設施「樂佩公主天燈盛會」。電影中惡棍們聚集的餐廳也很令人期待！

以此作品為題材！

⬆《魔髮奇緣》於2011年3月在台灣上映。天燈升空的場景讓人印象深刻

⬆搭乘「樂佩公主天燈盛會」體驗「至今最美好的一天」！

預定設施
1. 樂佩公主天燈盛會（遊樂設施），前往年度天燈盛會的浪漫遊船之旅
2. 醜小鴨小館（餐廳）

News 4/9～6/30

「心馳神往的夢幻泉鄉」進行中！

近期盛大開幕，開始展示夢幻泉鄉世界觀的特別活動！透過裝飾和迎賓表演等等，讓園區充滿歡樂氛圍。當然也有限定商品和餐點！

⬆別針玩偶各2600円

⬇原創貼紙預定會在入口等處發放

⬇在「小飛俠夢幻島歷險記」中乘坐灑上精靈粉末的小船，一起遨遊天際！

⬆精靈谷的四季巡遊「奇妙仙子妙妙小車」

預定設施
1. 小飛俠夢幻島歷險記（遊樂設施），從虎克船長和海盜手中救出孩子們的冒險之旅
2. 奇妙仙子妙妙小車（遊樂設施），以精靈谷「Pixie Hollow」為主題的搭乘式遊樂設施
3. 瞭望臺野餐屋（餐廳）

同時OPEN

東京迪士尼海洋 夢幻泉鄉大飯店

日本國內第6間迪士尼飯店將於夢幻泉鄉內誕生。飯店一共有兩棟，一棟是奢華型的「豪華館」；另外一棟則是麗緻型的「夢幻館」，是一間能在最佳位置體驗特別夜晚的飯店。

詳細資訊➡P.16

⬅這裡是豪華館。窗外景色如夢似幻！

2024年2月開始接受預約！

#最後的機會

東京迪士尼樂園

太空山

★發行40週年紀念優先入場卡

搭乘巨大的新型火箭體驗宇宙之旅，在黑暗中高速穿梭銀河系與流星群之間，變幻莫測的運行讓人心驚動魄！◆所需時間：約3分

乘坐美麗的流星形火箭從太空站出發！

2024年7月確定關閉

開園當時就有的遊樂設施，確定於7月31日關閉。

詳細資訊➡P.3

這個一定要玩！

編輯部 超推！遊樂設施

東京迪士尼樂園和東京迪士尼海洋都各有30項以上的遊樂設施！以下介紹其中幾項最值得推薦的遊樂設施。

東京迪士尼樂園

米奇魔法交響樂

跟著追逐魔法帽的唐老鴨，進入《阿拉丁》、《小美人魚》、《獅子王》等迪士尼動畫世界。眼前彈出的3D影像和意想不到的小機關都相當有趣。◆所需時間：約16分

#異世界之旅

⬆2022年節目翻新，《可可夜總會》全新登場

東京迪士尼海洋

龜龜漫談

★發行40週年紀念優先入場卡

與電影《海底總動員》中的綠蠵龜爸爸──龜龜談天說地。熱情舉手的話，或許有機會被選中當聊天對象。◆所需時間：約30分

➡以豪華客船S.S.哥倫比亞號的海底展望室為舞臺

#爆笑對話

⬅《海底總動員》中的利鯨、命運等角色也會出來打招呼

必勝訣竅2 東京迪士尼度假區40週年紀念優先入場卡

能以較短的等候時間體驗遊樂設施的服務。在APP中選擇遊樂設施，就能看到可使用的時間。部分遊樂設施實施中。

＼取得後／

遊玩更順暢

＼也有縮短等候時間的收費服務！／

迪士尼尊享卡

能以較短的等候時間入場、可於指定觀賞席位（區域）觀看遊行或表演的收費服務。1項設施1人價格為1500円～2500円。適用表演＆遊樂設施請至官方網站確認。

↑盧米亞主辦的晚餐會。不知不覺中，桌上就擺滿了佳餚

↑電影中的名場景一幕幕出現

東京迪士尼樂園

美女與野獸「城堡奇緣」

★發行迪士尼尊享卡

乘坐設施巡遊城堡，走進電影《美女與野獸》的故事場景。彷彿魔法般的各種機關令人驚嘆！◆所需時間：約8分

↑解開野獸詛咒的完美結局，最後的舞會場景令人嘆為觀止

東京迪士尼樂園

小熊維尼獵蜜記

★發行40週年紀念優先入場卡

舞臺為小熊維尼和夥伴們居住的百畝森林。乘坐隨機擺動的蜂蜜甕，展開一場尋蜜之旅。◆所需時間：約4分30秒

→找到最喜愛的蜂蜜，露出幸福笑容的小熊維尼♥

↑發現懸掛在氣球上的小熊維尼!? 跳跳虎和屹耳也在旁邊

東京迪士尼海洋

翱翔：夢幻奇航

★發行迪士尼尊享卡

搭乘翱翔天際的乘具「夢想飛行器」航向雲霄。馬特洪峰、萬里長城等從腳下掠過，享受身臨其境的世界之旅。

◆所需時間：約5分

←從空中欣賞萬里長城。壯闊的景色讓人屏氣凝神

↓眺望美國西南部的紀念碑谷

東京迪士尼海洋

驚魂古塔

★發行迪士尼尊享卡

參加因主人失蹤而被封鎖的舊飯店旅行團。受詛咒的人偶讓電梯失控，急速上升又急速下降！在這趟恐怖體驗中尖叫吧。

◆所需時間：約2分

←高約59公尺的飯店頂端偶爾會看到閃電般的光……

東京迪士尼海洋

印第安納瓊斯冒險旅程®：水晶骷髏頭魔宮

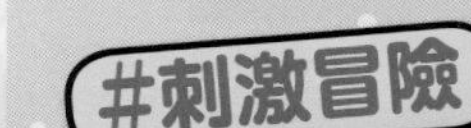
★發行40週年紀念優先入場卡

參加在遺跡中尋找「青春之泉」的旅程時，激怒了守護神。各種攻擊朝遊客相繼而來。

◆所需時間：約3分

→祭祀於遺跡中的守護神水晶骷髏頭

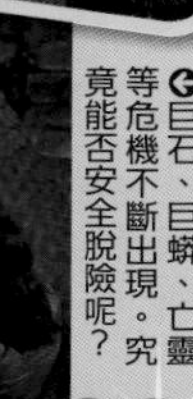

#刺激冒險

←巨石、巨蟒、亡靈等危機不斷出現。究竟能否安全脫險呢？

娛樂表演&明星迎賓會

好想全制霸！

東京迪士尼海洋

園區最大的樂趣就是迪士尼明星！以下介紹米奇與夥伴們唱歌跳舞的表演，以及可以直接和他們互動的迎賓會。

⬆喜歡音樂的奧樂米拉和很會畫畫的傑拉多尼

達菲與好友的非凡友誼

★座位全為預約制

2023年7月開演的最新表演，講述好友們在籌備派對的過程中，讓友誼更緊密的溫馨故事。◆所需時間：約75分（其中演出時間約20分）

⬆達菲&7位好友一同登場的首場表演

關注這裡！
此為「鱈魚岬錦標美食」的附餐表演（大人2600円～），請提前預約！

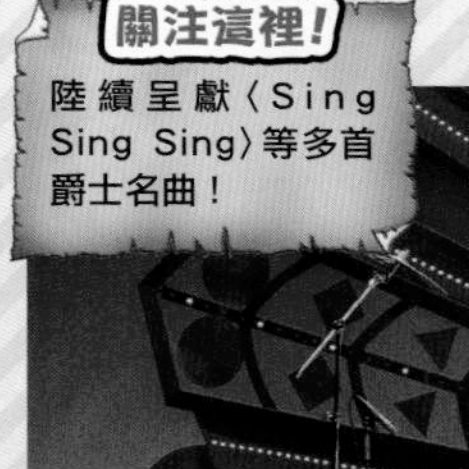

關注這裡！
陸續呈獻〈Sing Sing Sing〉等多首爵士名曲！

⬇節目壓軸為米奇的爵士鼓演奏，米奇的鼓棒技巧令人驚豔

華麗的服裝也很吸睛
超迷人的歌舞秀！

動感大樂團～匠心小歡樂～

★實施報名體驗制

結合搖擺爵士樂等名曲，迪士尼夥伴們展現精湛的歌聲與舞蹈。米奇的爵士鼓演奏必看。◆公演時間：約25分

⬇歌姬米妮也很活躍！演唱的歌曲時而輕柔，時而流行

米奇樂跳跳！同歡共舞！

★實施報名體驗制

與迪士尼夥伴們一同歡欣起舞，專為孩童設計的娛樂表演。若能將舞步記住並一起跳舞，樂趣更加倍！◆公演時間：約15分

⬆跟著米奇的動作一起跳舞吧

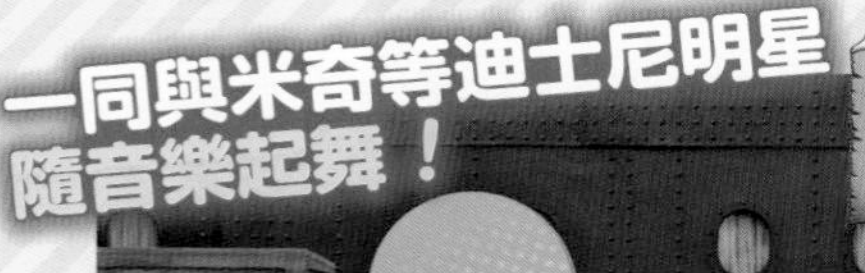

一同與米奇等迪士尼明星
隨音樂起舞！

關注這裡！
官方網站上有舞蹈影片。先預習吧！

➡舞臺離觀眾席很近，臨場感十足。感覺更加親近

必勝訣竅3 入園後趕緊完成「報名體驗」！

若想觀賞表演，必須要透過APP申請「報名體驗」。各設施1天僅可申請1次。APP會當場進行抽選，若沒有抽中就無法體驗。

➲出現這個畫面代表中選！進入園區後趕緊抽選看看吧

關注這裡！
運用光雕投影技術，讓空間變成森林、海底和波濤洶湧的大海！

港灣周圍一帶一下子變成了舞臺！

堅信！～夢想之海～

★發行迪士尼尊享卡

將迪士尼動畫的經典場景投影在水上屏幕和周圍的牆壁上，編織出夢幻故事般的夜間娛樂表演。夢幻般的景象精彩奪目。

◆公演時間：約30分

➲以茉莉、樂佩為首，眾多的迪士尼公主登場
➲在《可可夜總會》的橋段，五顏六色的骷髏點綴著牆面
➲米奇身著耀眼的亮片服裝

和迪士尼明星一起拍攝照片！迎賓會設施

朝氣蓬勃的達菲粉絲增加中！

➲頭上的墨西哥帽與彩色刺繡的傳統外衣很相稱

達菲

致候吾友迎賓船塢

身穿拉丁美洲風格服飾的達菲，在失落河三角洲的某個角落靜候光臨。和達菲一起開心拍照、擁抱和互動吧。

米奇&好友的迎賓小徑

在叢林的深處，有3位迪士尼明星正在挖掘、研究遺跡，穿著狩獵裝一起拍照吧。

和正在挖掘&研究的3人見面！

米奇

➲米奇身著冒險家風格服飾，非常適合！

米妮

➲正在叢林研究植物和昆蟲的米妮

唐老鴨

➲唐老鴨後方的壁畫也很獨特!?

雪莉玫

漁村迎賓小屋

能與達菲的好朋友雪莉玫一起拍照留念。雪莉玫的服裝會視季節及活動更換，敬請期待。

東京迪士尼樂園

關注這裡！
有很多步行前進的迪士尼明星，有機會能與他們互動！

大人小孩都會展開笑容！樂園的象徵性遊行

↓遊行的領頭是小叮噹

米奇與米妮乘上最後的花車登場，沿路和大家打招呼

迪士尼眾彩交融

★發行迪士尼尊享卡

2023年開始的最新遊行。《可可夜總會》、《無敵破壞王》等，許多作品角色首次在樂園亮相。◆演出時間：約45分

←杯麵抱著小貓麻糬行進中

關注這裡！
精靈變身成唐老鴨、跳跳虎、妙妙貓、超人特攻隊!?

為樂園夜色添上光彩的璀璨光之遊行

神燈精靈存在感滿分!?

東京迪士尼樂園電子大遊行～夢之光

★發行迪士尼尊享卡

↑天燈及樂佩公主的金色長髮在花車上閃閃發光

使用100萬顆LED燈泡的光之遊行。隨著音樂響起，花車&迪士尼明星陸續登場的景象令人著迷。◆演出時間：約45分

雨天實施！
僅於雨天登場的遊行「夜幕彩輝」。

→由卡通城出發，路線與一般遊行相反

迪士尼作品與米奇的夢想結合！

←米奇等人也參加《美女與野獸》的晚餐會！伴隨經典名曲展開歌舞表演。

米奇魔法音樂世界

★實施報名體驗制

米奇與夥伴們踏上尋覓音樂之旅，能看到許多作品及迪士尼明星的精彩舞臺表演。◆演出時間：約25分

關注這裡！
小熊維尼、艾莎、迪士尼反派角色等，演出角色相當多！

米奇樂跳跳！同歡共舞！

★實施報名體驗制

專為孩童設計的娛樂表演，米奇、米妮、唐老鴨都會登場。舞步以拍手等簡單動作為主，一起享受跳舞時光吧。◆演出時間：約15分

與米奇一同跳舞！遊客同樂型表演

↓在練習時間掌握動作，正式表演時就能融入其中！

必勝訣竅4 使用孩童相關服務

嬰兒車出租

適用出生7個月以上，身高100公分且體重15公斤以下的孩童。有椅背傾仰功能，僅能於園區內使用。1日1000円。

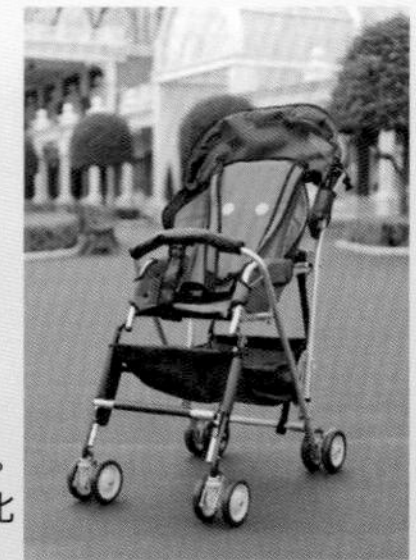

➲請於入口附近的地點租借。雨天有遮雨罩（3500円）會比較便利

嬰兒中心

➲嬰兒中心內也有販售離乳食品和尿布

備有熱水瓶、流理臺、微波爐，可沖泡奶粉、哺乳、加熱離乳食品、換尿布等，提供便於照顧嬰幼兒的服務。免費使用。

CLUB MOUSE

人氣俱樂部的酷炫舞臺讓人目不轉睛

關注這裡！
一定會被滑稽的唐老鴨變身＆頑皮模樣所治癒！

米奇俱樂部動感節奏 ★實施報名體驗制

以人氣俱樂部「米奇俱樂部」為背景，接連呈獻嘻哈、拉丁、流行樂等各種類型的舞臺。◆演出時間：約25分

➲米奇等人帶來酷炫＆華麗的舞蹈，還有豪華嘉賓登臺

➲裝扮成搖滾巨星的唐老鴨。也會有其他不同的打扮

和迪士尼明星一起拍攝照片！迎賓會設施

➲➲春夏秋冬的服裝，每一套都很典雅，背景也會配合季節改變

米妮時尚工作室

在參觀世界知名時尚設計師米妮的工作室之後，和米妮留影紀念。米妮會隨季節變化不同的時尚穿著。

米奇公館會米奇

參觀完米奇的住家後，與在後院的攝影棚拍攝電影的米奇見面！去了之後能見到哪種裝扮的米奇，真是令人期待。

➲正在拍攝《米奇獨奏會》、《幻想曲》等4部電影！

米奇

獨占最喜歡的米奇！

➲米奇的出道作品《蒸氣船威利號》的服裝

童子軍風格服裝穿起來相當合適

➲腰間繫著腰帶的時尚黛西

➲脖子上繫著圍巾的童子軍風格服裝

土撥鼠迎賓小徑

以迪士尼漫畫《Junior Woodchucks》的世界為主題的設施，唐老鴨和黛西在此靜候光臨。除了拍照、擁抱，也能簽名。

在園內用餐也是樂趣之一！

必吃園區美食

集結好看、好吃、好上鏡的最新菜單。新餐點陸續登場，千萬別錯過！

L 東京迪士尼樂園　S 東京迪士尼海洋

超上鏡餐點

L S 三眼怪饅頭
400円
※附紀念盒1250円

↑Q彈的外皮與巧克力、草莓、卡士達等奶油餡很搭！
汎銀河披薩港／尚比尼兄弟餐廳

L S 大眼仔哈密瓜麵包
500円

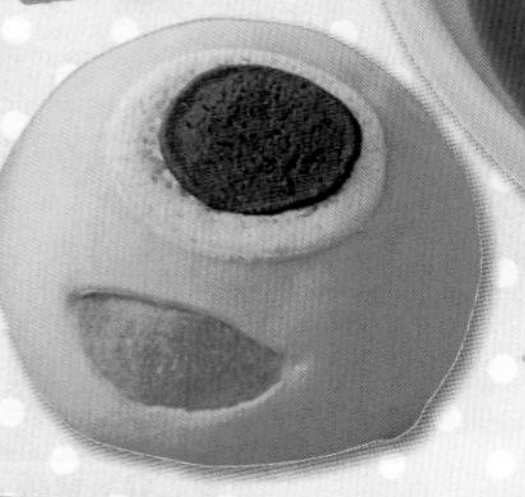

→表面是酥脆的餅乾外皮，裡面是香甜的哈密瓜奶油。
甜心咖啡餐館／餅乾媽媽西點

L 咖哩飯
1580円

→一次可品嘗到甜口的奶油雞肉咖哩和中辣的牛肉咖哩
中央大道咖啡餐館

沉醉在咖哩池內的杯麵!?

L 北齋餐廳原創芭菲
800円

→結合紅白麻糬冰、栗子、抹茶慕斯、草莓醬的日式甜點
北齋餐廳

如同美男子加斯頓般甜蜜的點心

L 甜蜜加斯頓
480円

←草莓果凍&芒果慕斯配上覆盆莓醬，酸甜可口
加斯頓餐館

L 飯糰三明治（牛五花）
710円

←夾著甜辣牛五花的烤飯糰，很適合當輕食
土撥鼠營地廚房

S 玲娜貝兒珍珠茶（水果&牛奶）
各700円

→拉西風飲品。將路易波士茶果凍與黑色珍珠、芒果均勻攪拌後享用
鱈魚岬錦標美食

小比目魚的笑容和慕斯的甜味讓人療癒

S 芒果與優格慕斯附紀念杯
880円

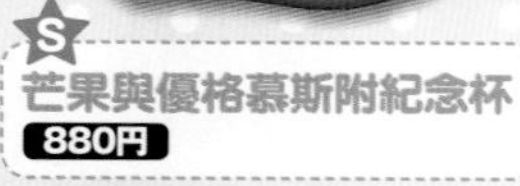

↑兩種酸甜慕斯&果凍很涼爽。休息時順便補充糖分
賽巴斯丁加力騷廚房

L 米麵包（豆沙） 各300円

←使用米粉製成，口感Q彈的麵包，最棒的點綴是裡面的豆沙餡
甜心咖啡餐館

必勝訣竅5
利用迪士尼行動點餐省時又省力！

此服務隨時隨地都能透過APP選購適用餐廳的餐點。點完餐後，於指定時段前往餐廳櫃檯取餐即可。使用信用卡付款，無須排隊結帳！

→目前各園區皆有7～9間適用餐飲設施。今後將陸續增加

米奇餐盤上都是喜歡的食物♥

兒童餐

L 兒童餐 1400円

↑肉醬義大利麵、漢堡排等，滿是孩童愛吃的餐點（適合11歲以下）

東街咖啡餐館

→附大塊漢堡排的甜口咖哩、沙拉、果凍和飲品（適合8歲以下）

頑熊餐廳

L 小頑熊套餐附紀念餐盤 1690円

S 蒸氣船套餐 1800円

←附飯糰、豆乳玉米濃湯、漢堡排等色彩繽紛的日式御膳料理

櫻花餐廳

必勝訣竅6 利用優先入席縮短等候時間！

「優先入席」是指能以較短的等候時間優先進入餐飲設施用餐的服務。部分餐廳適用。入園前1日的20點59分之前可透過APP申請。免費使用。

↑若有空位，當日9點起開放線上申請。10點開始接受現場候位

夢幻泉鄉 新菜單

開幕後即開始販售！

S 精靈粉末蘇打（奇異果） 750円

↑浮在上方的星星溶解後，會出現銀箔砂糖的有趣飲品

瞭望臺野餐屋

S 艾倫戴爾皇家套餐（牛肉） 3500円

→慶祝艾莎加冕的餐點登場，雪寶也有出現其中!?

艾倫戴爾皇家宴會廳

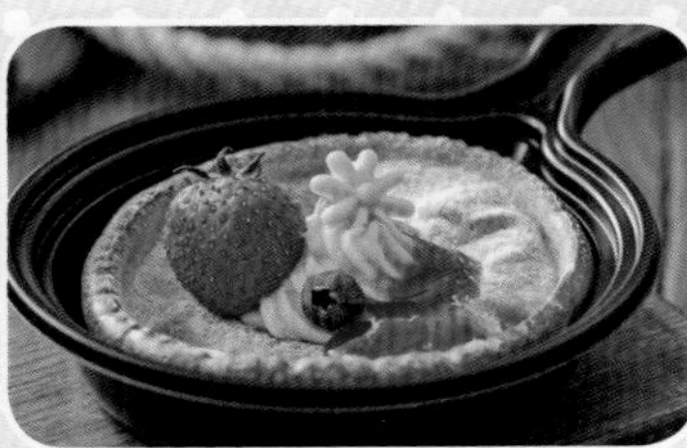

S 甜蜜到永遠（檸檬&草莓） 700円

←電影中樂佩公主用來自衛的平底鍋，也被當作甜點的容器

醜小鴨小館

最新爆米花桶

獨特的爆米花桶已成為裝飾品!?

S 爆米花桶 2600円

←小貓傑拉多尼的爆米花桶登場，肉球、調色板等細節也很吸睛！

L・S 爆米花桶 3200円~

↑大耳米妮造型爆米花桶，上方繪有享受時尚的米妮

蜂蜜甕中裝有香氣四溢的爆米花！

L・S 爆米花桶 2600円~

→蜂蜜甕造型爆米花桶，笑著偷看裡面的小熊維尼非常可愛！

好想全～部帶回家！

園區商品

L 東京迪士尼樂園　S 東京迪士尼海洋

以下將介紹園區推薦商品，無論是當作伴手禮、禮物送給親友，還是犒賞自己都很適合。每樣都可愛到讓人想掏錢購買!?

玩偶

米奇&布魯托的好感情讓人療癒

L S 玩偶 4800円

布魯托狂舔米奇的臉!?和睦的兩人真可愛

S 玩偶 4400円

只有玩偶的腳底才會有米奇形狀肉球！

杯麵的棉花糖身體♡

L S 玩偶 5000円

高約54公分的杯麵！棉花糖般的觸感好療癒♪

嬰幼兒商品

寶寶達菲裝送禮也很不錯♥

L S 圍兜套組 2300円

不管有幾條圍兜都會很開心！非常適合當生產賀禮

S 連身裝 5700円

臉、耳朵、尾巴都有的寶寶達菲裝！(尺寸：90公分)

嬰兒用品這裡有！

勇敢的小裁縫師商店
(東京迪士尼樂園)

美人魚之吻服飾
(東京迪士尼海洋)

文具

L S 便條紙套組 1600円

6×6公分，9種不同圖案設計的便條紙套組。很適合當作伴手禮送給朋友

L S 原子筆(SARASA)套組 1500円

繽紛迪士尼風格的斑馬牌凝膠原子筆「SARASA」

L S 紙膠帶套組 1200円

「小小世界」圖案的紙膠帶3捲套組

可以貼於各處裝飾！

必勝訣竅7

利用「預約等候卡」享受舒適&計劃性購物

為了舒緩人潮，有些商店必須取得「預約等候卡」才能進入。若想輕鬆享受購物，建議可先透過APP取得想去商店的預約等候卡。

穿戴單品

只要戴上就能變成酷酷的米奇♥

L S 棒球帽 3400円
⊃毛茸茸的米奇耳朵是一大亮點

也想要客製商品！

能選擇姓名、日期等最多8字內的鑰匙扣環很受歡迎。客製商品的販售時間會視時期而異，前往時請記得確認

⊃鑰匙扣環
各1800円

邊疆木藝房
(東京迪士尼樂園) L

I'm not always perfect,
but I want to be a great sorcerer.

有多種尺寸可供選擇，想成對穿著也OK！

L S T恤 2300円～
↑提供孩童尺寸100～140公分，以及大人尺寸S～LL，很適合當親子裝

打造甜辣時尚的皮革&珍珠

L S 髮箍 各2000円
↑紓縫皮革&仿珍珠設計很適合成年女性

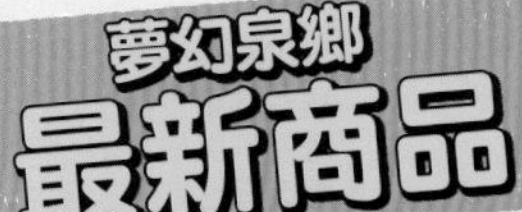

居家雜貨

柔軟的觸感使人上癮！

L S 抱枕 3200円
⊃能讓空間變明亮的療癒色系(尺寸：長約42×寬約42×厚約15公分)

等不及開賣了！

L S 鬆餅烤盤 3900円
⊃能在家製作米奇鬆餅，當點心或用於戶外活動都OK

必勝訣竅8
需要時很有幫助！園區各項服務

★買了太多伴手禮！
➡利用投幣式置物櫃，或是宅配服務（僅限園內購入商品／不可貨到付款）。
★智慧型手機快沒電了
➡利用行動電源租借服務（未滿1小時180円～），設置場所請至APP確認。
★生日快到了！
➡向附近的服務人員索取「生日紀念貼紙」，無論生日前後都OK！

MY HAPPIEST BIRTHDAY!

夢幻泉鄉 最新商品

S 擦臉巾 1800円
明信片套組 1250円 等
↑以「小飛俠夢幻島歷險記」為主題的商品

S 玩偶套組 5200円
音樂盒套組 3600円 等
⊃以「安娜與艾莎的冰雪之旅」為主題的商品隨著開幕一起登場

⊃以「樂佩公主天燈盛會」為主題的浪漫商品

S 星象儀玩具 3500円
相框 4500円 等

※刊載的商品可能出現設計、內容或價格變動，以及缺貨、結束販售等情形。

好多類型！下次要住哪呢!?

迪士尼飯店Collection

加上2024年6月開幕的新飯店，以下將介紹6間迪士尼飯店！

迪士尼飯店的這些地方超好康！

豐富的住宿遊客禮遇&便利服務

❶能比一般遊客早15分鐘入園的「歡樂入園」
❷透過住宿飯店購買園區票券&入園保證
❸使用智慧型手機辦理「線上入住手續」

住宿禮遇和服務會依飯店而有所不同。每一項都是用錢買不到的無價之寶！

眾多迪士尼主題設施

館內設有能見到迪士尼明星的餐廳、販售園區商品和飯店限定商品的商店等。

位於園區內或正前方！

麗緻型飯店中，有些客房打開窗戶就能看到園區！無論是在園區遊玩時，還是僅在飯店住宿，都會有與眾不同的感受。

推薦！想和重要的人一起度過重要的日子

奢華型 麗緻型

東京迪士尼海洋夢幻泉鄉大飯店 とうきょうディズニーシー・ファンタジースプリングスホテル

座落於園區內的全新飯店誕生！

由充滿特別感的「夢幻館」，以及能在東京迪士尼度假區中體驗最高級住宿的「豪華館」兩種類型構成，同時設有3間餐廳和商店。能進入夢幻泉鄉的住宿禮遇也很令人開心（須持有園區票券）。

所 千葉県浦安市舞浜1-2
MAP 附錄③P.2 G-5

↑夢幻館的客房有4種不同面向

↑以迪士尼電影中的角色和花草圖案點綴其中的客房

附凹室精緻客房（人數上限4名）

推薦！想體驗東京迪士尼度假區最高級的住宿

↑豪華氣派的豪華館。所有客房的面積皆為70平方公尺以上！

凹室客房（人數上限4名）

←客房最多可入住4名。採臥室與客廳分開的寬敞隔局

麗緻型

迪士尼大使大飯店 ディズニーアンバサダー®ホテル

推薦！想和米奇度過一整天

充滿1930年代的華麗氛圍

以1930年代美國為主題的第一間迪士尼飯店，有許多以迪士尼明星為設計風格的客房。館內有4間餐廳，米奇會到遊客桌邊問候的「大廚米奇」尤其受歡迎。

047-305-1111
※僅接受線上預約
所 千葉県浦安市舞浜2-11
IN 15:00 OUT 12:00
MAP 附錄③P.2 H-5

↓壁紙、地板、床尾巾等都是米奇！

↑建築物是1930年代流行的裝飾藝術風格

米奇客房（人數上限3名）
60000円～

※標示價格為截至2024年2月4日銷售期間內最便宜的日期費用。
※費用會視日期而異。 ※費用會視需求而變動。

標準型

東京迪士尼度假區 玩具總動員飯店

とうきょうディズニーリゾート・トイ・ストーリー®ホテル

玩具世界有趣到讓人睡不著!?

以迪士尼＆皮克斯電影《玩具總動員》系列為主題。大廳的牆壁、地板、天花板都彩繪著玩具，甚至連室外廣場的裝飾及客房都充滿了玩心童趣。唯一的餐廳僅供早餐和晚餐使用。

推薦！想大聲嘻鬧！

047-305-5555 ※僅接受線上預約
所 千葉県浦安市舞浜1-47 IN 15:00 OUT 12:00
MAP 附錄③P.2 G-6

↑巴斯光年會在飯店正面迎接

標準客房(人數上限3名) 33000円~

←客房的設計靈感來自胡迪主人——少年安弟的房間

↑自助式餐廳的菜色相當豐富有趣

麗緻型

東京迪士尼樂園大飯店

とうきょうディズニーランド®ホテル

每個人都能變成王子＆公主！

座落於東京迪士尼樂園正前方，裝潢典雅的維多利亞風格飯店。提供以迪士尼電影為主題的夢幻繽紛客房。除了有3間餐廳，還設有能變身成公主的「神仙教母美容院」。

047-305-3333 ※僅接受線上預約
所 千葉県浦安市舞浜29-1 IN 15:00 OUT 12:00
MAP 附錄③P.2 G-4

↑彷彿宮殿般的氛圍。共有706間客房，為迪士尼飯店中最大規模

→以奇妙仙子為主題，家具和裝飾都選用植物來點綴

迪士尼小仙子客房(人數上限3名) 58000円~

推薦！喜歡迪士尼電影的人不要錯過

經濟型

東京迪士尼樂祥飯店

とうきょうディズニーセレブレーションホテル®

有兩棟不同主題的飯店建築，可輕鬆入住

由以「夢想」、「夢幻」為主題的「心願館」，與以「冒險」、「發現」為主題的「探索館」兩棟所組成的飯店。以園區為設計概念的館內裝飾相當有趣，也有僅供應早餐的餐廳等簡單設施，非常適合想要輕鬆舒適入住的遊客。

047-381-1188
※僅接受線上預約
所 千葉県浦安市明海7-1-1
IN 15:00 OUT 11:00
MAP 附錄③P.2 H-4

「探索館」標準客房(人數上限4名) 19500円~

推薦！想以實惠價格入住

↑廁所衛浴分開的格局，多人出遊也很便利

→此為探索館。提供直通園區的接駁巴士

推薦！想度過平靜安穩的一天

海港區精緻客房(港灣景觀／人數上限3名) 82000円~

←海港區能一覽地中海港灣的客房

→大廳的圓頂形挑高式設計，既豪華又壯觀！

麗緻型

東京迪士尼海洋觀海景大飯店

とうきょうディズニーシー・ホテルミラコスタ®

可遠眺普羅米修斯火山的絕景飯店

位於東京迪士尼海洋內的絕佳地理位置，從「美景廳」等部分餐廳或客房可隨時眺望園區景色。客房以義大利古都氛圍為主題，古典的內部裝潢充滿異國情調。

047-305-2222
※僅接受線上預約
所 千葉県浦安市舞浜1-13 IN 15:00
OUT 12:00
MAP 附錄③P.2 H-6

想在舞濱遊玩前後入住！

東京迪士尼度假區公認飯店

舞濱周邊有許多住宿和休閒設施。不僅適合在遊覽東京迪士尼度假區前後停留，也是約會的好去處。

另外還有13間合作飯店！

東京迪士尼度假區公認飯店之外還有

- 東京迪士尼度假區好夥伴飯店（4間）
- 東京迪士尼度假區好鄰居飯店（9間）

等多間位於東京都內、千葉縣內的合作飯店。地理位置、住宿禮遇會視飯店而異，請根據行程安排選擇最適合的飯店。

東京迪士尼度假區公認飯店

位於東京迪士尼度假區內，可搭乘東京迪士尼度假區線前往園區。能於飯店內購買園區票券（入園保證），有免費接駁巴士、行李遞送服務（免費）等眾多便利的住宿禮遇。

東京灣大倉飯店

ホテルオークラとうきょうベイ

豪華客房（44㎡）**43450円～**

在特別的日子升級

面積均為44平方公里以上的寬敞客房，佇立於海濱站正前方的飯店。設有大理石浴室，能盡享豪華的住宿時光。早餐必嘗大倉飯店特製的「法式吐司」，主廚會於現場製作。

☎047-355-3333（代表）
IN 15:00 OUT 12:00
所 千葉県浦安市舞浜1-8
交 迪士尼度假區線「海濱站」步行約3分
P 1晚3000円

推薦重點
「週年紀念統籌員」會幫忙安排重要紀念日的活動，他們會提供製造驚喜的點子，並盡最大的努力實現。

MAP 附錄③P.2 G-6

東京灣喜來登大飯店

シェラトン・グランデ・トーキョーベイ・ホテル

珍寶客房（36㎡～）**32000円～**

豐富迷人的設施讓人流連忘返

36平方公尺以上的寬敞客房。設有兒童遊樂區、游泳池、附三溫暖的大理石浴場、飛行模擬器等設施，是一間住宿期間完全不會感到無聊的飯店。亦有能與愛犬同住的客房。

☎047-355-5555（代表）
IN 15:00 OUT 12:00
所 千葉県浦安市舞浜1-9
交 迪士尼度假區線「海濱站」搭接駁巴士約1分
P 1晚3100円

推薦重點
「Wizkids」是能讓孩童盡情玩耍的室內遊樂設施。雖然是室內，但可以奔跑、攀爬、畫畫、跳躍，小小孩也能得到滿足！

MAP 附錄③P.2 G-6

希爾頓東京灣大飯店

ヒルトンとうきょうベイ

希爾頓客房（35～40㎡）**27346円～**

迷人的都會&藝術氛圍

設有雙層床且人數上限6名的客房、充滿藝術氣息的客房等，提供多樣豐富的客房類型。從被大海和天空包圍的客房，可以欣賞到海景或園區一側的美景。提供日式、西式、中式等豐富種類的自助式早餐也很壯觀。

☎047-355-5000（代表）
IN 15:00 OUT 12:00
所 千葉県浦安市舞浜1-8
交 迪士尼度假區線「海濱站」搭接駁巴士約1分
P 1晚3100円

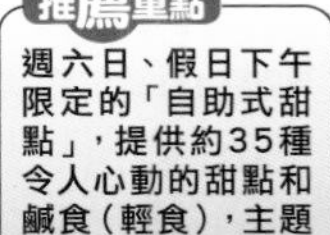

推薦重點
週六日、假日下午限定的「自助式甜點」，提供約35種令人心動的甜點和鹹食（輕食），主題會視季節變換。

MAP 附錄③P.2 G-6

※住宿費用原則上為2人1室的純住宿價格（含稅及服務費）。然而，可能會因房型或時期而有所不同，請以預約時的價格為準。

舞濱站周邊的玩樂景點

舞濱圓形劇場
●まいはまあんふぃしあたー

以名曲點綴的永恆愛情故事

緊鄰伊克斯皮兒莉的劇場，目前正在上演由四季劇團演出的迪士尼音樂劇《美女與野獸》（終場時間未定）。不同於電影，見證只有舞臺才能帶來的感動。

047-381-3898（休演日之外11:00～16:00） 所千葉県浦安市舞浜2-50 休L視公演作品而異 JR舞濱站步行約10分 P無（可利用伊克斯皮兒莉收費停車場）

MAP附錄③P.2 H-5

多角形的建築物很引人注目

劇団四季
Disney
美女と野獣
ミュージカル
舞浜アンフィシアター
劇団四季が贈るディズニー永遠の名作を、
東京ディズニーリゾート内の舞浜アンフィシアターで!

擁有華麗舞臺與優美曲目的迷人音樂劇

伊克斯皮兒莉
●イクスピアリ

待上一整天也不會無聊的魅力「小鎮」

這間位於JR舞濱站前的購物商場共有約140間商店和餐廳，以及設有16間影廳的電影院。其中包含日本最大的「迪士尼商店」，裡面還有販售限定商品。

047-305-2525
所千葉県浦安市舞浜1-4 休無休
L10:00～22:30（視店鋪而異）
JR舞濱站即到
P約1800輛
MAP附錄③P.2 H-5

商場也會舉辦生日優待等各種企劃及季節性活動

東京灣舞濱酒店
とうきょうベイまいはまホテル

和諧客房(32㎡) 21780円～(2位售價)

各種緩解疲勞的設施

11層樓的挑高式設計，光線透過玻璃屋頂灑落進來的中庭非常漂亮。所有客房均配備獨立浴室，很受家庭遊客的歡迎。設有住宿者專用的SPA設施（收費）、可在三溫暖和大浴場悠閒放鬆身心。

047-355-1222（代表）
IN 15:00 OUT 12:00
所千葉県浦安市舞浜1-34
JR舞濱站搭免費接駁巴士約5分
P1晚3300円

推薦重點
早餐「Fine自助餐廳」除了日式、西式料理，還有種類豐富的麵包、飯店自製甜點、兒童餐點區等，讓人從早上開始就食慾大開。

MAP附錄③P.2 G-5

東京灣舞濱酒店 �斯特度假村
とうきょうベイまいはまホテルファーストリゾート

標準客房【城堡風格】(26.6㎡) 96800円～

搭乘直達巴士到園區僅需3分！

有「城堡內的寢室」、「西部拓荒時期的美國」等多種主題客房，能享受與眾不同的非凡住宿體驗。提供前往東京迪士尼樂園和JR舞濱站的直達巴士，交通十分便利。

047-355-1111（代表）
IN 15:00 OUT 12:00
所千葉県浦安市舞浜1-6
JR舞濱站搭免費接駁巴士約4分
P1晚2700円

推薦重點
「經濟客房」是以大型郵輪為主題。客房裝飾如同實物且充滿樂趣，非常適合家庭或團體入住！

MAP附錄③P.2 G-5

東京灣舞濱日航大酒店
グランドニッコー とうきょうベイ まいはま

彩虹標準房(28㎡) 31000円～

設備舒適且食物美味的豪華住宿體驗

所有客房於2023年春天華麗改裝！客房均設有陽臺，能眺望東京灣、園區等全景。可於3樓大廳的開放式中庭享受美食、購物和季節性活動。

047-350-3533（代表）
IN 15:00 OUT 12:00
所千葉県浦安市舞浜1-7
迪士尼度假區線「海濱站」搭接駁巴士約3分
P1晚3100円

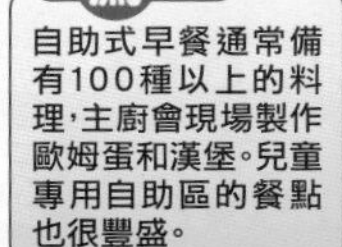
推薦重點
自助式早餐通常備有100種以上的料理，主廚會現場製作歐姆蛋和漢堡。兒童專用自助區的餐點也很豐盛。

MAP附錄③P.2 G-5

旅行前先確認！

Part❶

東京旅行地圖

在制定旅行計劃時，很難得知哪種交通方式最好、該區域的位置及熱門景點在哪。首先，透過這個旅行地圖快速掌握區域概況吧！

透過地圖 大略了解東京

淺草 / 東京晴空塔城 / 東京站・丸之內・日本橋 / 月島 / 豐洲 / 東京迪士尼度假區 ➡P.2 / 東京湾 / 千葉県

京成本線 / 東武スカイツリーライン / 京成押上線 / 中央・総武線 / 総武本線 / 小松川線 / 東西線 / 湾岸線 / 京葉線 / りんかい線 / 浅草寺 / とうきょうスカイツリー駅 / 押上駅 / 浅草駅 / 豊洲駅 / 舞浜駅

濃濃下町風情的經典人氣觀光區
淺草 P.78

推薦景點

●淺草寺➡P.80
●仲見世通➡P.82
●淺草花屋敷➡P.91

世界第一高塔是必遊之地
東京晴空塔城® 附錄②

©TOKYO-SKYTREETOWN

推薦景點

●東京晴空塔天望甲板➡附錄②P.4
●東京晴空街道➡附錄②P.6
●墨田水族館➡附錄②P.12

什麼都有的巨型轉運站！
東京站・丸之內・日本橋 P.102

推薦景點

●東京站丸之內站舍➡P.104
●COREDO室町露台➡P.119
●GRANSTA東京➡附錄①P.4

©TBS

散發大人魅力的高雅街道
銀座 P.120

推薦景點

●歌舞伎座➡P.122
●GINZA SIX➡P.124
●東京中城日比谷➡P.125

引領時尚潮流之地！
原宿・表參道 P.64

推薦景點

●竹下通➡P.70
●Laforet原宿➡P.72
●表參道之丘➡P.73

持續進化的迷人區域
澀谷 P.54

推薦景點

●澀谷 Scramble Square➡P.56
●MIYASHITA PARK➡P.57
●澀谷Hikarie➡P.58

©Nintendo

不可不知！ 東京引以為傲的地方

世界上屈指可數的巨型都市。新宿、澀谷、銀座、池袋等，許多區域都足以玩樂一天以上。街道風格十分多樣，如充滿下町風情的淺草、孕育新時代文化的原宿等特色街區。另外，城市與自然共存也是其特色之一，東京都內其實遍布著許多大型公園，如新宿御苑、日比谷公園、皇居外苑等。在23區內也有很多溫泉可以享受，東京不僅是座都市，還擁有得天獨厚的自然風光。

外貌令人賞心悅目的東京站丸之內站舍

照片提供：東京 Station City營運協議會

雷門是淺草不容錯過的景點

自由上下車！

善用優惠車票輕鬆旅行

東京Metro有販售自使用開始起24小時內，可自由上下車的「24小時券」，以及適合東京觀光的各種超值一日乘車券。使用其票券不僅能讓移動更加順暢，還能享有「CHIKA TOKU（ちかとく）」聯合優惠服務，只要在合作的東京都內景點出示車票就能獲得各種專屬好康，享受雙重優惠。最新資訊及使用方式請至官方網站確認！

預售票

當日券

用手機掃描前往！

※若當日票未於購買日使用就會作廢。

東京Metro各車站皆有販售當日票。預售票需於定期票售票處購買。

初訪者必看！

東京旅遊攻略要點

Q 暢遊東京需要幾天？

A 如果區域相近，一天可以遊覽兩個地區，先縮小想去的地方範圍吧。根據時程安排，有可能一天只能遊覽一個區域，請務必仔細規劃。若也想暢玩迪士尼度假區，建議最好多加一天。

Q 當地最方便的交通方式是？

A 東京是個大眾運輸相當發達的城市，JR、地鐵等鐵路和都營巴士四通八達。另外，還有方便遊覽觀光景點的觀光巴士和水上巴士等。建議可以多加利用優惠車票。（→P.170）

Q 住在哪裡比較好呢？

A 主要的觀光區域都有很多飯店，通常不會有太大的問題，根據想作為據點的區域選擇住宿地點吧。此外，當地也有很多知名的飯店，若想享受住宿時光，那就不必拘泥於區域。

Q 從各轉運點移動的方法？

A 抵達東京站時，利用山手線、中央線等JR或地鐵東京Metro丸之內線前往各區域。抵達羽田機場時，請利用東京單軌電車或京急線。高速巴士也有到達各個區域。

盡情享受TOKYO的經典&流行！

東京有許多值得一訪的經典景點。透過王道經典行程，盡情享受歷史名勝和掌握時下流行的商業設施吧。

東京晴空塔城®
TOKYO SKYTREE TOWN

附錄② P.2

10:00 從東京晴空塔一覽都心全景

第2天一早就前往「東京晴空塔」！從350公尺與450公尺高處眺望到的景色非常震撼。觀景台裡也有拍照景點、商店、咖啡廳等諸多設施，悠閒享受一下吧。

東京晴空塔®
➡附錄② P.2

⬆晴天時可以清楚地看見遠方，還有可能望見富士山。夜景也非常漂亮，讓人晚上也想去看一看

高達634公尺的世界第一獨立式電波塔。改裝後的4樓入口樓層，其展示也很值得一看

11:00 在東京晴空街道®購物

Morozoff
➡附錄② P.10

⬆晴空塔造型巧克力最適合拿來當分送的伴手禮
©TOKYO-SKYTREE

ぽっちり
➡附錄② P.11

⬆也有很多個性十足的雜貨

在東京晴空塔底下寬廣的商業設施中購物。還有超多限定的雜貨和限定口味的伴手禮，讓人什麼都想買！

淺草
Asakusa

P.78

12:00 大啖下町的名店午餐

午餐時間就在淺草名店用餐。在風情滿溢的店裡，盡情享用持續守護傳統美味的江戶前天婦羅丼，或古早味的老店洋食吧。午餐時間會排隊，要提早去吃。

⬆使用優質芝麻油酥炸天然明蝦等食材，奢華的天婦羅丼。祕傳的醬汁也讓人無法抗拒

まさる ➡P.85

COURSE DATA 行程資料

- 東京晴空塔站 ↓ 東武晴空塔線 3分 ¥160円
- 押上〈晴空塔前〉站 ↓ 地鐵淺草線 3分 ¥180円
- 淺草站
- ↓ 地鐵銀座線 18分 ¥210円
- 銀座站
- ↓ 地鐵銀座線 5分 ¥180円
- 三越前站

• PLANING ADVICE! •

若要去東京晴空塔®，建議中午前就抵達

東京晴空塔10點開始營業（週日、假日9：00～）。早晨的空氣清新且景色優美，加上人潮相對較少，逛起來十分舒適♪

從東京晴空塔走到淺草也OK

東京晴空塔站與東武淺草站之間設有河岸步道，步行移動也很有趣。也別錯過2020年開幕的高架橋下複合式商業設施「東京MIZUMACHI」！

淺草寺 ➡P.80

傲擁約1400年歷史，都內最古老的寺廟。有雷門、本堂、五重塔等值得一見的建築

13:00 走過仲見世通到淺草寺參拜

填飽肚子後，到滿溢下町風情且熱鬧非凡的仲見世通散步吧。有超多讓人目不轉睛充滿魅力的零食點心及和風雜貨！參拜道路的盡頭便是歷史悠久的東京名勝──淺草寺。

仲見世通 ➡P.82

不分季節與時間都人潮眾多，十分熱鬧。光走過也覺得有趣

木村家人形焼本舗 ➡P.82

造型很有淺草風味的人形燒適合當作點心

銀座 Ginza

P.120

15:00 在進化的街區─銀座閒逛

在高級店家齊聚的大人街區，引領流行趨勢的複合設施陸續開幕。遊逛當季話題景點，盡情享受時下的「銀座漫步」吧。

東急PLAZA銀座 ➡P.124

以江戶切子為主題的銀座地標，聚集時裝、美食、禮品等多種店鋪

東京鳩居堂 銀座本店 ➡P.125

除了香、書畫用品、明信片和信紙，還有販售現代日式小物等的老字號專賣店

GINZA SIX ➡P.124

引領時尚潮流，銀座最大規模的商業設施，有很多適合小憩片刻時享用的甜點

東京站・丸之內・日本橋 Tokyo Station Marunouchi Nihonbashi

P.102

使用紅磚建造，莊嚴的丸之內站舍

照片提供：東京 Station City營運協議會

16:30 來看看日本橋的新地標 COREDO室町露台

在這個為日本橋帶來新氣象、備受矚目的商業設施購物吧。除了高品質伴手禮與餐廳之外，還有來自台灣的百貨商店「誠品生活」進駐。

COREDO室町露台 ➡P.119

超大屋頂讓人印象深刻的廣場區域。這裡有多家餐飲店齊聚，有時也會舉辦活動

18:00 在東京車站一次買齊伴手禮

在旅途的最後採買伴手禮！在東京站內，從經典商品、限定商品到超人氣甜點，各種類型的伴手禮應有盡有。一定能找到最佳選擇。

GRANSTA 東京 ➡附錄❶ P.4

柔軟的海綿蛋糕和香蕉卡士達奶油醬非常搭

鋪上大量焦糖與杏仁的Rusk

選項

如果能住2晚以上，就進一步享受東京的各種魅力吧。流行派、娛樂派等，為你嚴選出能配合喜好挑選、充滿魅力的行程選項！

高級大人街遊逛行程

在銀座、六本木等大人街區優雅度過的行程。來接觸高品味的事物吧。

START 銀座站

步行即到

10:30（銀座）
在銀座 伊東屋本店尋找出色的商品

首先看看創業超過110年的文具專賣店。全是兼具設計與機能的時髦文具，只要是大人就會想要擁有一個。➡P.122

步行5分

12:00（銀座）
在天ぷら 阿部吃經濟實惠的絕品午餐

午餐時段的話，能以實惠價格嘗到一流美味！美食達人也說讚的名店，炸什錦蓋飯是平日限定的必吃菜單。因為一定會排隊，建議早點到店品嘗。➡P.126

步行8分

13:30（日比谷）
來看看最新的話題景點東京中城日比谷

有不少大人會喜歡的店家進駐的大型複合設施。這裡有許多特點，諸如日本國內外的知名餐廳及商店、可眺望日比谷公園的空中庭園等。➡P.125

地鐵千代田線 日比谷站→乃木坂站 10分 180円

16:00（六本木）
在國立新美術館接觸藝術

©國立新美術館

移動到六本木，前往日本國內數一數二的美術館。12個展示空間會舉辦各種類型的企劃展。來接觸藝術提升感性吧。➡P.157

步行12分

18:30（六本木）
在六本木新城展望台 東京城市觀景沉浸在夜景裡

高品味商店及美食雲集的六本木地標。從52樓的展望台能將都心美景一覽無遺。夜景特別浪漫。➡P.154

步行即到

GOAL 六本木站

流行趨勢街暢遊行程

盡情遊逛原宿與澀谷的最新景點，東京的流行趨勢一網打盡！

START 代代木公園站

步行5分

9:00（奧澀谷）
在CAMELBACK sandwich & espresso吃早餐

這家人氣餐廳位在高質感店家齊聚的奧澀谷，在這裡度過時髦的早餐時光。氣氛自是不用多說，前壽司師傅製作的玉子三明治更是嶄新又會令人上癮的美味。和精心調製的咖啡一同享用吧。➡P.62

步行11分

10:30（澀谷）
在Nintendo TOKYO購買優質雜貨

©Nintendo

日本國內唯一一家任天堂直營官方商店就開在「澀谷PARCO」裡，來這裡購物吧。能買到罕見又可愛的瑪利歐商品。➡P.58

地鐵半藏門線・銀座線 澀谷站→表參道站 15分 180円

12:00（原宿・表參道）
在37 Roast Beef品嘗絕品烤牛排

在「表參道之丘」的本館3樓享用午餐。烤牛排以低溫慢烤的方式烹製，完整保留肉的鮮甜。在時尚別緻的店內慢慢品嘗吧。➡P.73

步行10分

14:00（原宿・表參道）
在竹下通度過可愛的購物時光

原宿齊聚了對流行相當敏感的年輕世代，竹下通是這裡的主要街道。從時尚到雜貨、美妝等豐富多元的店家比鄰而立，光是走在這裡就讓人滿心喜悅。➡P.70

步行即到

16:00（原宿・表參道）
在芋ぴっぴ。原宿竹下通り店吃個「網美」甜點小憩片刻

在原宿竹下通的外帶烤地瓜甜點專賣店稍作停留。擠上絲線般紫薯泥的冰淇淋和烤地瓜布蕾令人驚豔，肯定會在社群平台上引發話題。也別錯過以地瓜為主題的可愛店內裝潢。➡P.66

步行5分

GOAL 原宿站

Part❸ 可以的話+1晚！

可挑選的行程

愜意的下町散步行程

START 上野站

下町的氛圍悠閒，又有蠻多歷史性景點。似乎能遇見很棒的東西。

步行即到

10:00（上野）

在滿是看點的上野恩賜公園裡散步

步行即到

上午在占地約53萬平方公尺的廣大公園裡悠閒散步。園內除了有「上野動物園」，還有博物館、美術館、不忍池等名勝分布其中。這裡也是十分有名的賞櫻景點。 ➡P.96

11:00（上野）

在東京國立博物館鑑賞珍貴的文化財產

照片提供：東京國立博物館

步行8分

2022年迎來創立150週年，有著悠久歷史的博物館。館藏諸多國寶、重要文化財產等文化財產，十分值得一見。也到博物館商店買些伴手禮吧。 ➡P.97

13:00（上野）

在みなとや食品 本店大啖超便宜的海鮮丼

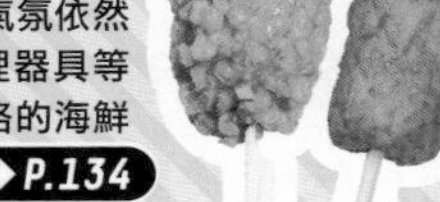

地鐵大江戶線

前往上野的主要街道阿美橫丁，聚集了超便宜商品和美食。在這條充滿活力的路上散步，品嘗便宜又好吃的好評海鮮丼飽腹一番。來享受下町的氛圍吧。 ➡P.99

上野御徒町站→築地市場站 30分 ¥280円

15:00（築地）

享受築地場外市場的活力

地鐵大江戶線

就算市場已經遷移到豐洲，築地的熱絡氣氛依然未減。這裡林立著販售鮮魚、乾貨、調理器具等的各種商店及餐飲店，也有許多獨樹一格的海鮮美食。一邊散步一邊享受美食吧。 ➡P.134

築地市場站→月島站 15分 ¥180円

17:30（月島）

在もんじゃ蔵品嘗下町的 經典料理——文字燒

步行3分

遊逛下町的最後一站，果然還是要來份文字燒！在名店濟濟的月島，從經典到特別的食材，能吃到每家店絞盡腦汁推出的文字燒。 ➡P.135

GOAL 月島站

推活享受行程

START 池袋站

購物和美食皆能滿足的行程，非常適合熱衷偶像應援的人。

步行4分

11:00（池袋）

在Animate池袋本店購買喜歡的作品周邊

步行10分

從世界最大的動漫商店「Animate池袋本店」開始進行推活。卡通角色周邊、漫畫、CD・DVD等分布在不同樓層，也有許多人氣作品的商品供挑選。 ➡P.153

13:00（池袋）

在Gashapon Department Store池袋總本店感受不期而遇的驚喜

JR山手線

寬闊樓層中的成排扭蛋機令人目不暇給。從受歡迎的獨特物品到未曾見過的商品都有，忍不住會繞上好幾圈。 ➡P.153

池袋站→新大久保站 25分 ¥170円

※照片僅供參考

14:30（新大久保）

在2D Cafe度過繪本般的咖啡時光

步行6分

遊逛後到咖啡廳休息。在宛如置身繪本中的「2D Cafe」，一邊品嘗看似平面卻是立體的奇特甜點和飲品，一邊放鬆身心。 ➡P.148

17:00（新大久保）

在BOM CAFE製作偶像應援色雜貨

步行13分

試著挑戰製作應援商品吧。選擇喜歡的小包包、收納袋等布製品以及徽章，打造獨一無二的商品！ ➡P.149

18:30（新宿）

在東急歌舞伎町TOWER享用各地的特色料理

步行8分

2樓的「新宿歌舞伎hall～歌舞伎橫丁」能品嘗到日本及韓國的特色料理。店內以霓虹燈裝飾，熱鬧非凡。 ➡P.145

GOAL 新宿站

娛樂！美食！

TOKYO TREND SEARCH

尋找東京潮流

MAPPLE編輯部徹底調查
東京時下的吸睛&話題景點。
一定要親自去看、去吃、去玩喔！

CONTENTS

※「森大廈 數位藝術美術館：EPSON teamLab Borderless」→P.40

2023年11月
開幕的超夯
複合式設施

TREND 1

麻布台之丘

高達330公尺的森JP Tower為日本第一高樓，其中有約150間美食餐廳和商店的複合式設施。2024年有更多店鋪陸續開幕！

休 視設施、店鋪而異 所港區麻布台1-3-1 外部 交地鐵神谷町站5號出口直通、地鐵六本木一丁目站2號出口步行4分

MAP 附錄③P.18 E-4

1.位於麻布台之丘最上層的餐廳
2.附屬的「pâtisserie à la maison」
3.包厢(另外收費)也能欣賞絕景

森JPTower／33F

Hills House Dining 33

★ ヒルズハウスダイニングサーティースリー

由持續引領日本法國料理界的三國清三先生打造的法式餐酒館。附屬的糕點店有提供蛋糕外帶。

03-4232-5801　11:00～14:00、18:00～22:00(糕點店11:00～21:00)

午間全餐6000円、晚間11000円

東京鐵塔

從森JP Tower眺望的景色

奢華酒店的頂級款待

共有塔景大套房等122間客房　設有義式「迦努Mercato」等8間餐廳&酒吧

ResidenceA／1～13F　2024.03.OPEN

迦努東京

★ ジャヌとうきょう

奢華度假村&酒店指標「安縵」的姐妹品牌。配備頂級的運動&SPA設施。

03-6731-2333　¥1間2名使用164850円～

© DBOX for Mori Building Co., Ltd. - Azabudai Hills

2024.02～.陸續OPEN

Garden PlazaA～D

Garden Plaza

★ガーデンプラザ

Hermès、CELINE、Bulgari、Cartier、Dior等頂級奢華品牌的店面鱗次櫛比。

☎ 🕒視店鋪而異

如同步道般綠意盎然的空間

Shopping 購物

使用最優質的可可豆，由一流專家精心手工製作而成

店內設有6個座位，供應飲品和多種巧克力甜點

Garden PlazaA／2F

Minimal The Specialty 麻布台ヒルズ

★ミニマルザスペシャルティあざぶだいヒルズ

販售巧克力專賣店「Minimal」的原創甜點。可以品味、比較巧克力或搭配日本酒、咖啡一同享用。

☎050-1809-0420 🕒11:00～19:00

Garden PlazaC／B1 2024.03.OPEN

麻布台之丘Market

★あざぶだいヒルズマーケット

位於中央廣場樓下的市場。匯集生鮮食品、熟食、葡萄酒・烈酒、甜點等34間專賣店。

🕒11:00～20:00（※視各店鋪而異）

更多新店鋪於2024年春天陸續進駐

© DBOX for Mori Building Co., Ltd. - Azabudai Hills

Gourmet 美食

Tower Plaza／B1

Nicolai Bergmann NOMU

★ニコライバーグマンノム

丹麥花藝家Nicolai Bergmann開設的咖啡廳，開放式三明治「Smørrebrød」等蔬食餐點也很受歡迎。

☎03-6277-8180 🕒11:00～19:30

將嚴選食材精美地擺放在黑麥麵包上的「Smørrebrød」1210円～

設有花藝精品店的咖啡廳

Tower Plaza／3F

SAAWAAN BISTRO

★サーワーンビストロ

在泰國本土榮獲1星級和最佳廚師獎的現代泰式餐廳，能夠在悠閒的餐酒館風格店內品嘗一流的滋味。

☎03-6441-0737
休週二（逢假日則翌日休）
🕒餐廳11:00～14:00、17:30～22:00（酒吧～22:30）

「SAAWAAN泰國米沙拉」1782円

泰式雞尾酒「熱情水果」1540円

星形披薩「Don Salvo」3600円

Tower Plaza／3F

RistoPizza by Napoli sta ca

★リストピッツァバイナポリスタカ

結合義式高級餐廳與披薩店，提供吧檯座位可以淺嘗各種披薩與配餐（預約制）。

☎03-6441-3327 休週一（逢假日則翌日休） 🕒11:30～14:00、18:00～21:30（週五～22:00；週六11:30～14:30、18:00～22:00；週日、假日11:30～14:30、18:00～21:30）

可以選擇蔬菜和配料的「Alchemy沙拉吧」1800円

Tower Plaza／4F

Alchemy

★アルケミー

來自峇里島的蔬食餐廳，除了以蔬菜為主的多種料理，還有販售巧克力、果汁等。

☎03-6230-9668 🕒11:00～19:30

野蔬果「冷壓果汁」各1000円～

Tower Plaza／3F

Balcony by 6th

★バルコニーバイシックス

融合現代與古典風格的餐廳，以義式料理為基礎，採用世界各地的食材和烹調方法製作。

🕒11:00～21:00

舒適的開放式露天座位

分量十足的「群馬縣產烤赤城和牛」6800円

※第28～31頁為2024年4～6月時的資訊。

藝術、飯店
美食&購物皆有的
摩天大樓

TREND 2

虎之門之丘車站大樓

2023年10月開幕，充滿娛樂性的商業設施。2024年新店鋪陸續進駐。

03-6406-6192 休 視設施、店鋪而異 地 港区虎ノ門2-6-1 地鐵虎之門之丘站直通
MAP 附錄③P.18 G-1

虎之門之丘的吉祥物「TORANOMON」
©藤子製作 ©森大廈

8F、45～49F

TOKYO NODE

★トウキョウノード

位於塔樓的高層，匯集展演廳、藝廊、餐廳、天空花園等複合式設施。 03-6433-8200 休 視設施而異

©DBOX for Mori Building Co., Ltd.

1.藝廊會舉辦體驗型展覽會等活動 2.塔樓的最上層集結藝術和娛樂設施 3.眺望東京的展演廳 4.頂樓是無邊際泳池和餐廳（僅餐廳用餐的客人可入場）

Entertainment &Hotel 娛樂&飯店

1F、11～14F 2023.12.OPEN

虎之門之丘酒店

★ホテルとらのもんヒルズ

繼森大廈的「東京安達仕」之後，在虎之門之丘的第二間凱悅酒店。設有205間精緻客房，其中包含30間大套房
03-6834-5678

凱悅酒店在東京的首個品牌

能飽覽東京鐵塔和都市全景的塔景邊間大套房
邊間大套房的臥室，室內設計結合了北歐和日本的建築之美

1F 2023.12.OPEN

Le Pristine Restaurant Tokyo

★ルプリスティンレストラントウキョウ

荷蘭米其林主廚監製的店，提供融合歐洲和日本風味的料理全餐（晚餐121000円～）。

03-6830-1077
休 週日、一
11:30～14:00、18:00～21:00

充滿海鮮鮮味的「澤蘭風味貓耳朵」
星級主廚Sergio Herman

使用新鮮海鮮和食材
烹調而成的燒烤料理

↑滿滿海鮮的「海鮮拼盤」4620円

2F 2024.01.OPEN

THE GRILL TORANOMON

★ザグリルトラノモン

提供多種結合傳統洋食與歐式精華的菜肴，精選的海鮮和燒烤料理也相當受歡迎。

03-6630-5220 11:00～22:00(週六11:30～；週日、假日11:30～21:00)

↑店內共有177個座位，包含餐桌座位、吧檯、露天座位等多種選擇

↑口感鬆軟的「奶油螃蟹可樂餅」1540円

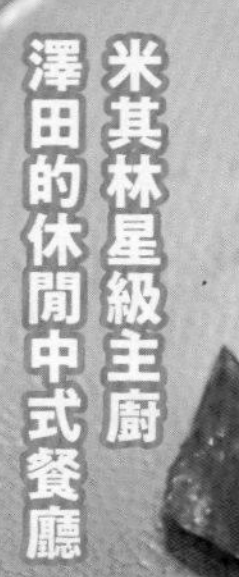

米其林星級主廚
澤田的休閒中式餐廳

虎之門店限定「脆皮雞」，半隻並附4張薄餅 5980円

請在悠閒的環境中享受正宗中華料理的精隨

4F 2024.01.OPEN

中華バル サワダ

★ちゅうかバルサワダ

澤田州平主廚經營的店。招牌菜「脆皮雞」是將烤得香脆多汁的整隻雞切開，包進薄餅中並搭配不同的鹽巴享用。

03-6206-6809 11:00～14:00、17:00～21:30(週日、假日～20:30)

↑「虎之門店限定「鵝肝最中」1280円

Gourmet 美食

B2

T-MARKET

★ ティーマーケット

一走出虎之門之丘站的剪票口，即可看到約900坪的美食廣場。從甜點、雜貨商店到餐廳應有盡有，共集結27間店鋪。

03-6406-6192 8:00～23:00(週日、假日～22:00)
※視店鋪而異

↑樓層中央是食堂風格的餐桌座位

T-MARKET最深處的店內有啤酒廠的釀造桶！

↑精釀啤酒(玻璃杯980円～)及「炸魚&薯片」1700円～

dam brewery restaurant

★ ダムブルワリーレストラン

附設精釀啤酒釀造廠的啤酒餐廳，提供只有在這裡才能品嘗到的新鮮啤酒和各國美食。

03-3528-8581 11:00～22:00(週日、假日～21:00)

4F 2024.01.OPEN

鮨すがひさ

★すしすがひさ

沒有出現在樓層導覽上的隱藏餐廳，推薦結合江戶前壽司與泰式料理元素的創意全餐（23000円）。

休週一 第1場18:00～、第2場20:00～；週六日、假日午餐12:00～(限量菜單售完即止)；晚上第1場17:00～、第2場19:00～ ※使用網路預約

↑特殊的招牌菜「綠咖哩稻荷」是全餐中的一道料理，可以外帶

↑店內設有6個吧檯座

↑熟食麵包、純生吐司和可頌都很受歡迎

4F 2024.01.OPEN

flour+water

★ フラワーアンドウォーター

中目黑人氣麵包店的姐妹店。可自選麵包搭配沙拉的早午餐套餐（1980円～)，也大受好評。

03-6206-7980
10:00～22:00(週日、假日～21:00)

↑店裡擺滿了剛出爐的麵包。晚上是義大利餐廳

可以買到虎之丘吉祥物TORANOMON商品！

↑站在流動商店旁的TORANOMON

↑「TORANOMON 849 Caran d'Ache原子筆」5830円

↑「TORANOMON水瓶」有透明及灰色2種顏色，各3300円

↑「TORANOMON T恤」各3850円。尺寸、顏色可能會有缺貨情形

2F

虎之門之丘流動商店

★ とらのもん ヒルズワゴンショップ

販售乘坐時光機從22世紀來的「TORANOMON」官方商品。部分商品也可於網路購買。

03-5771-9711
11:00～20:00(週六日、假日～19:00)

推薦Point!
距離新宿只有2站！美食和SPA眾多的城市綠洲

TREND 3 吸睛的New Spot

東京有很多值得推薦的景點陸續開幕。這裡將介紹整建完成再開放的公園、咖啡廳和新登場的特色商店。

千駄谷 2024.01～.園內店鋪陸續OPEN

都立明治公園

★とりつめいじこうえん

國立競技場旁的公園開設了商業設施。園內除了有星巴克等餐飲店，還有SPA、市場等5棟建築。

✆視設施、店鋪而異 所新宿区霞ヶ丘町地內、渋谷区神宮前2外部 L自由入園 ¥免費 🚇地鐵國立競技場站A2出口・外苑前站2a出口步行9分、JR千駄谷站步行10分
MAP附錄③P.5 D-3

↑有設置遊具的「共融廣場」
→店鋪前面也有可以坐下的木甲板

↓除了咖啡594円～，也有販售蛋糕

D棟 咖啡廳

BLUE SIX COFFEE

★ブルーシックスコーヒー

店家採用世界頂級優質咖啡豆，自行烘焙製作出咖啡。自製甜點、沙拉、三明治也深獲好評。

✆03-6434-7577 休不定休
L8:00～21:00

2024.03.OPEN
A棟2・3F 三溫暖＆SPA

TOTOPA 都立明治公園店

★トトパとりつめいじこうえんてん

設有多個三溫暖和水深約160公分的冷水浴池SPA，還配備健身空間，另外也有舒適的女性用化妝室。

休無休 L11:00～22:00
¥60分2178円～

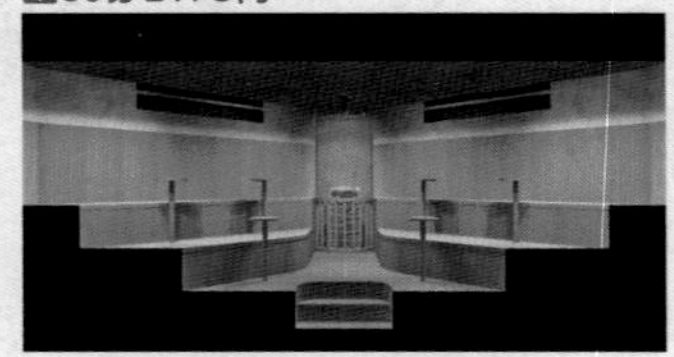
↑男性用三溫暖，也有女性用SPA

參觀公園旁的國立競技場！

國立競技場導覽行程

★こくりつきょうぎじょうスタジアムツアー

參觀選手置物櫃室、賽事用跑道等平時看不到的區域，以及介紹2020年東京奧運的相關資訊。

✆0570-050800（導航撥號） 所新宿区霞ヶ丘町10-1 休不定期舉行
L10:00～17:00（需確認實施時間）
¥大人1800円等 ※需預約。門票購買請至官網確認 🚇地鐵國立競技場站A2出口即到
MAP附錄③P.5 D-3

↑可以進入實際賽道
照片／Copyright:JAPAN SPORT COUNCIL

↑外觀是高雅的日式現代風格

←榻榻米雙床房不僅機能性佳，還能放鬆身心感受日式風情

↑走廊、用餐區等，飯店內隨處可見日本文化風情的裝飾和設計

請近距離欣賞傳統的淺草藝妓舞蹈

推薦Point!
日本文化在飯店集結

淺草 2023.03.OPEN

淺草豪景飯店別館 六區

★あさくさビューホテルアネックスろっく

可於飯店餐廳內設置的舞臺上體驗日本傳統文化，精彩呈現淺草藝妓舞蹈、氣勢磅礴的太鼓演奏等各種表演。

✆0570-003-235（導航撥號）
所台東区浅草2-9-10
休L公演日期視活動而異
¥T11000円～。公演費用視活動而異
🚇筑波快線淺草站A2出口即到
MAP附錄③P.7 B-2

特別合作拉麵 1碗約1200円

限量供應「中華蕎麥富田」、「本田商店」、「Mukan」等多種日本最強拉麵

PEPPER的池座 週末無限暢飲招待小品

週末限定，點無限暢飲可享特別招待（毛豆）

道地握壽司 2200円

提供用新鮮食材製成的壽司等正宗日本料理

不時舉辦DJ表演活動，播放流行歌曲讓氣氛高漲起來

澀谷 2023.12.OPEN

CLUB THE PEPPER

★クラブザペッパー

從白天寧靜的咖啡廳搖身一變，晚上可以一邊享用美食和美酒，一邊欣賞機器人PEPPER們帶來的舞蹈。是個結合機器人、音樂和日本料理的獨特空間。

☎03-5422-3988
所渋谷区道玄坂1-2-3 東急プラザ渋谷5F
休不定休（以設施為準）
L「CLUB THE PEPPER」營業時間18:00～23:00、「Pepper PARLOR」11:00～18:00
¥入場免費，有無限暢飲方案
JR澀谷站西口即到 MAP 附錄③P.11 C-5

推薦Point! 美食眾多！和PEPPER們一起在俱樂部跳舞

推薦Point! 憧憬的咖啡廳大改裝

表參道 2023.09.RENEWAL

ANNIVERSAIRE 表參道

★ アニヴェルセルおもてさんどう

ANNIVERSAIRE為著名的咖啡廳和婚宴場地，如今已全面翻新。1樓還有Tiffany進駐。

☎03-5411-5988 所港区北青山3-5-30 休不定休 L11:00～20:00（蛋糕店～19:00） 地鐵表參道站A2出口即到 MAP 附錄③P.8 E-4

費南雪套餐 1100円

咖啡吧檯外帶提供可選擇飲品+2個費南雪的套餐

↑開放式時尚咖啡酒吧的露天座位可說是ANNIVERSAIRE的標誌

←咖啡酒吧有供應午餐盤、義大利麵、沙拉等多種餐點

原宿 2023.06.OPEN

FENDER FLAGSHIP TOKYO

★ フェンダーフラッグシップトウキョウ

擁有近80年歷史的樂器製造商FENDER，在原宿開設全球首家旗艦店。店內擺放許多限量版吉他。

☎0120-194-660 所渋谷区神宮前1-8-10 休無休 L11:00～20:00 JR原宿站東口步行5分 MAP 附錄③P.9 C-2

2樓設有可大聲試奏的專用隔音室

推薦Point! 樂器製造商FENDER全球首家旗艦店

1樓不僅有新商品和限量版吉他，還有販售僅能於此購入的FENDER首個服裝品牌和原創商品

左_3樓是頂級吉他專用樓層。傳奇樂器皆是出自世界上技藝最精湛、最有名的工匠之手
右_在地下1樓的原創咖啡廳享受咖啡時光

TOKYO! 走吧!

2024 CUTTING EDGE!

最新潮主題樂園&沉浸在娛樂歡快中!

東京是個新事物雲集的娛樂展覽會,
最近有許多能讓人沉浸在故事和藝術世界的創新設施陸續誕生。
前往體驗只有在現實中才能感受到的魄力和感動吧!

咦!?
真相究竟
有幾個?

台場　2024年3月 OPEN!

全球首個沉浸式主題樂園!

東京沉浸城堡

◆ イマーシブフォートとうきょう

世界上第一個專門提供Immersive(完全沉浸式)體驗的主題樂園。可在重現各種主題的逼真世界中成為登場人物之一,讓人完全沉浸其中。園內設有12種可供體驗、挑戰的遊樂設施,以及6間商店和餐廳。室內空間無須在意天氣變化,一整天都能盡情享受沉浸式體驗。

☎無 所江東区青海1-5
休無休 L視日期而異(需預約,需於官網確認)
¥6800円~(視票券而異) 交百合海鷗線青海站即到
MAP 附錄③P.20 E-3

IMMERSIVE FORT
TOKYO
イマーシブ・フォート東京

出發前CHECK!

在故事的
世界中
自由移動!

☑Immersive=沉浸感!

讓觀眾參與演出,提供百人百樣沉浸式體驗的戲劇作品統稱為Immersive。

☑盛行於全世界的沉浸式體驗

至今為止,紐約和倫敦被認為是先驅。行動規則五花八門,有的可以自由活動,有的則是與演員互動。

☑票券種類

1日沉浸式通行證(休閒・標準・高級)	體驗票	VIP快速通關
可遊玩一整天的門票。購買標準以上的票券可選擇一項付費體驗。	可從體驗時間較長的3個付費設施中另外追加一項的票券。	能縮短3項適用設施等候時間的票券。可重複選擇。

這樣做更能沉浸其中

☑ 掌握遊樂設施的世界觀！
事先了解關於遊樂設施的故事和設定，也許就能發現設施的細節。

☑ 可以準備服裝和小道具
若服裝和隨身小物與遊樂設施搭配，就能獲得更深的沉浸感。不是全身也OK。試著配戴些物品吧。

☑ 現場購買單品增加氛圍！
即使無法提前準備，也能穿戴當日購買的商品。早點入場去商店逛逛吧。

☑ 有兩間商店！

Galleria Della Vita	藝廊商店販售充滿遊樂設施魅力的商品。
Plaza Mart	便利商店販售T恤、透明文件夾等商品。

購物前

Dress UP!

Dress UP!

髮箍 2600円
大熊耳朵與偵探帽是主要特色，蓬鬆材質營造出可愛感

鑰匙圈 2600円
變成名偵探的小熊，可使用球鏈掛於喜歡的地方

重視可愛感的商品搭配！
想要升級至享樂模式，就使用易於搭配服裝的商品

圓框眼鏡

帽子

菸斗

充滿沉浸感的搭配！
若想盡情玩樂，建議可準備替換的服裝。裡面的演員很多，可在不引起注意的情況下享受其中

外套

襯衫 6900円
繡有LOGO的襯衫也很適合平常外出時穿著

包包 5900円
小報式設計的包包與單獨販售的鑰匙圈非常搭

格子褲

沉浸式攻略指南！
ATTRACTION

超推遊樂設施介紹！
一定要體驗看看

福爾摩斯 -貝克街連續殺人事件-

漫步型沉浸式劇場

與追查殺人事件真相的夏洛克．福爾摩斯，一同恣意漫步在19世紀倫敦的沉浸式劇場。
※12歲以下需大人陪同

注目！ 前往The Entropy吧！

僅遊樂設施參加者可使用的酒吧，可以享用以故事作為發想的飲品。

⬆重現19世紀的酒吧
⬅可品嘗以登場人物為主題的「夏洛特」(中間)等

ATTRACTION

江戶花魁奇譚

穿越時空進入
江戶遊廓的街道

以江戶遊廓為舞臺，被捲入由個性十足的眾多人物編織的虛幻故事中，成年人限定的沉浸式劇場。故事情節多達100種以上！
※未滿18歲不可體驗

《我推的孩子》沉浸式拉力

解開謎題參加演唱會

化身造訪某個歐洲小鎮的粉絲，並在B小町成員的幫助下試著解開謎題。超人氣動畫的遊樂設施。

第五人格沉浸式追逐

超人氣遊戲的生存任務

成為一名求生者，挑戰任務並從迷宮中逃離。面對恐怖的獵人不斷逼近，心臟因驚恐而劇烈跳動。

東京復仇者沉浸式逃脫

可以改變未來的逃脫型沉浸式體驗

憑藉頭腦、勇氣以及關心夥伴的誠心拯救東京卍會成員。體驗人氣動畫的世界！
※12歲以下需有監護人陪同

卡巴萊

可以享用美食的舞臺秀

置身於迷人豪華的現場表演，一邊沉浸其中一邊享用法式簡餐。不知不覺自己就站在舞臺上!?

Spy Action！

街上突然傳來駭人槍響

黑手黨與特工在意想不到的瞬間爆發了戰鬥。被捲入的參加者必須思考如何行動、如何逃生。

Party Festa！

以大廣場為舞臺的派對時光

響起那首「名曲」，派對突然開始。每個人都會參與這場盛大的特別演出，大廣場變成了歌舞狂歡的地方。

➲舞臺是大廣場「黃金廣場」，突然出現的護花使者可能會讓心頭小鹿亂撞!?

還有！遊樂設施！！

開膛手傑克	成為殺人事件的目擊者，逃離開膛手傑克魔掌的沉浸式恐怖體驗。
沉浸式故事	體驗童話故事《糖果屋》的世界，最後會讓人不自覺落淚。

充滿沉浸式體驗的餘韻！

·GOODS·

可穿著遊玩、留念的商品大集合！

鑰匙圈長這樣！

抱枕 4200円

打開拉鍊，翻轉就會變成臀形的雙面式設計

卡巴萊也有龐克風橋段！

CUTE

① 髮箍 2600円
② 髮箍 1900円
③ 薄紗T恤 8900円
④ 透明包包 3500円
⑤ 鑰匙圈 2600円
⑥ 附燈戒指 1500円

可愛透明的薄紗T恤搭配短上衣。帶有絨毛和閃亮材質的商品非常適合展現閃亮的世界觀

江戶花魁奇譚以強調色彩的搭配為主！

ADEYAKA

① 漁夫帽 3900円
② 髮箍 2600円
③ 夾克 9900円
④ 肩背包 4900円
⑤ 鑰匙圈 2600円

各種蝴蝶設計令人印象深刻，附有可拆卸緞帶的帽子為雙面設計，包包也是能當作腰包使用的兩用式

抱枕 4200円

繡有花魁小熊和標誌性蝴蝶的可翻轉抱枕

巧克力酥 1900円

小熊坐姿形狀的盒子內裝有9個抹茶口味的巧克力酥

品嘗與主題相呼應的料理！

·FOOD·

在各個餐廳度過美好的時刻吧！

Ⓣ 卡巴萊
Ⓒ 沛羅尼之家
Ⓓ 甜蜜生活

粉色奶油禮服好可愛！

禮服蛋糕 2000円

奶油起司裡藏著覆盆子果凍／Ⓣ

油炸豬里肌佐雙醬 2800円

搭配番茄&水果、檸檬奶油醬享用的米蘭風味炸豬排／Ⓒ

字母吉拿棒 1000円

表面塗有巧克力的文字形狀吉拿棒／Ⓓ

紅酒燉牛肉佐開心果慕斯 2600円

口感濃郁的牛肉搭配白松露風味馬鈴薯泥，是正宗法式料理／Ⓣ

Peroni Nastro Azzurro 樽生啤酒 1000円

生啤酒的苦味與香氣均衡，和義大利料理非常搭／Ⓒ

照片提供：Immersive Fort東京
※照片僅供參考。商品和餐點的內容、價格可能有未公告即變更的情況。

大禮堂

學生們歡聚一堂

霍格華茲城堡最令人印象深刻的場所之一。創造了分院儀式、聖誕舞會等眾多場面。

大圖.大禮堂 霍格華茲的教職員。設有鄧不利多校長等人的等身大雕像 1.大禮堂。以英國牛津大學基督堂學院為藍本 2.學生的座位上展示著餐具和服裝 3.大禮堂的入口。如實重現巨大的門

千萬別錯過重現的布景和真實使用過的服裝&小道具！

STUDIO TOUR

2 練馬

前往《哈利波特》系列的世界！

東京華納兄弟 哈利波特影城

- THE MAKING OF Harry Potter -

◆ワーナーブラザーススタジオツアーとうきょうメイキングオブハリーポッター

一邊了解電影《哈利波特》及《怪獸與牠們的產地》系列的幕後祕辛，一邊體驗眾多令人驚豔的布景。園內亦設有能沉浸在魔法世界中的咖啡廳和商店。

☎050-6862-3676 所練馬区春日町1-1-7 休無休 L視季節而異（需預約，需至官網確認） ¥6500円～ 交西武豊島線豊島原站即到 MAP 附錄③P.3 B-1

➔設施緊鄰綠意盎然的「東京都練馬城址公園」

9又3/4月台

故事展開的場所

國王十字車站的9又3/4月台作為魔法界的入口多次出現在電影中。可實際進入列車內部，沉浸在啟程的場景中。

↑霍格華茲特快列車在系列電影中出現的場景都令人難忘

↗體驗行李推車。在重現國王十字9又3/4月台的景點拍攝紀念照

體驗魔法的世界

EXPERIENCE

霍格華茲課程

如同電影中那般學習魔法

以魔法學校的「學習」為主題的區域。有「魔藥學教室」、「黑魔法防禦術教室」等布景，也能使用魔杖進行互動體驗。

⊕黑魔法防禦術教室。有魔杖的人請務必攜帶

葛來分多交誼廳

學生們的社交場所

居住在葛來分多宿舍的學生相聚聊天的交誼廳。布景設計注重舒適而非華麗，並擺放破舊的家具。

⊕紅色天鵝絨沙發經過敲打看起來破舊，也有擺放服裝供觀賞

禁忌森林

到禁止進入的森林探險

位於霍格華茲校園內的黑暗神祕森林。展示區域重現了森林中的場景，探索森林時可能會遇到魔法生物和催狂魔。

⊕禁忌森林區域內的「護法咒」咒語體驗。測試自己的魔法能力吧

別錯過電影世界中的啤酒和美食！

FOOD

奶油啤酒

品嘗魔法界的招牌飲品

享用電影中常見的魔法世界飲品「奶油啤酒」無酒精版。也有販售爆米花、甜甜圈等輕食，很適合中途小憩片刻。

⊕戶外的開放式露天座位

⊖啤酒杯可於餐飲部清洗後帶走

⊖微碳酸的奶油啤酒香甜爽口

斜角巷

充滿神祕魅力的商店街

在準備新學期的場景中多次登場的商店街。由參與電影製作的團隊親手打造，逼真的布景令人嘆為觀止。

⊕斜角巷。最深處的橘色建築物是衛斯理兄弟開設的「衛氏巫師法寶店」

也有販售限定商品！

GOODS

主商店

全球最大的商店

商店分為主商店和鐵道商店。主商店有販售馬克杯、T恤等限定商品，也能客製刻名魔杖。

⊕各個角色的魔杖。建議可先購買再入園參觀

⊖店內販售各種魔法世界的商品

⊕上方有顯眼的霍格華茲校徽的行李箱

3

麻布　2024年3月 OPEN！

世界首次公開的作品掀起話題！

森大廈 數位藝術美術館：EPSON teamLab Borderless

◆ もりビルデジタルアートミュージアムエプソンチームラボボーダレス

藝術團隊teamLab開設的美術館，從台場搬遷至麻布台重新開幕，並展出新創作和日本首次亮相的作品。在沒有地圖的館內體驗無邊界的作品，為感官帶來新的刺激。

☎03-6230-9666　所港区麻布台1-2-4 麻布台ヒルズ ガーデンプラザB B1F　休第1、3週二　L10:00～21:00　¥3800円～　交地鐵神谷町站5號出口直通

MAP 附錄③P.18 E-4

1.「在人們聚集的岩石上，注入水粒子的世界」
2.「Bubble Universe：實體光、光之肥皂泡、晃動之光、環境產生的光一筆」
3.「The Way of the Sea：虛空的宇宙」
4.「Microcosmoses：Wobbling Light」
5.「色相球體」
6.「生命是綻於黑暗又歸於黑暗的微小光芒」

這裡也別錯過！

「彩繪海洋」

彩繪、玩樂後變成伴手禮！

讓描繪的魚圖案游入大海，被觸碰後馬上逃走的展品也很受歡迎。圖案可於館外的彩繪工廠製作（需付費）成胸章、T恤等商品。托特包3000円。

藝術的午茶時光

根據下單內容，投影繪製的藝術。

「綻放在茶碗裡那無限宇宙中的花朵」

入口處也是作品！

運用透視法繪製的牆上字母，在指定的位置觀看就會浮現。

「People Don't See the World as through a Camera」

創建自己的虛擬頭像，與2～3人組隊遊玩

⬅在面積超過1500平方公尺的真實地下城中，展開自己的冒險故事

敵は〈黒の剣士〉
敵は〈閃光〉
ソードアート・オンライン
SWORD ART ONLINE
—アノマリー・クエスト—

⬅作品中的男女主角化身成敵人的異常情況

4 新宿

征服出現在都市的地下城！

THE TOKYO MATRIX

◆ ザトウキョウマトリクス

位於東急歌舞伎町TOWER的體驗型遊樂設施。在人氣名作《刀劍神域》的世界中組隊，目標是完成擊退怪物和取得物品等5項任務。

☎無 所新宿区歌舞伎町1-29-1 休不定休 L10:00～21:00 ¥1750円～，續玩500円 交西武新宿線西武新宿站正面口即到
MAP 附錄③P.17 D-1

攻略方法

組隊並裝備道具

需註冊會員和購買設施內的貨幣。也有能讓闖關更加順利的付費道具。

➡裝備是劍型手持裝置。使用方式很多元

⬆任務2～4基本上一場遊戲最多可續玩兩次

⬅週六日、假日會依序播放兩種具有故事性的內容
⬇平日會播放突顯東京都廳舍建築之美的內容
※請至官網確認放映主題

5 赤羽橋 新遊樂設施！2024年1月

可體驗4種次世代VR

RED° TOKYO TOWER

◆ レッドトウキョウタワー

世界超人氣遊樂設施「LEKE VR」在日本首次登場。透過最先進的技術，感受身臨其境的VR體驗。4款機型可玩數十種遊戲。

➡P.161

1

2
3

4樣LEKE VR

- Flying Cinema
- Space Shuttle 2.0
- Flash Racing
- Corps Pro

1. 各種乘具上能夠體驗到360度旋轉、驚險刺激的VR設施
2. 超沉浸式劇場體驗伴隨風、聲音和震動，進入自己喜歡的世界
3. 在環形跑道上全速奔馳，充滿臨場感的VR賽車
4. 可體驗節奏遊戲、滑雪等項目的超未來型VR遊戲機

6 新宿 2024年2月 OPEN！

為東京的夜晚增添色彩的新觀光景點

TOKYO Night & Light

◆ トウキョウナイトアンドライト

作為東京地標之一的東京都廳，推出以第一本廳舍東側牆面為畫布的光雕投影秀。體驗透過聲光效果表現的各種藝術吧。

☎03-5321-1111（東京都廳代表） 所新宿区西新宿2-8-1 東京都庁都民広場 休暴風雨時 L日落後～21:00左右；整點及30分～播放 交地鐵都廳前站A3出口即到
MAP 附錄③P.17 A-4

開放感十足的露天座位可欣賞到銀座四丁目十字路口的夜景

東京TREND美食

俯瞰銀座街景
季節性全餐料理

令人放鬆的主餐廳，也有包廂

銀座 2023年11月OPEN

CADRAN

●カドラン

大都市中的絕景餐廳，可一邊眺望銀座地標一邊享用美食。除了富有季節性的全餐和單點菜單，也推薦運用專利技術在海洋深層水中淨化48小時以上的新鮮牡蠣。店家精心挑選的葡萄酒也別錯過。

03-6263-9299 所中央区銀座5-8-1 銀座PLACE 7F 休週日、一 11:30～22:00 直通地鐵銀座站A4出口

MAP 附錄③P.15 D-4

主餐之一的「熊本產黑毛和牛菲力」

富有季節性的品味全餐 全6道
7800円(不含服務費)
包含冷盤、湯品、主餐、甜點等，每道皆充滿時令風味（照片為魚料理的參考圖片）。

現在應該要品嘗的新店美食

當紅熱門餐廳

接連誕生的東京餐廳。此篇介紹的5間餐廳不僅料理美味，還擁有其他地方沒有的附加樂趣！

澀谷 2023年6月重新OPEN

SOAK

●ソーク

「SOAK」以高品質雞尾酒、正宗料理和週末的DJ現場表演而廣受歡迎。在視野絕佳的「OYU TERRACE」，可以一邊享用飲品，一邊眺望澀谷的壯麗景色。全餐料理及使用「OYU TERRACE」需事先預約。

03-6427-9989 所渋谷区神宮前 6-20-10 MIYASHITA PARK North 18F 休無休
18:00～23:30（飲品～翌日1:30；週日、假日的飲品～翌日0:30）
JR澀谷站八公口步行7分

MAP 附錄③P.11 D-2

夏天可攜帶泳衣至「OYU TERRACE」玩水，包含飲品及更衣室使用費約為6000円

雞尾酒1杯1100円～

除了一般的露天座位，還有露天VIP座位、沙發座位等

俯瞰澀谷全景在露天座位或足湯區品嘗正宗料理

享受時令美味
主廚創意晚間全餐
8800円
包含義大利麵、沙拉、甜點等6道料理，並附1杯氣泡酒

含無限暢飲的划算自助式餐廳
也能品嘗到米其林料理

晚間自助餐（含酒類喝到飽）4500円～（需預約）
從健康蔬食料理到咖哩、義大利麵、甜點等，約有30種餐點

↑每週都會替換菜色。推薦種類豐富的生火腿、薩拉米香腸及起司等
→當天米其林主廚監製的料理為油封雞腿

大手町 2023年8月OPEN

buffet du marche

●ビュッフェドゥマルシェ

道地的自助式餐廳，菜色包含米其林1星法國主廚監製的料理。晚餐附酒類喝到飽，午餐（1700円）附軟性飲料喝到飽。午餐無須預約，可加價2000円升級成酒類無限暢飲。

☎03-6259-1174 所千代田区丸の内1-1-1 パレスビルB1F 休週日、假日 L11:00～14:00、18:00～21:00 交直通地鐵大手町站
MAP 附錄③P.13 B-3

↓照片左邊的冰箱內擺滿了無限暢飲的酒類

眺望隅田川
隈研吾設計的

中東蔬菜球佛陀碗 1980円
五穀飯上放著由傳統豆和鷹嘴豆製成的中東蔬菜球等食材

↑「原味生銅鑼燒」和季節限定的「草莓&酒粕奶油生銅鑼燒」兩種口味一份880円
→可從大片窗戶眺望河川沿岸的景色

藏前 2023年2月OPEN

KAWA KITCHEN

●カワキッチン

以永續發展為主題的生活風格品牌「S.」的第一家實體店。2樓是開放感十足的咖啡廳，1樓則是販售「S.」產品的商店。出自建築師隈研吾先生之手的建築物也很值得一看。

☎050-8884-9950 所台東区蔵前2-10-11 休週一、二 L11:00～17:30（週五至20:00、週六10:00～20:00、週日10:00～17:30） 交地鐵藏前站A7出口步行3分
MAP 附錄③P.7 B-5

淺草橋 2023年6月OPEN

浅草橋 鮨 うらおにかい

●あさくさばしすしうらおにかい

享受保留江戶前傳統的創意壽司。除了富有獨創性的壽司，還能品嘗到由米其林1星「天婦羅みやしろ」監修的天婦羅手卷壽司。2024年1月在虎之門之丘開設了分店。

☎03-3865-2323 所台東区浅草橋1-20-1 大原第2ビル1F 休週一 L分為18:00～及20:30～2個時段（週日、假日分為17:00～及19:30～2個時段；中午僅開放週日、假日12:00～）。完全預約制 交JR淺草站東口即到
MAP 附錄③P.4 G-2

→包含壽司15貫及3樣小菜的「特選全餐」11000円，此為小菜參考圖片

↑散發木頭溫暖的店內有9個吧檯座，與未完成風的外觀產生有趣對比。入口的招牌也別錯過

可享用米其林天婦羅和
嚴選葡萄酒
具獨創性的江戶前壽司

壽司與葡萄酒的組合 5種 16000円
全餐中可品嘗時令握壽司、天婦羅手卷壽司等，含配餐葡萄酒

↓全餐中包含由享譽全球的名店「天婦羅みやしろ」監修的「炸蝦海苔卷」

淺草 2024年1月OPEN

dial presented by ENUOVE

●ダイアルプレゼンテッドバイイノーヴェ

盤式甜點，糕點師會在眼前的盤子上完成甜點。甜點菜單中有介紹適合搭配的法國紅茶，提供最棒的組合選擇。店內現場烘焙的麵包也很受歡迎。

✆03-3847-0266 所台東区駒形2-1-20 山本ビル1F 休不定休 L10:00～18:00（盤式甜點13:00～、銷售～19:00） 🚇地鐵淺草站A2a出口步行5分

MAP 附錄③P.7 B-4

在桌邊完成盤式甜點體驗

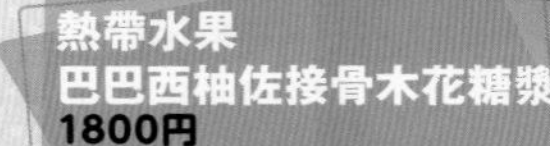

熱帶水果 巴巴西柚佐接骨木花糖漿 1800円

使用椰子冰淇淋等植物性食材製成的素食甜點。糖漿會在桌邊服務淋上

◎內有草莓雪酪和紫羅蘭冰淇淋的「紫羅蘭草莓百匯」2200円

◎大溪地產香草卡士達醬的千層派「3300円，很適合共享

◎設有餐桌座位、包廂、半開放式包廂、吧檯座

心跳不止 與心動甜點的新邂逅 新感覺甜點

在眼前完成的甜點、充滿童心的咖啡廳、精緻的派塔等眾多話題甜點。視覺上賞心悅目，讓人無法將目光從誘人的餐點上移開！

來自比利時的品牌 在日本的首間巧克力店

巧克力芭菲 4378円

使用不同產地的可可豆製成的冰淇淋，以及稀有的可可果肉製成的果凍。附飲品

◎Bonbon 1個540円～。綜合盒裝6入3564円等

銀座 2023年9月OPEN

BENOIT NIHANT GINZA

●ブノワニアンギンザ

比利時人氣巧克力品牌在日本開設的首間旗艦店。地下1樓的咖啡廳有提供完全用可可豆作為原料製成的芭菲等甜點。1樓的商店則販售散發優質可可香的巧克力及日本限定的烘焙點心。

✆03-5579-5820 所中央区銀座4-6-18 ギンザアクトビルB1-1F 休無休 L1樓11:00～21:00、B1分為4個時段（各90分）12:00～、14:30～、17:00～、19:00～ 🚇地鐵銀座站A8出口即到

MAP 附錄③P.14 E-3

◎外帶用的「巧克力醬夾心餅乾」1個800円

◎可於地下1樓的吧檯享用芭菲等甜點

用喜歡的顏色製作
原創餐點
RIKO
HINATA

泡泡檸檬水
(附壓克力鑰匙圈)
各1100円
檸檬水可從8種顏色中選擇飲品顏色。同色系的鑰匙圈也好可愛

池袋 2023年3月OPEN

SWEETS STAND Cell

●スウィーツスタンドセル

以「用『五感』體驗的超沉浸式咖啡廳」為理念。可用喜歡的顏色和文字製作原創鑰匙圈、桌面上會出現光雕投影的影像等，將數位藝術與美食結合的體感型咖啡廳。

☎080-1006-8015 所豊島区東池袋1-14-14 ザ・シティ池袋1F
休不定休 L12:00～20:00
交JR池袋站東口步行3分
MAP 附錄③P.23 B-2

店員用泡泡槍在檸檬水的上方製造出由香氛煙霧構成的泡泡 餐桌上有光雕投影！

除了數位藝術，也有許多適合拍照的地方

代官山 2024年3月OPEN

Charles-Henry

●シャルルアンリ

曾待過世界米其林餐廳的法國主廚Charles-Henry Lebourg開設的派塔專賣店。精緻如寶石般美麗的派塔使用當季食材，選用最優質的原料手工精心製作而成。

☎050-3553-3663 所渋谷区恵比寿西1-35-14 休週二 L11:00～19:00 交東急東横線代官山站中央口即到
MAP 附錄③P.5 C-5

內用可搭配香檳、咖啡等一同品嘗。派塔1片800円～

鹹味派塔也很受歡迎

法國主廚精心製作
豪華派塔

水果派塔
12000円～
使用草莓、芒果、哈密瓜等頂級水果。派塔皮會根據水果變換

在眼前炙燒
小巧起司蛋糕

minichii
(迷你起司)1個350円
表面散發剛炙燒完的甜香，裡面則是濃稠的生起司。有原創、宇治抹茶等10種口味

「下午茶組合」可兩人品嘗比較各種迷你起司，2980円

澀谷 2023年9月OPEN

nurikabe cafe SSS

●ヌリカベカフェエスリー

惠比壽的人氣咖啡廳「nurikabe」3號店於澀谷誕生。不可錯過的是澀谷店限定的「迷你起司」，是惠比壽店廣受歡迎的炙燒起司蛋糕「香濃起司蛋糕」的迷你版。炙燒後的紅糖甜香讓人欲罷不能。

☎03-5962-6068 所渋谷区渋谷3-10-14 長崎堂ビルB1F 休第1週一 L12:00～23:00
交JR澀谷站新南口步行3分 MAP 附錄③P.10 E-5

隱密的咖啡餐酒館。除了甜點，也有供應料理和酒類

飯店甜點與壽司的下午茶組合
點餐Time
11:30～12:30、17:00～19:30
(需預約，晚餐限2小時)
壽司下午茶「玉手箱」6800円
附魚清湯、咖啡。也有提供可舉杯慶祝的飲品、紀念照片等的慶祝方案
可愛的甜品&甜點融合了日式和西式的精髓
點餐Time
15:00～16:30
茶宴 平日5000円、週六日、假日5200円
※可能會根據月分變動
除了各種和洋甜點，還有稻荷壽司等飯菜類

⊙店內以「大人的隱居」為主題。可於餐桌座位享用「壽司下午茶」

魅惑的 享用日本美食的午後時光 日式下午茶

享受甜點與茶帶來的優雅午茶時光。此篇將介紹和菓子、和食等，以及桌上滿是日本風味的日式下午茶。

※下午茶的內容會根據月分和季節變化，請留意。

新橋

一寿し

●いちずし

手藝精湛的壽司店提供壽司與甜點的組合。「第壹層」可品嘗到海鮮握壽司、手鞠壽司、蔬菜握壽司、花彩稻荷壽司等眾多壽司。「第貳層」有和洋甜點、水果等共10種。

☎03-3596-5665 所港区新橋1-2-6 第一ホテル東京B1F
休週日、假日
L11:30～14:00、17:00～21:00
交JR新橋站日比谷口即到
MAP 附錄③P.15 A-5

⊙與料理相同，店內洋溢著高雅的現代日式風情

東銀座

現代里山料理 ZEN HOUSE

●げんだいさとやまりょうりゼンハウス

保留和食文化的同時，還融入了現代元素，以充滿獨創性的日本料理為傲。精心設計的「茶宴」，包含杜拜7星級飯店提供的Ronnefeldt紅茶、宇治茶等飲品。

☎03-6260-6851 所中央区銀座5-11-1 ミレニアム 三井ガーデンホテル 東京B1F 休無休
L早餐6:30～9:30、午餐11:00～14:30、咖啡廳15:00～16:30、晚餐17:00～21:00
交地鐵東銀座站A1出口即到
MAP 附錄③P.14 E-4

品川
味街道 五十三次

●あじかいどうごじゅうさんつぎ

集結7間和食專賣店的日式料理餐廳，店內的8間包廂皆可眺望市區絕景。限量供應的下午茶可以無限暢飲各種紅茶、日本茶及咖啡等。

03-5421-1114（餐廳綜合預約） 所港区高輪4-10-30 品川プリンスホテル メインタワー38F
休無休 L11:30～21:30
JR品川站高輪口即到
MAP附錄③P.4 E-6

正宗的時令日本料理和色彩繽紛的日式甜點

日式下午茶 6500円
料理包含使用當季食材製成的前菜、熱菜、炸物、烤物等，以及各種甜點

點餐Time
13:00～14:30（週六日、假日～16:30）（限2小時，需預約）

天氣晴朗時，可從38樓的窗戶看到富士山

銀座
創作料理 FANCL 令和本膳

●そうさくりょうりファンケルれいわほんぜん

可於FANCL旗艦店內的直營餐廳品嘗用糙米烹煮的創意和食。人氣下午茶包含使用糙米粉製成的日式甜點、種類豐富的無咖啡因茶飲等健康餐點。

03-3289-0722 所中央区銀座5-8-16 ファンケル銀座スクエア9F
休每月一天不定休
L11:30～22:00（週六日、假日～21:00）
地鐵銀座站A3出口即到
MAP附錄③P.15 D-4

店內洋溢著日式風情，中央設有大型吧檯和餐桌座位

日式下午茶 4800円
木架上擺放著精美的時令甜點等，可自己製作的抹茶也很受歡迎

點餐Time
14:00～17:00（限2小時）

東京希爾頓引以為傲名店日式下午茶

點餐Time
11:30～14:30（單日限量12份；需預約）

華麗手鞠壽司（春）7800円
季節菜單限量12份。照片為手鞠壽司、香魚南蠻漬、芭菲等

新宿
日本料理「十二颯」

●にほんりょうりじゅうにそう

如同店名「十二颯」，餐廳巧妙地用料理呈現出一年12個月的季節感。鋪滿鮮花的木盒裡擺放著精心陳列的時令魚手鞠壽司。覆蓋壽司的生魚片、烤魚、芭菲等存在感完全不輸主菜。

03-3344-5111（代） 所新宿区西新宿6-6-2 ヒルトン東京2F ダイニングフロアTSUNOHAZU
休無休 L11:30～14:30、17:30～21:00
JR新宿站西口步行10分
MAP附錄③P.17 A-2

除了餐桌座位，也有壽司吧檯座及鐵板燒吧檯座

池袋

SESAME STREET MARKET

● セサミストリートマーケット

全球唯一芝麻街官方商店。透過商店、咖啡廳和工作坊3種形式體驗芝麻街的世界觀。以人物角色為主題的餐點和飲品，也很適合拍照上傳至社群！

☎03-5810-2931（餐飲）、03-5810-3664（商店）
所豊島区東池袋3-1 サンシャインシティ 専門店街アルパ1F
休以設施為準
L10:00～21:00
交JR池袋站東口步行8分
MAP附錄③P.23 C-2

角色造型甜甜圈
各520円
讓人捨不得吃掉的可愛角色造型甜甜圈

角色圖案拿鐵
各650円
拿鐵上綿密細緻的奶泡繪有各個角色圖案

➲有許多當店限定販售的商品

➲也有能和角色一起拍照留念的地方

盡享TOKYO次文化

角色主題咖啡廳

熱門角色主題咖啡廳能體驗人氣角色的世界觀。除了造型可愛的餐點和飲品，內部裝潢也很值得一拍！

➲赤坂的一角化身成英國魔法世界

疾疾，護法現身
1430円
能體驗一邊呼喊咒語一邊弄破氣泡的神奇飲

帶有前往魔法世界邀請函的餐點

嘿美蛋糕
1650円
甜點靈感來自於哈利的貓頭鷹嘿美站在樹上的樣子

赤坂

Harry Potter Cafe

● ハリーポッターカフェ

以世界知名的《哈利波特》魔法世界為主題的咖啡廳。供應的菜單結合了《哈利波特》電影中出現的生物和圖示，能充分感受到其世界觀。

☎非公開（洽詢請至官網）
所港区赤坂5-3-1 赤坂Bizタワー1F
休不定休
L11:00～23:00(全餐17:00～)
交地鐵赤坂站3b出口即到
MAP附錄③P.4 E-3

押上
カービィカフェ TOKYO

● カービィカフェトーキョー

角色主題咖啡廳，以「如果卡比的世界有一家咖啡廳」為概念。咖啡廳內到處都有卡比和夥伴們的身影。每道料理都可愛到讓人捨不得吃掉。

資訊在附錄②P8

吃的時候能不吵醒睡著的瓦豆魯迪嗎？

午睡中的瓦豆魯迪歐姆蛋包飯
2178円
睡得香甜的瓦豆魯迪歐姆蛋包飯。為了不吵醒他，靜悄悄地享用吧

卡比的漂浮棉花糖歐蕾
各1628円
咖啡歐蕾搭配卡比棉花糖。棉花糖有兩種可選

↑牆壁上有卡比與夥伴們打扮成廚師的插圖

冰淇淋蘇打
各800円
上面放有角色造型冰淇淋的繽紛蘇打汽水，很適合拍照上傳至社群

堂島蛋糕捲
各560円
與baby Mon cher聯手推出的可愛蛋糕捲

角色造型漢堡
各1300円
漢堡使用100%牛肉餅，外觀可愛且味道正宗

池袋
SANRIO CAFE 池袋

● サンリオカフェいけぶくろ

提供許多以三麗鷗角色為主題的原創餐點。除了料理，內部裝潢也有原創設計的三麗鷗角色們的身影。也別錯過外帶為主的咖啡餐車。

☎03-5985-5600 所豊島区東池袋1-28-1 サンシャインシティ 専門店街アルパB1F 休準同設施
L10:00～21:00（咖啡廳～20:00、外帶～21:00）
JR池袋站東口步行8分
MAP 附錄③P.23 C-2

↓享受被三麗鷗角色包圍的咖啡時光

可愛到不行 滿滿三麗鷗愛的咖啡廳

代官山

miffy café tokyo

●ミッフィーカフェトーキョー

以迪克・布魯納繪製的繪本為主題的米飛兔主題咖啡廳。在用布魯納色彩風格裝飾的店內品嘗可愛的米飛兔餐點，感覺就像走進了繪本的世界裡。

非公開(洽詢請至官網)
所渋谷区代官山町19-4 代官山駅ビル1F
休不定休
L8:30～20:20(外帶10:00～18:00)
東急東横線代官山站中央剪票口即到

MAP 附錄③P.5 C-5

番茄燉肉丸拼盤
1990円
能享用荷蘭家庭料理的拼盤。可自行選擇喜歡的麵包和餐盤

季節水果塔
1490円
繪有米飛兔臉龐的檸檬卡士達塔甜點盤

進入經典又新穎的米飛兔世界

➲前來迎接的是從繪本中跑出來的米飛兔

町田

Shaun Village Shop&Cafe

●ひつじのショーンビレッジショップアンドカフェ

以世界知名的「笑笑羊」為主題的店鋪。入口處重現作品中牧場主人的家，咖啡廳內則還原了客廳的裝潢設計。

042-850-6940
所町田市鶴間3-4-1 ワンダーシアター1F
休準同設施
L10:00～20:00(外帶11:00～18:00)
東急田園都市線南町田Grandberry Park站Grandberry Park出口步行3分

長津田駅
南町田グランベリーパーク駅
田園都市線
東京環状
南町田北
中央林間駅
Grandberry Park
横浜町田IC
16
246
湯河原温泉 万葉の湯

➲內部裝潢彷彿走入作品中

畢查漢堡排咖哩
1500円
在畢查造型的香料飯和漢堡排上淋上奶油咖哩享用

畢查的鼻子是漢堡排味!?

➲5間概念包廂可欣賞不同年分的漫畫

史努比鬆餅附茶糖漿
1705円
可愛鬆餅配上綜合莓果與時令水果，並鋪上豆漿鮮奶油

史努比的笑容是美味的祕訣!

原宿

PEANUTS Cafe SUNNY SIDE kitchen(原宿)

●ピーナッツカフェサニーサイドキッチンはらじゅく

成熟風咖啡廳，以「PEANUTS」相關的美國西海岸為主題。提供各種以角色為靈感的西海岸休閒餐點和甜點。種類豐富的飲品菜單也別錯過。

03-6434-0046
所渋谷区神宮前1-14-30 WITH HARAJUKU B2F 休準同設施
L9:00～20:30
JR原宿站東口即到

MAP 附錄③P.9 B-2

代田

白髭泡芙工房 代田店

● しろひげのシュークリームこうぼうだいたてん

精緻的龍貓造型泡芙很受歡迎。店內到處都擺放著吉卜力的商品，店鋪的外觀也會讓人聯想到吉卜力的世界觀。

03-5787-6221
所世田谷区代田5-3-1
休週二 L10:30～19:00
小田急線世田谷代田站西口步行3分
MAP附錄③P.5 B-4

迷你龍貓們甜蜜迎接

泡芙 600円～
龍貓造型的手工泡芙。奶油種類有4種，外觀也有些許不同

店鋪佇立於寧靜環境中非常有氣氛

建於NAGISA公園內山丘上的純白建築

チ與キ三明治 1200円
兩種三明治以《妖怪阿奇》中出現的雙胞胎小老鼠為發想

在兒童文學的世界享用獨特餐點

葛西

カフェ・キキ（魔法の文学館）

照片提供：魔法の文学館

● カフェキキまほうのぶんがくかん

位於魔法文學館3樓的咖啡廳，館內以兒童文學作家角野榮子精選的兒童讀物為主，藏書約有1萬冊。享受角野榮子作品中出現的獨特餐點，以及魔法文學館的世界觀。

03-6661-3911 所江戸川区南葛西7-3-1なぎさ公園内 休週二、12/29～1/3 L9:30～17:30（最後入館16:30）、咖啡廳L.O.17:00 ¥700円，4歲～國中生300円 地鐵葛西站搭都營巴士葛西21 10分，魔法文學館入口（南葛西第二小學前）下車步行5分 預事先預約制 ※詳細需確認官網
MAP附錄③P.2 G-3

米奇雕像是很受歡迎的拍照點

莓果&甜菜根氣泡飲<Minnie> 1100円
無糖水果氣泡飲附角色臉部標籤牌

可愛料理研究家的粉色莓果鬆餅 ～Minnie Style～ 2200円
鬆餅用燕麥粉製作，配上濃厚的優格奶油及水果

澀谷

Disney HARVEST MARKET By CAFE COMPANY 渋谷ヒカリエ店

● ディズニーハーベストマーケットバイカフェカンパニーしぶやヒカリエてん

以「Japan Local」為概念，透過迪士尼的世界觀，以有趣的方式呈現日本各地的時令美味。咖啡廳中央的米奇雕像會根據季節變換服裝，每個季節都來看看吧。

050-3733-5055
所渋谷区渋谷2-21-1澀谷Hikarie7F
休以設施為準
L11:00～20:00（週六日、假日～21:00）
直通JR澀谷站
MAP附錄③P.10 E-4

可愛又美味 健康無負擔！

次文化的聖地，中野！
充滿有趣事物的隱藏版街區
～東京都中野區～

まっぷる
地區應援企劃
#全力應援地區推薦景點！

MAPPLE將全力應援閃耀的「地區推薦景點」！大家何不透過遊覽地區推薦景點來參加「地區應援」呢？

\WEB也有介紹!/

MAPPLE旅遊指南

中央線的每一站都有許多獨特又有趣的街道，而中野是其中的佼佼者。先前往北口的中野百老匯吧。

MAPPLE編輯部 HARADA

中野是屈指可數的繁華街之一，從新宿站乘坐中央線快速列車約5分鐘即可抵達。該區集結了動漫、漫畫等各式各樣的流行文化，以所謂的「次文化」聖地聞名。車站前除了商店街、辦公區，還有寧靜的住宅區，充滿濃濃的在地氛圍。當地不僅有知名景點「中野百老匯」，也有許多特色商店，是個很值得一遊的街區。

中野的象徵性存在！知名的次文化聖地

A 中野百老匯

1966年誕生的複合式商住大樓。「Mandarake」於1980年開幕後，不同類別的店家紛紛進駐，成為眾所皆知的次文化聖地。

推薦！順訪景點

◎擁有廣闊草坪和水池的大公園

中野四季之森公園
なかのしきのもりこうえん

適合在中野散步之餘休息！寬敞的休閒公園

假日總是有許多家庭和慢跑的人。公園內設有長椅，走累時很適合在此坐下休息。

☎03-5343-7921 所中野区中野4-13 營自由入園 交JR中野站北口步行5分 MAP左圖

中野的遊逛祕訣

最近的車站是JR、地鐵中野站。從北口步行約5分鐘即可抵達「中野百老匯」和「中野Sun Mall商店街」，先從北口開始遊逛吧。南口有充滿時尚氛圍的「中野紅磚坂」區域，也很推薦前往逛逛。

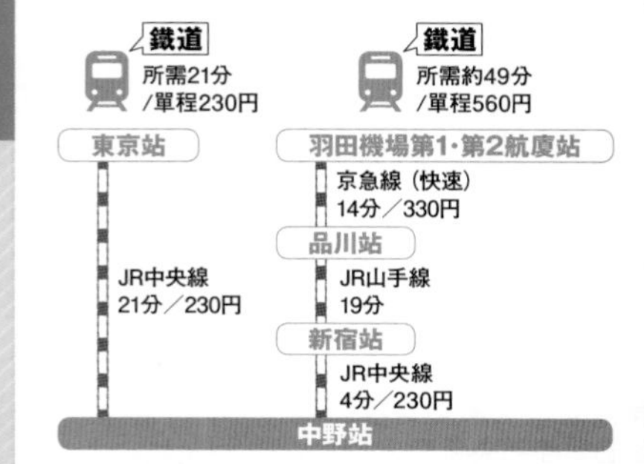

「阿拉蕾存錢筒」
「店內用搖頭PEKO醬」

A 中野百老匯
なかのブロードウェイ
03-3388-7004
所 中野区中野5-52-15
休 L 視店鋪而異
JR中野站北口步行5分

B Mandarake 本店
まんだらけほんてん
03-3228-0007
所 中野百老匯3F
休 無休　L 12:00～20:00

C Mandarake 変や
まんだらけへんや
03-3228-0007
所 中野百老匯4F
休 無休　L 12:00～20:00

D 鉄道模型のBIGYARD
てつどうもけいのビッグヤード
03-6322-6441
所 中野百老匯2F
休 週二　L 12:00～18:30（需確認官網）

E Toys Giallarhorn
トイズギャラルホルン
無　所 中野百老匯4F
休 不定休
L 13:00～20:00

F デイリーチコ
03-3386-4461
所 中野百老匯B1
休 無休　L 10:00～20:00

透明箱子中擺滿了許多懷舊珍品！

C Mandarake変や

「Mandarake」裡也有販售令人著迷的昭和玩具、企業新奇品等的古董店。發現稀有商品的話就立即下手吧！

從名作到話題新作各種會勾起大人購買慾望的商品

B Mandarake 本店

「Mandarake」最大的漫畫店，從少年少女漫畫到主要類型應有盡有。也許可以找到尋覓已久的漫畫。

安達充「Touch 第1集」
大友克洋「童夢」

鐵道迷為之瘋狂！眾多必看的稀有商品

D 鉄道模型のBIGYARD

店內有數千種鐵道模型，主要以N規為主，也有16號規、B-train shorty和鐵道collection！有提供鐵道模型收購服務。

「TRAIN SUITE 四季島（10-1447）」38500円
「E353系 AZUSA、KAIJI（10-1522）」11000円

狹小的地方排列著繽紛的軟膠玩具讓人好興奮！

E Toys Giallarhorn

店內擺滿了昭和復古軟膠玩具、扭蛋及遊戲等令人雀躍的商品。原創的「托特包」580円也很受歡迎。

「碗」380円
「兔子軟膠玩具」1280円

F デイリーチコ

百老匯著名的霜淇淋共有8種口味，從經典的香草到限定的彈珠汽水都有。推薦可一次品嘗所有口味的特大8層霜淇淋！

讓人驚豔的大小！能夠盡情享受樂趣的8色霜淇淋

「霜淇淋（特大）」900円（杯裝為1000円）

利用故鄉稅應援！

訂購中野名產！

名產眾多也是中野的特色。繳納中野區的故鄉稅可於「樂天ふるさと納税」、「ふるさとチョイス」等網站申請，趕緊來看看中野特有的謝禮吧！

麵彩房特製沾麵套餐
捐款金額：10,000円以上
人氣拉麵店的兩人份沾麵套餐。用嚴選食材慢熬製成的濃郁雞豬骨海鮮湯頭，配上特製麵條讓人欲罷不能！

BonBon巧克力40入
捐款金額：44,000円以上
帶有蜂蜜、香草、香料等食材香氣的兩層巧克力盒。由巧克力師傅一粒一粒精心製作而成。

申請方式
・前往「中野區故鄉稅」網站
・根據捐款金額申請謝禮
・按照規定辦理捐款金扣除手續

中野小酒館街
なかののみやがい

在混沌的巷弄裡隨便走走看看

道路從中野站北口向東西南北延伸的小酒館街。至今仍保留著昔日風貌，巷弄內的小店櫛比鱗次。
休 L 視店鋪而異　所 中野区中野5丁目附近　JR中野站北口步行5分　MAP 右圖

有些店已有半個世紀以上的歷史

Dope Nakano
ふじゅんきっさドープ

懷舊又有點新潮的咖啡廳

咖啡廳全天供應不純的酒類菜單，復古店內亮著的霓虹燈很時尚。
無　所 中野区新井1-9-3 グレースヒルTMY2F
休 無休　L 12:00～21:00　JR中野站北口步行10分
MAP 右圖

「冰淇淋蘇打（碳酸）」640円

Bonjour Bon
ボンジュールボン

深受當地人喜愛的悠閒麵包店

「中野Sun Mall」內的麵包店，從熟食麵包到甜麵包應有盡有。剛出爐非吃不可！
03-5345-6260　所 中野区中野5-59-8　休 無休
L 8:00～21:00　JR中野站北口步行5分　MAP 右圖

「楓糖菠蘿麵包」235円

「咖哩牛肉片」281円

※刊載的內容為2024年1月時的資訊。謝禮可能會有捐款金額變更、缺貨、申請截止的情況。

街區介紹

時尚、音樂、娛樂等，年輕人流行文化的發源地。以「澀谷站前十字路口」為首，也有許多高雅時尚的商店和咖啡廳，近年來已進化成掌握時下流行的街道，連成人都著迷。

持續傳播新文化的街道

澀谷 しぶや

MAP 附錄③ P.10

©Nintendo

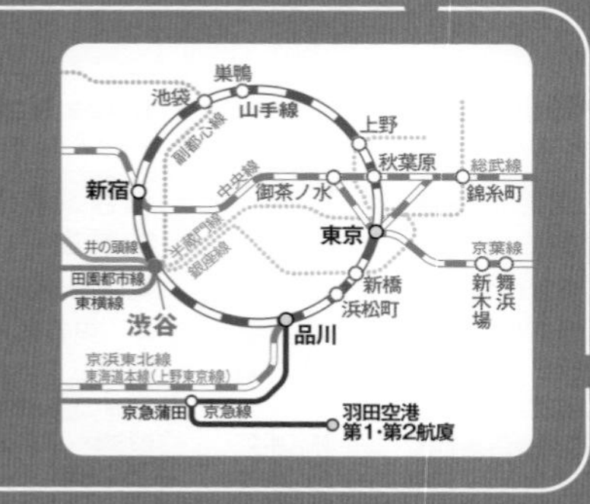

如何前往

東京站 → JR山手線（外環）→ 澀谷站
¥210円 約30分

羽田機場第1·第2航廈站 → 京急線（快速）→ 品川站 → JR山手線（外環）→ 澀谷站
¥510円 約40分

池袋、巣鴨、山手線、上野、新宿、秋葉原、總武線、錦糸町、御茶ノ水、東京、京葉線、井の頭線、田園都市線、東橫線、新橋、新木場、舞浜、浜松町、澀谷、品川、京浜東北線、東海道本線（上野東京線）、京急蒲田、京急線、羽田空港第1·第2航廈

想在這個區域做的事！

EVENT

2024年 9月12日～9月16日（預定）

澀谷最大的祭典 澀谷金王八幡宮例大祭

已持續數百年以上的傳統祭典，祈求在地繁榮興盛。14座神轎於109前集結，一齊出巡的連合渡御十分壯觀。

所 青山エリアおよび渋谷
L 12:00～19:00（視神社活動、町內會而異）
交 JR澀谷站八公口即到

連合渡御是祭典中最激動人心的部分

遊逛街區的小訣竅！！

不知道出口就去八公口

4家鐵道公司的路線在此交會，出口眾多的澀谷站。迷路的話就前往有服務處的八公口吧。

週六日和活動時超擁擠！

建議避開萬聖節等大型活動時期為佳。若要前往，步行時應留意四周。

LANDMARK

D SHIBUYA109澀谷店
シブヤいちまるきゅうしぶやてん

掌握以年輕女性為對象的流行趨勢，各類時尚齊全的流行趨勢始祖發源地。購物中途想休息可至地下2樓的甜點樓層。 ➡P.59

深受外國遊客歡迎

LANDMARK

B 澀谷Hikarie
しぶやヒカリエ

位在澀谷站東口的高樓層複合設施。以對流行敏感的女性為對象，流行時尚和美妝、甜點等商品也豐富齊全。11樓是音樂劇的劇場。 ➡P.58

©Shibuya Hikarie
優質的餐廳也進駐

LANDMARK

A SHIBUYA STREAM
しぶやストリーム

興建在澀谷川旁邊的大規模複合設施。除了各種餐廳和咖啡廳以外，也由飯店、辦公室、劇場、2座廣場等設施組成。 ➡P.59

©渋谷ストリーム
廣場也會舉辦活動

澀谷MAP&半日暢享路線

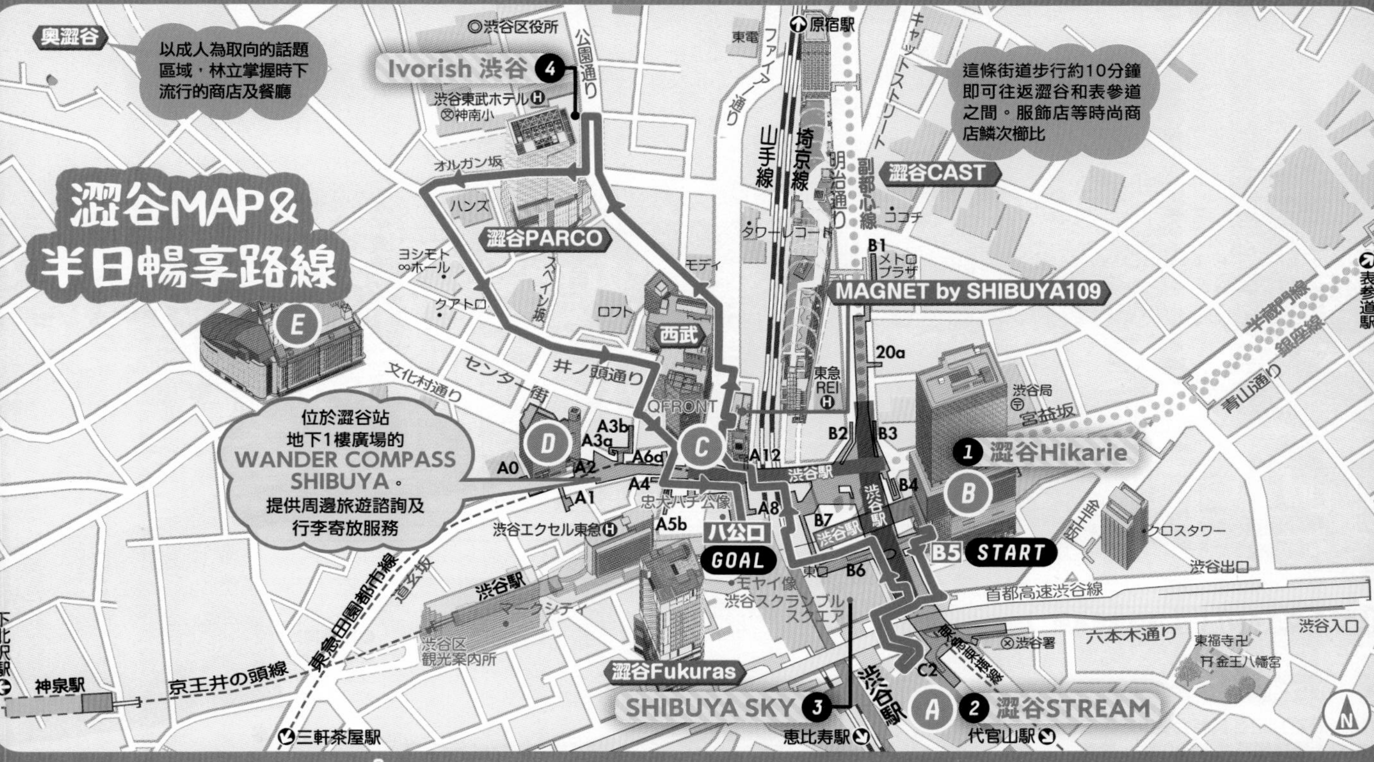

PHOTO SPOT

C 澀谷站前十字路口
しぶやスクランブルこうさてん

大量行人往來的十字路口是象徵澀谷的光景之一。拍照的人也很多。

MAP 附錄③P.11 C-4

號稱世界最大規模的通行量

LANDMARK

E Bunkamura
ブンカムラ

複合式文化設施設有音樂廳、劇場、電影院及美術館等。除了ORCHARD大廳，自2023年4月起長期休館至2027年(時間未定)。

MAP 附錄③P.11 A-4

沿著文化村街走就能看到

澀谷站 — 直通 — 1 在澀谷Hikarie購物 ➡P.58 — 步行3分 — 2 在澀谷STREAM吃午餐 ➡P.59 — 步行5分 — 3 從澀谷SCRAMBLE SQUARE SHIBUYA SKY眺望街道 ➡P.56 — 步行11分 — 4 在Ivorish 渋谷吃甜點休息 ➡P.61 — 步行8分 — 澀谷站

想接著去這裡
原宿・表參道區域 ➡P.64

NEWS & TOPICS

2023年9月 nurikabe cafe SSS 開幕

隱密咖啡餐酒館以10種炙燒後入口即化的起司蛋糕「minichii」而聞名。在古色古香的店內放鬆身心吧。

☎03-5962-6068 所渋谷区渋谷3-10-14 長崎堂ビルB1F 休第1週一 營12:00～23:00 交JR澀谷站新南口步行3分

MAP 附錄③P.10 E-5

外型繽紛可愛的「minichii」一個350円

2024年7月 次世代的複合式設施 Shibuya Sakura Stage

以「工作、娛樂、生活」為理念誕生的新設施。大部分進駐的店鋪會於7月開幕，屆時將舉辦街頭活動。

☎休營視店鋪、設施而異 所渋谷区桜丘町1-1外部 交JR澀谷站新剪票口即到
※新剪票口預計2024年秋天開通

MAP 附錄③P.11 D-6

「動態式外牆」設計會根據光線和視角變化

持續進化的街區！潮流的發源地！

SHIBUYA 8大地標

集結最新潮流的街區——澀谷，有許多進駐各種特色商店的商業設施。這裡挑選了其中8個不可錯過的地標！

體驗至高無上的全景景觀

1 澀谷SCRAMBLE SQUARE

しぶやスクランブルスクエア

澀谷站直通、直上的大規模複合式設施。擁有該區域最高、可從229m高空俯瞰全景的人氣體驗型展望台，以及各種最流行的美食和商店。

✆03-4221-4280
所 渋谷区渋谷2-24-12
休 不定休
L 10:00～21:00※部分店鋪有異
交 直通JR等澀谷站

MAP 附錄③P.11 D-5

14•45•46F•頂樓 頂樓瞭望景點

SHIBUYA SKY

★シブヤスカイ

體驗型展望台由各具特色的3個區域所構成。頂樓面積約2500m²，擁有絕佳的開放感。東京名勝自不用說，天氣好時還能看到富士山。

✆03-4221-0229
L 10:00～21:20(需官網確認) ¥[網路預約]2200円，國高中生1700円、小學生1000円、[當日售票口]2500円，國高中生2000円，小學生1200円

➲19點開始每隔30分鐘就會有燈光秀照亮上空

➲可以躺著仰望天空的「CLOUND HAMMOCK」

SHIBUYA SKY SOUVENIR SHOP

シブヤスカイスーベニアショップ

能感受日本、東京、澀谷文化的禮品店。也有以澀谷為主題的商品，很適合當作伴手禮。

✆03-6427-3261
L 準同SHIBUYA SKY的營業時間

SHIBUYA 雪茄蛋捲 1080円

➲SHIBUYA SKY SOUVENIR SHOP限定包裝的YOKUMOKU雪茄蛋捲

八公紅茶 600円

➲八公彷彿在泡澡般的掛耳茶包

Paradise Lounge

パラダイスラウンジ

提供加入現代元素的美式熱狗、炸薯條等餐點，以及各種飲品的音樂咖啡酒吧。

✆03-6805-1199
L 10:00～22:00

➲寬15公尺，帶DJ台的一體型吧檯

「SKY」彈珠汽水霜淇淋 630円(餅乾)

➲亮藍色靈感來自SHIBUYA SKY的景色

以公園為中心
澀谷的一大據點

2 MIYASHITA PARK

ミヤシタパーク

於宮下公園舊址誕生的複合式設施。開闊的空間集結了涵蓋橫丁美食街的商業設施、飯店及空中景觀公園等，從早到晚都可度過一段充實的時光。

✆視店鋪、設施而異
所渋谷区神宮前6-20-10
休 L 視店鋪、設施而異
交東急東橫線、田園都市線、地鐵澀谷站B1出口即到
MAP 附錄③P.11 D-2

4F PARK
澀谷區立宮下公園
★しぶやくりつみやしたこうえん

宮下公園作為東京首座空中景觀公園而為人所知，進化成為新的休憩之地。不僅滑板場等運動設施完備，也能在寬敞的「草皮廣場」放鬆休息。

✆03-6712-5291(澀谷區立宮下公園PARK服務中心) 休不定休 L8:00～23:00(運動設施為9:00～21:30)
¥滑板場2小時1000円，中小學生480円，學齡前免費(20歲以上陪同者需付費)
※澀谷區民半價

➡約1000m²的「草皮廣場」會舉辦活動

1~3F SHOP&RESTAURANT
RAYARD MIYASHITA PARK
★レイヤードミヤシタパーク

商業設施中約有90間種類豐富的商店聚集於此。有許多能滿足多種價值觀的高文化性商店。能品嘗全國名產美食的「澀谷橫丁」更不容錯過。

✆03-6712-5630(服務時間11:00～18:00) 休不定休 L視店鋪而異

長濱拉麵 989円
➡「九州食市」的人氣餐點

➡店內到處都散發著當地美食的香味

SOUTH1F
澀谷橫丁
☆しぶやよこちょう

從北邊的北海道到南邊的沖繩，日本各地的產地直送食材、鄉土料理、拉麵、丼飯、餃子、在地拉麵等當地靈魂美食應有盡有。另外也有魚貝類專賣店、卡拉OK等共19間店鋪。

✆03-6268-8799(株式会社浜倉的商店製作所) L11:00～翌日5:00

➡字號簾和燈籠營造出懷舊的氣氛

➡使用福岡的八女抹茶。香氣十分濃郁

抹茶拿鐵 800円

NORTH2F
Café Kitsuné
☆カフェキツネ

生活風格品牌「Maison Kitsunē」旗下的咖啡廳。店內風格現代簡約，能感受到木質的溫暖氣息。在療癒的空間裡品嘗使用自家烘焙的咖啡豆製作的咖啡。

✆03-6712-5322
L11:00～21:00(閉店)

狐狸奶油餅乾 350円
➡狐狸造型的可愛奶油餅乾。搭配咖啡一同享用

3 道玄坂通 dogenzaka-dori

☆どうげんざかどおり

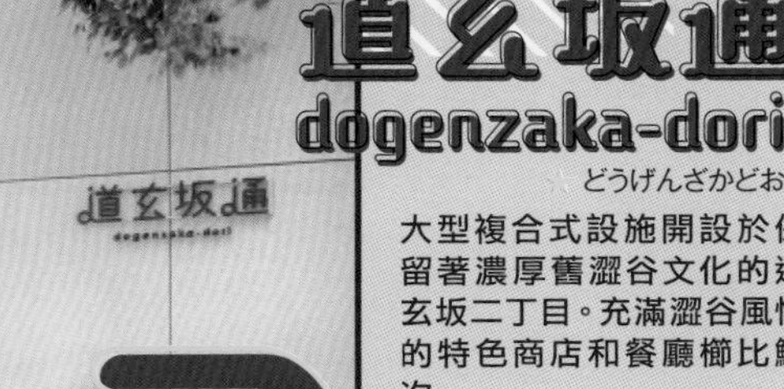

大型複合式設施開設於保留著濃厚舊澀谷文化的道玄坂二丁目。充滿澀谷風情的特色商店和餐廳櫛比鱗次。

✆03-5489-7101(平日9:00～18:00)
所渋谷区道玄坂2-25-12
休視設施而異
L7:00～23:00(商店、餐廳視設施而異)
交東急澀谷站A0、A2出口步行2分
MAP 附錄③P.11 B-4

日常與非日常交會的文化紐帶

1F
☆イーションファンシブヤどうげんざかどおりてん
eashion fun SHIBUYA 道玄坂通店

以關東為中心開設店鋪的西式熟食店。正如「eat+fashion」這個概念，在口味與視覺上都相當講究。

✆03-5422-3171
休無休 L10:00～20:00

fun french fries ～明太子&美乃滋～ 640円
➡烤麵包中加入起司還放入薯條！

➡也設有內用區

原宿 表參道 P.64
淺草 P.78
上野 谷根千 P.94
東京 丸之內 日本橋 P.102
銀座 P.120
豐洲 築地·月島 P.132
台場 P.136
新宿 新大久保 池袋 P.144
六本木 P.154

澀谷Hikarie

琳瑯滿目的時尚雜貨&甜點

しぶやヒカリエ

直通潮流聚集地澀谷站的高樓層複合式設施，適合對時下流行高敏感的成熟女性，從美食到雜貨商店無一不備。

☎03-5468-5892
所澁谷区渋谷2-21-1
休無休 ⏰11:00～21:00(咖啡廳&餐廳6～11樓11:00～23:00)
🚃直通JR等澀谷站
MAP 附錄③P.10 E-4

©Shibuya Hikarie

7F Modern Mexican MAYAluz

モダンメキシカン マヤルス

除了塔可餅，墨西哥牛排和添加嚴選香醇酪梨、配料豐富的沙拉也很受歡迎。可搭配啤酒或龍舌蘭雞尾酒一同享用。

☎03-6803-8977 ⏰11:00～21:00

大麥與藜麥墨西哥塔可飯 1580円

⬆熱門料理是招牌辣牛肉，使用國產牛烹煮而成，並且搭配酪梨醬和大量蔬菜沙拉

6F 果実園リーベル

かじつえんリーベル

新宿、目黑的超夯水果甜點店，在「澀谷Hikarie」也能品嘗到。使用大量嚴選水果製成的豪華芭菲和蛋糕很受歡迎。

綜合圓頂蛋糕 1200円

⬅水果與奶油的比例為8比2。雖然是蛋糕，但感覺像是在吃水果

季節水果芭菲 2500円～

➡時令水果與奶油的酸甜恰到好處。照片為「白莓與甘王雙色芭菲」

☎03-6803-8917
⏰11:00～21:00(飲品～21:30)

11F THE THEATRE TABLE

シアターテーブル

以新式餐館為概念的休閒義式餐廳。可品嘗名店「AROMA FRESCA」的主廚原田慎次所監修的料理。能俯瞰澀谷美景的露天座位很受歡迎。

☎03-3486-8411 ⏰11:00～22:00

煙燻烤豬肉佐10種綜合沙拉 1600円

⬅烤豬肉搭配新鮮蔬菜和熟食的拼盤。附紅蘿蔔醬汁

⬇店內設有餐桌座位、沙發座位等共200個

澀谷PARCO

娛樂&文化的發源地

しぶやパルコ

集結美食、藝術、時尚等各種領域的商業設施。各種特色店鋪齊聚於此，不斷發展出新穎多樣的文化。

☎03-3464-5111
所渋谷区宇田川町15-1
休不定休※部分店鋪有異
⏰11:00～21:00(6樓10:00～、餐廳11:30～23:00、7樓餐廳11:00～)※部分店鋪有異
🚃東急東橫線、田園都市線、地鐵澀谷站A3、A6出口步行5分
MAP 附錄③P.11 C-3

B1F Campy! bar

キャンピーバー

與迷人的變裝皇后和酒吧員工一起度過歡樂時光。以杯計費，初訪酒吧的人也能安心享受！

03-5422-3015
⏰19:00～翌日4:00

⬅酒吧的酒類1杯900円起跳。23點過後卡拉OK免費

6F Nintendo TOKYO

ニンテンドートウキョウ

日本首間「任天堂」直營店。除了遊戲機、遊戲軟體，也有販售原創角色商品。

☎0570-021-086

©Nintendo

托特包 Nintendo TOKYO 3300円

⬅附有內袋，大容量方便使用

6F 寶可夢中心澀谷店

ポケモンセンターシブヤ

時尚的店內不僅有豐富的原創商品，「寶可夢設計實驗室」服務還可當場購買客製化設計T恤。

☎03-5422-3522

⬅提供客製化T恤的服務，可使用大型觸控式螢幕購買

寶可夢設計實驗室
4400円(大人尺寸/S~XXL)
3300円(孩童尺寸/110～150公分)

SHIBUYA109澀谷店

シブヤいちまるきゅうしぶやてん

孕育眾多流行趨勢的時尚大樓。主要販售廣受10～20幾歲女性歡迎的人氣品牌，可在此選購各種類型的當季商品。地下亦設有甜點樓層。

☎03-3477-5111(代)
所渋谷区道玄坂2-29-1
休無休 L10:00～21:00(7樓咖啡廳Ma Maison～22:00、Cheeseとはちみつ11:00～22:00)直通東急東橫線、田園都市線、地鐵澀谷站A2出口

MAP 附錄③P.11 C-4

6 時尚潮流的聖地

B2F ViTO COFFEE

ヴィトコーヒー

主打對身體無負擔的健康義式冰淇淋。以獨家製法實現簡樸的滑順口感與濃厚風味。

☎03-6427-8879

可一次品嘗濃厚牛奶與奢華草莓義式冰淇淋

阿蘇與甘王草莓牛奶(雙球) 600円

B2F Waffle Khan

ワッフルカーン

來自韓國的鬆餅連鎖店。使用含穀物麵團和進口鮮奶油的健康甜品。

☎03-6455-0066
L10:00～21:00

能多益草莓 整片大小980円、半片大小630円

新鮮草莓與巧克力醬非常搭

B2F Strawberry Fetish

ストロベリーフェチ

以進化系草莓糖葫蘆為主題，日本首間草莓糖葫蘆專賣店。可將煉乳當成配料淋在草莓糖葫蘆上。

☎03-3464-0525

長棍草莓糖葫蘆 600円(價格、菜單會視時期而異)

一般草莓糖葫蘆的1.5倍，擁有草莓糖葫蘆獨特的甜脆口感

7 東急PLAZA澀谷

とうきゅうプラザしぶや

高雅成熟的高級空間

進駐「澀谷Fukuras」2～8樓及17、18樓的商業設施。以「打造供大人玩樂的澀谷」為概念，集結眾多走在潮流尖端的都會派商店。

☎03-3464-8109
所渋谷区道玄坂1-2-3 渋谷フクラス内
休不定休
L11:00～20:00(餐廳、咖啡廳～23:00)※部分店鋪有異
JR澀谷站南剪票口西口即到；東急東橫線、田園都市線、地鐵澀谷站A5、1出口即到

MAP 附錄③P.11 C-5

販售日本各地的魅力商品及澀谷伴手禮

2F BEAMS JAPAN SHIBUYA

ビームスジャパンシブヤ

販售以「究極的基本」為題的原創服飾，以及用和風素材點綴的物品。澀谷店限定的商品也很值得關注。

☎03-5422-3974
L11:00～20:00

17・18F CÉ LA VI TOKYO

セラヴィトウキョウ

能品嘗創新現代亞洲料理的高級餐廳、休閒餐廳、營業到深夜的俱樂部休息室，有各式各樣的空間可以使用。

☎0800-111-3065
L午餐11:00～14:00、咖啡廳14:00～17:00、晚餐17:00～22:00 ¥服務費10%(俱樂部休息室費用不同)

18樓的高級餐廳能一覽夜景

8 澀谷STREAM

しぶやストリーム

多國籍美食寶庫

建於舊東橫線澀谷站月臺、鐵路舊址等澀南區域的大規模複合式設施。有眾多可滿足饕客味蕾的咖啡廳和餐廳。

☎0570-050-428(資訊服務中心10:00～21:00)
所渋谷区渋谷3-21-3
休不定休 L視店鋪而異
直通東急東橫線、田園都市線、地鐵澀谷站C2出口

MAP 附錄③P.10 E-5

3F XIRINGUITO Escribà

チリンギートエスクリバ

在這間海鮮餐廳中，能品嘗到被譽為西班牙巴塞隆納「最好吃」的人氣海鮮燉飯。除了海鮮燉飯，也有供應適合搭配美味塔帕斯及料理的酒類。

☎03-5468-6300
L11:00～22:00

Escribà海鮮燉飯 M尺寸 4320円

以海鮮等美味精華湯汁慢燉而成

培根起司漢堡 1870円

使用100%純牛肉，豐厚且肉感十足！附薯條

1F THE GREAT BURGER STAND

ザグレートバーガースタンド

廣受歡迎的美味漢堡店。天然酵母圓麵包、粗絞肉製成的厚實多汁漢堡排等，提供各種具南加州風情的各式漢堡。

☎03-6450-5332 L11:30～22:00

澀谷咖啡廳 午餐&甜點

話題店聚集的激戰區！

Lunch & Sweets

多間時髦咖啡廳散布在澀谷，讓崇尚流行的年輕人趨之若鶩。日本哈日情報誌編輯部嚴選出幾間可享用精緻午餐或甜點的店，在此推薦給大家！

時尚午餐

從海外發跡的話題店到能享受氣氛的咖啡廳都有，不用再煩惱午餐景點。特別掛保證的店是這裡！

在夢幻的咖啡廳享用暖心午餐

佛卡夏&烤卡門貝爾起司 1100円

將整個卡門貝爾起司烤至金黃色熱門料理的。搭配佛卡夏一同享用更是一絕

這裡也值得關注

不只是氣氛，用心烹調的料理和甜點也很道地

在混合兩種餅乾的麵糊中，加入大量法國製奶油起司和鮮奶油製成的「起司蛋糕」840円

and people jinnan

●アンドピープルジンナン

以NY的廢墟為印象的咖啡廳。古董家具和雕刻、從天花板垂掛而下的眾多照明等獨特的室內擺飾，營造出夢幻的氣氛。午餐也提供烤魚等和食菜單。

☎03-6455-1354
所 渋谷区神南1-20-5 VORT渋谷 briller6F 休 不定休
L 12:00～22:30(飲品～23:00) JR澀谷站八公口步行5分
MAP 附錄③P.11 C-3

天花板高聳的悠閒空間。各種類型的椅子和沙發坐起來十分舒服，似乎會待上很長時間

龍蝦咖哩 1210円

在使用雞絞肉的溫和咖哩中加入豪達起司，以提升香濃風味。附醃漬蔬菜

會想要待很久的悠閒隱密咖啡廳

Zarigani Cafe

●ザリガニカフェ

這家店是因為老闆想要打造出會想起小時候的祕密基地的場所，於是便將這個想法付諸實現。從午餐到甜點都具備豐富多彩的菜單，可以搭配場合利用。

☎03-5459-0655
所 渋谷区宇田川町6-11 原宿パークマンション1FC号室
休 不定休
L 12:00～21:00(飲品～21:30) JR澀谷站八公口步行10分
MAP 附錄③P.11 B-2

這裡也值得關注

可以讓人忘卻澀谷喧囂的空間。午餐到17點也讓人開心

店內的古董家具擺得很有品味。一個人也容易走進去

這裡也值得關注
奢侈地使用整根香蕉。很適合與三五好友一同享用

香蕉船 900円
香蕉配上冰淇淋、櫻桃和巧克力醬

在咖啡廳&酒吧享受可愛復古的設計

流行趨勢 甜點

午餐過後再吃點心也不嫌飽！除了人潮絡繹不絕的鬆餅店，社群瘋傳的新甜點也別錯過

BLOODY ANGLE Dougen Tong

●ブラッディアングルドウゲントング

由咖啡廳和酒吧兩種型態構成的餐廳。白天是充滿昭和時代氣息的新穎咖啡廳，晚上則變身成為唱片酒吧，可享受店員精心挑選的唱片和酒類。在酷炫時尚的空間中探索各種音樂。

⬆由藝術總監YOSHIROTTEN設計的室內裝飾

⬅喫咖啡廳招牌冰淇淋汽水，有3種繽紛風味可選，700円

☎03-6712-7717 所渋谷区道玄坂2-15-1 ノア道玄坂ビルB1F 休不定休 L咖啡廳11:00～20:00、酒吧 20:00～翌日3:00(週五六日～7:00) JR澀谷站八公口步行8分
MAP附錄③P.11 B-5

專賣店才有的香濃法國吐司

這裡也值得關注
從特製麵包到發酵奶油、冰淇淋都使用嚴選食材

BerryDX 1870円
為慶祝開業10周年而改版升級。奶油起司搭配大量水果非常美味

⬆位在大樓的地下樓層，沉穩的大人氣氛

Ivorish 澀谷

●アイボリッシュしぶや

以輕盈口感和豐富多彩的裝飾配料為特徵的法式吐司專賣店。法式吐司徹底講究素材和製法，連外觀也很華麗。期間限定的菜單也會登場。

☎03-6455-3040 所渋谷区宇田川町3-3 B1F 休第1、3週二 L11:00～19:00 JR澀谷站八公口步行8分
MAP附錄③P.11 C-2

讓人感到放鬆的溫和日式刨冰

這裡也值得關注
抹茶是在點餐後才開始倒茶，充分發揮食材

現點抹茶 1100円
能感受濃厚的抹茶風味。所有刨冰皆隨附溫熱茶飲

茶房 オクノシブヤ

●さぼうオクノシブヤ

刨冰使用透明度高的純冰所製成，刨冰口感細緻無異味，從經典抹茶到季節限定口味應有盡有。

☎03-6804-9889 所渋谷区神山町7-15 ホワイトハイム大高102 休週二 L11:00～18:30 JR澀谷站八公口步行13分
MAP附錄③P.11 A-1

⬅店內風格為自然木質調

純洋食とスイーツパーラー大箸

●じゅんようしょくとスイーツパーラーおおはし

以復古流行為主題的咖啡廳。由代代木上原星級法式餐廳「sio」的鳥語周作主廚負責把關，從炸蝦等洋食菜色到懷舊甜點都能在此品嘗。

☎03-5422-3542 所渋谷区道玄坂1-2-3 澀谷Fukuras內 東急PLAZA澀谷 休不定休 L11:00～22:00 JR澀谷站南剪票口西口即到
MAP附錄③P.11 C-5

⬅石造牆壁上飾有羅特列克作品的雅緻店內

這裡也值得關注
外表結實偏硬，內部則為滑順口感。不同滋味的碰撞令人感動！

布丁的苦味和甜味達到絕妙平衡

和諧的布丁 660円
焦糖的微苦凸顯了上頭輕巧盛放的鮮奶油甜味！

可以悠閒度過

夜間咖啡廳

在此介紹氣氛沉穩的咖啡廳，遊玩後或飯後都能利用。在講究的室內擺飾和音樂的包圍下度過一段療癒的時光吧。

tokyo salonard cafe : dub

●トウキョウサロナードカフェダブ

RENOVATION PLANNING親手打造的咖啡廳。具有年代感的吊燈柔和照亮的店內，有如廢墟中的祕密小屋一般。以沙發座位為主，可以悠閒地度過。

☎03-3463-0724 所渋谷区道玄坂1-11-4 富士商事ビル2F 休無休 L12:00～22:00 JR澀谷站西口即到
MAP附錄③P.11 C-5

⬆「香烤法式吐司」帶有表面酥脆、裡面濕潤的新口感，讓人吃得開心。900円

改建自住商混合大樓的祕密小屋咖啡廳

⬅店的天花板高聳，具有開放感，從前是脫衣舞劇場。樓上也有藝廊

流瀉著舒適音樂的放鬆空間

⬅店內的照明微亮，氣氛沉穩。也有吧檯座位

宇田川カフェ 別館

●うだがわカフェべっかん

位在大樓6樓的小咖啡廳。可以忘記喧囂好好放鬆的氣氛很有魅力。晚上也會舉辦現場演唱會和DJ活動等節目。

☎03-3464-9693 所渋谷区宇田川町36-3 営和ビル6F 休無休 L18:00～翌日1:00(週五至翌日3:00；週六、假日前日12:00～翌日3:00；週日12:00～) JR澀谷站八公口步行7分
MAP附錄③P.11 B-3

⬅使用大量新鮮香料的「澀谷乾咖哩」1100円

P.54 原宿表參道 P.64 淺草 P.78 上野谷根千 P.94 東京站丸之內日本橋 P.102 銀座 P.120 豐洲築地・月島 P.132 台場 P.136 新宿新大久保池袋 P.144 六本木 P.154

高級美食和店鋪聚集的街道
奧澀谷 オクシブ 散步
成人的講究

遠離澀谷喧囂的神山町．富谷附近被稱為「奧澀谷」，聚集著能讓成人滿足的優質店鋪。前去和為生活增添色彩的美妙商品相遇吧。

CAMELBACK sandwich & espresso
咖啡廳
●キャメルバックサンドウィッチアンドエスプレッソ

小間的外帶專賣店。正宗咖啡和三明治、溫馨的氣氛都很有魅力，受到當地攜家帶眷的客人和外國旅客的喜愛。在散步途中順路前往也很適合。

☎03-6407-0069 所渋谷区神山町42-2 1F 休不定休 L8:00～18:00 地鐵代代木公園站2號出口步行5分
MAP 附錄③P.5 C-4

⊙由20多年交情的摯友2人所經營。舒服的待客態度和氣氛讓人想要多光顧幾次。

⊙融入街道中的時尚外觀。坐在店前的長椅好好品嘗吧

從5.5坪中誕生的美味相遇讓人感動

⊙「帕瑪產生火腿和大片青紫蘇」800円、「壽司店的玉子三明治」550円、「拿鐵」600円

步行3分

⊙也有熱門雜誌和奇怪類型的書、雜貨，怎麼看都不會膩

充滿喜歡書本的想法，貼近生活的書店

⊙店內後方有整面落地窗的「編輯部」，設計獨特

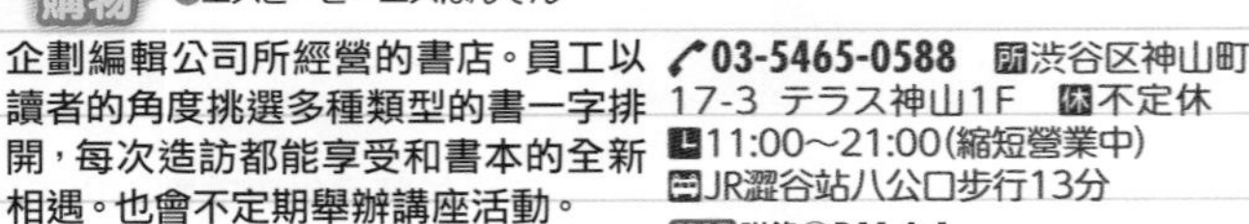

SPBS 本店
購物
●エスピービーエスほんてん

企劃編輯公司所經營的書店。員工以讀者的角度挑選多種類型的書一字排開，每次造訪都能享受和書本的全新相遇。也會不定期舉辦講座活動。

☎03-5465-0588 所渋谷区神山町17-3 テラス神山1F 休不定休 L11:00～21:00(縮短營業中) JR澀谷站八公口步行13分
MAP 附錄③P.11 A-1

步行13分

JR澀谷站 八公口

步行即到

⊙簡單的店內有品味地擺放了嚴選商品。最適合送禮

The Monocle Shop Tokyo
購物
●モノクルショップトウキョウ

資訊雜誌《Monocle》的東京分公司兼店鋪。從與知名品牌合作的聯名商品到原創商品，有如真的從雜誌的報導中飛出來的嚴選商品齊備。

全球雜誌經營的選貨店

⊙人氣香水「comme des garçons x monocle Scent One: Hinoki」14300円

☎03-6407-0845 所渋谷区富ケ谷1-19-2 休無休 L12:00～19:00(週日～18:00) 地鐵代代木公園站2號出口步行5分
MAP 附錄③P.5 C-4

步行2分

⊙「本日咖啡」410円～。可享受每日精選的高品質單品咖啡

挪威發跡 帶水果香的北歐風焙煎咖啡

⊙改裝自老宅的店內可以感受到木頭的溫暖

FUGLEN TOKYO
咖啡廳
●フグレントウキョウ

挪威發跡的咖啡廳進軍海外的第1家店。在擺放著復古家具的店內，可以悠閒地享用以高品質咖啡豆細心沖泡的咖啡。

☎03-3481-0884 所渋谷区富ケ谷1-16-11 休無休 L7:00～翌日1:00(L.O.翌日0:30)、週一二～22:00(L.O.21:30) 地鐵代代木公園站2號出口步行3分
MAP 附錄③P.5 C-4

步行2分

NATA de Cristiano
購物
●ナタデクリスチアノ

以葡萄牙的傳統點心——蛋塔廣受好評的店。蛋塔是在講究食材的塔皮中倒入雞蛋奶油，再用高溫烘烤而成，味道很道地。蛋塔以外的傳統點心也引人矚目。

☎03-6804-9723 所渋谷区富ケ谷1-14-16 スタンフォードコート103 休無休 L10:00～19:30(有可能售完) 地鐵代代木公園站2號出口步行3分
MAP 附錄③P.5 C-4

⊙藍色的屋頂和可愛的磁磚是標誌。店前也有長椅

在葡萄牙廣受喜愛的葡式蛋塔

⊙「葡式蛋塔」1個280円。麵包的鹽味和奶油的甜味絕妙

步行3分

地鐵 代代木公園站 2號出口

這裡也想去！

澀谷
しぶや
區域導覽

咖啡廳 347CAFE&LOUNGE
◆サンヨンナナカフェアンドラウンジ

03-5766-3798 MAP附錄③P.11 D-3

彷彿在度假的游泳池畔咖啡廳

讓人聯想到南法度假村的開放式露天咖啡廳。供應上相的料理及甜點等，可享用五花八門的菜色。

所渋谷区渋谷1-23-16 cocoti3F 休無休 L11:30～22:00 地鐵澀谷站B1出口即到

身在澀谷卻能忘記喧囂好好放鬆的露天座位

美食 T4 KITCHEN
◆ティーフォーキッチン

03-6452-5744 MAP附錄③P.11 D-2

時尚的複合型桌球設施

融合了和食、洋食、中式料理的平價餐廳。提供各種類型的座位，例如附插座的吧檯座、寬敞舒適的沙發座、或包廂等等。也有原創的桌球桌。

所渋谷区神南1-12-16 ASIA BULDING1F 休週二(需確認) L11:30～23:00 JR澀谷站八公口步行6分

也有展示以桌球為素材的藝術作品

購物 ハチふるSHIBUYA meets AKITA
◆ハチふるシブヤミーツアキタ

03-6450-5989 MAP附錄③P.11 D-5

集結種類繁多的小八商品

概念店販售各式各樣以忠犬小八為主題的商品。將澀谷的象徵「忠犬小八」、其故鄉秋田的魅力，以及澀谷的精髓融於其中。

所渋谷区渋谷2-24-12 澀谷SCRAMBLE SQUARE14F 休無休 L10:00～21:00 直通JR澀谷站

店內排列著很受歡迎的絨毛玩偶

美食 喜楽
◆きらく

03-3461-2032 MAP附錄③P.11 B-4

長年光顧的紛絲眾多！澀谷數一數二的名店

創業60年以上的老牌拉麵店。在醬油高湯中添加焦蔥的香濃滋味，一碗高完成度的簡單拉麵讓人著迷。

所渋谷区道玄坂2-17-6 休週三 L11:30～20:30 JR澀谷站八公口步行7分

放有許多肉厚餛飩的「豆芽菜餛飩麵」1050円

玩樂 ヨシモト∞ホール
◆ヨシモトムゲンダイホール

03-5728-8880 MAP附錄③P.11 B-3

這裡是澀谷的歡笑聖地！

以在電視上活躍的年輕藝人為中心，每天持續進行相聲或企劃表演的澀谷超級娛樂景點。可「親眼」觀賞笑料不斷的魅力演出！

所渋谷区宇田川町31-2 渋谷BEAM B1F 休第3週二 L¥視公演而異 JR澀谷站八公口步行7分 HPhttps://mugendai.yoshimoto.co.jp

每天都有新鮮素材的爆笑項目

購物 HIGHTIDE STORE MIYASHITA PARK
◆ハイタイドストアミヤシタパーク

03-6450-6203 MAP附錄③P.11 D-2

會有新邂逅的文具·雜貨店

文具·雜貨品牌HIGHTIDE在東京唯一的直營店。商品具有故事性且易於當作時尚搭配，因而受到好評。

所渋谷区神宮前6-20-10 MIYASHITA PARK South2F 休以設施為準 L11:00～21:00 JR澀谷站八公口步行3分

「penco 子彈造型原子筆」(右) 770円、「Double Door零錢袋」(左) 1430円

美食 Risotto Café 東京基地 澀谷店
リゾットカフェとうきょうきちしぶやてん

03-3770-8960 MAP附錄③P.11 C-4

如同祕密基地般的休閒義式料理店

以「能讓大人變回小孩的秘密基地」為基本概念的義式餐廳。招牌燴飯非常美味，分量很適合女性。

所渋谷区宇田川町28-1 高山ランド第15ビル7F 休無休 L11:30～22:00 JR澀谷站八公口步行5分

「鮭魚波菜燴飯」鋪有大量鮭魚卵，不禁讓人食慾大開 1250円

玩樂 澀谷CAST
◆しぶやキャスト

視店鋪而異 MAP附錄③P.11 D-2

充滿創意的空間

位於貓街入口的複合設施。有多家時髦的熟食店、商店。有時創作者也會在開放式花園舉辦活動等。

所渋谷区渋谷1-23-21 休無休 L視店鋪而異 各線澀谷站B1出口即到

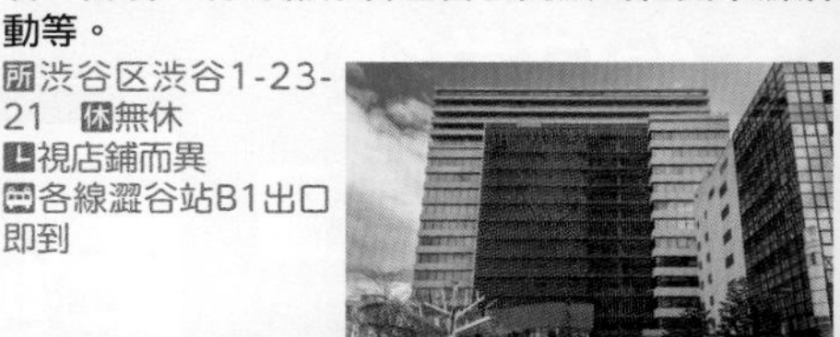
要前往原宿或表參道也很方便的地帶

購物 atmos pink
◆アトモスピンク

03-6712-7500 MAP附錄③P.11 C-4

入手每天都想穿的球鞋

主要販售女鞋的選貨店。以Adidas、NIKE為首，「atmos pink」的原創商品也很受歡迎。

所渋谷区宇田川町25-6 休不定休 L11:00～19:00 JR澀谷站八公口步行5分

「FILA」和「atmos pink」限定聯名款球鞋「FILA TWISTER NIGHT」13200円

咖啡廳 avan 澀谷本店
◆アヴァンしぶやほんてん

03-6416-1856 MAP附錄③P.5 C-4

無麩質咖啡廳

完全不使用麵粉的無麩質咖啡廳。使用老闆家鄉山形縣庄內地區的「Haenuki米」，其細膩米粉製作出的點心很受歡迎，其中「米粉吉拿」堪稱絕品。

所渋谷区神泉町1-20 松濤ビル1F 休不定休 L10:00～17:00(週六日、假日～18:00) 京王井之頭線神泉站南口步行5分

添加鮮奶油的華麗「豐盛吉拿」460円

玩樂 澀谷 東急FoodShow
◆しぶやとうきゅうフードショー

03-3477-3111(代) MAP附錄③P.11 C-5

從最新甜點到熟食應有盡有

橫跨澀谷MARK CITY和澀谷地下街的美食區。匯集甜點、熟食、生鮮、食品雜貨等約100間店鋪。

所渋谷区道玄坂1-12-1 渋谷マークシティB1-1F、しぶちか 休無休 L10:00～21:00 直通京王井之頭線澀谷站

內有4種法式餅乾的LADUREE法式餅乾盒「Parisienne with Charlie」12入2700円

街區介紹

世界矚目的「可愛」文化發源地──原宿，表參道匯集掌握時下流行的商店以及時尚咖啡廳。從時尚到美食，該區始終走在流行最尖端，並不斷創造熱潮。

持續傳播流行資訊的時尚街道

原宿·表參道

はらじゅく　おもてさんどう

MAP 附錄③ P.8

如何前往

東京站
↓ 地鐵 丸之內線
赤坂見附站
↓ 地鐵 銀座線
表參道站
¥210円
約15分

羽田機場第1·第2航廈站
↓ 京急線（快速）
品川站
↓ JR山手線（外環）
原宿站
¥510円
約40分

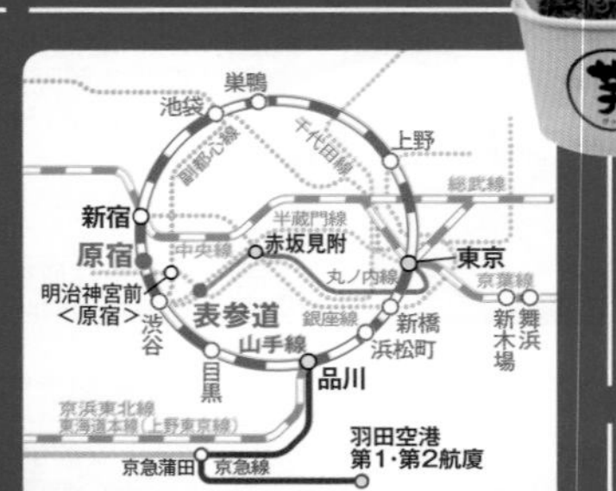

想在這個區域做的事！

EVENT

2024年8月24·25日

藉由夜來祭傳播能量！

原宿表參道元氣祭典Super Yosakoi 2024

守護著高知夜來祭的傳統，首都圈最大規模的夏季祭典。吸引全國約100個團隊、6000名舞者前來共襄盛舉。

所 明治神宮、原宿表參道、代々木公園、NHK前ケヤキ並木通りほか
時 8/24 10:00～19:00、8/25 10:00～17:30（可能會變動）
休 視各表演會場而異

整齊劃一的表演令人嘆為觀止

遊逛街區的小訣竅

利用八公巴士

100円即可搭乘的八公巴士。「神宮之森線」行駛於澀谷～原宿～表參道～千駄谷～代代木之間。

原宿·表參道和澀谷都在徒步範圍內

步行至澀谷區域約20分鐘。在街上邊逛邊走，一轉眼就到了。

LANDMARK

D 明治神宮 めいじじんぐう

為了祭祀明治天皇和皇后(昭憲皇太后)而創建的神社。雖然位在都市，卻是一處綠意豐沛、森林環繞的療癒空間。

↑建在JR原宿站前方、大約70萬平方公尺的廣大腹地上

MAP 附錄③P.9 A-1

LANDMARK

C 竹下通 たけしたどおり

從JR原宿站延伸到明治通，約350公尺的主要街道。有很多平價商店，近年來也深受外國觀光客的歡迎。

➡P.70

←代表可愛文化的品牌齊聚

LANDMARK

A Laforet原宿 ラフォーレはらじゅく

豐富的男性、女性服飾店等，約140家店鋪聚集。一定能找到喜歡的商品。

➡P.72

↑建在神宮前十字路口。標誌是圓柱形的外觀

原宿・表參道MAP&半日暢享路線

新宿駅　新宿三丁目駅　青山一丁目駅　山手線　埼京線　原宿署　ビームス　青山北町アパート　東郷神社　東郷記念館　副都心線　パンとエスプレッソと
4 ANAKUMA CAFE 原宿店
1 竹下通
GOAL　竹下口　START
ルポンテ　原宿アルタ　SoLaDo　原宿通り　アドヴァン　裏原宿　半蔵門線　銀座線
有MAiSEN邁泉豬排的本店，通稱「邁泉通」。講究的時尚咖啡廳散布各處
南参道　Laforet 原宿 3　CASCADE HARAJUKU　2 bills 表參道　表參道新城　Flying Tiger Copenhagen　アニヴェルセル表参道　原宿駅　太田記念美術館　神宮前小　原宿二本通り　青山通り　秋葉神社　ONE　A2　A3　A4　乃木坂駅
明治神宮前〈原宿〉駅　千代田線　表參道　表参道駅　キデイランド　ジャイル　カワイ　TOD'S　A1　B5　oak omotesando　B4　A5　大松稲荷
東急プラザ表参道「ハラカド」(2024年春開業予定)　ダイヤモンドホール　ライズスクエア　B3　B2　B1　スパイラル　Ao　渋谷駅
代々木公園　明治通り　猫街　Q Plaza原宿　E
到2020年為止，JR原宿站是都內木造車站建築中歷史最為古老的。如今承續原有的設計，改造成了具有耐火性的新建築
第一体育館　国立代々木競技場　渋谷駅　渋谷駅

原宿站 → 步行即到 → 1 在竹下通尋找便宜可愛的雜貨 ➡P.70 → 步行即到 → 2 在bills表參道享用午餐 ➡P.73 → 步行即到 → 3 在Laforet原宿血拚潮流好物 ➡P.72 → 步行7分 → 4 在ANAKUMA CAFE原宿店大啖時下流行甜點♪ ➡P.67 → 步行即到 → 原宿站

想接著去這裡 澀谷區 ➡P.54

PHOTO SPOT

E Alice on Wednesday 東京的外牆

すいようびのアリスとうきょうのがいへき

正面外牆上排列著幾扇頗有個性的門。以「不可思議的國度」入口為背景，來拍一張夢幻美照吧。

➡P.77

↑只有一扇門是真的！

LANDMARK

B 東急PLAZA 表參道「OMOKADO」

とうきゅうプラザおもてさんどうオモカド

以「這裡才有、因為是這裡」為概念，齊聚各種掌握時下流行的商店、餐廳和咖啡廳。

➡P.73

↑頂樓有露臺和咖啡廳

※2024年4月更名

NEWS & TOPICS

2024年4月 東急PLAZA表參道「HARAKADO」開幕

誕生於神宮前十字路口的原宿新地標。匯集3000多本雜誌的「COVER」等，眾多充滿創意的獨特景點。

☎03-6427-9634 所渋谷区神宮前6-31-21 休未定 ⏰11:00～21:00(餐廳～23:00) 🚇地鐵明治神宮前站即到

MAP 附錄③P9 B-3

↓位於東急PLAZA表參道「OMOKADO」的斜對面

照片提供：東急不動產

2023年7月 在fanfancy+ with GiGO 原宿進行推活！

推活專賣店於原宿誕生。除了琳琅滿目的商品，飲品和餐點種類也很豐富。店內設有咖啡廳，可以悠閒享受推活時光。

☎080-7097-7351 所渋谷区神宮前1-20-7 ハッピーハーツB1F 休無休 ⏰9:30～20:00 🚇JR原宿站竹下口步行3分

MAP 附錄③P9 B-1

↑「fancy milk」各800円

甜點永遠裝在另一個胃！

新星Sweeeeets甜點

正因為是潮流與話題瞬息萬變的地區，所以更要精選出優先必吃的甜點。想必每吃一口心情就會跟著開心起來！

「大分量雞肉三明治」半份550円、整份980円

簡約的室內設計讓馬卡龍更加引人注目

泡芙與馬卡龍結合！

各種可愛繽紛的泡芙馬卡龍

cf. HARAJUKU

シーエフドットハラジュク

販售甜味與奶味突出的新感覺甜點「泡芙馬卡龍」。包裹著濃厚奶油的脆皮泡芙與馬卡龍結合，呈現出多層次口感的甜點。

03-6455-5300
所 渋谷区神宮前1-9-30 FLEG原宿1F
休 不定休 L 11:00～19:00
地鐵明治神宮前〈原宿〉站3號出口步行3分
MAP 附錄③P.9 B-2

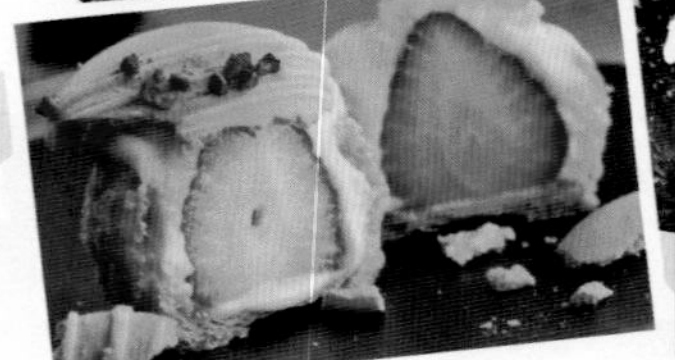

泡芙馬卡龍「一顆莓」590円

將整顆草莓放入泡芙中，可以享受新鮮果汁與濃郁奶油的絕妙搭配

GARIGUETTE

ガリゲット

以「用五感享受」為主題，新鮮出爐的法式千層酥專賣店。使用特別定製的熱壓機，以獨特的工法製作出單手就能食用的創新法式千層酥。

03-6805-0430
所 港区北青山3-7-2 FPG links OMOTESANDOⅡ 1F 休 不定休
L 11:00～19:00
地鐵表參道站B4出口即到
MAP 附錄③P.8 E-5

「saumon fumé＆avocat（煙燻鮭魚＆酪梨）」1700円

剛出爐香氣四溢的新感覺法式千層酥

開放式設計可欣賞現場製作的過程

mille presse拿破崙（特製卡士達奶油＆草莓）1400円

除了草莓法式千層酥，也有卡士達醬、巧克力等口味

芋ぴっぴ。原宿竹下通り店

いもぴっぴはらじゅくたけしたどおりてん

外帶烤地瓜甜點專賣店。烤地瓜布蕾和擠上1毫米細紫薯泥的冰淇淋不僅美味，在視覺上也充滿吸引力。

03-6804-6003
所 渋谷区神宮前1-7-3
休 無休
L 10:30～18:30
JR原宿站竹下口步行3分
MAP 附錄③P.9 C-2

散發自然甜味的吸睛地瓜甜點

1毫米絲線紫薯冰淇淋 1300円

點餐後現場將紫薯擠到冰淇淋上，華麗程度肯定能在社群上引起話題

以地瓜為主題的可愛內部裝潢

使用熟成烤地瓜的「烤地瓜布蕾」680円

健康的純素甜點

Brownie with Whip 670円 (外帶為650円)
在濃厚的巧克力麵糊中加入巧克力碎片，口感豐富濕潤的布朗尼

推薦能眺望明治通露天座位

ovgo Baker Meiji St.

● オブゴベイカーメイジストリート

美式烘焙坊「ovgo Baker」開設的首間咖啡廳。能享受根據喜好自行添加配料的原創餅乾聖代等，Laforet原宿店限定的餐點和飲品。

03-6438-9936
所 渋谷区神宮前1-11-6 Laforet原宿2F 休 不定休（準同Laforet原宿公休日） 11:00～20:00
地鐵明治神宮前〈原宿〉站5號出口即到
MAP 附錄③P.9 C-3

可頌裡有滿～滿的奶油

純鮮奶油 S尺寸320円、M尺寸380円
用北海道產鮮奶油打發的濃郁純鮮奶油入口即化，堪稱王道美味

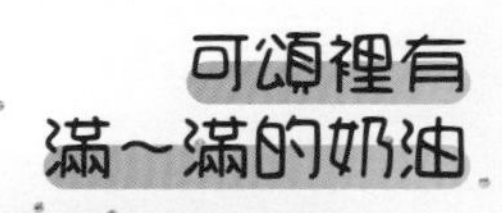

標識是從外面就能看到的可頌泡芙招牌

「濃厚卡士達」S尺寸350円、M尺寸400円

croshu&nut's milk's smoothie's

● クロッシュアンドナッツミルクスムージー

奢華可頌使用大量奶油製成，其中塞入香醇的風味奶油，如同甜點般很適合邊走邊吃。

03-6910-5090
所 渋谷区神宮前3-5-1 神宮前351ビル1F 休 不定休（在Instagram公告） 8:00～19:00（售完打烊，售完時會在Instagram公告）
地鐵表參道站A2出口步行5分
MAP 附錄③P.8 E-3

ANAKUMA CAFE 原宿店

● アナクマカフェはらじゅくてん

咖啡廳店員居然是8隻熊！點餐後，熊店員會從牆上的洞裡伸出手遞餐，是一間能享受非日常體驗的咖啡廳。在等待餐點時，熊店員也會伸出手來握手。

03-6447-0720
所 渋谷区神宮前1-23-28 休 無休
11:00～20:45
JR原宿站竹下口步行3分
MAP 附錄③P.9 B-1

由毛絨絨的熊店員提供甜點！

KINDAN DONUT 6個1890円
熊店員提供使用嚴選食材製作的無添加手工甜甜圈，可愛的外觀讓人捨不得吃掉

就像是從熊熊那裡得到點心一樣

也有期間&數量限定的瓶子(1000円)

「ANAKUMA BOTTLE」900円

あまおう苺アメ専門店「Strawberry Tiger」原宿竹下通り店 byあまおう苺加工販売所 伊都きんぐ

● あまおういちごアメせんもんてんストロベリータイガー はらじゅくたけしたどおりてんバイあまおういちごかこうはんばいしょいときんぐ

自家農園採收的特大甘王草莓，搭配以鮮少用於糖中的獨門秘方製成的獨特糖衣，產生絕妙的口感。

甜脆多汁的進化系草莓糖葫蘆

03-5843-1506
所 渋谷区神宮前1-16-8 イケガミ原宿竹下通りビル1F
休 1/1
12:00～18:00（營業時間可能會變動，需與店鋪確認詳細資訊）
JR原宿站竹下口步行3分
MAP 附錄③P.9 B-2

大顆甘王草莓糖葫蘆 918円
(小顆甘王草莓糖葫蘆702円)
※視採收大小而異
草莓糖葫蘆使用每天從自家農園直送的BIG尺寸甘王草莓，拍起來非常好看

淋煉乳需加108円(整支)

獨特的外觀令人好興奮

充滿衝擊力！新招牌 Fooooood 美食

LONG! LONGER!! LONGEST!!!

● ロングロンガーロンゲスト

以「長」為主題的美食&甜點店。提供3種尺寸，在「LONGEST」能品嘗到各種日本第一長的餐點。

03-6804-3761
所 渋谷区神宮前1-7-1 CUTE CUBE HARAJUKU 1F
休 不定休
11:00～19:00（週六日、假日為10:00～20:00）
JR原宿站竹下口步行4分
MAP 附錄③P.9 C-2

龍捲風洋芋片(LONGEST) 800円
高達約52公分的招牌菜單。有醬油奶油、BBQ、法式清湯3種口味

時尚的店內裝飾著絢麗霓虹燈

吃遍潮流美食！

原宿、表參道最新美食精選！

滿滿的起司和奶油！風味絕佳的漢堡

新店接連開幕的原宿、表參道。在此以「分量飽滿」、「健康」的概念來分類，介紹備受矚目的諸多店家。

ウェイバックバーガーズおもてさんどうてん

WAYBACK BURGERS 表參道店

◎以黑白為主的別緻室內設計。店外也有露天座位

美國漢堡連鎖店的日本1號店。除了具懷舊氣息的經典手工漢堡，還有奶昔等多種套餐搭配可以選擇。

✆03-5843-1556
所渋谷区神宮前4-11-6 表参道千代田ビル2F
休無休
L10:30～21:00
交地鐵表參道站A2號出口即到
MAP 附錄③P.9 D-4

CHEEEESY 1480円
人氣No.1品項。漢堡的麵包塗上奶油，中間夾著100%美國牛漢堡肉與起司

肚子吃飽飽

分量滿點美食

就用分量飽滿的菜單盡情補充能量吧

完全預約制！三五好友一同享受歡樂的BBQ派對

STANDARD BBQ 6600円（含服務費）
全餐含整隻烤雞及厚切培根等8道料理

ハラジュクグラムスバーベキューラウンジ

Harajuku GLAMS BBQ Lounge

◎可在此度過悠閒的私人時光

備有開放式露天座位的BBQ專門店。器材和肉品等食材一應俱全。最少需要8人使用，可與好友一起同樂。

✆03-6416-3925（預約專線，接受8人以上預約） 所渋谷区神宮前3-28-8 神宮前岡本ビル5F 休無休
L12:00～21:00
交JR原宿站竹下口步行9分
MAP 附錄③P.9 D-1

シビレヌードルズろうそくや

SHIBIRE-NOODLES 蝋燭屋

在這家店能吃到鑽研中華料理、技術純熟的主廚所創的麻婆豆腐麵。雖然辣到讓人嘴巴發麻，卻不會有花椒等辛香料過重的味道，容易入口正是其廣受歡迎的原因。

✆03-6447-2801
所渋谷区神宮前4-12-10 表参道新城本館3F
休不定休
L11:00～22:00（週日～21:00）
交地鐵表參道站A2出口即到
MAP 附錄③P.9 D-3

◎明亮的店內有完善的吧檯座。也有很多獨自前往的女性回頭客

辛香料刺激讓人上癮的絕品麻辣麵！

麻婆麵 1300円
滿滿的配料沾附在粗麵條上，邀人體驗暢快麻辣感的超棒料理

逐漸興起的 健康美食！

有機和素食料理是最新潮流。嚴選此區的人氣代表店。

使用來自全國契約農場的新鮮蔬菜！

能量蛋白拼盤
2189円
適合想攝取優質蛋白質的人

全素冰沙(Up Lift)
880円
冰沙使用蘋果芒果、肉桂及生薑等製成

農夫沙拉
1859円
盛有酪梨、甜菜根、番茄等繽紛蔬菜，以及素火腿、素雞肉等食材的大分量健康沙拉

ミスターファーマーおもてさんどう

Mr.FARMER 表参道

以「美與健康從飲食開始」為概念的全素咖啡廳。供應無麩質、高蛋白等各式各樣的料理，可根據目的和心情選擇。

☎03-5413-4215
所渋谷区神宮前4-5-12 セピア原宿1F
休無休
L9:00～19:00
地鐵表參道站A2出口步行5分
MAP 附錄③P.8 E-3

↑綠意盎然的店內，讓人忘卻都市的喧囂

健康的自然派印度料理

↑「Nataraj精選」是用辣醬拌炒大豆肉的小吃風味料理1280円

Maa Annapurna套餐
2780円
附兩種特色咖哩、烤餅、沙拉、小點等的超值套餐。推薦給想均衡飲食的人

ナタラジはらじゅくおもてさんどうてん

Nataraj 原宿表參道店

使用自家農園的有機無農藥蔬菜的素食印度料理店。主廚用辛香料烹製的手工蔬菜咖哩，與使用國產小麥和天然酵母製作的烤餅堪稱絕配，味道讓人上癮。

☎03-6427-7515
所渋谷区神宮前6-28-6 Q Plaza原宿8F
休無休L11:30～22:30
地鐵明治神宮前〈原宿〉站7號出口即到
MAP 附錄③P.9 B-4

↑可於設有80個座位的寬敞店內悠閒享用餐點

ザビー

THE_B

從營養學觀點出發並經過多方考量，所推出的100%植物性素食菜單為該店招牌。以超級食物為主的料理不只健康，有助美容這點也令人開心。

☎03-6805-0587 所港区南青山5-10-2
休無休 L10:00～19:30
地鐵表參道站B1出口步行3分
MAP 附錄③P.8 E-6

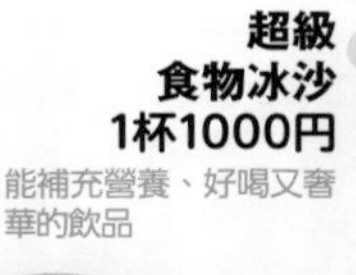

超級食物冰沙
1杯1000円
能補充營養、好喝又奢華的飲品

分量十足 4種素食碗裝沙拉

巴西莓果碗
1580円
裝著滿滿人氣No.1水果的碗裝料理

素食碗裝沙拉
1180円～
根據對身體有益的功效進行搭配，滿是蔬菜的4種碗裝沙拉

←表參道獨有的精緻外觀設計

マイバインミーバイグルテンフリートーキョー

My Banh Mi by Gluten Free TOKYO

越南法國麵包與無麩質點心專賣店使用100%米粉製成，使用對身體較無負擔的甜酒、溜醬油等食材及調味料。也有多種素食菜單可以選擇。

☎090-3176-8131 所港区麻布十番2-20-7 高木ビル1F 休不定休 L平日、假日11:00～19:00(週末09:00～、週三五六～22:30)
麻布十番站步行1分 MAP 附錄③P.9 B-1

→溫暖木質搭配粉色牆壁的時尚店內。提供外帶服務

基本款越南法國麵包
890円
將低溫調理雞胸火腿、肝醬、醋拌蘿蔔絲等夾進麵包

越南法國麵包
750円～
特別使用米其林1星「六覺燈」的米粉麵包，吃起來不像是未使用麵粉的豐富口感

日式風味&健康的無麩質越南法國麵包
My Banh Mi

竹下通KAWAII(可愛)購物

在人潮眾多的竹下通，要步行到想去的地方頗有難度。JR原宿站側與明治通側的入口處皆可拿取官方MAP，先確認好目的地會比較安心！

原宿最熱鬧的竹下通有許多販售可愛小物的店。別錯過平價時尚商店與人氣美妝店等商品！

JENNI SoLaDo 竹下通り店

ジェニィソラドたけしたどおりてん

集結少女＆個性商品的時尚品牌。美妝和雜貨一應俱全，可打造完美穿搭。

03-6447-5532
所 渋谷区神宮前1-8-2 SoLaDo竹下通り1F
休 無休 L 10:30～20:30(週六日、假日～21:00)
JR原宿站竹下口步行5分
MAP 附錄③P.9 C-2

LED燈
1650円
燈座可摺疊收納，方便隨身攜帶

可剝式指甲凝膠
各1320円
共有12種顏色，可像貼紙一樣撕掉，輕鬆展現指尖魅力

與美妝品一樣前衛的服飾也別錯過

善用流行美妝品讓穿搭更顯眼

平價的人氣美容小物

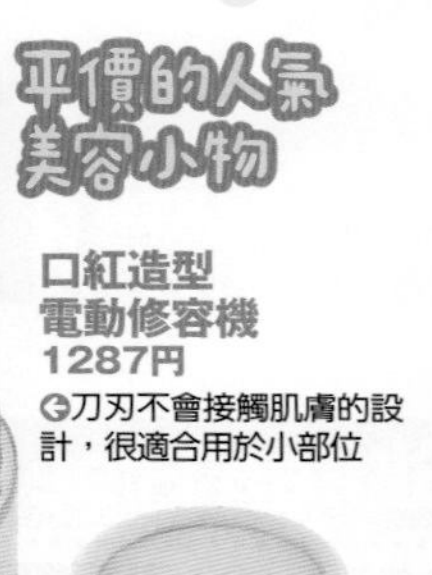

口紅造型電動修容機
1287円
刀刃不會接觸肌膚的設計，很適合用於小部位

電熱梳
1716円
只需用溫熱的梳子輕輕一梳即可輕鬆完成造型

#不可錯過的美妝品&美容小物

想跟上潮流就從這裡開始！介紹其中必買的商品！

尋找最新美妝就來這裡！

引人注目的商品琳瑯滿目

THANK YOU MART Harajuku ALTA Store

サンキューマートはらじゅくアルタてん

店內有各式各樣的時尚雜貨、卡通人物聯名商品等。商品幾乎都是390円(含稅429円)，便宜到讓人驚訝！

非公開
所 渋谷区神宮前1-16-4 原宿ALTAB1
休 無休(準同原宿ALTA公休日)
L 10:30～20:00
JR原宿站竹下口即到
MAP 附錄③P.9 B-1

排滿美妝品的店內

晚安美髮帽 長髮用 3278円
能減輕寢具與頭髮摩擦損傷的絲質美髮帽

SUGAR TWINKLE DUO EYE STICK
(peri pera) 1100円
可打造自然澎潤的臥蠶

D'or

ドール

位於竹下通的入口處，流行美妝、雜貨、有色隱形眼鏡一應俱全的商店。

03-6438-9802
所 渋谷区神宮前1-17-5
休 無休 L 11:00～21:00
JR原宿站竹下口即到
MAP 附錄③P.9 B-1

亮澤豐唇蜜
(SHEGLAM) 880円
可重複塗抹控制顏色，打造澎潤效果的豐唇蜜

澀谷 P.54
原宿・表參道 P.64
淺草 P.78
上野 谷根千 P.94
東京站 丸之內 日本橋 P.102
銀座 P.120
豐洲 築地・月島 P.132
台場 P.136
新宿 新大久保 池袋 P.144
六本木 P.154

竹下通有許多販售小點心的店鋪。可麗餅、飲品等，很適合邊走邊吃！

#適合邊走邊吃的必嘗甜點&飲品

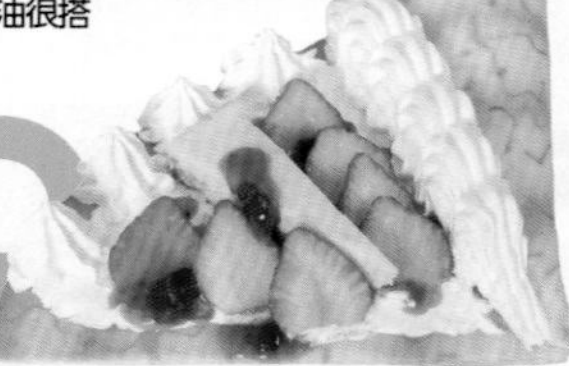
帶有酸味的草莓和奶油很搭

草莓奶油蛋糕
630円

說到竹下通就會想到這間店

周邊飄散著甜甜的香氣

MARION CREPES 原宿竹下通り店

マリオンクレープ はらじゅくたけしたどおりてん

1976年創業的原宿名產可麗餅店。不僅有隨季節變換的限定菜單，還有豐富的配料。在此尋找自己喜歡的可麗餅吧。

03-3499-2496（Marion可麗餅事務所）
所渋谷区神宮前1-6-15 休不定休
L10:30～20:30(週六日、假日10:00～)
JR原宿站竹下口步行3分
MAP 附錄③P.9 B-1

Mr. MARION
850円
配料有巧克力冰淇淋、香蕉、卡士達醬等

Banana no kamisama 原宿竹下通り店

バナナのかみさま はらじゅくたけしたどおりてん

使用可連皮吃的「國產神香蕉」製成的香蕉冰沙，是日本首家專賣店。可愛的香蕉甜點也很受歡迎。

080-3173-0877
所渋谷区神宮前1-6-8井口ビル1F 休無休
L11:00～20:00
JR原宿站竹下口步行5分
MAP 附錄③P.9 C-2

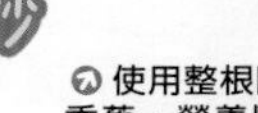
含皮香蕉冰沙

神香蕉冰沙M尺寸
790円

香蕉色的黃色外觀十分醒目

使用整根國產神香蕉，營養豐富且散發天然的甜味

巧克力香蕉冰沙
M尺寸 690円
完美組合搭配，受歡迎的巧克力香蕉冰沙

有充滿銅板價可愛商品的店鋪，以及眾多值得關注的商店！

#入手平價雜貨！

PARIS KIDS 原宿店

パリスキッズはらじゅくてん

以「划算可愛」為概念的飾品店。店內擺放的飾品和雜貨大部分都很便宜！

03-6825-7650
所渋谷区神宮前1-19-8 原宿ファミリービル1F 休無休
L11:00～19:30(週六日、假日10:00～)
JR原宿站竹下口即到
MAP 附錄③P.9 B-1

「划算可愛」的代名詞

價格十分便宜，看到喜歡的商品就立即下手吧！

蝴蝶結髮圈
660円
造型簡單可愛的古典蝴蝶結

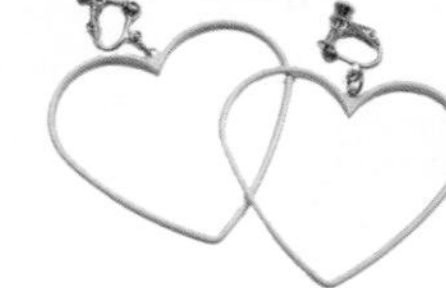
樹脂夾式耳環
330円
配戴後不用擔心會過敏

夾式耳環
550円
令人印象深刻的心型夾式耳環

Happy Class
SMALL各253円、BIG各385円
可用來當室內裝飾或點綴書包，陪伴度過每個開心時刻

眾多繽紛&可愛的商品

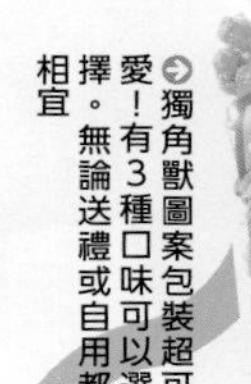
棉花糖（彩虹）756円
可愛的七彩鬆軟棉花糖很適合當點心

SUGAR HIGH! 原創爆米花
518円
獨角獸圖案包裝超可愛！有3種口味可以選擇。無論送禮或自用都相宜

SUGAR HIGH! 原宿アルタ店

シュガーハイはらじゅくアルタてん

雜貨店匯集女孩們喜愛的小物，時尚且充滿活力的店內擺滿了流行雜貨、點心和文具。

03-6721-1334
所渋谷区神宮前1-16-4 原宿原宿ALTA1F
休無休(準同原宿ALTA公休日)
L10:30～20:00
JR原宿站竹下口即到
MAP 附錄③P.9 B-1

遊逛

原宿、表參道潮流景點

立即確認！

Harajuku & Omotesando

聚集美食、時尚、雜貨、美妝等各種最新潮流商品的原宿、表參道。
有許多來到這裡不能錯過的景點。

原宿站前的商業設施，匯集眾多熱門店家

WITH HARAJUKU

● ウィズハラジュク

服飾店、室內裝飾店、各式各樣的餐廳等，各領域領導品牌齊聚一堂。2樓至3樓有綠意盎然的戶外空間「WITH HARAJUKU PARK」。

☎視店鋪而異
所渋谷区神宮前1-14-30
休L視店鋪而異
交JR原宿站東口即到
MAP 附錄③P.9 B-2

1·2F

IKEA原宿

● イケアはらじゅく

瑞典家具量販店在東京都心開設的首間店。以划算的價格販售實用的生活用品。也能在附設的咖啡廳享用餐點。

☎050-4560-0494（顧客服務中心）
休不定休
L11:00～21:00（週六日、假日10:00～）

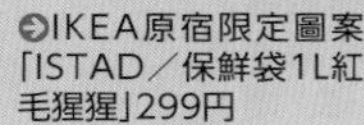

➲IKEA原宿限定圖案「ISTAD／保鮮袋1L紅毛猩猩」299円

➲可品嘗瑞典的捲餅、啤酒等餐點的咖啡廳

3F

EATALY原宿店

● イータリーはらじゅくてん

由可享用義大利道地風味的餐廳，以及超市、快餐服務3個區域構成。秤重販售的義大利巧克力也很受歡迎。

☎03-6432-9080
休不定休
L11:00～22:00（餐廳至21:00）

➲「布拉塔乳酪披薩」2980円

➲餐廳也設有露天座位

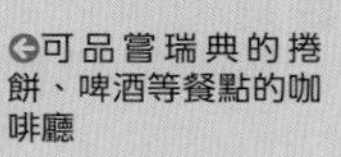

悠閒享受綠意環繞♪

WITH HARAJUKU PARK

● ウィズハラジュクパーク

位於設施竹下通側2～3樓的戶外廣場空間。作為嶄新的「休憩區」傳播原宿文化。

L自由入園

➲開放感十足的戶外廣場，也會舉辦活動

1.5F

d'zzit

● ディジット

海外擁有1000多家分店的上海人氣時尚品牌，專為各個年齡層的女性提供獨特的時髦單品。

☎03-6721-0303

➲「設計短版連帽上衣」14300円

➲「多色百褶裙」29000円

B0.5F

Sailor Moon store

● セーラームーンストア

TV動畫《美少女戰士》的官方商店。店內裝潢以作品為主題，也販售許多珍貴的原創商品。

☎03-6447-5623

➲「商店原創6周年紀念鏡」1430円

➲「商店原創美少女戰士」長袖T恤4400円

➲「美少女戰士手玉娃娃（粉彩ver.）」各990円

©Naoko Takeuchi
©T·P·T

在公共空間小憩片刻

源氏山テラス

● げんじやまテラス

入口處是由中原慎一郎設計和指導。打造出小型休憩空間和日本庭園。

L11:00～20:00

➲位於與正面入口相反的方向

探訪現在正夯商品

Laforet原宿

● ラフォーレ はらじゅく

原宿文化的發源地。從原宿特有的品牌到海外焦點品牌應有盡有，以豐富的商品陣容自豪。

☎03-3475-0411
所渋谷区神宮前1-11-6
休一年兩次（預定2、8月各兩天）
L11:00～20:00
交地鐵明治神宮前〈原宿〉站5號出口即到
MAP 附錄③P.9 C-3

不可錯過的限定商品

3COINS 原宿本店

● スリーコインズはらじゅくほんてん

3COINS的旗艦店。除了只有原宿本店才有的限定商品，期間限定販售的甜點等也廣受好評。

03-6427-4333
所渋谷区神宮前6-12-22 秋田ビル1F 休不定休
L11:00～20:00
地鐵明治神宮前〈原宿〉站7號出口步行3分
MAP 附錄③P.9 B-4

匯集了3COINS的所有產品

以倉庫為概念，簡約時尚的內部裝潢

原宿本店限定的「托特包」S・M330円、L550円

製作原創商品！

客製化印製服務

可在購買的商品上現場印製文字，製作出自己喜歡的原創商品。
¥330円～

入手充滿時尚感的商品

※2024年4月更名

東急PLAZA表參道「OMOKADO」

● とうきゅうプラザおもてさんどうオモカド

頂樓有綠意豐沛的空間

進駐了可享受挑選商品樂趣的商店、餐廳和咖啡廳。

03-3497-0418
所渋谷区神宮前4-30-3
休不定休 L11:00～20:00（6-7樓美食樓層為8:30～22:00）
地鐵明治神宮前〈原宿〉站5號出口即到
MAP 附錄③P.9 C-3

B1-2F The SHEL'TTER TOKYO

● ザシェルタートーキョー

匯集了「MOUSSY」等東京時尚領導品牌的選貨店。

03-5785-1695

「MVS FLARE (MOUSSY)」18480円

「Illuminating Serum Primer 02」30ml 3520円

3F JILL STUART Beauty & PARTY

● ジルスチュアート ビューティーアンドパーティ

販售生活風格商品、美妝和禮品，營造每天都像參加派對般的好心情。

03-3470-2727

「Bloom Mix Blush Compact 12」4620円

7F bills 表參道

● ビルズおもてさんどう

來自雪梨的全日餐廳，提供最流行的美食。除了早餐菜單，午餐和晚餐菜單也很豐富多樣。

03-5772-1133
L8:30～22:00（飲品至21:30）

「肋眼牛排」4600円

©Koji Hanabuchi

「醃鮭魚開放式三明治」1900円
©Koji Hanabuchi

在原宿發現自己美！

資生堂beauty square

● しせいどうビューティスクエア

可在此發現、體驗美的趣味和全新的自己。提供化妝品銷售、獨特的諮詢服務等，一系列實現美麗的項目。

03-5413-7717
所渋谷区神宮前1-14-30 WITH HARAJUKU1F
休不定休 L11:00～20:00
JR原宿站東口步行即到
MAP 附錄③P.9 B-2

購買前可試用資生堂旗下的各個品牌

整片落地窗的外觀相當時尚

季節性美容體驗！

360° Beauty

利用資生堂的全方位分析，可諮詢皮膚的季節性問題、美妝問題等。販售資生堂旗下各品牌的美容產品，從平價到專櫃一應俱全，一整年都能享有不同的體驗。
費舉辦時期視季節而異，詳細需確認官網

「群馬縣產赤城牛烤牛肉」100g 3245円～

時尚雅緻的店內

本館3F 37 Roast Beef

● サーティーセブンローストビーフ

日本牛排熱潮的先驅，六本木之丘「37 Steak house＆Bar」的姐妹店。絕品烤牛排以低溫慢烤的方式引出最佳的風味。

03-5413-4637
L11:00～15:00、17:30～21:30（週五六～22:00、週日21:00）

「US烤牛肋肉」100g 3905円～

本館B1 CELFORD

● セルフォード

以「The First Day」為概念，追求在優雅中增添趣味的風格。

03-6721-0370

「垂領針織連身裙」2900円

享受高雅的成人空間

表參道Hills

● おもてさんどうヒルズ

代表表參道的複合式設施。分為本館、西館和同潤館，集結以成人為對象的高質感商店及餐廳。

03-3497-0310
（綜合資訊 服務時間11:00～18:00）
所渋谷区神宮前4-12-10
休不定休 L11:00～20:00（餐廳～22:30） ※部分店鋪有異
地鐵表參道站A2出口步行2分
MAP 附錄③P.9 D-3

進駐了約100間店鋪

澀谷 P.54
原宿・表參道 P.64
淺草 P.78
上野 谷根千 P.94
東京站 丸之內 日本橋 P.102
銀座 P.120
豐洲 築地・月島 P.132
台場 P.136
新宿 新大久保 池袋 P.144
六本木 P.154

空間設計

瞬間提升氛圍 咖啡廳&餐廳

身處時尚區域之中，讓人更想在重視氣氛的店內度過一小段特別的時光。在此介紹編輯部精選的7間店！

店内氛圍講究的一面！

運用多種元素構成的店內很值得一訪，沉浸在各自的世界裡吧！

特製冰淇淋蘇打 各1000円
在繽紛的汽水上方裝飾著可愛配料的熱門餐點

原宿 ●じゅんきっさパンエス

旬゛喫茶パンエス

表參道麵包店「麵包與濃縮咖啡」的姐妹店。除了使用人氣吐司「Mou」製成的烤吐司，還有水果三明治、香蕉汁等時尚的懷舊咖啡廳菜單。

☎03-6427-4577
所渋谷区神宮前6-28-5
休無休
L9:00～17:30
地鐵明治神宮前〈原宿〉站7號出口即到
MAP 附錄③P.9 B-4

講究POINT
以緊湊型房屋為靈感，帶有三角形屋頂的空間。自然的室內設計和繽紛的色彩很可愛

融合懷舊與新穎的咖啡廳

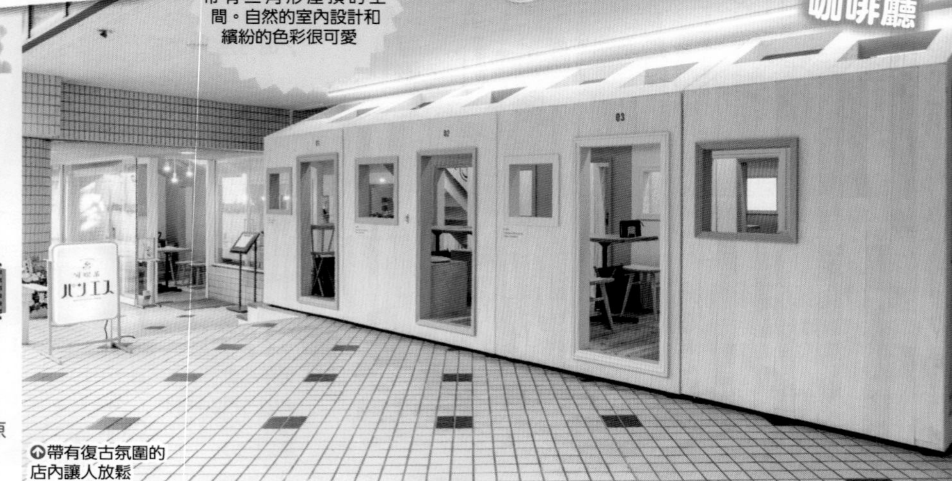

⬆帶有復古氛圍的店內讓人放鬆

講究POINT
使用多種粉色打造的流行時尚空間。非常適合拍照！

原宿 ●リキュームはらじゅくてん

LiQumu 原宿店

店內的色調就不用多說，連桌椅也都是能感受到女孩風格的設計。裝在玻璃杯中、多達200種的色彩繽紛利口酒，更加凸顯了可愛的氛圍。

☎03-6812-9237
所渋谷区神宮前1-14-2 ルポンテビル1F
休不定休
L13:00～21:30(週六日、假日11:00～)
JR原宿站竹下口即到
MAP 附錄③P.9 B-1

在粉紅色彩的包圍下女孩們聊得更熱絡！

⬆喜愛潮流時尚的女孩一定要來。也有能好好放鬆的沙發座

LiQumu套餐 1700円
甜點可以自選3種利口酒澆在Cremia霜淇淋上。附咖啡

能踏入綻放獨特品味的外文書世界

⬅店內的書不僅能閱讀，也能購買

講究POINT
展示著各類書籍，就像是藝廊一般

雞肉蓋飯 1100円
薑黃飯上鋪滿雞肉的紐約餐車人氣菜單。附餐飲料可選(照片為草莓咖啡拿鐵)

原宿 ●ブックスバニー

BOOKS BUNNY

這家書籍咖啡廳擺滿了超過2000本書，都是老闆親自從紐約採購、以藝術類為主的外文書。書籍自不用說，畫冊、攝影集、繪本等封面的視覺效果也很吸引人。一邊讀著喜歡的書，一邊悠閒地用餐吧。

☎03-5772-3372
所渋谷区神宮前2-31-8
休無休(週六日需洽詢)
L12:00～18:00(週五～24:00)
JR原宿站竹下口步行10分
MAP 附錄③P.9 D-1

在露天環境享受十足的開放感！

天氣晴朗時可在露天座位悠閒度過。享受戶外才有的感覺，愜意地用餐吧

烤布蕾風味鬆餅 1760円
焦糖鬆餅搭配醬汁並點綴冰淇淋

舒適的木製甲板 寬敞的露天座位

講究POINT
鋪有形成對比的清爽藍白色瓷磚，與中央立有山茱萸樹的舒適中庭露天座位

↑寬敞的座位配置

表參道 ●ヨックモックあおやまほんてんブルーブリックラウンジ

ヨックモック青山本店 BLUE BRICK LOUNGE

附設於開業超過45年「Yoku Moku青山本店」的咖啡廳。可品嘗隨季節變換的限定原創蛋糕等，享受只有這裡才有的特別菜單，輕鬆度過悠閒的時光。

✆03-5485-3340 所港区南青山5-3-3 休無休 L10:00～18:30 🚇地鐵表參道站A5出口步行3分 MAP 附錄③P.8 F-6

↑引人注目的藍色牆面外觀

表參道 ●マーサーブランチテラスハウス

MERCER BRUNCH TERRACE HOUSE

位在設計型大樓的高樓層，紐約頂層公寓風格的咖啡廳。全長18公尺的露天座位具有可動式屋簷，能保持全天候的舒適感，雨天時亦可使用這裡的座位。

✆03-5467-2551 所渋谷区神宮前5-50-3 アーバンテラス青山4F・屋上 休無休 L11:00～22:00(早午餐～16:00、晚餐17:00～) ¥服務費10%(晚餐17:00～) 🚇地鐵表參道站B2出口步行2分 MAP 附錄③P.9 D-6

Beef Steak 3種肉品綜合 (各75克) 4400円
理念是「輕鬆品嘗高級食材」。多汁的肉品令人讚不絕口！

講究POINT
露天座位的桌子是暖桌，天氣冷的時候也很溫暖

望著耀眼的夜景 在沙發座度過悠閒時光

→整面玻璃窗的室內空間
←洗鍊雅緻的都會氛圍洋溢

表參道 ●クリスクロス

crisscross

從早餐到夜酌，皆能輕鬆前來的全日咖啡廳。鋪有木地板的露台種著綠色植物，宛如身處公園般的空間讓人得以在此度過悠閒時光，也很受當地人們的喜愛。

✆03-6434-1266 所港区南青山5-7-28 休無休 L8:00～21:00 🚇地鐵表參道站B3出口即到 MAP 附錄③P.8 E-6

講究POINT
被自然環繞的露台中心立有象徵樹樟樹

就像公園一樣！在都會中心享用餐點

↑腹地內也有附設同系列的餐廳

夏威夷豆白脫牛奶鬆餅 1800円
鬆餅用小麥粉和白脫牛奶製作，並添上夏威夷豆等作為配料(附香草醬、鮮奶油)

表參道 ●カフェアンドダイニングゼルコヴァ

Cafe & Dining Zelkova

從表參道櫸木大道延伸出來的大廳、可近距離感受綠意的露天座位等，在表參道獨特的環境中品嘗國際美食。

✆03-5778-4566 所港区北青山3-6-8 休無休 L11:30～22:00 🚇直通地鐵表參道站B5出口 MAP 附錄③P.8 E-5

講究POINT
可以在露天座位上一邊欣賞表參道高雅的街道，一邊享用午餐

陽光灑落心曠神怡 象徵表參道的咖啡廳

↑能與愛犬一同用餐的露天座位

蛋白質碗裝料理 (附沙拉、飲品) 3450円
(週六日、假日附沙拉為3680円)
沙朗牛排與什錦多穀飯等活力菜單！

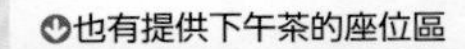

↓也有提供下午茶的座位區

獨特品味
相當出眾

在裏原宿體驗個性派購物！

「裏原宿」充滿獨創風格，是洋服及商品的寶庫！近年在時尚敏銳度高的海外觀光客之間也造成話題。

裏原宿魅力無限的店

6%DOKIDOKI

●ろくパーセントドキドキ

由藝術總監增田賽巴斯汀所開的店。引領潮流之餘，以表現獨特「可愛」的風格也很受歡迎。

☎03-3479-6116
所渋谷区神宮前4-28-16 TX101ビル2F
休週一二
L13:00～19:00(週六日、假日12:00～)
交地鐵明治神宮前〈原宿〉站電梯出口即到
MAP 附錄③P.9 C-3

⊕店鋪位於2樓。朝著粉色外觀建築前進吧

僅此才能買到的商品
也吸引好多海外粉絲！
人氣STAFF
Da-go
為顧客提供帥氣可愛的高水準穿搭建議

Yummy 冰淇淋項鍊
各5280円

大型款項鍊適合流行華麗穿搭

Yummy T恤
7150円

繪有世界各地垃圾食物的插圖，相當獨特

能遇見獨具個性的時尚商品

LHP裏原宿店

●エルエイチビーうらはらじゅくてん

以「不論在哪個時代都能持續帶來新鮮感」為店家理念。1樓是以僅在裏原宿店推出的品牌為主，還有陳列限定商品。2樓則提供許多日本國內外的人氣品牌。

NEEDLES/LHP Exclusive Track Jacket -Coated Nylon
55000円

NEEDLES/LHP Exclusive Track Pant -Coated Nylon
45100円

NEEDLES的LHP特製商品。運動風皮革外型很有存在感

☎03-6434-1033
所渋谷区神宮前4-28-26 休無休
L11:30～20:30
交地鐵明治神宮前〈原宿〉站5號出口步行4分
MAP 附錄③P.9 C-2

⊕位於螺旋槳通，2層樓高的路面店

這家選貨店提供
走在潮流尖端的商品

來自LA！實際體驗滑雪品牌的文化

也有販售滑雪板，可挑選自己喜歡的風格

享受超現實主義多采多姿的世界氛圍

RIP N DIP

●リップンディップ

代表滑雪文化的品牌所開的旗艦店。供應散發美西風格的穿搭、圖標角色「Lord Nermal」的商品。

☎03-6459-2468
所渋谷区神宮前3-24-5 NYXビル1F
休無休 L11:00～20:00 交JR原宿站竹下口步行6分
MAP 附錄③P.9 C-2

LORD NERMAL VELCRO HANDS BACKPACK 14300円

繪有「Lord Nermal」的簡約黑色後背包

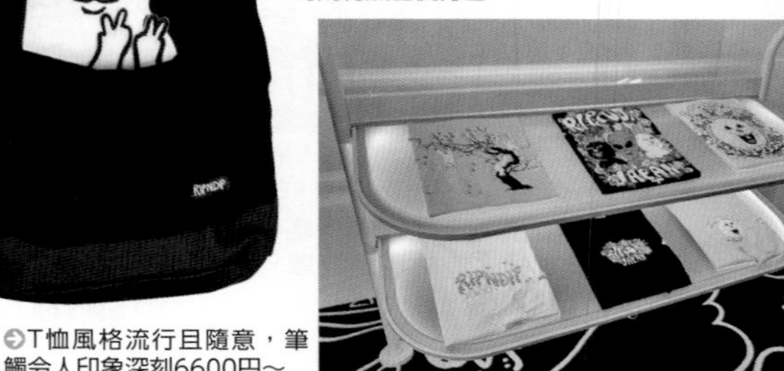
⊖T恤風格流行且隨意，筆觸令人印象深刻6600円～

有超多從美國進口的玩具！

おもちゃや SPIRAL

●おもちゃやスパイラル

老闆前往美國，以獨特眼光挑選許多復古玩具。或許能在這裡發現意想不到的稀有商品!?

☎03-3479-1262
所渋谷区神宮前3-27-17 ナガタビルA-1 休無休
L12:00～19:00
交JR原宿站竹下口步行10分
MAP 附錄③P.9 D-1

STRANGER THINGS的T恤 6800円～

粉絲必看！重現人氣美劇場景的印刷T恤

⊕角色商品也密密麻麻陳列著

讓人興奮不已的空間！

小馬
3500円～

夢幻般色彩的模型

這裡也想去！

原宿・表參道 區域導覽

はらじゅく・おもてさんどう

咖啡廳 Hyvää Matkaa !

◆ヒュバマトカ

☎03-6802-7833 MAP附錄③P.9 C-4

在原宿體驗北歐小旅行！

由專營北歐的旅行社Finntour經營的北歐風格咖啡廳＆商店，可品嘗肉桂捲和北歐風味飲品。店名為芬蘭語的「旅途愉快」。

所渋谷区神宮前5-18-10 エクサスペース1-A
休週二
L11:00～18:00
交地鐵明治神宮前〈原宿〉站4號出口步行7分

➲「肉桂捲」使用芬蘭的肉桂和豆蔻製成440円

玩樂 忍者体験カフェ原宿

◆にんじゃたいけんカフェはらじゅく

☎070-9117-2841 MAP附錄③P.9 B-2

在原宿變身成為忍者！

可以換上忍者服，體驗手裏劍、吹箭等忍者修行，包含服裝租借的「自來也方案」很受歡迎。不體驗的人也可以只點飲品。

所渋谷区神宮前1-16-11 五三九ビルB1
休無休 L10:00～21:00(視預約狀況可能有異) ¥自來也方案4900円、飲品660円～
交JR原宿站竹下口步行5分
預在官方網站登記(https://ninja-cafe.com/)

➲拍攝身穿忍者服的照片和影片，留下紀念吧！

購物 graniph Tokyo

◆グラニフトウキョウ

☎03-6384-5505 MAP附錄③P.9 C-3

graniph的旗艦店

圖案設計品牌「graniph」的旗艦店，除了服飾之外，豐富的雜貨品項也很受歡迎。還有附設品牌首間咖啡廳。

所渋谷区神宮前4-25-13 MICO神宮前 休無休
L11:00～20:00(咖啡廳～19:30) 交地鐵明治神宮前站5號出口步行4分

➲用漢字表現角色的店內限定「T恤」3500円(照片為Lamb Chop)

咖啡廳 bubo BARCELONA 表参道店

◆ブボバルセロナおもてさんどうてん

☎03-6427-3039 MAP附錄③P.9 D-4

使用正宗的巴塞隆納食譜重現的蛋糕

來自西班牙巴塞隆納的法式甜點店，追求獨創精緻的甜點世界。供應的甜點美到讓人不由得想拍照。

所渋谷区神宮前5-6-5 Path表参道B棟 休週二(逢假日則營業) L12:00～20:00(週六日、假日11:00～)、咖啡廳～19:30
交地鐵表參道站A1出口步行3分

➲套餐「Specialite (Xabina)」含自選蛋糕、馬卡龍，以及本日巧克力甜點和飲品3300円

景點 岡本太郎記念館

◆おかもとたろうきねんかん

☎03-3406-0801 MAP附錄③P.5 D-4

諸多名作蘊含著岡本太郎的熱情

以《太陽之塔》等作品聞名的岡本太郎，這家紀念館公開展示他的工作室兼住所。能親身體會天才畫家創造出來的諸多藝術品和澎湃的靈魂。

所港区南青山6-1-19
休週二(逢假日則開館)
L10:00～17:30
¥650円、小學生300円
交地鐵表參道站A5出口步行8分

➲工作室裡的一切都保有當時的模樣，讓人有種身臨其境的感覺

購物 THE NORTH FACE Sphere

◆ザノースフェイススフィア

☎03-6773-5500 MAP附錄③P.9 B-3

結合日常與戶外的商店

THE NORTH FACE的旗艦店。提供的「141 CUSTOMS for ATHLETIC」服務廣受好評，可客製化顏色和尺寸，打造世界上獨一無二的服裝。

所渋谷区神宮前6-10-11
休不定休 L11:00～20:00
交地鐵明治神宮前〈原宿〉站7號出口即到

➲也別錯過由銳氣建築師團隊「Sawada Hashimura」設計的精美建築

咖啡廳 幸せのパンケーキ表参道店

◆しあわせのパンケーキおもてさんどうてん

☎03-3746-8888 MAP附錄③P.8 E-3

鬆軟口感的濃厚鬆餅

連日大排長龍的鬆餅店。細心烤出的鬆餅，特色是入口即化的口感和豐富的風味。對配料的食材也很講究。

所渋谷区神宮前4-9-3 清原ビルB1
休不定休 L10:00～18:15(週六日、假日9:00～18:40)
交地鐵表參道站A2出口即到

➲幸福的鬆餅1380円

景點 根津美術館

◆ねづびじゅつかん

☎03-3400-2536 MAP附錄③P.8 G-6

欣賞藝術、建築、庭園

包含初代根津嘉一郎所收集的7件國寶、87件重要文化財在內，約收藏7600件日本和東洋的古代美術品，能在每年7次的展覽會上盡情欣賞。活用漂亮建築物和自然地形的庭園也一定要看。

所港区南青山6-5-1 休週一(逢假日則翌日休)、換展期間
L10:00～16:30
¥1300円～(預約制)
交地鐵表參道站A5出口步行8分

➲從正門走進的通道。竹籬和白竹一字排開

購物 Alice on Wednesday東京

◆すいようびのアリスとうきょう

☎03-6427-9868 MAP附錄③P.9 B-4

奇妙國度的可愛店鋪

以《愛麗絲夢遊仙境》為主題的雜貨店。1樓販售出現在故事中的點心等，3層樓都陳列著愛麗絲的商品。

所渋谷区神宮前6-28-3カノンビル1-3F
休無休
L11:00～19:00
交地鐵明治神宮前〈原宿〉站7號出口即到

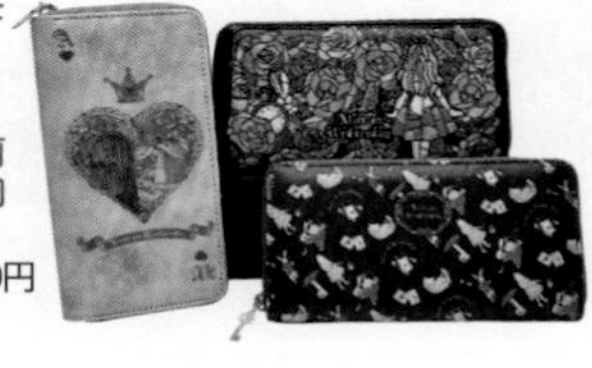

➲「長夾」各2500円

咖啡廳 Tamitu

◆タミツ

☎050-3553-1912 MAP附錄③P.9 C-4

蜂蜜×香草&香料

濃厚草本蜂蜜以嚴選純蜂蜜混合多種香草及香料製成。除了可以在店內欣賞製作過程，還能於附設的咖啡廳品嘗草本蜂蜜。

所渋谷区神宮前5-10-1 GYRE B1
休不定休
L11:00～20:00
交地鐵明治神宮前〈原宿〉站4號出口步行4分

➲各種草本蜂蜜(250g)4104円～

玩樂 裏参道ガーデン

◆うらさんどうガーデン

☎非公開 MAP附錄③P.8 E-3

在體驗和美食中欣賞日本的傳統文化

由1947年興建的老宅翻修而成。以「日本文化的體驗」為概念，採取複數店鋪進駐同一棟房舍的長屋形式，聚集了甜品店等店鋪。

所渋谷区神宮前4-15-2 休無休
L視店鋪而異
交地鐵表參道站A2出口步行7分

➲老宅特有的懷舊氣氛很有魅力

街區介紹

保留江戶風情、東京首屈一指的觀光景點。除了「淺草寺」和「仲見世通」之外，附近還有許多知名美食店，以及能夠體驗風雅文化的店家等。不分國籍、世代都能開心遊玩的景點多不勝數。

能夠感受江戶風情的風雅老街

淺草

あさくさ

MAP 附錄❸ P.6

想在這個區域做的事情！

前往這條街的交通方式

東京站
↓ JR山手線（內環）
上野站
↓ 地鐵銀座線
淺草站
¥350円 🕒約20分

羽田機場第1、第2航廈站
↓ 京急線・地鐵直通淺草線
淺草站
¥650円 🕒約45分

EVENT

2024年5月17日～5月19日

淺草神社的例大祭 三社祭

東京代表性的初夏祭典之一。每個町會的抬轎手穿著相同的半纏棉衣，在淺草鎮上遊行，充滿活力地抬著神轎的模樣，令人大呼過癮。

✆03-3844-1575（淺草神社）
🏠台東区浅草2-3-1 淺草神社 🕒請至確認官網 🚇地鐵淺草站1號出口步行7分

➔祭典第一天舉辦的華麗大遊行隊伍

©淺草神社

這條街的遊逛方式

善用台東區循環巴士「めぐりん」

環繞台東區內的百圓巴士。可從多條線路當中，選擇適合自己的路線。

淺草寺周邊散步建議選擇平日上午

假日和平日下午人潮眾多，建議選擇人潮較少的平日上午。

NEWS & TOPICS

2023年8月 在inimu淺草店製作原創香氛噴霧！

這裡會舉辦享受「創作」概念的交流會，可自行調配製作香氛噴霧和香水的工作坊等（事先預約制）。

070-7401-3069
所 台東区浅草2-1-5
休 週一（逢假日則翌日休）
L 10:30～18:00
地鐵淺草站6號出口步行2分
MAP 附錄③P.7 D-5

可自行調配喜歡的香味，製作香氛噴霧「三河屋」1265円

2023年8月 想要邊走邊吃和找伴手禮！ もちにゃん焼き 淺草本店

口感鬆軟Q彈的雞蛋糕專賣店。不管吃幾個都不會膩的清爽甜味和可愛外型，最適合當伴手禮。

未公開
所 台東区浅草2-3-25　休 無休
L 10:00～18:00
筑波快線淺草站A1出口步行2分
MAP 附錄③P.7 B-2

外型可愛的「Q彈貓咪燒（紙袋、12個裝）」790円

穿和服來淺草寺參拜

從淺草的代表性地標雷門出發！

新發現!!
不要錯過 燈籠底部
刻有能夠呼風喚雨的龍雕刻，被尊為淺草寺的守護神。

淺草寺每年約有3000萬人前來參訪，是東京必去的觀光景點。除了雷門和五重塔之外，境內還有許多值得參訪的景點。換上和服前來參拜，可增添女性魅力。

一 雷門
●かみなりもん

高3.9公尺、重達700公斤的大燈籠懸掛在淺草寺的大門。門的兩側立有背著連太鼓的雷神及手持風袋的風神。

MAP 附錄③P.7 D-6

二 仲見世通
●なかみせどおり

約250公尺的街道，一整排都是販售工藝品、雜貨、零食點心的店家。要吃點心時，就在該店家前品嘗吧。

漫步於日本最古老的商店街

三 寶藏門
●ほうぞうもん

山門的兩側祭祀著全長5公尺以上的仁王尊像。曾被稱為仁王門，後來因收藏淺草寺寶物，改名為寶藏門。

新發現!!
令人震驚的巨大草鞋
門後供奉著長約4.5公尺、寬1.5公尺的巨大草鞋

位於本堂前的兩層高山門

淺草寺
●せんそうじ

628年創建至今，是東京都內最古老的寺廟。據說能夠實現所有願望，是相當著名的現世利益許願靈驗地，也被信眾暱稱為「淺草觀音」。擁有許多歷史性建築。

☎03-3842-0181
所 台東区淺草2-3-1 休 無休
L 6:00～17:00(10～3月6:30～)
交 地鐵淺草站6號出口步行5分
MAP 附錄③P.7 D-4

澀谷 P.54
原宿表參道 P.64
淺草 P.78
上野谷根千 P.94
東京站丸之內日本橋 P.102
銀座 P.120
豐洲築地・月島 P.132
台場 P.136
新宿新大久保池袋 P.144
六本木 P.154

前往安奉御本尊的寺堂參拜

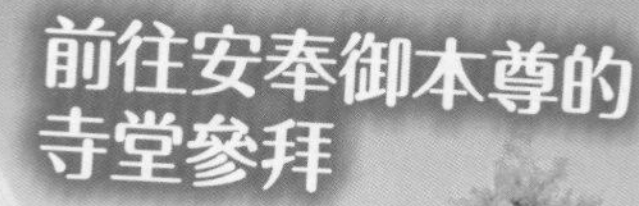

六 本堂
●ほんどう

通稱「觀音堂」，安奉御本尊聖觀世音菩薩。據說能夠實現所有願望，是相當著名的現世利益許願靈驗地。

禮法 正確參拜方式

在本堂前排隊，輪到自己時，先行一禮。投入香油錢，在胸前靜靜合掌許願，結束後別忘了再行一禮。

新發現!! 夜間點燈也好漂亮!

每天日落時分到23點左右，以本堂和五重塔為中心的境內各處會點燈，歷史建築物和光交織出夢幻景象

禮法 用水淨身

1 清洗左手
➔右手拿勺子取水，清洗左手

2 清洗右手
➔換左手拿勺子，清洗右手

3 漱口
➔以左手漱口，豎起勺子，清洗勺柄

參拜前先淨身

四 御水舍
●おみずや

1964年建立的八角形鑄御影石造手水鉢。注意畫在天花板上的「墨繪之龍」。

五 常香爐
●じょうこうろ

位於本堂前的香爐。讓香火的煙拂過身上，可淨化身體。據說把煙往身體不適之處搧，就會有治癒的效果。

用香爐的煙淨化身體

七 五重塔
●ごじゅうのとう

安奉釋迦牟尼佛的遺骨、高53公尺的佛塔。最初由武將平公雅在942年建立，鮮豔的朱紅色佛塔現在為鋼筋水泥建築。鈦製屋瓦替換工程結束後，以更美的姿態重生。

鮮豔的朱紅色是淺草寺的地標塔

新發現!! 與東京晴空塔的新舊雙塔合影!!

建於淺草寺西側的奧山門旁，可同時看到五重塔和東京晴空塔。平地上很少有地方能同時看到新舊雙塔，非常適合放到IG上。

在此受領淺草寺的御朱印

八 影向堂
●ようごうどう

位於本堂左側後方，有美麗的本瓦，也稱作「影向眾」。供奉協助觀音的神明們，七福神的大黑天也供奉在此。本堂參拜完觀音後，請務必也來這裡參拜。

新發現!! 領取御朱印

御本尊聖觀世音菩薩的御朱印500円，也有大黑天的御朱印。

祈求保佑的御守 UP

戀愛成就
良緣守
1000円
配色可愛的護身符。背後寫著「淺草寺」的文字，另外也有綠色的。

心願成就
蓮弁守
2000円
蓮花花瓣形狀的護身符。裡面放有觀音，也可保佑疾病痊癒

禮法 如果抽到凶……

淺草寺的籤詩約有3成是凶，若是抽到凶，就將籤紙綁到指定的場所。誠實度日就能逢凶化吉。

試試籤運當作參拜紀念

九 求籤處
●おみくじどころ

最後來求籤處試試籤運。淺草寺的籤是從比叡山延曆寺流傳而來的觀音百籤，有1～100號的籤詩。奉上100円，從籤筒中抽籤，再從同號碼的抽屜中取出1張籤詩。

淺草寺的參道

仲見世通 名店巡禮

仲見世通 ●なかみせどおり ➔P.80
📞03-3844-3350(仲見世會館) MAP附錄③P.7 D-6

在充滿下町風情的仲見世通，林立許多販售淺草知名點心與傳統日式雜貨的店家！參拜完後，就來盡情尋找仲見世美食和伴手禮吧。

●きむらやにんぎょうやきほんぽ

三 木村家人形焼本舗

創業於1868年的老字號人形燒店。名物「人形燒」的內餡，店家自豪100%使用北海道產紅豆製成，也販售未包餡的款式。

📞03-3844-9754
所台東区浅草2-3-1
休無休 L9:30～18:30
🚇地鐵淺草站6號出口步行6分
MAP附錄③P.7 D-5

在店前的製作區不停烤製

形狀可愛的麵衣裡塞滿了紅豆餡

人形燒 8個600円～

人形燒的形狀有鴿子、五重塔等與淺草相關的

●そめえてぬぐいふじや

一 染絵てぬぐい ふじ屋

手巾是以江戶時代工法將木綿布染色製成。除了傳統的圖案之外，也有很多像是東京晴空塔這類原創的設計。

📞03-3841-2283
所台東区浅草2-2-15
休週四(逢假日則營業)
L11:00～17:00
🚇地鐵淺草站6號出口步行6分
MAP附錄③P.7 D-5

染色職人做的可愛手巾

手巾(招福貓) 2530円

寫有福字的招福貓與粉色的背景形成鮮明對比

手巾(淺草風景) 2530円

描繪了東京晴空塔與觀音像，展現下町的新舊風貌

●すいれん

四 粋れん

供應許多以傳統技術製成，設計卻很時尚的商品。原創商品占了半數，高品質但價格實惠這點也令人開心。

📞03-3843-5373
所台東区浅草1-18-10
休無休※僅2月休週一～五
L11:00～18:00
🚇地鐵淺草站1號出口步行3分
MAP附錄③P.7 D-6

職人手作的時尚日式雜貨

帆布口金包 1760円

用堅固的帆布製成，底部寬敞，非常適合收納小物

十二生肖不倒翁 825円

十二生肖不倒翁皆為手作，因此每隻表情都不太一樣。坐墊另售

水引首飾 淡路結耳環 1540円

水引結職人自製的原創商品。也有純鈦耳環1430円

●あさくさきびだんごあづま

二 浅草きびだんご あづま

能品嘗到在店門口現煮、口味純樸且口感柔軟的「吉備團子」，備受好評。冬天配甘酒，夏天就配冰抹茶一起享用吧。

📞03-3843-0190 所台東区浅草1-18-1 休不定休 L9:30～19:00(售完打烊) 🚇地鐵淺草站1號出口步行3分
MAP附錄③P.7 D-6

在店門口現煮，所以都是現做的

大口吃溫熱柔軟的現煮團子

吉備團子 5串400円

沾上滿滿的黃豆粉，Q彈柔軟的團子

⊙⊙「淺草肉餅」1個350円，撒上芥菜籽也很好吃。亦可從官網購入（冷凍）

十二 淺草メンチ

●あさくさメンチ

販售的炸肉餅將神奈川稀有的高座豬與牛肉混合，裹上生麵包粉，炸得酥酥脆脆。來品嘗高級肉品的美味與濃厚的風味吧。

☎03-6231-6629 所台東区浅草2-3-3 休無休 L10:00～19:00 交地鐵淺草站6號出口步行6分
MAP附錄③P.7 D-5

⊙老店、傳統工藝品店和餐飲店比鄰而立

十 おいもやさん興伸 浅草伝法院東通店

●おいもやさんこうしんあさくさでんぽういんひがしどおりてん

從1876年創業的番薯批發商轉型成番薯糕點專賣店。尤其推薦依季節嚴選出美味番薯，並裹上大量糖蜜製成的「大學芋」。

☎03-3843-3886 所台東区浅草1-36-6 休無休 L9:00～20:00 交地鐵淺草站6號出口步行6分
MAP附錄③P.7 D-5

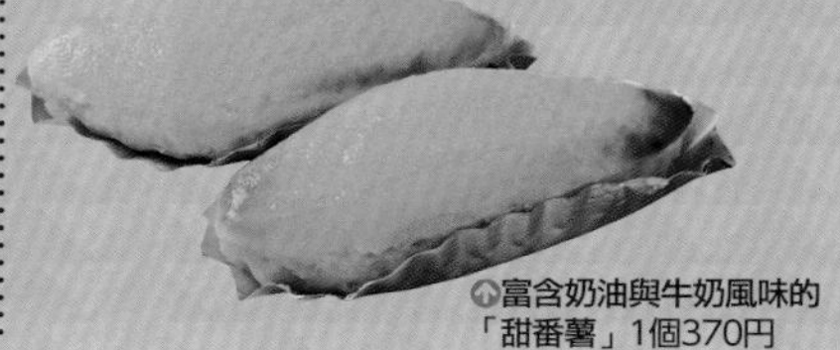

⊙富含奶油與牛奶風味的「甜番薯」1個370円

九 淺草 安心や

●あさくさあんしんや

幾乎跟臉一樣大的現炸「炸雞排」很受歡迎。辛香料的香氣連正統台灣人都讚不絕口。通常中午過後就會賣完，最好早一點來。

☎03-5830-3288 所台東区浅草1-37-11 休無休 L11:00～傍晚左右(售完打烊) 交地鐵淺草站6號出口步行3分
MAP附錄③P.7 D-5

⊙樹薯粉麵衣酥脆脆的「炸雞排」700円

傳法院通也有很多知名美食！

傳法院南側約200公尺的街道上，林立許多重現江戶街景的商店。去看看這些饒富趣味的街區吧！

MAP附錄③P.7 C-5

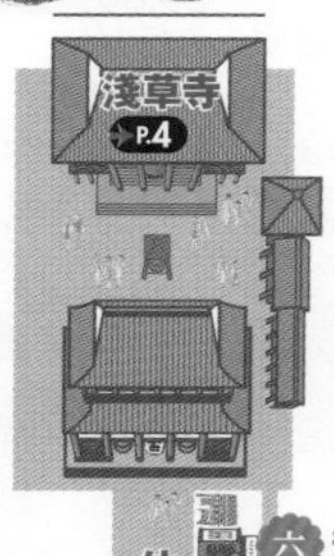

※請勿邊走邊吃。購買後請在該店門口食用

番薯奶油銅鑼燒 380円

把使用「番薯羊羹」的特製內餡與奶油夾起來

將番薯羊羹變得更時髦

番薯羊羹霜淇淋 400円

「番薯羊羹」的柔和甜味在口中蔓延

七 舟和 仲見世3號店

●ふなわなかみせさんごうてん

1902年創業的老店，招牌是僅用番薯、砂糖跟鹽製成的「番薯羊羹」。由此再變化一番的限定甜點也很受歡迎。

☎03-3844-2783 所台東区浅草1-20-1 休無休 L10:00～18:00(週六、日、假日～19:00) 交地鐵淺草站6號出口步行4分
MAP附錄③P.7 D-6

以嚴選食材製成的彈牙團子

烤團子 1串400円～

分成「御手洗」、「艾草（紅豆粒、紅豆泥）」2種口味。口感柔軟，瞬間就吃完了

⊙在店內品嘗剛烤好的美味

八 喜久屋

●きくや

招牌團子除了使用上新粉之外，也運用了嚴選的日本國產食材。也很推薦使用十勝產紅豆與滋賀產糯米「羽二重」製成的「大福」300円。

☎03-3841-5885 所台東区浅草1-20-1 休週一(逢假日則翌日休) L10:00～17:30(售完打烊) 交地鐵淺草站6號出口步行4分
MAP附錄③P.7 D-6

五 壱番屋

●いちばんや

1884年創業的手烤仙貝老店。炭火烘烤的的仙貝等，袋裝的「鍋巴仙貝」大受好評，也有賣米香餅、人形燒等經典伴手禮。

☎03-3842-5001 所台東区浅草1-31-1 休無休 L8:00～17:00(週六、日～18:00) 交地鐵淺草站6號出口步行4分
MAP附錄③P.7 D-6

糯米酥酥脆脆又香氣四溢

鍋巴仙貝 400円

使用糯米製作，口感輕盈、香氣四溢的鍋巴仙貝

六 淺草九重

●あさくさここのえ

廣受好評的「炸饅頭」使用最頂級芝麻油炸得酥脆。在店內現做現賣，剛炸好的饅頭會不停地在店前上架。

☎03-3841-9386 所台東区浅草2-3-1 休無休 L10:00～19:00左右 交地鐵淺草站6號出口步行6分
MAP附錄③P.7 D-5

口感酥脆的繽紛炸饅頭

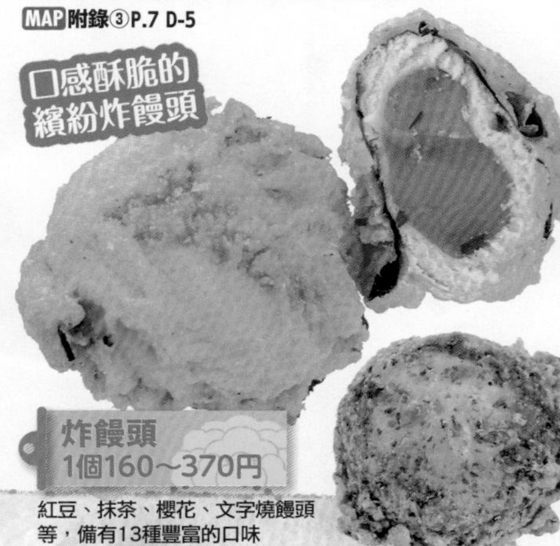

炸饅頭 1個160～370円

紅豆、抹茶、櫻花、文字燒饅頭等，備有13種豐富的口味

既然來到淺草就要吃這個！

老店餐點

長年以來受到當地人與觀光客愛戴，聚集了許多名店的淺草。代代相傳的傳統滋味同時也在不斷改良，敬請享受職人展現的好手藝。

在鐵鍋中四溢
牛肉與蔬菜的滋味
端上來的牛肉與蔬菜軟嫩鮮香

燉牛肉
2350円
經過9小時以上燉煮的牛肉入口即化。以鐵鍋供餐也是承襲前代老闆的風格

1936年創業

洋食 ぱいち

歷經三代傳承的洋食店。由第二代老闆構思的招牌料理「燉牛肉」其特色醬汁需熬煮1週以上。炸里肌豬排、炸蝦等主要定食為平日限定，各1400円。

✆03-3844-1363
所台東区浅草1-15-1 休週日
L11:30～14:00、17:00～20:00 地鐵淺草站1號出口步行4分
MAP P.7 B-3

▲靜佇在街道內的瓦片建築富有風情

▼第三代老闆將「燉牛肉」的風味繼續傳承下去

1895年創業

壽喜燒 浅草今半 国際通り本店

●あさくさいまはんこくさいどおりほんてん

初代老闆著眼於牛肉，以牛肉飯餐廳起家。現在提供以日本產黑毛和牛製成的極上壽喜燒與涮涮鍋。壽喜燒是以祕傳醬汁如烤肉般烹煮一片片肉。

✆03-3841-1114
所台東区西浅草3-1-12
休無休 L11:30～20:30
筑波快線淺草站A2出口即到
MAP 附錄③P.7 B-2

▲結合了老店意趣與現代設計的建築物

明治壽喜燒丼
2970円
僅於午餐時段供應，每天限定20份。添加黑毛和牛、煎豆腐、長蔥與溫泉蛋等食材

1913年創業

蕎麥麵 並木藪蕎麦

●なみきやぶそば

藪蕎麥三名店之一，堅守不辱其名聲的豐潤口味。製作耗時1週以上，被評為東京最辣的沾醬，能突顯蕎麥麵的香氣與味道。菜單僅以蕎麥麵一決勝負。

✆03-3841-1340
所台東区雷門2-11-9
休週三、四
L11:00～19:00
地鐵淺草站A4出口步行3分
MAP 附錄③P.7 B-4

蕎麥冷麵
900円
以入喉的美味自豪，香氣十足的十割蕎麥。沾滿極辣的重口味沾醬來品嘗吧

▲位於雷門正面延伸而去的大馬路旁

非常有飽足感的

大入江戶前天丼 5800円
以高品質芝麻油炸天然明蝦製成的天婦羅，幾乎要從碗中滿出來的豪邁擺盤

↑位於新仲見世通一條小巷弄裡

1947年創業

天婦羅丼 まさる

知名料理「大入江戶前天丼」堅持使用當日現撈的明蝦，由技術熟練的師傅以芝麻酥炸而成。與完全不使用砂糖和化學調味料的醬汁簡直是絕配。

☎03-3841-8356 所台東区浅草1-32-2 休週三、日 L11:00～15:00(售完打烊) 交地鐵淺草站1號出口步行3分

MAP 附錄③P.7 D-6

約220年前創業

鰻魚 鰻 駒形 前川

●うなぎこまがたまえかわ

伴著絕景一起享用
高級鰻魚料理

鰻重 5900円～
烤鰻魚肉質豐厚又柔軟，附日式清湯、漬物、水果

知名美食家暨文豪池波正太郎的愛店。油脂豐富的高品質「鰻重」使用了幾近天然的日本產養殖鰻魚。從創業時期流傳至今的辣醬也是老店獨有的美味。

☎03-3841-6314 所台東区駒形2-1-29 休無休 L11:30～20:30 交地鐵淺草站2號出口即到

MAP P.7 C-4

↑店內可望見東京晴空塔®

連銀座一流主廚也
讚不絕口的招牌料理

拿坡里義大利麵 950円
加了香腸與青椒等的古早味義大利麵

↑飄盪昭和風情的咖啡廳有種溫馨感

1929年創業

麥飯山藥泥 淺草むぎとろ本店

●あさくさむぎとろほんてん

山藥泥料理專賣店。每月更新的全餐料理，有滿滿的山藥泥與當季食材。午餐除了平日限定的「麥飯山藥泥吃到飽」之外，在頂樓享用的「天空山藥泥自助buffet」3300円也很受歡迎。

☎03-3842-1066 所台東区雷門2-2-4 休無休 L11:00～21:00 交地鐵淺草站A3出口步行3分

MAP 附錄③P.7 C-4

↑「麥飯山藥泥吃到飽」在本店1樓

可盡情享用山藥泥的
吃到飽午餐

麥飯山藥泥吃到飽 1650円
平日11:00～14:00(最後受理)提供
※照片為示意圖

1801年創業

泥鰍 駒形どぜう

●こまかたどぜう

↑別具風情的出桁造建築物也是一大看點

料理手法從江戶時代延續至今的泥鰍料理專賣店。「泥鰍火鍋」以特製的淺鐵鍋燉煮而成。店面打造成商家模樣，重現創業時的外觀，廣闊的用餐環境很吸引人。

☎03-3842-4001 所台東区駒形1-7-12 休不定休 L11:00～20:00 交地鐵淺草站A1出口即到

MAP P.7 B-4

將江戶口味
傳承至今的火鍋料理

泥鰍火鍋 3100円
燉煮嚴選泥鰍，鋪上青蔥，還可依個人口味添加山椒或七味粉

1973年創業

咖啡廳 ロッジ赤石

●ロッジあかいし

提供豐富的洋食菜單，持續受當地常客喜愛的咖啡廳。帶有微酸和輕盈風味的「特調咖啡」500円，非常適合搭配三明治等輕食。

☎03-3875-1688 所台東区浅草3-8-4 休週一 L9:00～22:30 交筑波快線淺草站A1出口步行7分

MAP P.7 B-1

美麗時尚午餐

在舒適空間內享用♪

富有歷史的淺草街道上，時髦咖啡廳和餐廳正在增加中。在時尚空間內品嘗充滿少女心的菜色吧！

搭配鬆軟吐司的厚切三明治
三明治午餐飲料套餐
1200円
三明治口味有2種，附優格與飲料
各有不同風味的特色味噌湯
這裡是POINT!
店家自豪的還有使用原創混合有機米的飯糰，各種口味200円
MISOJYU特製套餐
1680円
「蔬菜與角煮豬肉味噌湯」附飯糰、溏心蛋與小菜

這裡是POINT!
清水混凝土牆與木質室內裝飾搭配的氛圍很棒

↑除了桌位座，還有吧檯座跟露天座位

➡口感偏硬的「焦糖濃厚布丁」，懷舊的外觀很受歡迎650円

FEBRUARY CAFÉ

●フェブラリーカフェ

以自家烘煎特製咖啡廣受好評的咖啡廳。想在小巧的舒適空間裡，配著使用淺草老麵包店麵包的吐司套餐及三明治一同品嘗。

☎03-6802-7171
所台東区駒形1-9-8 休無休
L8:30～17:00 🚇地鐵淺草站A1出口即到
MAP附錄③P.7 B-4

↑格局會讓人聯想到國外的咖啡廳。位置雖然有點隱密，但依舊絡繹不絕的人氣咖啡廳

MISOJYU 浅草本店

●ミソジュウあさくさほんてん

由書法家武田雙雲成立的「TEAM地球」監製的味噌湯專賣店。提供多種加入了豬肉角煮、番茄等食材的創意味噌湯。

☎03-5830-3101
所台東区浅草1-7-5 休無休
L8:00～18:30(早餐～10:00)※有可能提早結束 🚇地鐵淺草站1號出口步行4分
MAP附錄③P.7 B-3

←商標是一個可愛的碗，令人印象深刻

這裡是POINT!
唯麵包店才有的菜單「炸吐司邊」400円為黑糖黃豆粉口味

➡位於「Pelican」附近

Pelican CAFÉ

●ペリカンカフェ

由1942年創業的人氣店家「Pelican」直營的咖啡廳。配合食材予以絕妙烘烤程度，各種吐司都廣受好評。

☎03-6231-7636
所台東区浅草3-9-11 休週三、日
L9:00～17:00 🚇地鐵田原町站2號出口步行4分
MAP附錄③P.7 A-4

炭烤土司與飲料套餐
750円
用炭火仔細燒烤特製烤網上厚3公分的吐司。附特製果醬

使用滿滿蘿蔔的
健康定食

ごはん×カフェ madei

●ごはんカフェマデイ

熱門菜單為白蘿蔔全享定食的店家，該料裡源自於對面供奉白蘿蔔的佛寺「待乳山聖天」。包含主菜、炊飯等，所有餐點都有使用白蘿蔔入菜。

☎03-6802-4590
所台東区浅草7-3-12 テイトビル聖天1F 休週一、二
🕒11:30～17:30(午餐售完打烊) 🚇地鐵淺草站8號出口步行10分
MAP附錄③P.7 D-2

白蘿蔔全享結緣定食 1100円
有豬五花蘿蔔等，每週更換主菜。本日主食是鰤魚蘿蔔

這裡是POINT!
午餐過後，推薦來份店家自製布丁、餅乾等小點心

⇧溫馨的空間也很有魅力

BRACALI義大利料理店

●ブラカリイタリアりょうりてん

米其林2星的義大利托斯卡納名店「BRACALI」。由曾為該店副主廚的現任老闆兼主廚提供義大利鄉土料理。

☎03-6379-3367
所台東区花川戸2-9-10 1F 休週一
🕒11:30～14:00、17:45～21:30
🚇地鐵淺草站7號出口步行7分
MAP附錄③P.7 C-2

在淺草享用義大利
托斯卡納的2星級美味

⇨在店內寬敞的空間享受放鬆氛圍

這裡是POINT!
午餐義大利麵為每天更換菜單，有3～4種可選。午餐為1500円～

手打義大利麵全餐 2200円
手打義大利麵附前菜拼盤、麵包、甜點及飲料

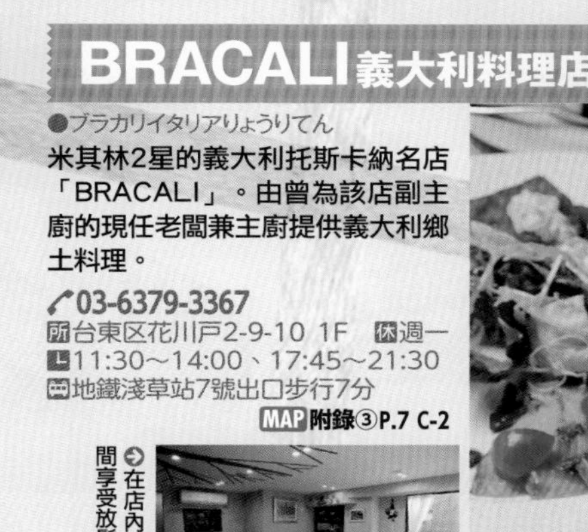
充滿懷舊風味的
洋食老店
YOSHIKAMI

蛋包飯 1450円
光滑細緻的蛋包裹著加了雞肉的番茄醬炒飯

⇧創業於1951年，以懷舊風味的洋食決勝負

這裡是POINT!
也很推薦使用燉牛肉醬汁的「香雅飯」1400円

ヨシカミ

以標語「太好吃了真對不起」而廣為人知的洋食店。有燉煮牛五花的「燉牛肉」3000円與「煎豬排」1600円等許多招牌菜色。

☎03-3841-1802
所台東区浅草1-41-4
休週四(逢假日則營業)
🕒11:30～21:30
🚇地鐵淺草站6號出口步行7分
MAP附錄③P.7 B-3

平底鍋英式早餐 1250円
自製麵包附手工香腸及培根、豆煮番茄等配菜

剛出爐的麵包與
講究的煙燻料理

這裡是POINT!
以3樓系列麵包工房「Manufacture」烤製的天然酵母吐司

⇧1～2樓為挑高設計，開放感十足的店內。裝潢也很時尚

SUKE6 DINER

●スケろくダイナー

這家店從早午餐到晚餐的菜色都很豐富。餐點以三明治與漢堡為主，自製培根等煙燻料理是店家引以為傲的品項。

☎03-5830-3367
所台東区花川戸1-11-1 あゆみビル1F 休不定休 🕒8:00～17:30
🚇地鐵淺草站5號出口步行3分
MAP附錄③P.7 C-3

從老店到最新流行

和洋美味甜點

淺草除了自古以來持續受到喜愛的老字號甜點店，還林立各種需要排隊的名店、時尚咖啡廳等。從下町味十足的傳統品項，到添加巧思變得更時髦的商品，處處都是甜美的誘惑！

FRUIT PARLOR GOTO

●フルーツパーラー ゴトー

以新鮮當季水果與自製冰淇淋為傲的甜點店。在1946年以水果店起家，所以對挑選水果的眼光很有自信。根據不同季節使用最美味熟成水果製成的芭菲及新鮮果汁備受好評。夏天還會有刨冰。

03-3844-6988 所台東区浅草2-15-4 休週三、其他不定休 L11:00～18:30 筑波快線淺草站A2出口即到

MAP附錄③P.7 B-2

清水混凝土風格，氛圍美麗又時髦

店內設有透明櫃，也有在販賣水果。店裡充滿了香甜的果香

食材每天替換！盛裝滿滿美麗水果的芭菲

絕品MENU

本日水果百匯 1200円

依當天成熟狀況挑選食材。照片中的芭菲配的是西瓜、香蕉、巨峰葡萄、鳳梨、奇異果等

從江戶時代保留到現在的深厚味道

絕品MENU

粟善哉 825円

以五分糯小米做成粟餅並仔細炊煮，放在熱騰騰紅豆泥上的料理

浅草 梅園

●あさくさうめぞの

1854年在淺草寺別院梅園院開設的店。代表菜單為使用糯小米製作的「糯小米紅豆湯」。微澀的糯小米與香甜的紅豆巧妙地搭配在一起。其他還有「紅豆蜜」770円等廣受好評。

本店以餐券方式點餐。「豆大福」216円等伴手禮也很豐富

03-3841-7580 所台東区浅草1-31-12 休每月2次週三不定休 L10:00～16:30(週六、日、假日～17:30) 地鐵淺草站1號出口步行5分

MAP附錄③P.7 D-6

壽壽喜園×ななやコラボショップ

●すずきえんななやコラボショップ

位在茶葉批發商「壽壽喜園」內的義式冰淇淋店。人氣「抹茶義式冰淇淋」使用了高品質的靜岡產抹茶，滋味相當濃厚。有7種等級的濃度可選這點也令人開心。

03-3873-0311 所台東区浅草3-4-3 休不定休 L11:00～17:00 地鐵淺草站6號出口步行8分

MAP附錄③P.7 C-2

店內深處和2樓設有立食內用區

有7種濃度可選的正統抹茶義式冰淇淋

絕品MENU

雙球義式冰淇淋 590円～

可從抹茶NO.1～NO.7、焙茶和黑芝麻等13種口味中選2種口味

お濃茶スイーツ工房

●おこいちゃスイーツこうぼう

大量地使用京都府產石臼挽一番茶的抹茶甜品專賣店。有許多自豪的甜品和飲料，毫不吝嗇地發揮抹茶的美妙滋味。

03-5811-1948 所台東区浅草2-7-3 休無休 L10:00～18:00 地鐵淺草站1號出口步行8分

MAP附錄③P.7 C-5

如抹茶般鮮綠的裝潢相當吸睛

絕品MENU

濃茶泡芙 510円 (冷藏販售)

使用京都府產石臼挽一番茶製成的濃郁奶油，和泡芙內餡搭配絕佳

美味及濃郁濃縮其中 內陷滿滿的絕品奶油

鯛魚燒店所製的鬆軟口感刨冰

浅草浪花家

●あさくさなにわや

麻布十番的「浪花家総本店」是廣為人知的鯛魚燒名店，而這店就是該店的分號。口感鬆軟的刨冰，會依季節變換刀刃的角度和冰的溫度，連細節都徹底講究。

03-3842-0988
所 台東区浅草2-12-4
休 不定休
L 11:00～19:00(週六、日、假日10:00～18:00)
筑波快線浅草站A2出口即到
MAP 附錄③P.7 B-2

絶品MENU
宇治白豆沙金時
1100円
白豆沙上淋濃厚的抹茶醬。冰裡面還藏有滿滿的粗粒紅豆餡。此為期間限定菜單

座位的距離間隔較寬，能悠閒舒適地放鬆

老店「舟和」經手的日西合璧甜點

絶品MENU
番薯羊羹
霜淇淋芭菲935円
使用「番薯羊羹」霜淇淋製成的番薯甜點。也有放入切片的「番薯羊羹」

有屋頂的露天座位也很完善。店內採光良好，非常明亮

店家正對著雷門通

ふなわかふぇ浅草店

●ふなわかふぇあさくさてん

以使用番薯的甜點、飲品引起話題的和菓子店「舟和」設立的咖啡廳。用招牌商品「番薯羊羹」1條173円（內用為176円）變化而成的料理廣受喜愛。可以吃到百匯、蛋糕、布丁等各種形式的甜點。

03-5828-2703
所 台東区雷門2-19-10
休 不定休
L 10:00～18:40
地鐵浅草站2號出口即到
MAP 附錄③P.7 C-3

吃起來卻很輕盈爽口
雖然分量很多

絶品MENU
大納言紅豆與黑蜜的黃豆粉抹茶
2100円
在3層高的厚鬆餅上，以煮至膨脹的大納言紅豆、黑蜜等為配料

紅鶴

●べにづる

麵團使用了米粉，以輕盈口感為特徵的鬆餅大受好評。想吃鹹食的話，則推薦「培根與荷包蛋」1700円。由於用餐需預約，開店前就會大排長龍，所以最好早點來。

03-3841-3910
所 台東区西浅草2-1-11
休 週三 L 10:00～16:00 (8:30～開始預約)
筑波快線浅草站A2出口步行3分
MAP 附錄③P.7 B-3

店內僅有8個吧檯座。可從座位直接看到調理的過程

柔軟蓬鬆的名產美式鬆餅

絶品MENU
美式鬆餅套餐
1300円
加入發酵奶油的麵糊在鐵板上一片一片煎烤，搭配咖啡風味絕佳

珈琲天国

●こーひーてんごく

點餐後才會開始用鐵板煎烤的招牌料理「美式鬆餅」保有古早風味。套餐附的咖啡為原創特調，為了搭配美式鬆餅而帶有些許酸味。

03-5828-0591 所 台東区浅草1-41-9 休 週二（逢假日則翌日休） L 12:00～18:30 筑波快線浅草站A1出口即到
MAP 附錄③P.7 B-3

洋溢著懷舊氛圍的咖啡廳，店內有15個座位

好想帶回家吃！

淺草伴手禮

將淺草的風味帶回家吧！以下嚴選3項商品可滿足想購買和洋甜點的需求。

亀十有名特製銅鑼燒
390円

浅草雷門 亀十

●あさくさかみなりもんかめじゅう

老舗和菓子店のどら焼をおみやげに

創業於大正末期，以100多年歷史為傲的和菓子老店。職人親手烤製的「銅鑼燒」等，受到落語家、演員等許多藝人鍾愛，極度美味。

03-3841-2210
所 台東区雷門2-18-11
休 不定休(每月1次左右)
L 10:00～19:00
地鐵浅草站2號出口即到
MAP 附錄③P.7 C-3

雷米果
1袋 594円～

常盤堂雷おこし本舗

●ときわどうかみなりおこしほんぽ

說到淺草招牌伴手禮就是這個！

從江戶時代創業起歷史超過200年的伴手禮店。淺草伴手禮必吃的「雷米果」有黑糖、花生等多種口味。

03-3841-5656
所 台東区浅草1-3-2
休 無休 L 10:00～18:30
地鐵浅草站1號出口步行7分
MAP 附錄③P.7 D-6

人氣店集結！

當地人相當喜愛的麵包店

下町淺草可是經過麵包狂認證的麵包店寶庫。從以前就備受喜愛的老店一直到話題新店，在此介紹多家人氣麵包店。

特大號菠蘿麵包 300円

低溫發酵而成，吃起來外酥內軟

抹茶冰淇淋菠蘿麵包700円

在溫熱「菠蘿麵包」中夾入冰涼的抹茶冰淇淋。依季節有3～6種

本店就位於淺草寺西參道上。雷門附近也有分店

1天可賣3000個！超大菠蘿麵包

淺草花月堂 本店

あさくさかげつどうほんてん

好幾天大排長龍的名店。淺草名產「特大號菠蘿麵包」尺寸有直徑15公分那麼大，口感卻很輕盈，可以大口大口吃完。

☎03-3847-5251 所台東区浅草2-7-13 休無休
L10:00～售完打烊 筑波快線淺草站A1出口步行3分

MAP 附錄③P.7 C-4

烙印「淺草」字樣的紅豆麵包很有名

パン工房 COURAGE

パンこうぼうクラージュ

帶有烙印的四角紅豆麵包很適合當淺草伴手禮。採用高級蛋「御用蛋」、裏海優格的麵團裡加了鮮奶油與紅豆餡雙層內餡，很有分量。

☎03-6231-6882 所台東区浅草1-7-1 休週二、三
L9:00～19:00 地鐵淺草站1號出口步行5分

MAP 附錄③P.7 B-3

淺草紅豆麵包的立體模型讓人印象深刻

淺草紅豆麵包 1個300円

中間的紅豆可選紅豆泥餡或紅豆粒餡

菠蘿麵包 220円

使用高級雞蛋，風味極佳的菠蘿麵包

咖哩麵包 220円

偏甜的咖哩是店家自豪的人氣商品

※價格可能會有異動

吐司 1斤 500円

麵包體扎實且不輕，卻蓬鬆柔軟

小麵包捲 10入 790円

一個個手工捲成，受顧客愛戴的麵包

在淺草延續80年的老店
每天都想吃的好味道

Pelican

附近有咖啡廳！➡P.86

有時候沒有預約也能在平日上午買到

パンのペリカン

創業於1942年，只有賣吐司跟麵包捲這兩種。不過還是有很多粉絲，常常不到打烊時間就賣完了。

☎03-3841-4686 所台東区寿4-7-4 休週日
L8:00～17:00 地鐵田原町2號出口步行3分

MAP 附錄③P.7 A-4

卡門貝爾起司可頌 1個216円～

將卡門貝爾起司捲起來的棒狀可頌

奶油乳酪培根湯種披薩 260円～

在富有彈性的湯種麵包中添加丹麥產奶油乳酪

100種以上的麵包
很快就銷售一空

SEKINE BAKERY

※價格可能會有異動

セキネベーカリー

1947年開店以來，每天持續提供讓人感到親切的麵包。披薩和三明治等鹹食類的種類也很豐富。

☎03-3875-3322 所台東区浅草3-41-10
休週日 L7:00～19:00 筑波快線淺草站A1出口步行6分

MAP 附錄③P.7 B-1

店面充滿懷舊感，也設有內用空間

從前就深受喜愛的
著名雲霄飛車

開園迎來170週年

淺草花屋敷

2023年8月開園170週年，淺草花屋敷重新整修後增建新園區，以下將介紹它的全新魅力！

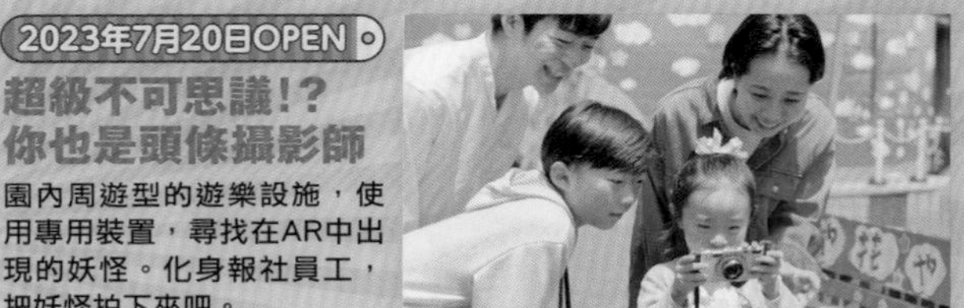

雲霄飛車

昭和28年誕生、日本最古早的雲霄飛車。最高時速控制在42公里，穿越下町的中心。

身高限制：110公分以上
費用：搭乘券7張（700円）
※64歲以下

2023年7月20日OPEN

鬼屋 ～江戶試膽大會～

讓最喜歡試膽大會的江戶人震撼不已的鬼屋，在現代重新復活。以江戶4大妖怪為主題。

身高限制：無
費用：搭乘券4張（400円）

2023年7月20日OPEN

超級不可思議!? 你也是頭條攝影師

園內周遊型的遊樂設施，使用專用裝置，尋找在AR中出現的妖怪。化身報社員工，把妖怪拍下來吧。

身高限制：無
費用：搭乘券4張（400円）

熊貓車®

可坐在熊貓背上，在園內悠閒散步。 身高限制：無 費用：200円

※「熊貓車」為株式會社花屋敷的登記商標

淺草花屋敷

● あさくさはなやしき

1853年開園的遊樂園。有很多遊樂設施，從日本現存最古早的雲霄飛車、小星星等尖叫系，到小小孩也能玩的溫和系，應有盡有。

☎03-3842-8780
所 台東区浅草2-28-1
休 有整修休園
L 10:00～17:30（依時期、天候而異） ¥ 入園費1200円，兒童600円、搭乘券通票（入園另計）2800円，兒童2400円
🚃 筑波快線淺草站A1出口步行3分
MAP 附錄③P.7 B-2

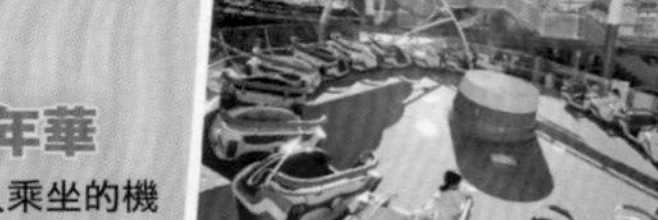

嘉年華

兩人乘坐的機器，在傾斜12度的舞臺上旋轉。充滿離心力，刺激滿點，2歲就能搭乘。

身高限制：無　費用：搭乘券4張（400円）

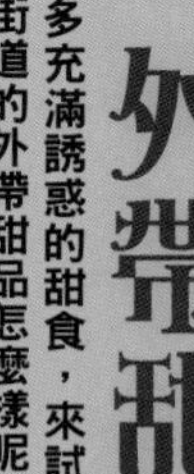

熱門

想在淺草享用外帶甜點

淺草有很多充滿誘惑的甜食，來試試適合歷史悠久街道的外帶甜點怎麼樣呢？

Sweets

寿清庵

● ことぶきせいあん

使用京都府宇治產石臼挽抹茶的抹茶可麗餅專賣店。抹茶餅皮裡加入了大量自製抹茶鮮奶油。

☎不公開 所 台東区浅草2-7-21 休 不定休
L 11:00～17:00(售完打烊)
🚃 筑波快線淺草站A1出口步行4分
MAP 附錄③P.7 B-2

八坂（抹茶提拉米蘇可麗餅）950円

⊙點餐前先到餐券機買券

⊙散發抹茶華麗香氣的提拉米蘇可麗餅

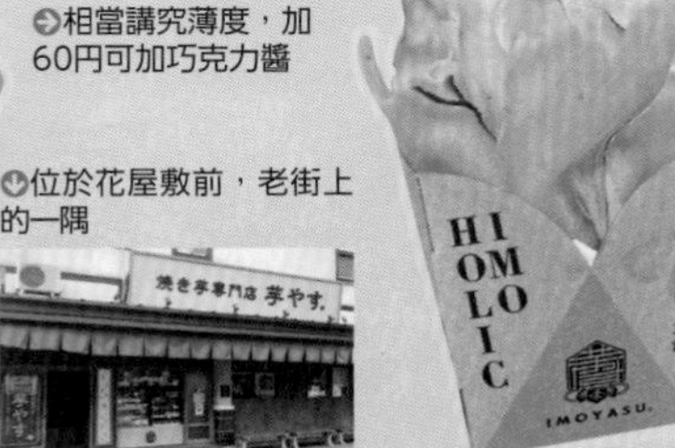

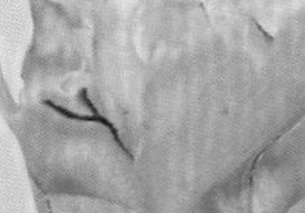

蕃薯片 518円

⊙相當講究薄度，加60円可加巧克力醬

⊙位於花屋敷前，老街上的一隅

焼き芋専門店 芋やす 浅草店

● やきいもせんもんてんいもやすあさくさてん

從簡單的烤蕃薯，到使用烤蕃薯的冰等甜品，有許多發揮烤蕃薯魅力的商品。

☎03-5246-3953
所 台東区浅草2-7-24
休 週一（逢假日則翌日休）
L 11:00～18:30 🚃 筑波快線淺草站A1出口步行3分
MAP 附錄③P.7 B-2

浅草大正ロマン館

● あさくさたいしょうロマンかん

堅持採用古早味的咖啡廳菜單，充滿復古懷舊感的店家。讓人感受大正浪漫的店面，也很適合拍照打卡。

☎03-5830-2311
所 台東区浅草2-2-4
休 無休
L 9:30～17:45
🚃 地鐵淺草站1號出口步行5分
MAP 附錄③P.7 D-5

時髦霜淇淋蘇打 800円

⊙有9個顏色，也很受追星族的喜愛

⊙外觀就能感受到復古的大正時代

江戶下町 文化體驗

下町淺草可稱為日本文化的寶庫。來挑戰做做東西或是撈金魚，有很多體驗下町淺草文化的玩樂方法。

完成

THE GLASS FACTORY 創吉 淺草店

●グラスファクトリーそうきちあさくさてん

販售玻璃上畫有纖細美麗圖案的江戶切子，以及噴砂等的原創製品。在建築內的工房裡，能體驗製作切子。

☎03-6802-8948(體驗預約)
所台東區雷門2-1-14 休無休
L11:00～19:00(週六、日、假日10:00～18:00)、體驗10:15～、13:00～、15:00～(週六、日、假日8:30～、17:00～) 🚇地鐵淺草站4號出口即到
MAP附錄③P.7 C-3

⊖也販售古董和名牌商品

自己獨有的一品 製作江戶切子

❶ 在底部描繪草圖

選擇喜歡的玻璃杯與圖案，先把尺靠在底部，預描草圖

❷ 用研磨機削磨底部的圖案

將杯底的部分用研磨機一點一點削磨，描繪出圖案

❸ 預描側面的草圖

把尺靠在側面，和底部一樣預描草圖

❹ 製作側面的圖案

用研磨機照著側面的草圖削磨，把圖案描繪出來，再用水洗就完成了

⊖體驗時，一開始可從樣品中挑選喜歡的顏色、形狀與圖案

體驗DATA

費用	3630円～
所需時間	1小時30分
當日報名	可
預約方法	電話或至HP https://www.sokichi.co.jp 填寫江戶切子體驗預約表格

挑戰師傅手藝 飴細工

⊖參加體驗課程，挑戰簡單的兔子糖吧
⊖訣竅是在飴糖變硬前，快速地做出形狀

浅草 飴細工 アメシン 花川戸店

●あさくさあめざいくアメシンはなかわどてん

眾所熟悉的飴細工在江戶時代是平民娛樂。使用剪刀、手指，將溫熱的飴糖做出造型。

體驗DATA

費用	3100円等
所需時間	1小時30分～2小時
當日報名	不可(名額未滿則可)
預約方法	電話或至HP http://www.ame-shin.com 填寫預約表格(回電後才完成預約)。最晚接受前日預約

☎080-9373-0644
所台東區花川戶2-9-1 堀ビル1F
休週四(可能臨時休業)
L10:30～18:00
🚇地鐵淺草站6號出口步行5分
MAP附錄③P.7 C-2

浅草きんぎょ

●あさくさきんぎょ

菠蘿麵包很受歡迎的「淺草花月堂」，在總店旁經營撈金魚迷你主題樂園，並販售金魚主題的雜貨。

☎03-3847-5251(淺草花月堂 本店) 所台東區淺草2-7-13 休無休 L10:00～16:00 🚇地鐵淺草站1號出口步行8分
MAP附錄③P.7 C-4

每天都像參加廟會 撈金魚

⊖普通紙網撈到的金魚，最多可帶走5隻

⊖全年每天都可以開心撈金魚

體驗DATA

費用	400円(2個紙網)
所需時間	不特別耗時
當日報名	可
預約方法	不需預約

非常幸福 白天飲酒

⊖「樽生HOPPY」600円、「和風味噌燉牛雜」700円

體驗DATA

費用	2000～3000円
所需時間	不特別耗時
當日報名	可
預約方法	不需預約

⊖建於名產街

鈴芳

●すずよし

超人氣店家，位於通稱「HOPPY通（燉煮料理通）」的飲酒街。從中午開始就可前來飲酒，白天連日生意興隆，客人絡繹不絕。

☎03-3841-6081
所東區淺草2-5-1
休週二
L12:00～21:00(週六、日11:30～)
🚇地鐵淺草站1號出口步行7分
MAP附錄③P.7 B-2

澀谷 P.54
原宿表參道 P.64
淺草 P.78
上野谷根千 P.94
東京站丸之內日本橋 P.102
銀座 P.120
豐洲築地‧月島 P.132
台場 P.136
新宿新大久保池袋 P.144
六本木 P.154

還想去這些地方！

淺草 區域導覽

あさくさ

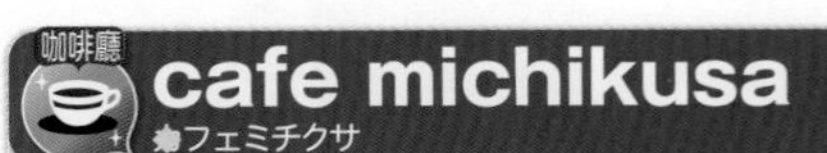

咖啡廳 cafe michikusa

◆フェミチクサ

☎03-3876-2004　MAP 附錄③P.7 C-1

享用紅茶與甜點，度過悠閒時光

最受歡迎的是每天出爐的多種司康與鬆餅。司康套餐附有味道類似奶油的凝脂奶油，以及自製蘋果果醬。

所 台東区浅草4-6-5
休 週五、另有不定休
L 11:00～19:00
交 地鐵淺草站6號出口步行10分

➲「特製司康拼盤」580円

購物 まるごとにっぽん

☎03-3845-0510　MAP 附錄③P.7 B-2

日本全國的「故鄉產品」大集合

販售日本各地嚴選產品的「地區應援專賣店」。從47都道府縣嚴選2500件名產品和工藝品，在飲酒區可享用種類豐富的日本酒和葡萄酒。

所 台東区浅草2-6-7 東京楽天地浅草ビル1F
休 無休
L 11:00～20:00
交 筑波快線淺草站A1出口即到

➲位在有服飾店、餐廳進駐的「東京樂天地淺草大廈」1樓

美食 月島名物もんじゃ だるま 浅草店

◆つきしまめいぶつもんじゃだるまあさくさてん

☎03-6284-7828　MAP 附錄③P.7 D-6

東京下町的美味！享用自傲的文字燒

月島的人氣文字燒店在淺草開店。文字燒使用嚴選食材和講究的高湯，分量滿點。

所 台東区浅草1-20-12
休 無休
L 10:30～21:30（飲料～22:00）
交 地鐵淺草站6號出口即到

➲使用了4種起司的「高級年糕明太子起司文字燒」2199円

購物 NOAKE TOKYO

◆ノアケトウキョウ

☎03-5849-4256　MAP 附錄③P.7 C-1

購買懷舊又新穎的甜點當伴手禮

法式甜點店，提供發揮食材原味、充滿驚喜的甜點。和風簡樸又高雅的包裝，最適合拿來送禮。

所 台東区浅草5-3-7
休 週日、一
L 11:00～18:00
交 地鐵淺草站6號出口步行12分

➲內含煎香蕉的「焦糖香蕉磅蛋糕」3338円

景點 淺草神社

◆あさくさじんじゃ

☎03-3844-1575　MAP 附錄③P.7 C-2

以淺草三社祭聞名的神社

與淺草寺相鄰的神社。祭祀與淺草寺起源有關的檜前兄弟，以及創始者土師真中知命。三社祭於每年5月中旬舉行。

所 台東区浅草2-3-1　休 無休　L 9:00～16:00　交 地鐵淺草站1號出口步行7分

➲據說創建於平安時代後期～鎌倉時代，由德川家光建立的社殿為國家重要文化財。

美食 捕鯨舩

◆ほげいせん

☎03-3844-9114　MAP 附錄③P.7 B-2

牢牢抓住藝人的胃的鯨魚料理店

北野武的的名曲《淺草小子》也有唱到的人氣名店。店內牆上掛滿藝人及名人的簽名。堅持以南冰洋小鬚鯨製成的鯨魚料理沒有腥味，容易入口。

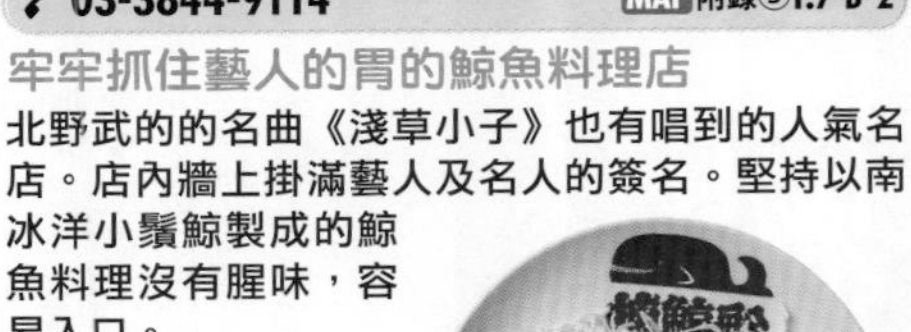

所 台東区浅草2-4-3
休 週四
L 16:00～22:00
交 筑波快線淺草站A1出口即到

➲「鯨龍田揚」1400円

購物 玉屋 浅草

◆たまやあさくさ

☎03-5830-7900　MAP 附錄③P.7 B-3

有很多使用天然石的雜貨

販售天然石與首飾的店。使用深海藍玻璃珠的原創首飾很受歡迎。店內還有自助式占卜區，可尋找適合自己的石頭。

所 台東区浅草1-28-2
休 無休
L 11:00～19:00
交 地鐵淺草站6號出口步行7分

➲屋頂有大大的雷神標誌。店內除了首飾，還有原石等

玩樂 TOKYO CRUISE（東京都観光汽船）

◆トウキョウクルーズとうきょうとかんこうきせん

☎なし　MAP 附錄③P.7 C-3

遊逛名勝，優雅地在水上漫步

連結淺草、日之出棧橋、台場方向的觀光船。根據不同航線，有各具特色的觀光船在航行。當中也有設置甲板和商店的船隻。

所 台東区花川戸1-1-1（浅草營業所）　休 無休　L 視航線而異　¥ 乘船費用860円～　※費用及航線、時間等資訊請見東京都觀光汽船官網，參照http://www.suijobus.co.jp　交 地鐵淺草站5號出口即到

➲松本零士所設計的近未來船隻「HOTALUNA」

美食 釜めし むつみ

◆かまめしむつみ

☎03-3874-0600　MAP 附錄③P.7 C-1

食材與高湯的風味隨著熱氣散發出來

中午常常大排長龍的超人氣釜飯店。釜飯耗時約30分鐘精心炊煮，食材的美味都滲進了米飯當中，鬆軟好吃。可在和式座位悠閒品嘗。

所 台東区浅草3-32-4　休 週三、隔週週二　L 11:30～14:30、17:15～21:00（釜飯以外～21:30）　交 地鐵淺草站6號出口步行10分

➲內有雞肉、海瓜子等的必吃料理「五目釜飯」1210円

美食 神谷バー

◆かみやバー

☎03-3841-5400　MAP 附錄③P.7 C-3

在明治創業的酒吧暢飲招牌雞尾酒

創業於1880年的日本第一家酒吧。創業時賣單杯酒的店，兩年後研發出日本最早的雞尾酒「電氣白蘭」。

所 台東区浅草1-1-1
休 週二　L 11:00～19:30
交 地鐵淺草站3號出口即到

➲店內裝潢充滿老店風情
➲招牌「電氣白蘭」350円

玩樂 きものレンタル wargo 東京浅草店

◆きものレンタルワーゴとうきょうあさくさてん

☎03-4582-4864　MAP 附錄③P.7 B-2

換上和服讓行程更加好玩

提供900件以上的和服租借，花樣從傳統到流行設計皆有。另提供免費的包包等小物租借，以及簡單的髮型設計。

所 台東区浅草2-6-7 4F
休 無休　L 10:00～19:00（最終歸還時間18:30）　¥ 可選擇的標準和服方案3300円
交 筑波快線淺草站A1出口即到

➲可免費幫忙著裝

上野

充滿動物、藝術、美食的城市

★うえの

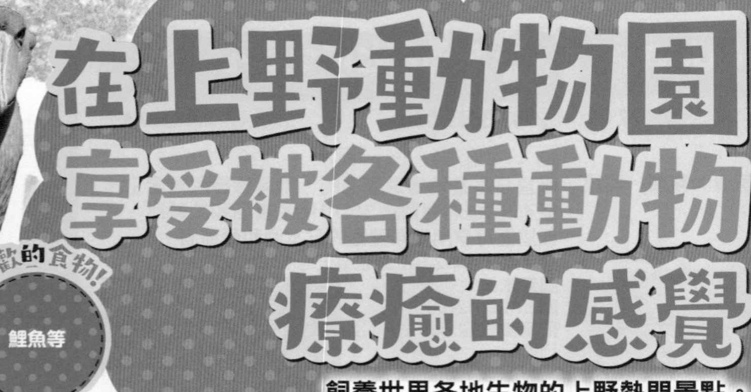

在上野動物園享受被各種動物療癒的感覺

飼養世界各地生物的上野熱門景點。從貓熊開始，快去和各種動物見面吧！

東京都恩賜上野動物園

●とうきょうとおんしうえのどうぶつえん

1882年開園的日本首座動物園。園內分為東園和西園，以伊索橋相連。除了熱門的大貓熊之外，還飼養亞洲象等世界各地的動物。在「指猴棲息之森」、「金剛猩猩．老虎棲息之森」、「熊山丘」等園區都可看見動物棲息的環境和生態。

☎03-3828-5171(代) 所台東区上野公園9-83
休週一(逢假日則翌日休) L9:30～16:00 ¥600円，國中生200円，65歲以上300円 ※小學生以下及東京都內居住、在學的國中生免費 交JR上野站公園口步行5分
HP https://www.tokyo-zoo.net/zoo/ueno/

MAP 附錄③P.22 A-3

MAP 附錄③ P.22

西園／非洲的動物

鯨頭鸛

以幾乎靜止不動而聞名的大型鳥類。兼具鷺科、鸛科、鵜鶘科特徵的珍貴物種。

靜止不動的模樣就像一件擺飾?!

喜歡的食物！ 鯉魚等

擁有溫柔眼神的大象

東園／大象棲息之森

亞洲象

體型比非洲象小，高約3公尺左右。喜歡吃樹葉、果實，一天當中大約花18個小時在進食。

喜歡的食物！ 胡蘿蔔、牧草、稻草等

上野動物園的超人氣偶像

曉曉
(雄性)日文名:シャオシャオ
名字有「黎明的曙光照射，帶來光明」之意

蕾蕾
(雌性)日文名:レイレイ
名字有「花苞盛開美麗花朵，向未來延續」之意

力力
(雄性)日文名:リーリー
名字有「活潑、充滿力氣」之意

西園／貓熊森林

大貓熊

棲息在中國西南部的熊科動物。因討人喜愛的外表和動作具有高人氣。

喜歡的食物！ 竹子、胡蘿蔔、蘋果等

街區介紹

上野的山上有美術館、博物館、動物園座落其間，一到春天就會成為賞櫻名勝。上野站周邊則是朝氣蓬勃的商店街—阿美横丁，自古至今聚集了許多國內外的觀光客。

東京站 → JR山手線(內環) → 上野站 ¥170円 L約7分

羽田機場第1、第2航廈站 → 京急線(快特) → 品川站 → JR山手線(內環) → 上野站 ¥540円 L約40分

特徵是長脖子與身體花紋

喜歡的食物！
青草（冬季為乾草）、粒狀飼料等

西園／非洲的動物

長頸鹿

以樹葉、嫩枝為主食的草食性動物，會使用將近50公分的長舌頭進食。到頭頂的高度約5公尺。

近距離觀看魄力十足！

喜歡的食物！
馬肉、牛骨、鹿肉、雞頭等

東園／金剛猩猩・老虎棲息之森

蘇門答臘虎

主要棲息在蘇門答臘島的虎類。體長1.5m左右，是現存虎類當中體型最小的。

特色是手指很長

喜歡的食物！
果實、蔬菜、堅果類、蟲子（黃粉蟲、葡萄蟲）等

西園／指猴館

指猴

僅棲息在馬達加斯加的原猿類。用門牙把樹皮咬出一個洞，再用細長的手指挖樹幹。

可愛的周邊讓人一見鍾情♥

貓熊甜點&周邊

在上野站站內購買

【ANDERSAN】
貓熊吐司
1條1037円

上野限定商品。不管從哪裡切都會出現貓熊臉的小吐司

【ANDERSAN】
貓熊紅豆麵包
1個270円

有超可愛貓熊烙印的紅豆麵包。使用十勝產紅豆的內餡味道不會太甜
保存期限：當天

【Afternoon Tea LIVING】
動物螺旋保溫杯
3080円

繪有療癒可愛貓熊的螺旋保溫杯，350毫升大小隨身攜帶也很方便！

atre上野

アトレうえの

JR上野站中央改札口出來即到，地點絕佳。從時尚流行到美食餐廳都有，還有很多店家限定的貓熊商品。

03-5826-5811（代）
所 台東区上野7-1-1 休 無休
10:00～21:00 ※部分店鋪有異 JR上野站中央剪票口即到
MAP 附錄③P.22 C-4

【遊 中川】
貓熊不倒翁
3300円

在不倒翁產地群馬縣高崎市，手工製作的原創不倒翁

【遊 中川】
貓熊籤
550円

陶瓷做的貓熊裡面，有貓熊圖案的籤紙

【シレトコファクトリー】
動物☆造型甜甜圈
1個450円

鬆軟Q彈的烘烤甜甜圈。塞入小貓熊的甜甜圈是上野限定！
保存期限：24天

ecute上野

エキュートうえの

位於JR上野站剪票口內3樓的設施。從甜點到原創吉祥物「うえきゅん」周邊應有盡有，是喜歡貓熊的人絕對愛不釋手的地點。

03-5826-5600
所 台東区上野7-1-1
休 無休 8:00～22:00（週六、日、假日～21:00）
※部分店鋪有異
JR上野站站內
MAP 附錄③P.22 C-3

在動物園內購買

貓熊冷熱抱枕
1980円

裡面的珠子可加熱或冰鎮使用

紀念品店 Little Trunk

位於東園的禮品店。主要販售園內展示動物的玩偶和文具等，有很多只有這裡才買得到的商品。

03-3828-5171（代）
9:30～17:00

飼育員監修的曉曉、蕾蕾公仔

ANIA多美動物
曉曉&蕾蕾 2475円

上面畫著吃竹葉的貓熊，非常可愛的商品

原子筆 貓熊滑順墨水筆
330円

公平貿易有機棉毛巾 曉曉&蕾蕾
825円

以「貓熊森林」為設計、色彩柔和的毛巾

照片提供：（公財）東京動物園協會 2024年1月時資訊

在充滿自然、藝術、歷史的 上野公園漫步

綠意盎然的公園內，
除了以貓熊聞名的上野動物園之外，
還有許多美術館、博物館、寺院神社等。
輕鬆自在地四處漫步吧！

上野恩賜公園
うえのおんしこうえん

✆03-3828-5644
所台東区上野公園5-20 休無休
L5:00～23:00(時間外禁止進入)
¥免費 JR上野站公園口即到
MAP附錄③P.22 B-3

在上野這塊土地守護日本

1 西鄉隆盛像 さいごうたかもりぞう

明治維新的重要人物西鄉隆盛。鎮壓了固守上野山的舊幕府派，為紀念其功績而在此設立他的銅像。

✆03-3828-5644（上野恩賜公園管理所） 所台東区上野公園5-20
L自由參觀 JR上野站不忍口即到
MAP P.96

⊙入口處擺著刻有「上野恩賜公園」的卵形石，相當有存在感

② 東京國立博物館
とうきょうこくりつはくぶつかん

於1872年開館，暱稱「東博」的博物館。以日本國內和亞洲的美術品及歷史資料為主，收藏了11萬件以上的作品，當中含89件國寶和649件重要文化財，收藏數量堪稱日本第一。

050-5541-8600(代館諮詢)
所台東區上野公園13-9
休週一(逢假日則翌日休)
9:00～16:30(週五、六～18:30) ¥1000円
JR上野站公園口步行20分
MAP P.96

本館為帝冠式建築
照片提供：東京國立博物館

國寶和重要文化財的收藏數量為日本第一

想看這個！

法隆寺寶物館第2室
摩耶夫人及天人像
法隆寺寶物館第2室 重要文化財 法隆寺獻納寶物／飛鳥時代・7世紀／東京國立博物館藏（展示期間：全年）
作品表現出摩耶夫人在庭園散步，將右手伸向樹枝時，從腋下誕生出釋迦牟尼佛的傳說

特別展節目
2024年6月25日～9月23日
特別展「內藤礼 —— 來生活吧 去生活吧」
（會場：平成企畫展示區）

④ 國立西洋美術館
こくりつせいようびじゅつかん

日本國內唯一由法國建築師勒・柯布西耶所設計的美術館。常設展主要展示中世紀～20世紀的西洋美術作品。

050-5541-8600(代館諮詢)
所台東區上野公園7-7 休週一(逢假日則翌日休) 9:30～17:00(週五、六～19:30) ¥500円等(企劃展另計) JR上野站公園口步行即到
MAP P.96

照片提供：國立西洋美術館

特徵為「架空式梁柱」

企劃展・小企劃展時程表
2024年10月5日～2025年2月11日
莫內 睡蓮之時
2024年10月5日～2025年2月11日
奧古斯特・埃德溫・約翰與其時代—從松方收藏看近代英國美術
2025年3月11日～6月8日
西洋繪畫要從哪裡開始看？從文藝復興到印象派
聖地牙哥美術館 vs 國立西洋美術館

登錄為世界文化遺產的美術館

想看這個！

前庭 **奧古斯特・羅丹《沉思者（原作放大）》**
1881-82年（原型）、1902-03年（放大）、1926年（鑄造）、青銅、國立西洋美術館 松方收藏品
攝影：©上野則宏
靈感源自但丁《神曲》的《地獄之門》，沉思者就是從其中獨立出來的作品

③ 國立科學博物館
こくりつかがくはくぶつかん

擁有140年以上歷史的綜合科學博物館。以「日本列島的自然與我們」為主題的「日本館」，以及以「地球生命史和人類」為主題的「地球館」所組成，展覽內容多元豐富。

050-5541-8600(代館諮詢) 所台東區上野公園7-20 休週一(逢假日則翌日休)
9:00～16:30 ¥630円(特別展費用另計)
JR上野站公園口步行5分
MAP P.96

「日本館」的建築物為日本的重要文化財
照片提供：國立科學博物館

特別展節目
2024年7月13日～10月14日 昆蟲MANIAC
2024年11月2日～2025年2月24日 特別展「鳥」

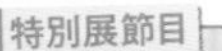

地球館B1
暴龍和三角龍
全長10.3公尺的暴龍正在埋伏三角龍的復原模型

想看這個！

地球環境的變化與生物演進之謎

⑥ 不忍池辯天堂
しのばずのいけべんてんどう

不忍池中的辯天堂祭祀著谷中七福神之一的辯才天，據說可保佑諸藝提升，還可加強財運。

03-3821-4638 所台東區上野公園2-1 休無休 9:00～17:00 ¥免費 JR上野站不忍口步行5分
MAP P.96

位於池塘中央的能量景點

現在的建築物為1958年重建而成

蓮池是都內屈指可數的名勝景點

⑤ EVERYONEs CAFE
エブリワンズカフェ

咖啡廳的菜單主要使用東京及江戶蔬菜等為主，可攜帶寵物，並設有露臺座。

03-5815-8251 所台東區上野公園8-4 休無休 10:00～20:00(週六、日、假日9:00～) JR上野站公園口步行3分
MAP P.96

被上野的森林包圍的休憩場所

露臺座有舒適的微風吹拂，空間寬敞

「EVERYONEs CAFÉ Garden Plate (Fish)」2200円。魚為主菜，加5樣小菜（內容視進貨狀況及季節而異）

上野 享受人氣店＆名店的美味

不論晝夜都心滿意足！

一直以來都有不少觀光客造訪的上野有很多餐廳，從老字號店到時髦餐廳一應俱全，可滿足所有人的口腹之慾。白天就能飲酒的場所眾多，也是此地廣受歡迎的原因之一。盡情享受無論何時都熙熙攘攘的街區美食吧！

洋食午餐

花費一番功夫製成的法式多蜜醬汁廣受好評

名店午餐
香雅飯 2500円
可品嘗招牌法式多蜜醬汁的一道料理。熬至黏稠的醬料飽含食材的鮮美

黒船亭 くろふねてい

1902年創業。為配合日本人口味而經過調整的洋食菜單廣受各年齡層歡迎。尤其推薦味道香濃的「香雅飯」，是以耗時超過1週的法式多蜜醬汁澆淋而成。

☎03-3837-1617
所台東区上野2-13-13 キクヤビル4F 休無休 L11:30～21:00 交JR上野站不忍口步行3分
MAP 附錄③P.22 B-5

↑法式多蜜醬汁是以嚴選食材熬煮而成

↑從洋溢時髦氛圍的店內眺望上野的街道

厳選洋食さくらい

げんせんようしょくさくらい

米其林必比登推介選出的洋食店。供應以嚴選食材製成的平價料理。招牌菜單「蛋包飯」也可以選擇分量減半，830円～即可購得。

☎03-3836-9357
所文京区湯島3-40-7 カスタムビル7-8F 休週一、二
L11:30～14:30、17:30～21:00(週六、日、假日11:30～14:30、17:00～21:00)
交JR御徒町站北口步行3分
MAP 附錄③P.22 B-5

↑裝潢典雅時尚的店內令人輕鬆愜意

米其林口碑保證的濃稠蛋包飯

名店午餐
蛋包飯 1650円
選用櫻島土雞及千葉產藥草蛋等食材。醬料可以選擇自製番茄醬或法式多蜜醬汁

可享用正統洋食 創業110餘年的老店

名店午餐
炸豬排3850円
以柔軟口感為特色的招牌菜單。豬里肌肉以低溫下鍋，再慢慢升溫細心酥炸

Ponta Honke

ぽんたほんけ

初代曾擔任宮內廳廚師，負責明治天皇的飲食，後於1905年開店。可充分享受自創業初期傳承至今的「炸豬排」、炸物等傳統美味。

☎03-3831-2351
所台東区上野3-23-3 休週一(逢假日則翌日休) L11:00～13:45、16:30～19:45(週日、假日16:00～19:45) 交JR御徒町站南口步行3分
MAP 附錄③P.22 B-6

↑以上一代店面的天花板作為牆面設立的1樓吧檯座

上野精養軒 本店 RESTAURANT(洋食)

うえのせいようけんほんてんレストランようしょく

1872年創業的西洋料理店所經營的餐廳。供應以傳統法式多蜜醬汁製成的「香雅飯」1800円等，可充分享用代代相傳的美味。

↑設有露天座位的明亮店內

☎03-3821-2181
所台東区上野公園4-58 休週一 L11:00～16:00 交JR上野站公園口步行5分
MAP 附錄③P.22 B-3

名店午餐
貓熊拼盤 3200円
受歡迎的洋食全部都盛裝在這一盤內，甜點會隨季節更換

可輕鬆品嘗西洋料理創始店的味道

在活力十足的激安商店街

阿美橫丁購物大血拼

逛街

觀光客絡繹不絕的阿美橫丁內有各式各樣的店家，不妨來此逛逛，盡情購物血拼一番吧！

二木の菓子

●にきのかし

提供5000種以上琳瑯滿目的零食糖果。除了傳統零食和地方菓子之外，還可用超便宜的價格買到珍味商品。大量購買更加划算。

☎03-3833-3911 所台東區上野4-1-8 休無休 L10:00～19:00 交JR御徒町站北口即到 MAP附錄③P.22 B-5

貓熊巧克力 506円

以上野的人氣偶像貓熊為主題的巧克力，最適合買來當伴手禮

商品多到令人目不暇給！

大包好吃棒（好吃棒各種口味）1袋710円

一袋當中有40根好吃棒。一包大到需要捧著走，充滿震撼力的外觀！

叫賣商品買到賺到！

▲會在店門口進行叫賣

零食福袋 1000円

老闆不斷將巧克力放入袋子中，搭配「再來一個」的吆喝聲，其畫面蔚為壯觀！

志村商店

●しむらしょうてん

以超嗨的巧克力叫賣聞名的糖果店。零食福袋裡面塞滿了看起來不只1000円的糖果零食。

☎03-3831-2454 所台東區上野6-11-3 休無休 L10:00～17:30 交JR上野站不忍口步行4分 MAP附錄③P.22 B-5

What's 阿美橫丁

位於上野站到御徒町站高架橋下的著名上野商店街，匯集了許多個性十足的店家，有很多超便宜的好康商品，也深受當地訪客喜歡。

MAP附錄③P.22 B-5

世界食品大集合！

就在這裡！

阿美橫丁中央大樓

●アメよこセンタービル

位於阿美橫丁正中央的5層樓商業大樓。地下樓層匯集了來自世界各地的食材，可買到珍貴的食材和調味料。

☎03-3836-9450 所台東區上野4-7-8 休第3週三（12月無休） L10:00～20:00 交JR上野站不忍口步行3分 MAP附錄③P.22 B-5

▲高高聳立的中央大樓是阿美橫丁的地標

中田商店 阿美橫店

●なかたしょうてんアメよこてん

要找軍事用品來這就對了！

陳列世界各國軍事用品的專賣店。除了軍裝之外，堅固耐用的靴子也很帥。品項多到令人吃驚。

☎03-3832-8577 所台東區上野6-4-10 休無休 L11:00～19:30（週六、日、假日10:00～） 交JR御徒町站北口即到 MAP附錄③P.22 B-5

◀位於陸橋下一隅。路標是巨大的黃紅招牌

叢林野戰外套 6800円

越南戰爭後期（1970年左右）的復刻款式，充分呈現布料質感和色調

想要好好吃一頓！吃正餐就來這裡

みなとや食品 本店

●みなとやしょくひんほんてん

便宜又美味的實惠海鮮丼和放有有大塊章魚的「章魚燒」4顆200円～最有人氣。排隊隊伍絡繹不絕。

▲放了5種配料的「特盛丼」800円

☎03-3831-4350 所台東區上野4-1-9 休無休 L11:00～19:00 交JR御徒町站北口即到 MAP附錄③P.22 B-5

肉の大山

●にくのおおやま

老字號精肉店「大山」的直營餐廳，有很多價格實惠，能吃超飽的划算午餐。

☎03-3831-9007 所台東區上野6-13-2 休無休 L11:00～22:00（週日、假日～21:00） 交JR上野站口步行5分 MAP附錄③P.22 B-5

▲「大山牛排定食」1040円

抹茶的美味全都濃縮於此

▶一進店裡面馬上就能看到霜淇淋販售處

茶の君野園

●ちゃのきみのえん

擁有90年以上歷史的老字號茶批發商。最有人氣的抹茶霜淇淋奢侈地使用了嚴選日本茶和宇治抹茶。

☎03-3831-7706 所台東區上野4-9-13 休第3週二 L10:00～20:00（霜淇淋為～19:30） 交JR上野站不忍口步行5分 MAP附錄③P.22 B-5

綜合抹茶霜淇淋 350円

可一次品嘗到濃郁的牛奶和芳醇的抹茶口味

走在巷弄之間好愉快 下町漫步

谷根千

漫步於懷舊復古的氣氛當中

★やねせん

洋溢著下町風情的谷根千匯集了許多深植於老街生活的商店，也是深受外國觀光客歡迎的熱門景點。近年來巷弄之間突然多了許多改建自傳統古民宅的店家。

↑昭和懷舊的氛圍令人雀躍

→大都市難得一見的水井，充滿復古懷舊的情懷

START 日暮里站 步行10分

運用日本民宅改造的複合設施

一 上野桜木あたり

うえのさくらぎあたり

改建自1938年建蓋的3間日本民宅，進駐了特色鮮明的多家商店，不定期會在小巷和民宅內舉辦活動。

☎視店鋪而異 所台東區上野桜木2-15-6
休L視店鋪而異 交JR日暮里站南口步行10分
MAP P.101

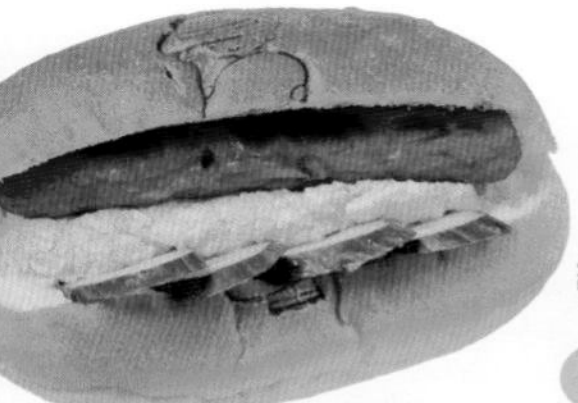

←←「雞蛋熱狗」300円（上）、「紅豆奶油」240円（下）。點餐後才會夾入配料的夾心麵包

帶夾心麵包回去當伴手禮

四 大平製パン

おおひらせいパン

根津的麵包店「Bonjour mojo2」的姊妹店，專賣夾心麵包和烘焙糕點。麵包有甜有鹹共有20多種口味，咀嚼之際麵包的甜味會在嘴裡擴散。

→現在只有外帶，暫停內用

☎非公開 所文京區千駄木2-44-1
休週一、二、第1週日 L9:00～20:00(週六、日、假日～19:00，售完打烊) 交地鐵千駄木站1號出口步行5分
MAP P.101

啤酒館 やなかビアホール

谷中啤酒館

除了「谷中啤酒」之外，還能享用到自家釀造的原創精釀啤酒，也有季節限定的啤酒！

☎03-5834-2381
休週一 L11:00～20:00
MAP P.101

→還可以喝到原創品牌

↑可喝到4種精釀啤酒的「試喝套餐」1600円

鹽巴與橄欖油專賣店

おしおりーぶ

販售世界各地的橄欖油、鹽巴及義大利香醋等商品。全都可以試吃，不妨來找找喜歡的口味吧。

→店家也會提供調味料配方的建議

☎03-5834-2711 休無休
L10:30～18:30(週一11:00～15:00)
MAP P.101

步行5分

文豪也喜愛的美麗古社

三 根津神社

ねづじんじゃ

據傳1900多年前由日本武尊創建的神社，是現存最大規模的江戶神社建築。綠意盎然的境內有社殿、樓門及唐門等多處值得一看的景點。

☎03-3822-0753 所文京區根津1-28-9
休無休 L6:00～17:00(夏季為5:00～18:00) ¥免費 交地鐵根津站1號出口步行5分
MAP P.101

←「乙女稻荷神社」是「根津神社」的末社，其中的千本鳥居非看不可

神橋和莊嚴的樓門，是賞杜鵑花的著名場所

步行13分

大眾澡堂改裝的藝廊

二 SCAI THE BATHHOUSE

スカイザバスハウス

步行即到

專門展覽當代藝術的藝廊空間。舉辦多種展覽、策展企劃及公共藝術等。

☎03-3821-1144 所台東區谷中6-1-23 柏湯跡 休週日、一、假日、更換展覽期間 L12:00～18:00 ¥免費 交地鐵根津站1號出口步行9分
MAP P.101

←小牟田悠介「新天體」（2021年）展覽風景 攝影：表恒匡

↑約200年歷史的澡堂「柏湯」改建 攝影：上野則宏

街區介紹

谷中、根津、千駄木這3個地區合稱「谷根千」。步行範圍內有商店街、神社、美食店等許多適合順道逛逛的景點。

東京站 → JR山手線（內環）→ 日暮里站 ¥170円 L約11分

羽田機場第1、第2航廈站 → 京急線(快特) ※直通 地鐵淺草線 → 三田站 → 地鐵三田線 → 大手町站 → 地鐵千代田線 → 根津站 ¥660円 L約50分

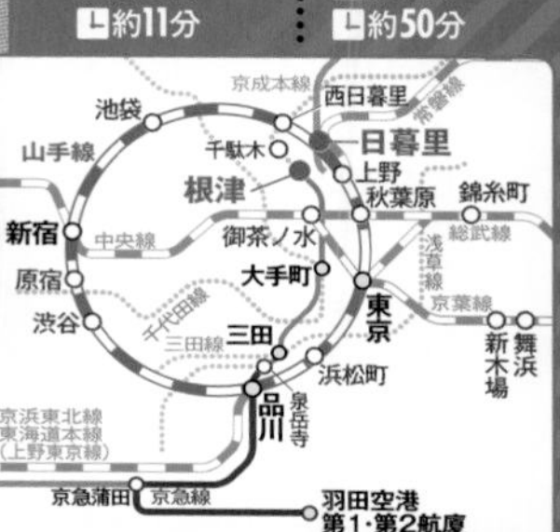

澀谷 P.54
表參道 原宿 P.64
淺草 P.78
上野・谷根千 P.94
東京站 丸之內 日本橋 P.102
銀座 P.120
豐洲 築地・月島 P.132
台場 P.136
新宿 新大久保 池袋 P.144
六本木 P.154

↑象徵谷根千的貓。說不定可以巧遇正在曬日光浴的貓咪唷

←店門口和屋簷上也都有貓的木雕模型

木造公寓「荻荘」改建而成

六 HAGISO

ハギソウ

佇立於住宅區內，由屋齡68年的木造雙層公寓改建而成的複合設施。1樓為咖啡廳和藝廊，2樓為飯店接待處，客房位於別館。

☎03-5832-9808 所台東区谷中3-10-25 休不定休 L8:00～10:00、12:00～19:00 交地鐵千駄木站2號出口、JR日暮里站西口步行5分 MAP P.101

↓「醃漬萊姆無花果起司蛋糕」700円

↑撐過拆除危機，改建為該區的中心設施

↑樓梯上方可看到夕陽美景的「夕陽階梯」

約170m長的傳統商家櫛比鱗次

七 谷中銀座商店街

やなかぎんざしょうてんがい

位於JR日暮里站和地鐵千駄木站中間，負責維持該區居民生活機能的商店街。熟食店、點心店及雜貨店等，約有60間店家林立。

交JR日暮里站西口步行5分 MAP P.101

步行3分

↑四處都保有舊公寓的感覺，來去探險看看吧

生活雜貨 やなかまつのや
谷中 松野屋

1945年創業的雜貨批發商直營店。販售手工雜貨和廚房用品等豐富商品，每樣產品都方便好用。

☎03-3823-7441 所荒川区西日暮里3-14-14 休週二(逢假日則營業) L11:00～19:00(週六、日、假日10:00～) 交JR日暮里站西口步行3分 MAP P.101

↓有多種花樣的「新潟布草鞋」2530円

←方便好掃的「群馬小掃帚5五」5500円

杏仁酥餅
atlier de florentina アトリエドフロレンティーナ

杏仁酥餅專賣店，奶油的芳醇和杏仁的香氣後勁無窮。也會陸續推出當季節口味。

☎03-5834-8981 所台東区谷中3-12-2 休不定休 L11:00～17:00(售完打烊) 交JR日暮里站西口、地鐵千駄木站2號出口步行5分 MAP P.101

→「伴手禮桐箱」4個裝1500円

←文京區千駄木和台東區谷中邊界的小路。以前是條小河

蜿蜒的小路有許多小店聚集

五 蛇道

へびみち

環繞這條住宅區的小路如蛇般蜿蜒曲折，故有「蛇道」之稱。近年來沿路突然多了許多時髦店家。

交地鐵千駄木站1號出口步行5分
MAP P.101

貝果 ルベーグ
Le bage

揉入北海道產麵粉，每天手工製作的貝果約有20種口味。彈牙有嚼勁的口感讓人一吃就上癮。

↑超受歡迎的「艾草紅豆餡」和「蔓越莓」1個250円～

☎03-6874-2538 所台東区谷中2-5-13 休週一、二、五(逢假日則營業) L9:00～19:00 交地鐵千駄木站1號出口步行5分 MAP P.101

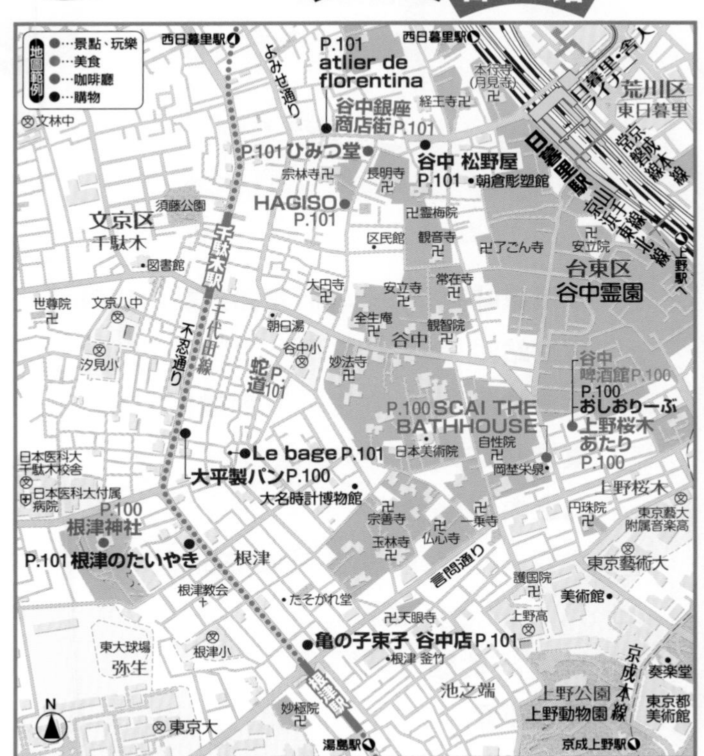

也想一起去看看！人氣店

長久以來深受歡迎的高級鬃刷
亀の子束子 谷中店

かめのこたわしやなかてん

1907年創業的亀の子束子西尾商店直營店。除了鬃刷之外，也有販售T恤等原創商品。

→「亀の子鬃刷1號」484円

☎03-5842-1907 所文京区根津2-19-8 SENTOビル1FA 休週一(逢假日則營業) L11:00～18:00 交地鐵根津站1號出口 MAP P.101

→「亀の子海綿」1個374円，有多種顏色可挑選

一年四季都很有人氣的刨冰名店
ひみつ堂

ひみつどう

使用傳統手動式刨冰機，提供日本天然冰造冰廠「三星冰室」的天然冰。也有很多季節限定菜單。

☎03-3824-4132 所台東区谷中3-11-18 休週一(10～4月為週一、二) L10:00～18:00左右(需確認) 交JR日暮里站西口步行5分 MAP P.101

→「ひみつ草莓牛奶冰」為最熱銷商品1400円

愛好者絡繹不絕的極品鯛魚燒
根津のたいやき

ねづのたいやき

「鯛魚燒」特徵為皮薄口感酥脆，裡面包了滿滿的北海道產特選紅豆餡，味道恰到好處，甜而不膩。

☎03-3823-6277※人多時無法回應 所文京区根津1-23-9-104 休週六、日、假日，另有不定休 L10:00～14:00左右(售完打烊) 交地鐵根津站1號出口步行5分 MAP P.101

→包了滿滿自製內餡的「鯛魚燒」210円

街區介紹

東京站，可在站內的設施用餐和購物，站前的丸之內一側遍布購物大樓和時尚的餐廳，八重洲一側則布滿百貨公司和地下街。能感受歷史的日本橋和人形町也令人注目。

總是在持續進化的東京玄關口

東京站（とうきょうえき） 丸之内（まるのうち） 日本橋（にほんばし）

MAP 附錄③ P.12

前往這條街的交通方式

羽田機場第1、第2航廈站
↓ 京急線(快特) ※直通地鐵淺草線
日本橋站
↓ 地鐵銀座線
三越前站
¥660円 約40分

羽田機場第1、第2航廈站
↓ 京急線(快特)
品川站
↓ JR山手線(內環)
東京站
¥510円 約35分

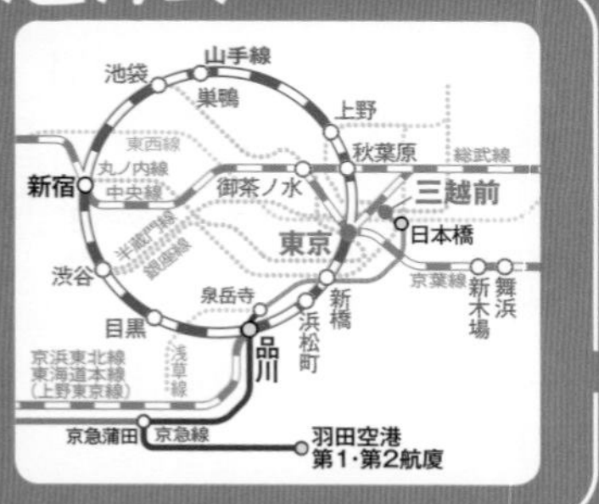

這條街的遊逛方式

從東京站到日本橋可搭免費巴士
連結東京站的八重洲、京橋、日本橋的巡迴巴士「Metro link日本橋E線」為免費，值得多加利用。

從東京站到銀座是在徒步圈內
若從東京站的八重洲口出發，大約15分鐘就能走到銀座站。邊欣賞街景邊散步也很愉快。

想在這個區域做的事情！

澀谷 P.54
原宿 表參道 P.64
淺草 P.78
上野 谷根千 P.94
東京站·丸之內·日本橋 P.102
銀座 P.120
豐洲 築地·月島 P.132
台場 P.136
新宿 新大久保 池袋 P.144
六本木 P.154

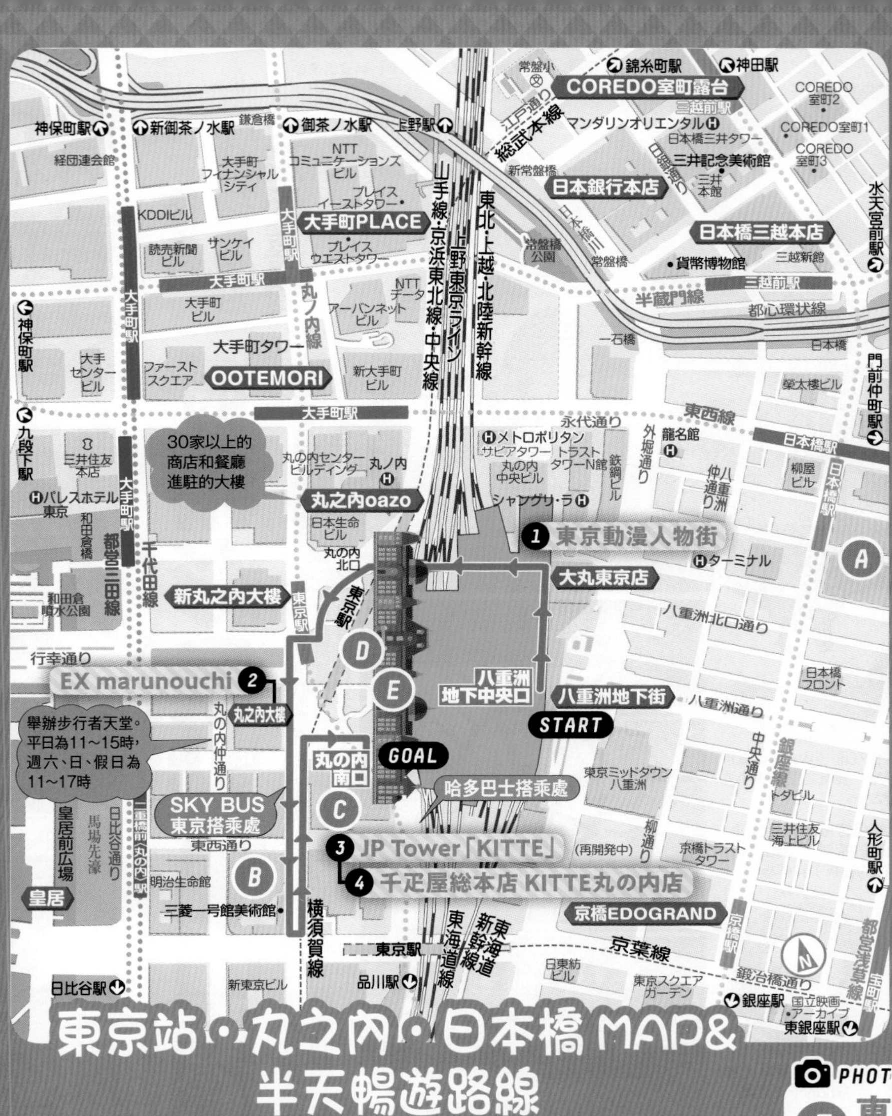

東京站・丸之內・日本橋 MAP& 半天暢遊路線

東京站

步行即到

1 在東京動漫人物街尋找可愛伴手禮

➡P.106

步行10分

2 在EX marunouchi悠閒享用午餐

➡P.108

步行5分

3 在JP Tower「KITTE」逛商店

➡P.112

步行即到

4 在千疋屋総本店KITTE丸の内店稍作休息

➡P.112

步行即到

東京站

順便可以去這裡 銀座區域

➡P.120

©TBS

LANDMARK

A 日本橋髙島屋S.C.

にほんばしたかしまやショッピングセンター

由代表日本橋的百貨所經營的新型態都市型購物中心。從人氣甜點到時尚、餐廳，匯集了種類豐富的店鋪。

➡P.116

⇧由新館、本館、東館、WATCH MAISON4棟建築物組成

LANDMARK

B 丸之內BRICK SQUARE

まるのうちブリックスクエア

除了具備流行敏銳度高的商店和餐廳以外，還和綠意盎然的「一號館廣場」相鄰。是可以度過優質時光的城市綠洲。

➡P.112

⇧鄰接「三菱一號館美術館」，彌漫文化氣息

LANDMARK

C JP TOWER「KITTE」

ジェイピータワーキッテ

有地區的話題餐飲店、供應日本各地優質產品的食物專賣店，能感覺日本特有堅持的商店等進駐。

➡P.112

⇦保存、翻新部分的舊東京中央郵局大樓

PHOTO SPOT

E 東京車站丸之內站舍

とうきょうえきまるのうちえきしゃ

站舍已復原成和歷史悠久的車站相符的華麗面貌。只要在紅褐色的磚造建築前面拍照，就能在社群媒體上曬美照了。

➡P.104

⇨施加在內部的浮雕等裝飾，美得讓人讚嘆

LANDMARK

D 丸之內站前廣場

まるのうちえきまえひろば

用御影石建造而成，以白色為基調的寬敞廣場。為了可以感受季節感，栽種著櫻花和紅葉等植物，夏天會設置「水景區」。

➡P.104

⇧也有能稍作休息的長椅

照片提供:東京Station City營運協議會

NEWS & TOPICS

2023年11月 人氣品牌遷徙後重新開幕 BEAMS PLUS 丸之內

店內以美國東海岸為主題，這裡販售各種充滿美式傳統氛圍的服飾單品。

☎03-5220-3151
所 千代田区丸之内2-2-3 丸之内仲通りビル1F　休 不定休　L 11:00～20:00
交 地鐵二重橋前站6號出口步行即到

MAP 附錄③P.13 C-4

⇧內部裝潢讓人聯想到厄尼斯特·海明威的別墅

EVENT

11月中旬～2月中旬 染成一片香檳金黃色的仲通 丸之內點燈活動

以丸之內仲通為中心，使用香檳金黃色LED裝飾點燈的冬季活動。必看景色是高雅燈光點綴的整排行道樹。

所 丸之內區域(大手町、丸之內、有樂町)
L 16:00～23:00(12月～24:00)
交 JR東京站丸之內南口步行即到

※2023年的情形

⇩主要街道變成一片閃閃發亮的世界

照片提供:東京Station City營運協議會

作為「紅磚站舍」深受喜愛 東京車站丸之內站舍的精彩景點CHECK!!

1914年開業的東京車站。站舍主要履行作為日本玄關口的任務，再次回頭看看裡面的精彩景點吧。

東京車站
とうきょうえき
所 千代田区丸の内1-9-1
MAP 附錄③P.13 D-4

CHECK 1 名建築的細節

獲譽近代建築之父的辰野金吾設計的東京車站丸之內站舍。特徵的南北圓頂曾因關東大地震和第二次世界大戰等原因而燒毀，不過至今為止的站舍外牆等主要部分都在一邊盡可能地保存、活用，一邊復原。

新舊紅磚

3樓部分的裝飾紅磚在復原時，建造得和1、2樓很相襯

屋頂材料

屋頂使用宮城縣生產和西班牙生產的板岩（由黏土岩削薄而成的石板）和銅板

南北圓頂的高度為30m以上。由異國的建築樣式和日本的設計融合而成的內部之美讓人感動

南北圓頂的浮雕

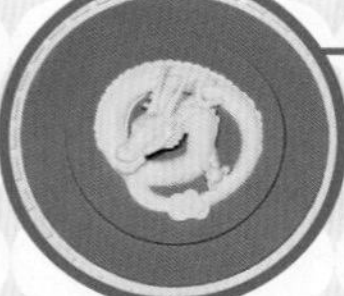

位在圓頂內的8隻鷲形浮雕。雙翼之間的大小約達2.1m

配置在8個角，表示方位的干支浮雕

攝影景點在這裡

丸之內站前廣場

這裡沒有任何遮蔽物，最適合拍攝丸之內站舍的照片。

照片提供:(一社)Tokyo Station City營運協議會

MAP 附錄③P.13 C-4

CHECK 3 站舍內的美術館

位在丸之內站舍內的美術館。從活用創業當時的紅磚牆的空間，可以感覺到獲指定為重要文化財的東京車站的歷史。附設的商店也有販售站舍主題的商品。

東京車站美術展覽室

●とうきょうステーションギャラリー

這間美術館位在1988年誕生的東京車站。以近代美術為中心，舉辦各種類型的企劃展和活動。

03-3212-2485
所 千代田区丸の内1-9-1
休 週一(逢假日則翌日休)等
L 10:00～17:30(週五～19:30) ¥視展覽而異
JR東京站丸之內北口即到
MAP 附錄③P.13 D-4

企劃展
2024年10月12日～2025年1月5日
「特倫斯・康蘭」展

買得到以車站為主題的伴手禮

2F TRAINIART
トレニアート

美術館設置的商店。以車站和鐵道為主題的商品相當豐富。

※若要前往美術館商店，必須要購買美術館門票

「A5資料夾 東京站丸之內站舍」387円

「紙膠帶 東京站丸之內站舍POP」各440円

JR東日本商品化授權畢

CHECK 2 站舍內的飯店

前往東京站酒店，就可以沉浸在諸多名人和旅人喜愛的高雅空間中。即使不住宿，也能輕鬆地享受雅緻的氣氛。

房客以外也能利用的優雅大堂茶廊

東京站酒店1F

大堂茶廊

●ロビーラウンジ

活用縱長的大窗戶和高聳的天花板，歐式古典風格的沉穩空間。一邊享用香味豐富的風味茶，一邊享受優雅的時間吧。MAP 附錄③P.13 D-4

03-5220-1260
所 千代田区丸の内1-9-1
休 無休 L 8:00～19:00(週五、六、假日前日～20:00)
直通JR東京站丸之內南口

1天10名限定的Twilight High Tea，推薦當晚餐享用。7400円～（含服務費）

飯店人員導覽

館內參觀

餐廳「ブラン ルージュ」提供午餐方案並附有飯店員工的館內導覽，預計不定期舉辦，詳情請查詢官網。

東京站 站舍美景午餐

絕景&美食令人讚不絕口

東京站丸之內口側的大樓，有諸多可以望見站舍的餐廳。要不要來一邊眺望站舍，一邊品嘗午餐呢？確認一下眺望的角度，找出最喜歡的景色吧！

能看到怎樣的風景？
位於站舍正對面，因此從北圓頂一直到中央部分，幾乎可將站舍整體一覽無遺，這點也很不賴

法國國寶級人物所開的店

新丸之內大樓/5F

eric'S by Eric Trochon

●エリックスバイエリックトロション

由在法國榮獲最具價值的「M.O.F.」獎的Eric Trochon主廚所經營的小酒館。能享受到將巴黎人氣料理創意變化成適合日本人口味的菜單。

03-3212-9305 所千代田区丸の内1-5-1 新丸ビル5F 休週一 營11:00～22:00（週一、假日～21:30）交JR東京站丸之內中央口即到

MAP 附錄③P.13 C-3

店內裝潢整體走黑色調，氛圍輕鬆

Express Lunch（魚料理）
1700円～
菜單每週更換。照片為「低溫烹調鯛魚佐芝麻葉醬」

新丸之內大樓/5F

Kushi-age はん亭

●クシアゲはんてい

12種炸串全餐
4950円～
12種炸串、1道前菜、健康生菜、特製味噌，追加炸串一串330～660円的晚餐菜單

總店位於根津的炸串老店。新丸之內大樓店的店內裝潢以紅磚打造得摩登有型，在這一邊眺望東京車站一邊品嘗爽口的炸串吧。

03-3287-9000 所千代田区丸の内1-5-1 新丸ビル5F 休無休 營11:00～14:00、17:00～22:00 交JR東京站丸之內中央口即到

MAP 附錄③P.13 C-3

能看到怎樣的風景？
透過店內的大片窗戶能望見站舍的正面。靠窗座位很受歡迎，需洽詢店家

將當季食材炸得清爽可口的炸串

在陽臺品嘗用柴火窯烤的道地拿坡里披薩

A套餐 1500円（平日限定午餐）
可從各有8種口味的披薩或義大利麵中挑選。照片為瑪格麗特披薩

能看到怎樣的風景？
從露臺座位可以不用透過玻璃就直接望見北圓頂。只有露臺座位能夠看到站舍正面

丸之內大樓/5F

ISOLA SMERALDA

●イゾラスメラルダ

能品嘗到可豐盛豪華也可輕鬆愜意的道地義大利菜。由義大利職人親自前來製作、讓店家自豪的柴火窯爐，現場窯烤出的披薩口感Q軟有嚼勁，堪稱絕品！

03-5288-6228 所千代田区丸の内2-4-1 丸ビル5F 休不定休 營11:00～14:30、17:30～22:00（週六、日11:00～15:30、17:00～21:30）交JR東京站丸之內南口即到

MAP 附錄③P.13 C-4

新丸之內大樓/5F

焼肉 The INNOCENT CARVERY

●やきにくジイノセントカーベリー

西麻布的超人氣燒肉店「INNOCENT CARVERY」2號店。午餐使用極品和牛，是只有在這裡才吃得到的特別口味。

03-3201-5729 所千代田区丸の内1-5-1 新丸ビル5F 休不定休 營11:00～14:00、17:00～22:00（週日及假日11:00～14:00、17:00～21:00）交JR東京站丸之內中央口即到

MAP 附錄③P.13 C-3

黑毛和牛特選5種拼盤
4800円
奢侈使用A5等級的和牛，可以品嘗各個部位來比較口感

能看到怎樣的風景？
整面都是落地玻璃窗，能將南圓頂由下往上盡收眼底。店裡很多座位都能看見站舍

想吃只能到這裡！有名燒烤店的和牛午餐

這裡也有 站舍美景

新丸之內大樓/7F

Marunouchi HOUSE Terrace ●まるのうちハウステラス

能跟從站舍正面差不多的高度望見南圓頂的露臺。還可以在同樓層的餐飲店購買料理和飲料在此享用。
※天候不佳等情況則不開放

MAP 附錄③P.13 C-3

東京站直通 人氣3景點的矚目店家！

動漫人物街　甜點樂園　拉麵街

從代表東京站站內的3個設施中，精選出值得一推的店家。分別在動漫人物、甜點、拉麵這些區域當中，找出喜歡的店家吧。

限定商品的種類也很豐富！人氣角色大集合

東京動漫人物街

●とうきょうキャラクターストリート

30家以上動漫角色與電視台的商店，在這個區域比鄰而立。其中也有很多東京站限定的商品，最適合在這裡尋找伴手禮。在活動場地「一番廣場」會有期間限定商店登場。

☎從東京站官網確認
所千代田区丸の内1-9-1 東京駅一番街B1
休無休
L10:00～20:30
交JR東京站八重洲地下中央口剪票口即到

MAP 附錄③P.13 D-4

Chiikawa Land TOKYO Station

●ちいかわらんどトウキョウステーション

插畫家Nagano在X（舊Twitter）畫的超人氣角色「吉伊卡哇」的官方周邊商店。

☎03-6665-9911

布偶鑰匙圈 1650円
↑東京晴空塔 小八貓ver.

東京伴手禮活版卡片 各440円
→CHIIKAWA TOKYO/吉伊卡哇ver.

壓膜鑰匙圈 各528円
↑E7 吉伊卡哇（東日本限定）／Dr. Yellow 吉伊卡哇（東海・西日本限定）

有好多可愛的吉伊卡哇們周邊！

Sumikko gurashi shop 東京站店

●すみっコぐらしショップとうきょうえきてん

實際感受角落小夥伴的世界！

2022年11月改裝開幕的東京站店有更多角落小夥伴，各種設計再升級！是會讓角落小夥伴愛好者欲罷不能的地方！

Sumikko gurashi shop 東京站店限定 糖果罐 627円
↑超級可愛的接待員&女僕圖案是東京站店的限定商品！

☎03-3201-5888

TBS store

●ティービーエスストア

除了有宣傳節目的吉祥物「BooBo」之外，還有TBS電視台播放的戲劇與動漫商品在此迎接你的到來。這裡也有其他地方買不到的獨家商品，別忘了看看喔！

☎03-6273-8216　

正經帥氣的站長造型

站長Boona 玩偶娃娃S 2200円
←BooBo的朋友，人氣吉祥物Boona變身為站長！

假面騎士 東京專賣店

●かめんライダーストアとうきょう

全球第一個官方假面騎士周邊商品店「仮面ライダーストア」的第一號店。昭和、平成及令和的假面超人系列周邊全都在這裡！

☎03-6269-9379

發出變身音效 手機變成變身腰帶！

商店限定 HENSHIN SOUND CARD 各330円
↗在「HENSHIN SOUND CARD」登錄會員後，輸入卡片後面的序號，就能在手機上聽到假面騎士變身腰帶的變身音效。

miffy style 東京站店

●ミッフィースタイルとうきょうえきてん

米飛兔專賣店，KIDDY LAND成功將原作者迪克・布魯納的世界觀設計出來。限定的原創商品也大受好評。

☎03-3213-5571

有玩偶和雜貨等，全都是可愛的周邊！

miffy style東京站店限定 米飛站長玩偶 4400円
→超可愛的制服風限定玩偶

精靈寶可夢 Store

●ポケモンストアとうきょうえきてん

穿著制服的時尚皮卡丘超引人注目！

從「精靈寶可夢中心」販售的2500種以上的商品中，挑選出精選商品。請別錯過以電車為主題的東京站限定商品。

☎洽詢需從精靈寶可夢客服中心確認

皮卡丘站長玩偶娃娃 精靈寶可夢Store東京站店制服ver. 2640円
↑制服合身有形的皮卡丘，打領帶的模樣很新鮮又帥氣！

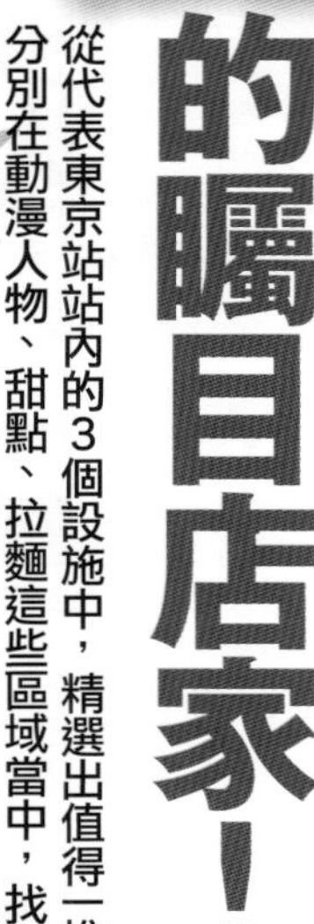

澀谷 P.54
原宿 表參道 P.64
淺草 P.78
上野 谷根千 P.94
東京站·丸之內·日本橋 P.102
銀座 P.120
豐洲 築地·月島 P.132
台場 P.136
新宿 新大久保 池袋 P.144
六本木 P.154

杏仁冰沙（全杏仁）690円

↩用杏仁牛奶製成的冰沙，淋上特製的杏仁奶油，充分使用食材的甜點飲料

Glico ALMOND DAYS

●グリコアーモンドデイズ

盡情享用精心講究的杏仁

這裡是能買到固力果現做點心與限定商品的特別商店。店內廚房提供「特製杏仁牛奶」等食材講究的杏仁食品。

03-6665-9960

Kamedaseika

●カメダセイカ

可以吃到當場現做的人氣商品

龜田製菓 「第一間」附廚房的特產直銷商店。長年來深受喜愛的「開心米果」和「龜田柿種」，在此加工後更加美味！限定商品也令人注目！

03-6665-9300

現做開心米果 開心粉狂熱 540円

↩加入300％開心粉，味道濃郁，當場現做！

4大零食公司的特產直銷商店

東京甜點樂園

●とうきょうおかしランド

以「遇見美味笑容的場所」為概念，集結了多家零食公司的特產直銷商店。除了有店內廚房現做的點心外，還有其他地方買不到的限定商品。

從東京站一番街官網確認
所 千代田区丸の内1-9-1 東京駅一番街B1
休 無休 L 9:00～21:00
交 JR東京站八重洲地下中央口剪票口即到
MAP 附錄③ P.13 D-4

森永製菓的御菓子店

●もりながのおかしなおかしやさん

可用多種形式享用熟悉的零食點心！

店內廚房販售現烤「MOONLIGHT」風味的餅乾，另外還有特產直銷商店定的「巧克力球」、「嗨啾軟糖」。店門口會有「大嘴鳥甜點師」出來迎接！

03-6269-9448

森永牛奶糖霜淇淋 450円

↩深受顧客喜愛並且即將迎來110年的「經典牛奶糖口味霜淇淋」

現烤MOONLIGHT 餅乾 260円

↩現烤出爐熱騰騰的餅乾味道香甜濃郁，引人垂涎

↩人氣口味「幸福奶油」搭配馬斯卡彭起司和蜂蜜一起享用！

和霜淇淋一起享用的幸福奶油豪華版 530円

Calbee+東京站店

●カルビープラスとうきょうえきてん

現炸點心讓人吃到停不下來！

可吃到現炸洋芋片和大尺寸「現炸薯條」的特產直銷商店。東京站店有很多限定商品，在挑選伴手禮時會選擇困難！

BIG 現炸薯條 講究的洋芋沙拉口味 430円

↩BIG尺寸登場！充滿洋蔥風味的洋風洋芋沙拉口味

03-6273-4341

整條都是絕對會引起排隊人潮的拉麵名店

東京拉麵街

●とうきょうラーメンストリート

這個美食區集結了東京代表性的拉麵名店，全是以道地口味和豐富菜單廣受好評的店，其中也有一早就開始營業的店家。

從東京站一番街官網確認 所 千代田区丸の内1-9-1 東京駅一番街B1
休 無休 L 視店鋪而異 交 JR東京站八重洲地下中央口剪票口即到
MAP 附錄③ P.13 D-5

六厘舍

●ろくりんしゃ

「濃厚湯頭×粗麵」風格的沾麵

引起沾麵風潮的領頭名店。店家引以為傲的沾麵，使用豬骨等材料熬煮出的濃厚湯頭與口感有勁的粗麵，分量十足。也有販售伴手禮組合。

03-3286-0166
L 7:30～9:30、10:00～22:30

滷蛋沾麵 1040円

↩將海苔上的魚粉一點一點慢慢地融入湯中吃，就能享受湯頭味道的變化

東京煮干拉麵 玉

●とうきょうにぼしらーめんぎょく

濃厚的雞湯中竄出小魚乾的鮮美滋味！

以濃郁海鮮湯頭為人熟知的名店「玉」所開的魚乾湯頭拉麵專賣店。湯頭凝聚了雞與魚乾的鮮美滋味，堪稱「雞與魚乾的黃金比例」。

03-6551-2205
L 8:30～23:00

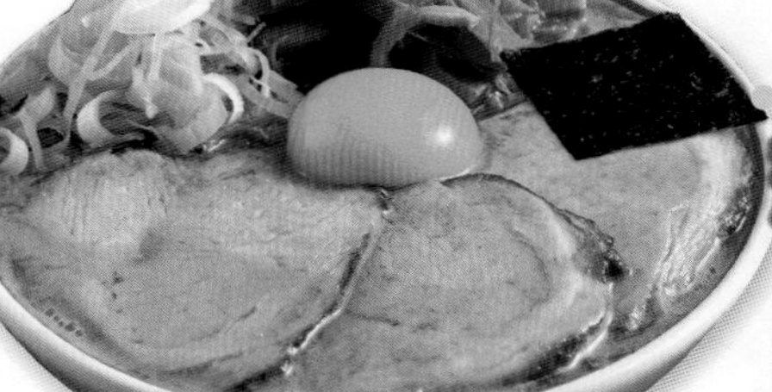

特製濃厚醇郁拉麵 1150円

↩從風味具有深度的濃厚雞白湯中，能明顯地感受到魚乾的鮮美滋味，是這道極致湯頭的特色

天空色・NIPPON

●そらのいろニッポン

蔬菜是主角！深受女性歡迎的蔬菜蕎麥麵

「蔬菜蕎麥麵」的麵使用全麥麵粉製成，加入豆漿與蘑菇湯相當健康，另外還有很多講究食材、東京站才吃得到口味，也都大受好評。

03-3211-7555
L 9:00～23:00 (L.O.22:30)

香菇蔬菜蕎麥麵 1000円

↩湯頭加入松露蘑菇油，香氣四溢，麵上還加了季節時蔬和叉燒

東京站 站內・站外美食

悠閒地品嘗？迅速地品嘗？

不論是在想悠閒地享用美食時，或是在想快速地用完餐時，東京車站區域的推薦店鋪就是這裡！

悠閒用餐

有時間的日子要悠閒地享用優質菜單。從洋食名店到矚目的站內新區店鋪都一一介紹。

可以在東京車站品嘗正宗鐵板燒

站內 剪票口外 東京美食區

CASUAL TEPPAN伊達

●カジュアルてっぱんだて

牛排套餐 1980円

能用實惠的價格品嘗道地牛排的午餐套餐。附白飯、湯、沙拉

提供使用講究食材的和食與鐵板燒。除了簡單的單點料理之外，奢華的「伊達全餐」9900円等餐點也廣受歡迎。飲品種類也很豐富。

☎03-5293-4141 所千代田区丸の内1-9-1 東京駅一番街2F 東京グルメゾン 休無休 L11:00～22:00 交JR東京站八重洲北口即到

MAP 附錄③P.13 D-4

⊙位於美食店雲集的「東京美食區」內

⊙室內裝潢簡約沉穩的店內也有包廂

站地下 八重洲北口即到

Sarabeth's 東京店

●サラベスとうきょうてん

來自紐約的人氣餐廳，味道豐富又健康的料理廣受各流喜愛。午餐能享受班尼迪克蛋、法式吐司等美式經典料理。

☎03-6206-3551 所千代田区丸の内1-8-2 鉄鋼ビルディング南館2-3F 休無休 L8:00～22:00(飲品～22:30，週六、假日9:00～，週日9:00～21:00) 交JR東京站八重洲北口即到

MAP 附錄③P.12 E-4

⊙大約有90個座位。除了桌位座之外，也有位於開放空間的露天座位

ONE GREAT BURGER 2400円

夾入漢堡牛肉、紅切達起司、蘿蔓生菜、番茄、紅洋蔥

「紐約早餐女王」的午餐也是極品

輕鬆品嘗西班牙風義大利菜

午餐全餐 2079円

主餐可以從義大利麵、披薩、燒烤類中選擇。附5種塔帕斯、綜合沙拉等

站地下 新丸之內大樓 丸之內中央口即到

RIGOLETTO WINE AND BAR

●リゴレットワインアンドバー

店內氣圍洗鍊，能以合理價格享受西班牙風義大利菜的人氣店家。在這裡能夠搭配世界各地的葡萄酒，盡情享用豐富的塔帕斯、現烤拿坡里披薩、義大利扁麵等菜單。

☎03-6270-0520 所千代田区丸の内1-5-1 新丸之內大樓7F Marunouchi HOUSE 休無休 L11:00～22:30(週五、假日前日～23:30，週日～21:30) 交JR東京站丸之內中央口即到

MAP 附錄③P.13 C-3

⊙裝飾著優美吊燈的餐廳

站地下 丸之內大樓 丸之內南口即到

EX marunouchi

●エクスマルノウチ

在西麻布廣受喜愛的「the ringo」的新店。與獨具鋒芒的新進藝術家攜手合作，店內已變成時尚的空間。發揮改良效果的西班牙料理充滿嚴選食材的鮮味，口味相當濃厚。

☎03-6551-2899 所千代田区丸の内2-4-1 丸之內大樓5F 休不定休 L11:00～14:00、17:00～22:00(週日、假日～21:00) 交JR東京站丸之內南口即到

MAP 附錄③P.13 C-4

⊙店內流淌的音樂也有所講究

西班牙海鮮燉飯 1600円（平日午餐限定價格）

把蝦子、貝類、蔬菜等各種食材慢慢熬煮成高湯，再用高湯煮熟的必吃菜單

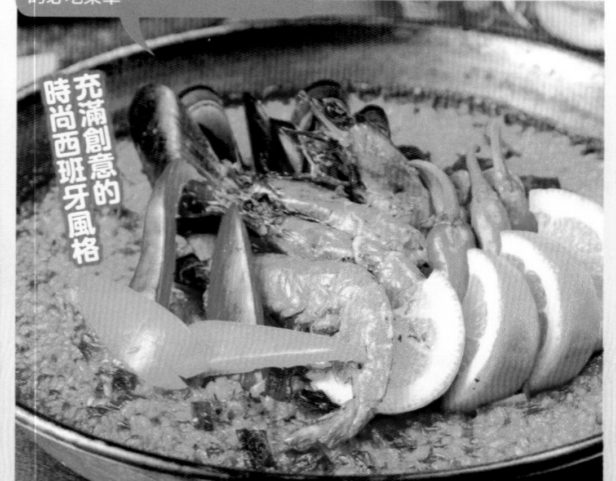

充滿創意的時尚西班牙風格

澀谷 P.54 原宿 表參道 P.64 淺草 P.78 上野 谷根千 P.94 東京站・丸之內・日本橋 P.102 銀座 P.120 豐洲 築地・月島 P.132 台場 P.136 新宿 新大久保 池袋 P.144 六本木 P.154

從早上就能使用 丸之內咖啡廳

在商業街的丸之內也有許多早上開始營業的咖啡廳。時尚地度過早晨生活吧！

平日早上8:00～

Marunouchi Happ.

●マルノウチハップ

可以輕鬆享用講究的食材♪

這家咖啡廳附設美食吧檯、時常變更主題的藝廊。也有「紅豆奶油飲料套餐」等8～11點早晨限定的餐點。

↑面向丸之內仲通的店

↑「紅豆奶油」715円(左)、「火腿起司」550円(右)

☎03-6206-3343 所千代田区丸の内2-5-1 丸の内2丁目ビル1F 休無休 L8:00～21:00(飲品～21:30)，週六、日、假日11:00～19:00(飲品～19:30) 交JR東京站丸之內南口步行3分

MAP附錄③P.13 C-5

早上7:00～

PRONTO - Tokyo City i CAFE

●プロントとうきょうシティアイカフェてん

有「旅遊」感的咖啡廳

綜合觀光資訊中心「Tokyo City i」附設的咖啡廳。除了有旅遊導覽書的圖書室之外，還會提供結合觀光活動的特別餐點。

↑除了「熱咖啡」352円之外，還可享用到甜品和餐點

↑設有46個座位

☎03-3217-2046 所千代田区丸の内2-7-2 JP Tower KITTEB1 休無休(準同KITTE的公休日) L7:00～21:15，週六、日、假日10:00～(飲品～21:30) 交JR東京站丸之內南口即到

MAP附錄③P.13 C-5

平日早上7:00～

DEAN & DELUCA Café 丸之內

●ディーンアンドデルーカカフェまるのうち

餐點種類更加充實

午餐時間除了「熟食碗裝料理」之外，還齊聚了諸多外觀與美味兼具的菜單。在早餐、咖啡休憩時間，各種時段場合都能來這裡用餐，能夠外帶的方便性也是一大魅力優點。

☎03-3284-7071 所千代田区丸の内1-4-5 三菱UFJ信託銀行本店ビル1F 休無休 L7:00～21:00(週六、日、假日10:00～19:00) 交JR東京站丸之內北口即到

MAP附錄③P.13 C-3

↓「水果麥片套餐」970円(單點650円)※平日提供到11點

↑採用整面玻璃的明亮店內

站內 剪票口外 日本美食街道

函館立喰い寿司 函太郎

●はこだてたちぐいずしかんたろう

這家壽司店能品嘗從函館及北海道各地送達的新鮮海產。可以輕鬆走進去站著用餐的風格，利用起來很方便。出餐的壽司食材都很大份，具有飽足感。

☎03-6551-2398 所千代田区丸の内1-9-1 東京駅一番街B1 にっぽん、グルメ街道 休無休 L10:00～22:30 交JR東京站八重洲口的各剪票口即到

MAP附錄③P.13 D-5

↑一個人也方便利用的氣氛

北海5貫拼盤 1386円

活的北極貝和鮭魚卵軍艦等北海道生產的握壽司拼盤

輕鬆品嘗在函館大受歡迎的味道

腰內豬排丼飯 980円

將適泉自豪的炸豬排裹上特製醬汁和雞蛋的丼飯

「總是迅速、美味地」供應為人熟知的豬排

站內 剪票口內 GRANSTA 東京

とんかつ まい泉食堂

●とんかつまいせんしょくどう

以「用筷子就能夾斷的柔軟豬排」聞名的炸豬排店所開張的豬排丼專賣店。除了招牌菜單「豬排丼飯」之外，還有「鹽味腰內豬排丼飯」等豐富的原創菜單。

☎03-6269-9671 所千代田区丸の内1-9-1 JR東京站内1F GRANSTA東京 休無休 L10:00～22:00(週日、假日～21:00，翌日逢假日～22:00) 交JR東京站內丸之內北口即到

MAP附錄③P.13 D-4

↑店內僅有吧檯座，能輕鬆入內用餐

快速用餐

旅人眾多的這個區域也有許多可以快速用餐的店。確認可以輕鬆品嘗的眾多絕品菜單吧♪

站外 丸之內oazo 丸之內北口即到

M&C Café

●エムシーカフェ

附設在「丸善 丸之內本店」的咖啡廳。以丸善初代社長研發取名的「牛肉燴飯」為首，正宗口味的輕食豐富多樣。該店原創的綜合咖啡也很推薦。

↑商業人士經常利用，料理的提供也很順暢

☎03-3214-1013 所千代田区丸の内1-6-4 丸の内オアゾ4F 休不定休 L9:00～20:30 交JR東京站丸之內北口即到

MAP附錄③P.13 D-3

牛肉燴飯 1380円

據說是「丸善」創始人早矢仕有的把肉和蔬菜摻在一起燉煮而成的菜單。香濃的醬汁是絕品

心滿意足品嘗元祖香雅飯

Marukome味噌湯套餐 880円

選擇喜歡的兩個飯糰+炸雞塊和漬物套餐，附今日味噌湯，餐點令人大為滿足！

在店內現炊現做提供手工的美味！

站內 剪票口外 GRANSTA東京

ほんのり屋×marukome

●ほんのりやマルコメ

飯糰專賣店使用會津產越光米，和著名的味噌廠牌marukome合作的味噌湯搭配絕佳，是其他地方無法品嘗到的最佳組合。

↑店內設有8個吧檯座

☎03-6250-7031 所千代田区丸の内1-9-1 JR東京站内B1 GRANSTA東京 休無休 L7:00～21:00 交JR東京站內丸之內北口即到

MAP附錄③P.13 D-4

丸之内 × 仲通漫步

藝術和歷史就近在眼前

在可親近藝術和自然、充滿洗練氛圍的丸之內仲通散步，感覺自己也變成時尚丸之內的一分子。

半島精品店及咖啡 新丸大樓店

ザペニンシュラブティックアンドカフェしんまるビルてん

除了有飯店的禮品選物店之外，還能在香港的旗艦飯店享用經典巧克力、紅茶、中國茶、XO醬、人氣蛋糕等，應有盡有。

↑如半島酒店般充滿高級感的店面

↑說到這間店就想到「芒果布丁」880円

03-5223-2888
所 千代田区丸の内1-5-1 新丸之内大樓B1
休 準同新丸之内大樓 L 11:00～20:00（咖啡廳週日、假日～19:00） 交 JR東京站丸之內中央口即到
MAP 附錄③P.13 C-3

丸之内仲通　行幸通　丸之内大樓　新丸之内大樓　好棒!!　半藏門線大手町站

丸之內通的地標丸之內大樓和新丸之內大樓中，有許多引領潮流的店家

和仲通交會的行幸通是從正面拍東京車站的最佳拍攝景點

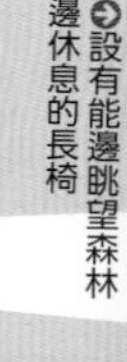

↑設有能邊眺望森林邊休息的長椅

大手町之森

おおてまちのもり

占地複合設施・大手町塔約3分之1，面積達3600平方公尺的森林。裡面有208種植物、129種昆蟲和13種鳥類，是都市裡的綠洲。

無（需參照官網、Instagram）
所 千代田区大手町1-5-5 大手町塔1F～B2 休 無休
L 隨時開放（停車場6:00～24:30）
交 直通地鐵大手町站
MAP 附錄③P.13 C-2

伊戈爾・米托拉傑《睡頭》1983年

蒂莫・索林《曬日光浴的女人》1995年

路易吉・邁諾菲《巨大的城鎮》1987年

松尾高弘《Prism "Dahlia+Peony"》2022年

丸之內 STREET GALLERY

三菱地所和雕刻之森藝術文化財團所舉辦的展覽企劃活動，展品是近代雕刻與活躍於國際的當代藝術家作品。

稍微走遠一點
前往皇居外苑

距離東京車站也很近的皇居是都心的綠洲。到可欣賞美麗自然景觀和感受歷史的皇居外苑走走吧。

03-3213-0095
(皇居外苑管理事務所)
所千代田区千代田1-1
L自由入園　¥免費入園
地鐵大手町站C13a出口步行5分

雙重拱狀橋是代表皇居的著名場所

二重橋 にじゅうばし

護城河和橋身營造出美麗的畫面，是相當受歡迎的場所。前方和後方架著2座橋，前方的橋叫做「正門石橋」，後方的橋叫做「正門鐵橋」。

MAP 附錄③P.4 E-3

二重橋後方可看到伏見櫓

巴洛克風格的造型燈也值得關注

歷史memo
嚴格來說是「正門鐵橋」被稱為二重橋。1914年時因橋樑蓋成雙重結構，故得此名

對後醍醐天皇宣示忠誠的名將

充滿躍動感的正成像威風凜凜的姿態

楠木正成像 くすのきまさしげぞう

和上野公園的西鄉隆盛、靖國神社的大村益次郎並稱為東京三大銅像，也可在附近的長椅上稍做休息。

MAP 附錄③P.13 A-5

歷史memo
活躍於鎌倉時代末期到南北朝時代的武將。在元弘之變中引發叛變，對推翻鎌倉幕府有所貢獻

歷史memo
以「櫻田門外之變」發生的場所而聞名，據說井伊直弼當時是在下著大雪、能見度很差的情況下遭到襲擊暗殺

江戶時代發生的歷史事件案發現場

外側的門被稱為「外櫻田門」

櫻田門 さくらだもん

由兩個門組成，具備典型的枡型門結構。建於江戶城內堀的「舊江戶城外櫻田門」被指定為國家重要文化財。

MAP 附錄③P.4 E-3

一保堂茶舗 東京丸之內店
いっぽどうちゃほとうきょうまるのうちてん

本店位於京都的日本茶專賣店。店內附設的喫茶室嘉木會提供每天更換的季節和菓子，可搭配茶享用，度過悠閒時光。

03-6212-0202
所千代田区丸の内3-1-1 国際ビル1F　休無休　L12:00～19:00(喫茶室的L.O.18:00)　JR有樂町站國際論壇出口步行5分

MAP 附錄③P.13 B-6

「薄茶與和菓子套餐」1980円

丸之內仲通城市露臺
まるのうちなかどおりアーバンテラス

車輛交通管制期間對行人開放丸之內仲通的活動。會設置桌椅，以及有餐車營業。

無　所千代田区丸の内2・3 丸之內仲通　休雨天、舉辦活動時　L11:00～15:00(週六、日、假日～17:00)　地鐵二重橋前〈丸之內〉站即到

MAP 附錄③P.13 C-5

可在有美麗行道樹的仲通上，隨心所欲地度過各自的時光

丸之內仲通

丸之內BRICK SQUARE

附設陳列各國陶片的陶片室

面臨皇居護城河的景觀也很出色

※隨著大樓的重建計畫，自2025年1月起休館

出光美術館
いでみつびじゅつかん

美術館主要展示出光興產創業者蒐集而來的美術品，會舉辦以日本書畫和東洋古美術為主的展覽。

050-5541-8600(代館諮詢)
所千代田区丸の内3-1-1 帝劇ビル9F
休週一(逢假日則營業，翌日休)、展覽替換期間　L10:00～17:00(週五～19:00，最終入館30分前)
JR有樂町站國際論壇出口步行5分

MAP 附錄③P.13 B-6

人聲鼎沸，熱鬧非凡！
Marunouchi Street Park

會不定期在丸之內仲通設置交流空間，舉行各式各樣的活動。

冬季期間丸之內區域會以仲通為中心，此處以香檳金色點亮

金哈姆斯基《再生》1985年

中谷美智子《一個背著小魚和一隻藍鳥在金色的天空中飛翔的女孩》2022年

澄川喜一《白色面具》1969年

名和晃平《Trans-Double Yana (Mirror)》2012年

帕維爾・庫瓦萊克《耐克 1989》1991年

在丸之內比鄰而建的商業設施中，有各式店家和設施進駐，例如可以購買全球人氣商品的店和時尚的美術館等。任何一間都是從東京車站出來即到，道訪都很方便！

也能欣賞藝術的都會療癒空間
丸之內BRICK SQURE
まるのうちブリックスクエア

以「丸之內Comfort（療癒、安樂）為概念」的設施。除了有一流主廚掌廚的餐廳、掌握流行的店鋪之外，還鄰接「三菱一號館美術館」和綠意盎然的廣場。

☎03-5218-5100(丸之內客服中心)
所千代田区丸の内2-6-1 休法定檢查維修日
L(商店11:00～21:00(週日、假日～20:00)、餐廳11:00～23:00(週日、假日～22:00) ※部分店鋪有異 交JR東京站丸之內南口步行5分
MAP 附錄③P.13 C-5

日本郵政經手的商業設施
JP Tower「KITTE」
ジェイピータワーキッテ

保存部分舊東京中央郵局舍並重新改建而成的商業設施。裡面有許多讓人感受到日本對手工製作的堅持以及美感的商品店家，以及各地的熱門餐飲店鋪等。

☎03-3216-2811(10:00～19:00)
所千代田区丸の内2-7-2 休法定檢查維修日
L視設施、店鋪而異 交JR東京站丸之內南口即到
MAP 附錄③P.13 C-5

紅磚外觀讓人印象深刻的美術館

三菱一號館美術館

●みつびしいちごうかんびじゅつかん

以19世紀後半到20世紀前半近代美術為主題，每年舉辦3次企劃展。到2024年秋天長期休館中。

☎050-5541-8600
(代館諮詢)
休週一(逢假日、展覽最終週則開館)、展覽替換期間
L10:00～17:30(除假日外的週五、第2週三、展覽最終週平日～20:30)
¥視展覽而異

建築物為復原了1894年建設的「三菱一號館」，莊嚴宏偉

盡情享用「艾許奶油」奢華的美味！

-ÉCHIRÉ MAISON DU BEURRE-
●エシレ・メゾン デュ ブール

法國產A.O.P認定發酵奶油「艾許奶油」世界首間專賣店。販售大量使用艾許奶油的麵包和烤菓子。非常適合當贈禮。

☎非公開 休不定休
L10:00～19:00

可只購買一個，最適合當伴手禮的「艾許奶油費南雪」、「艾許奶油瑪德蓮」各一個367円

侯布雄的法式甜點店

LA BOUTIQUE de Joel Robuchon 丸之内店
●ラブティックドゥジョエルロブションまるのうちてん

3星主廚喬爾・侯布雄充滿獨創性且基於法國傳統製作的西點和麵包。也有丸之內店限定的「磅蛋糕」。

MARUNOUCHI HONEY的磅蛋糕「OSHIMARUYA」1300円

☎03-3217-2877
L11:00～21:00(咖啡廳為～20:00、飲品為～20:30)

尋獲極其流行時尚的商品
4F 購物
CLASKA Gallery & Shop "DO"
●クラスカギャラリーアンドショップドー

目黑的設計飯店「CLASKA」起家的生活風格店。除了工藝品之外，還有設計師親手製作等琳瑯滿目的商品。

☎03-6256-0835
L11:00～20:00

陳列著許多雜貨、服飾和流行小物

「MAMBO TAKE ME OUT 尼龍市場 托特包綠」2750円

購買站舍主題的商品當紀念
1F 購物
東京中央郵局
●とうきょうちゅうおうゆうびんきょく

※視庫存可能結束販售
已獲得JR東日本許可商品化

位於JP Tower1樓的郵局。販售以東京車站丸之內站舍等為主題的可愛商品，使用起來也很方便，是非常受歡迎的伴手禮。

☎0570-001-736 L9:00～21:00(週六、日、假日～18:00)

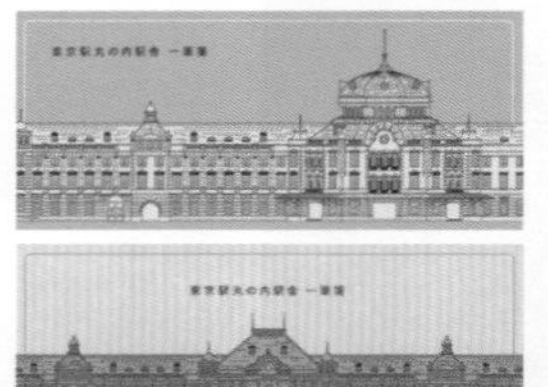
「東京車站丸之內站舍」便箋各500円。有橙色和黃綠色兩種

在水果芭菲專賣店享用高級甜品
1F 咖啡廳
千疋屋総本店 KITTE丸之内店
●せんびきやそうほんてん キッテまるのうちてん

水果老店・千疋屋的水果芭菲專賣店。有許多專屬水果甜點，師傅會依照不同水果展現不同切工，以襯托出當季水果美味。

大受歡迎的「千疋屋特製芭菲」3080円

☎03-3217-2018
L11:00～19:30

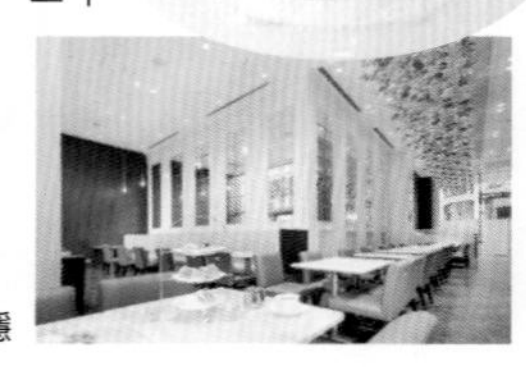
店內色調沉穩

代表丸之內的大規模複合大樓
丸之內大樓 まるビル

代表丸之內的複合大樓。從地下1樓～地上4樓是購物區，到5、6樓、35、36樓的餐廳區聚集了約140家店。也有販售丸之內限定商品的店家。

☎03-5218-5100(丸之內客服中心)
所千代田区丸の内2-4-1
休法定檢查維修日 ⏱商店11:00～21:00(週日、假日～20:00)，餐廳11:00～23:00(週日、假日～22:00) ※部分店鋪有異
🚃JR東京站丸之內南口即到
MAP 附錄③P.13 C-4

從個性派商店到深夜美食！
新丸之內大樓 しんまるビル

從個性派商店到時尚餐廳等約有150家店。11家餐飲店進駐的7樓「marunouchi HOUSE」有開式露臺，以及營業至深夜的餐廳，也讓人心滿意足。

☎03-5218-5100(丸之內客服中心)
所千代田区丸の内1-5-1
休法定檢查維修日 ⏱商店11:00～21:00(週日、假日～20:00)，餐廳11:00～23:00(週日、假日為～22:00) ※部分店鋪有異
🚃直通JR東京站丸之內北口地下通道
MAP 附錄③P.13 C-3

甜點的美味也掛保證！

5F 美食
銀座和館 椿屋茶房
●ぎんざわかんつばきやさぼう

在充滿大正浪漫古典氛圍的店內，可品嘗到正統虹吸式咖啡。

☎03-5220-2588
⏱11:00～22:30(週日、假日～22:00)

↑以大正時代為主題的內部裝潢
←使用地瓜燒、豆沙、芋納豆的「地瓜燒霜淇淋聖代」1280円

首次登陸日本的熱門咖啡廳
7F 咖啡廳
Koko Head cafe
●ココヘッド咖啡廳

位於夏威夷・檀香山的咖啡廳在東京開店，可享用亞洲風味的夏威夷美食。除了當地的招牌餐點之外，還提供各式各樣的餐點。

↑可感受到夏威夷感的開放空間

開放式的餐廳區
Marunouchi HOUSE
可以外帶11家餐廳的料理到露臺輕鬆享用

☎03-6256-0911
⏱11:00～22:00

→改編自道地夏威夷美食「洛可摩可飯」的「可可摩可飯」1870円

站舍美景和極品亞洲料理
5F 美食
CITA・CITA ●チタチタ

↑充滿度假感的摩登店內
←可一邊看站舍一邊享用料理的窗邊座位特別受歡迎

當地的主廚會依照日本人的口味調煮亞洲各國料理，眺望景色優美也是其魅力之一。

☎03-5220-2011
⏱11:00～21:45(週日、假日～21:00)

在自家使用在義大利廣受喜愛的香味！

3F 購物
Dr. Vranjes Marunouchi
●ドットールヴラニエスマルノウチ

在義大利・佛羅倫斯誕生的室內香氛製品品牌。使用最高品質香精的優雅香味，推薦視場所和心情更換。

☎03-3201-5730
⏱11:00～21:00(週日、假日～20:00)

→清爽香氣的「ACQUA250ml」10450円～

種類豐富的可可亞

B1 購物
Hotel Chocolat
●ホテルショコラ

來自倫敦的巧克力專賣店。自家擁有可可亞農園，提供高品質的巧克力。裡面還附設可外帶巧克力飲料的咖啡廳。

☎03-6259-1664
⏱11:00～21:00(週日、假日～20:00)

↑「Signaurer Collection」3200円。從全品項目錄中匯集出的人氣巧克力，為日本限定組合。有含酒精和無酒精兩種

高級巧克力專賣店
1F 購物
CHOCOLATIER PALET D'OR
●ショコラティエパレ ド オール

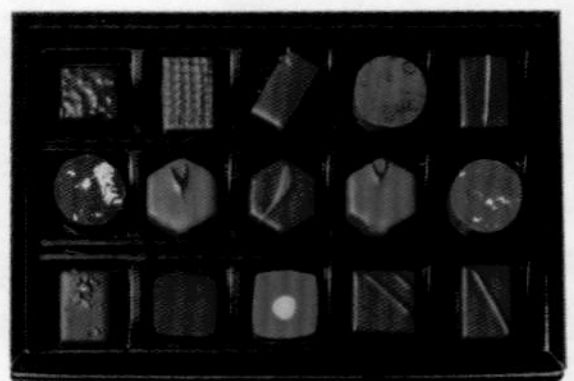
↑「PALET D'OR丸之內特別禮盒」15顆裝 5940円

使用皇居周邊採集的兩種蜂蜜、開心果及威士忌的巧克力禮盒超受歡迎。

☎03-5293-8877 ⏱11:00～21:00(週日、假日～20:00)

→「酒粕米糠化妝水」120ml 4070円
↓「米糠眼彩霜」10g 3734円

充滿素材精華的美妝品

B1 購物

SHIRO ●シロ

使用酒粕和瓊崖海棠等天然素材，製作「自己每天想使用的商品」美妝品牌。

☎03-6551-2646 ⏱11:00～21:00(週日、假日～20:00)

在丸之內採集的蜂蜜
B1 購物
L'ABEILLE
●ラベイユ

備有世界12個國家80種蜂蜜的專賣店。販售蜂蜜醃製品、蜂蜜飲品等高品質的蜂蜜商品。

☎03-3201-1778
⏱11:00～21:00(週日、假日～20:00)

→在丸之內採集的蜂蜜「東京丸之內蜂蜜」36g 1728円

與八重地下相連！

八重洲的HOT熱門景點

位於東京站八重洲口的地下樓層（八重洲地下街）。除了有來自日本各地的美食之外，還有類型廣泛的商店匯集於此，是八重洲值得關注的景點。

八重洲區域的新地標

為日常添增色彩的新設施

東京中城八重洲

●とうきょうミッドタウンやえす

2023年3月開幕，直通東京車站的複合設施。除了可品嘗到全國名店美味的餐廳之外，還有一整排潮流商店。充滿魅力的公共空間請務必前往使用。

☎03-6225-2234（東京中城八重洲客服中心）
所中央区八重洲2-2-1 休不定休
L商品、服務 11:00～21:00、餐廳 11:00～23:00（部分店鋪有異） 直通JR東京站
MAP 附錄③P.12 E-5

SHOP

2F

STÁLOGY

●スタロジー

販售黏貼相關產品的Nitoms推出的文具品牌。商品重點放在使用起來相當方便，提供市面上似乎會有，但其實沒有的商品。

☎03-6262-3637

365日筆記本 2100円～
分成按日或按週，僅最低限度要求構成的筆記本

短標籤紙 6色 495円
黏貼面寬廣，不易撕破的膠片材質製。顏色也很鮮豔

GOURMET

3F

加藤牛肉店×小川のうに

●かとうぎゅうにくてんおがわのうに

最高級山形母牛的「加藤牛肉店」，和最高品質海膽的「小川のうに」，兩間商店合作的商品。

☎03-6225-2029
L11:00～14:00、18:00～21:30

海膽牛肉蓋飯（1天限定10客） 11500円
附有「加藤牛肉店」的烤牛肉和「小川のうに」的海膽、鮭魚卵的料理

3F

炭焼鰻富士

●すみやきうなふじ

在鰻魚激戰區名古屋是熱門名店。僅使用肥美厚身、油脂飽滿的「特大日本鰻鱺」，可享用到充滿鮮味的鰻魚料理。

☎03-3274-4788
L11:00～23:00

上等鰻魚飯三吃 5650円
大火遠烤讓魚的外皮酥脆，魚肉鬆軟

SPACE

2F

Yaesu Public

●すみやきうなふじ

可在寬敞的公共空間隨興度過的場所。可悠閒休息，也可輕鬆地在此立飲，是會讓人不自覺就想前來的場所。

☎視店鋪而異
L11:00～23:00(部分店鋪有異)

八重洲的巷弄後方
在開放的空間和巷弄後方的區域。也有附電源的包廂座位

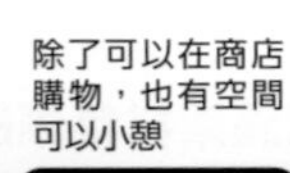

除了可以在商店購物，也有空間可以小憩

暫留區

ALL STANDS
有許多風格獨特的店，可在這裡暢快立飲的場所

YANMAR經手的米主題複合設施

綻放米的可能性

YANMAR TOKYO

●ヤンマートウキョウ

這座複合設施體現了YANMAR的價值觀「相信並推動人類可能性」。從地下1樓到地上2樓共3層樓，內有提供米全新可能性的藝廊、餐廳和商店。

☎無
所中央区八重洲2-1-1
休視店鋪而異
L視店鋪而異
交JR東京站八重洲口步行2分
MAP附錄③P.12 E-5

⇧地下1樓的活動空間「HANASAKA SQUARE」

⇧地下3樓、地上14樓的複合設施

⇧小孩子也能玩得開心的體驗型藝廊

GALLERY

2F ●おこめとたのしむイタリアンレストランアステリスコ

可盡情享用米的義式餐廳「ASTERISCO」

以主食和小菜自豪，香氣、聲音和溫度都很講究。如店名所示，餐點將食材的鮮味全部濃縮在米當中，堪稱極品。

☎03-3277-6606
休不定休
L11:30～15:30(L.O.14:30)、17:30～22:30(L.O.21:30)

⇧「米飼雞蛋松露義式燉飯」3300円(在午餐和部分晚餐全餐、晚餐的單點中提供)

GOURMET

B1F

海苔弁 八重八

●のりべんやえはち

節目企劃、製作人小山薰堂所監修的海苔弁外帶店。因為是對米相當講究的YANMAR直營店，美味也是打包票。

☎03-3277-6888
休不定休 L11:00～20:00

⇧種類豐富的「羽釜海苔弁 八重」1500円

1F ●ヤンマーこめギャラリー

YANMAR 米藝廊

活用數位技術的體驗型藝廊，可用愉快的方式學習稻作的歷史與現今，提供思考未來型態的契機。

☎無(透過官網洽詢)
休週一(逢假日則營業，翌日休)
L10:00～19:00 ¥免費

⇧邊玩邊學習米作知識

1F ●にほんしゅアイスクリームせんもんてんサケアイストウキョウショップ

日本酒冰淇淋專賣店「SAKEICE Tokyo Shop」

SWEETS

販售講究的日本酒冰淇淋。以我們熟悉的冰淇淋為媒介，提供大家接觸日本酒文化的機會。

☎無
休無休(10～4月為週一)
L11:00～20:00

⇧直接放入整顆米粒的「米歐蕾」550円～

GRANSTA八重北的極品午餐CHECK

歡迎來到一大美食街裡，享用能遇到各式「美味」的午餐。

在東京車站內大啖名店石川亭的美味！

石川亭的半釉汁高麗菜漢堡排 1480円

⇧充滿溫馨感的內部裝潢

⇧漢堡中切塊高麗菜的口感極佳

ビストロ 東京站GRANSTA八重北店

●ビストロいしかわていとうきょうえきグランスタやえきたてん

石川亭的招牌料理除了著名的高麗菜漢堡排之外，還有東京站店限定的披薩風塔派料理。

☎03-6206-3363
所千代田区丸の内1-9-1 GRANSTA八重北1F 八重北食堂 休無休 L11:00～22:00(午餐為～15:00、晚餐15:00～22:00) 交直通JR東京站八重洲北口
MAP附錄③P.13 D-4

在站內享用高品質鰻魚

⇧吧檯座可以看到職人技術

蒲燒一本重 5280円～

⇧著名餐點，使用一整條肉質肥厚的鰻魚

うなぎ四代目菊川 東京站黒塀横丁店

●うなぎよんだいめきくかわとうきょうえきくろべいよこちょうてん

1932年創業、名古屋歷史悠久的批發商直營店。不是用蒸的，而是用備長炭高火力烘烤的鰻魚，口感絕妙。

☎03-6812-2121
所千代田区丸の内1-9-1 GRANSTA八重北B1 黒塀横丁 休準同設施 L11:00～21:30 交直通JR東京站八重洲北口
MAP附錄③P.13 D-4

古今交錯的街道

重新發現

日本橋的魅力

日本橋不僅保留了許多歷史建築物，還有新開的店家在陸續增加。一起重新發現這條傳統和革新交錯街道的魅力吧。

傳統 SPOT

商業和經濟的中心，日本橋有許多老店和指定為文化財的建築物。

和洋折衷的設計

日本橋

●にほんばし

建設於1603年，被設定為東海道、中山道、日光街道等五街道的起點。從明治時代創建到現在的橋上，有麒麟和獅子的青銅像裝飾。

所中央区日本橋1
L自由參觀
MAP 附錄③P.12 F-3

含獅子像的裝飾柱是橋的象徵之一

從日本橋望向河面

日本橋的橋墩處有遊船的搭乘處。遊船來回穿梭於日本橋川、神田川等地，能夠欣賞到江戶城的餘韻風采，以及隨著時光變遷的下町風景。行程所需時間為45～90分。

日本橋CRUISE®

◆にほんばしクルーズ

☎03-5679-7311
(東京灣CRUISING)
所中央区日本橋1-9番地先 日本橋船着場(乗船場)
休L視行程而異
¥日本橋、神田川巡遊一周90分行程2500円～
交地鐵日本橋站B12出口即到
MAP 附錄③P.12 F-3

可從船上仰望日本交通的要衝·日本橋。美麗的拱形弧線美不勝收

大空間布滿裝飾藝術風格的裝飾

象徵百貨公司的歷史

日本橋三越本店

●にほんばしみつこしほんてん

日本的代表性百貨公司，以精緻的服務和走在流行尖端的商品為傲。介紹國內外商品、文化的展覽和藝術展等文化活動也大受好評。

☎03-3241-3311 所中央区日本橋室町1-4-1 休不定休 L10:00～19:00（食品、1樓～19:30、餐廳、咖啡廳則視店鋪而異） 交地鐵三越前站步行即到
MAP 附錄③P.12 F-2

本館被指定為日本的重要文化財

AMERICAN. OTIS製的電梯是由負責人員手動操作

學習東洋的歷史與藝術

三井紀念美術館

●みついきねんびじゅつかん

因三井集團而聞名的三井家，此美術館收藏了其從江戶時代蒐集而來的4000件美術品，也會展示國寶、重要文化財等貴重品。重現和三井家有淵源的國寶·茶室「如庵」室內的展覽也非看不可。

☎050-5541-8600(代館諮詢)
所中央区日本橋室町2-1-1 三井本館7F
休週一（有臨時休館，詳細資訊需確認官網） L10:00～17:00（最終入館16:30）
¥館藏品展一般1200円、高中生、大學生700円、國中生以下免費（特別展有另外費用） 交地鐵三越前站A7出口即到
MAP 附錄③P.12 F-2

1929年完工的新古典主義沉穩洋風建築

歷史悠久的建築物上的品牌顏色紅色，相當引人注目

老字號百貨公司加上新館後更加進化

日本橋髙島屋S.C.

●にほんばしたかしまやショッピングセンター

身為日本重要文化財的本館，加上新館、東館、WATCH MAISON，由4館組成的新都市型購物中心。新館集結了掌握流行時尚的選物店和熱門甜點店。

☎03-3211-4111(代)
所中央区日本橋2-4-1等
休不定休 L新館10:30～20:00、本館、WATCH MAISON 10:30～19:30 ※部分樓層、店鋪有異
交直通地鐵日本橋站B4出口
MAP 附錄③P.12 F-4

參拜稻荷神

福德神社

● ふくとくじんじゃ

2014年新社殿完工，是廣為人知的日本橋稻荷神神社。地理位置佳，參拜容易，另外也有很多參拜者前來求中獎運和抽票運。

☎03-3276-3550 所中央區日本橋室町2-4-14 L境內自由參觀（授與所9:00～17:00、受領御朱印為10:00～15:00）🚇地鐵三越前站A10出口步行2分

MAP 附錄③P.12 F-2

→「富籤守」(右)、「旅守」(左)各500円

←神似稻荷神的「神狐繪馬」1000円

在東京求安產就要來這裡

水天宮

● すいてんぐう

安產、求子著名的神社。福戌籤、福結繪馬和「子寶犬」的拍照景點相當受歡迎。此外，境內的「寶生辯才天」也是著名的學業、才藝、金錢運能量景點。

↑據說能保佑安產、求子、除厄、身體健全

☎03-3666-7195 所中央區日本橋蛎殼町2-4-1 L7:00～18:00 🚇地鐵水天宮站A5出口即到

MAP 附錄③P.4 G-3

↑弁才天的神像和「洗錢井」

「東京的錢洗弁天」就在這裡

小網神社

● こあみじんじゃ

以強運除厄、提升金錢運而聞名的神社。據說把在「洗錢井」洗過的錢放進錢包裡，就能獲得財運。此外，這裡也有保佑健康長壽、賜「福德」的神明福祿壽的神像。

☎03-3668-1080 所中央區日本橋小網町16-23 L境內自由參觀(授與所為9:00～17:00) ¥免費 🚇地鐵人形町站A2出口步行5分

MAP 附錄③P.4 F-3

↑神殿屋頂左右分別有昇龍和降龍的雕刻，為強運除厄的象徵

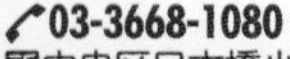

日本橋排隊美食

有很多講究食材的餐點。大快朵頤即使要排隊還是想吃的極品美食吧！

↑在1樓提供的人氣餐點。加入滿滿奶油的歐姆蛋是極品

鬆軟滑嫩的著名蛋包飯

蒲公英蛋包飯 1950円

三代目たいめいけん

● さんだいめたいめいけん

1931年創業洋食老店，著名的老饕文人池波正太郎也常去吃。1樓是休閒的洋食店，2樓是正統餐廳。

☎03-3271-2464(預約) 所中央區日本橋室町1-8-6 休1樓為週一、2樓為週日、一、假日 L1樓11:00～20:30(週日、假日～19:00)，2樓11:30～14:00、17:00～20:00 🚇地鐵三越前站B6出口即到

MAP 附錄③P.12 G-3

辻半 日本橋

● つじはん

日本橋天丼專賣店「天丼金子半之助」和拉麵名店「つじ田」合作的聯名店。「奢華丼」最後還有提供鯛魚高湯茶泡飯的服務。

☎03-6262-0823 所中央區日本橋3-1-15 久栄ビル1F 休不定休 L11:00～21:00 🚇地鐵日本橋站B3出口即到

MAP 附錄③P.12 E-4

↘放上滿滿的鮪魚半敲燒、螺肉、鮭魚卵等共10種食材

奢華丼（梅）1250円

海鮮盛得像山一樣多的超實惠奢華丼

↓35cm以上的星鰻一片用水煮，一片用烘烤，一次可享用到兩種風味的餐點

入口極化的肥美天然星鰻

星鰻箱盒飯 中箱 3600円

日本橋玉ゐ 本店

● にほんばしたまいほんてん

星鰻料理專賣店，堅持使用天然星鰻。人氣的「星鰻箱盒飯」推薦最後淋上「燒骨茶泡飯專用高湯」200円，再暢快享用。

☎03-3272-3227 所中央區日本橋2-9-9 休無休 L11:00～14:00、17:00～21:00（週六、日、假日11:00～15:00、16:30～20:30）🚇地鐵日本橋站C4出口步行3分

MAP 附錄③P.12 F-4

鶴屋吉信 TOKYO MISE

● つるやよしのぶトウキョウミセ

本店位於京都西陣的京菓匠鶴屋吉信的東京店。可以各種形式體驗京菓子文化，當中的「菓遊茶屋」可坐在吧檯座，看京菓子職人在眼前實際製作生菓子。

☎03-3243-0551
所中央区日本橋室町1-5-5 COREDO室町3 1F 休無休 L11:00～20:00（週六、日、假日10:00～）、菓遊茶屋為11:00～18:00 交地鐵三越前站A6出口步行3分
MAP 附錄③P.12 F-2

➲可在此靜靜享用菓子和茶的設備

➲「季節生菓子和抹茶」1650円

在日本橋盡情享受京菓子的魅力

當今流行 SPOT

保有日本橋風格，同時擁有嶄新面貌當今最流行的地點就在這裡。

Omnipollos Tokyo

● オムニポヨストウキョウ

起源於斯德哥爾摩的精釀啤酒・生活方式品牌店東京店。以「徹底顛覆人們對啤酒的印象」為概念，建議並提供獨特的精釀啤酒。

☎無（請從Instagram私訊洽詢）
所中央区日本橋兜町9-5 休無休
L16:00～23:00（週六13:00～、週日、假日13:00～21:00）
交地鐵茅場町站11號出口即到
MAP 附錄③P.12 G-4

➲「Tesio Sausage Set」Small 1100円、Regular 1400円

或許會推翻你對啤酒的看法

➲「Bianca Blackberry Maple Pankake Lassi Gose」1900円

崇尚自然的頂級正宗塔可餅！

KITADE TACOS COMMISSARY

● キタデタコスカミサリー

提供堅持純手工、100%使用北海道產玉米的國產墨西哥薄餅，毫無添加物和化學調味料是其魅力之一。

☎03-3527-3277
所中央区日本橋本町3-11-5
休無休 L11:00～21:00
交地鐵小傳馬町站3號出口步行3分
MAP 附錄③P.12 G-1

➲「綜合肉類塔可餅套餐」可吃到雞肉、豬肉、牛肉3種口味980円

日本橋高品味伴手禮

具備日本橋特色，高雅有品味的推薦伴手禮。

➲特色為仿千代紙圖案的外觀

榛原

● はいばら

日本橋長期受到喜愛、富有歷史的和紙店。華麗的千代紙、木版摺金封、原創信箋等有很多適合當伴手禮的商品。

☎03-3272-3801
所中央区日本橋2-7-1 東京日本橋タワー 休假日 L10:00～18:30（週六、日～17:30） 交地鐵日本橋站B6出口即到
MAP 附錄③P.12 F-4

榛原百花信紙組 菊唐草 990円
➲橫式信封組，圖案為有驅邪、祈求長壽之意的「菊花」。

朱印帳 牡丹 2310円
➲原創朱印帳。整個封面都是牡丹花彩繪。

➲外觀華麗，可送給任何人

草莓花束餅乾（牛奶） 8個裝1296円
➲彷彿將空氣包覆其中的口感是其魅力

オードリー 高島屋日本橋店

● オードリーたかしまやにほんばしてん

草莓甜點專賣店。在眾多甜點當中，用餅乾捲將奶油和酸甜草莓包覆起來的經典商品「草莓花束餅乾」，最適合當伴手禮。

☎03-3231-7881
所日本橋2-4-1 日本橋高島屋本館B1 休不定休(準同高島屋)
L10:30～19:30 交直通地鐵日本橋站
MAP 附錄③P.12 F-4

這裡也想去!

東京車站・丸之內・日本橋

とうきょうえき・まるのうち・にほんばし

區域導覽

GRANSTA東京 附錄① P.4

購物 TOKYO!!!

◆トーキョーミッツ

☎03-5218-2407 MAP 附錄③P.13 D-4

邂逅充滿東京文化的伴手禮

取自文化融合的城市・東京精選的編輯型伴手禮專賣店。陳列著許多以「3秒」、「3分」、「3小時」這3個時間軸為主題的伴手禮商品。

所JR東京駅改札内1階 グランスタ東京内
休無休 L8:00～22:00(週日、假日～21:00，翌日為假日則～22:00)

➲傳統工藝品・印傳般的質感「印傳般的紙御朱印帳 東京車站丸之內站舍」2420円

➲上野凮月堂的傳統菓子「法蘭酥 東京車站丸之內站舍罐」800円

購物 東京會館 SWEETS & GIFTS

◆とうきょうかいかんスイーツアンドギフト

☎03-3215-2015 MAP 附錄③P.13 B-6

傳承約70年的名物甜點

凝聚1922年開業的「東京會館」口味，進化成長的糕點店。起源於將蒙布朗改成符合日本人口味的「Marron Chantilly」，至今約70年間持續受到大眾喜愛。

所千代田区丸の内3-2-1 東京會舘1F 休無休
L10:00～19:00，週六、日、假日11:00～19:00
交直通地鐵二重橋前〈丸之內〉站等B5出口

➲「Marron Chantilly」1080円(外帶)。也可在會館內的餐廳品嘗

購物 榮太樓總本鋪

◆えいたろうそうほんぽ

☎03-3271-7785 MAP 附錄③P.12 F-3

從江戶時代持續受到喜愛的和菓子

作為江戶菓子的始祖而聞名的名店。砂糖比例高的栄太楼飴、被視為甘納豆始祖的「甘名納糖」713円都是從創業持續至今的人氣商品。

所中央区日本橋1-2-5 休週日、假日
L10:00～18:00 交地鐵日本橋站B9出口即到

➲榮太樓糖果「梅ぼ志飴」1盒540円，罐子不僅復古，外觀也很可愛

玩樂 COREDO室町Terrace

◆コレドむろまちテラス

☎03-3242-0010(日本橋案内所) MAP 附錄③P.12 F-1

匯集日本橋的「精粹」與一流「事、物」

日本橋區域的新地標。除了滿溢現場感、個性豐富的餐飲店之外，還有來自台灣的「誠品生活」以主店鋪的形式進駐其中。其他豐富的食物都很適合當作伴手禮。

所中央区日本橋室町3-2-1
休不定休
L視店鋪而異
交直通地鐵三越前站A8出口

➲3F有高級美食與文化商店等，集結了日本橋的嶄新魅力

玩樂 誠品生活日本橋

◆せいひんせいかつにほんばし

☎03-6225-2871 MAP 附錄③P.12 F-1

集結玩樂、購物、美食的文化發送據點

獲選「世界最酷的百貨」，來自台灣的「誠品生活」日本1號店。分為書籍區、文具雜貨區、餐廳區等區域，約以50個台灣品牌為主，販售豐富多元的商品和食物。

所COREDO室町テラス2F
休不定休
L11:00～20:00
(部分店鋪有異)

➲加入日本元素設計的店內空間也很有魅力

玩樂 COREDO室町1・2・3

◆コレドむろまちワンツースリー

☎03-3242-0010(日本橋案内所) MAP 附錄③P.12 F-2

若要在日本橋買伴手禮就到這裡

位在日本橋的3棟地標。可以感受日本橋歷史的老店、名店的新業態店鋪、電影院等豐富多彩的店進駐。

所【COREDO室町1】中央区日本橋室町2-2-1、【COREDO室町2】中央区日本橋室町2-3-1、【COREDO室町3】中央区日本橋室町1-5-5
休不定休 L視店鋪而異
交地鐵三越前站A4、A6出口即到

➲COREDO室町1有老牌店鋪等店家櫛次鱗比

大丸東京店 附錄① P.5

咖啡廳 デリスカフェ

☎03-3212-8011(大丸東京店代表) MAP 附錄③P.12 E-4

盡情享用鋪滿水果的奢華塔點

使用大量水果製作的塔點專賣店。櫥窗內陳列著一個個有如寶石般的手工塔類甜點。也很推薦附有免費飲料的「SELECT BUFFET」2800円。

所大丸東京店6F
休無休
L10:00～19:30

➲使用發酵奶油製作的酥脆塔皮上，鋪上滿滿水果的「水果塔」1片930円(外帶913円)

玩樂 GRANSTA丸之內

◆グランスタまるのうち

☎050-3354-0710(JR東日本クロスステーション) MAP 附錄③P.13 D-4

丸之內地下區的矚目專區

位於東京車站丸之內地下樓層剪票口外的專區。每次前往都會營造出美好日常氛圍的美妝店、獨特商品豐富齊全的雜貨店、人氣泰式料理專賣店等共有超過30家店進駐。

所千代田区丸の内1-9-1 JR東京駅構内B1 休無休
L10:00～22:00(週日、假日～21:00，翌日逢假日～22:00)
※部分店鋪有異
交JR東京站丸之內地下中央口即到(剪票口外)

➲專區內也有美妝店

美食 A mango tree kitchen GAPAO

◆マンゴツリーキッチン"ガパオ"

☎03-6259-1955 MAP 附錄③P.13 D-4

可輕鬆前往的正宗泰式料理店

通勤前的早餐、午餐外帶或回家時用泰式打拋飯和啤酒當晚餐等，在忙碌的日常生活中，可像攤販一樣輕鬆快速吃到正宗泰式料理的店家。

所GRANSTA丸之内 休無休 L8:00～22:00(內用為～21:30)週日、連休最後一天為～21:00(內用為～20:30)

➲「泰式打拋雞肉飯」香料講究，讓人一吃就上癮980円。

美食 EATALY MARUNOUCHI

◆イータリーマルノウチ

☎03-3217-7070 MAP 附錄③P.13 D-4

在車站內品嘗現烤披薩！

在這裡能品嘗到使用嚴選食材製作的義大利鄉土料理。用烤窯烤製的披薩，以及口味多元的義式冰淇淋等品項也很豐富。

所GRANSTA丸之內
休無休
L9:00～22:00，咖啡廳&酒吧9:00～21:30，餐廳11:00～21:00

➲使用KAWABA CHEESE製作的「布拉塔起司披薩」2680円

街區介紹

名牌的旗艦店和知名的人氣名店齊聚一堂的高雅街道。有歷史積累的傳統建築和老店，以及近代建築和帶領潮流的名店在此融合，只有這裡才有的世界觀充滿魅力。

持續更新散發大人魅力的街道

銀座

ぎんざ

MAP 附錄③ P.14

前往這條街的交通方式

東京站 → 地鐵 丸之內線 → 銀座站
¥180円
約2分

羽田機場第1／第2航廈站 → 東京單軌電車 → 濱松町站 → JR山手線（內環）→ 有樂町站
¥650円
約30分

想在這個區域做的事情！

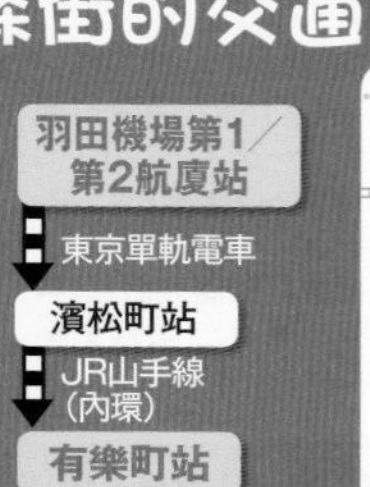

NEWS & TOPICS

2020年6月

在銀座正中央體驗無人機！
スカイファイトカフェ 銀座充滿熱情

全新型態參與型無人機咖啡廳，任何人都能輕鬆操縱無人機。在咖啡廳消費就可免費使用。

MAP 附錄③P.14 E-2

03-5579-9066
所 中央区銀座2-3-12 マロニエゲート銀座3 4F
休 1/1
L 11:00～20:00
交 地鐵銀座一丁目站4號出口步行2分

可以和家人、朋友一起在此玩翻天！

這條街的遊逛方式

新橋站和有樂町站在徒步圈內

從新橋站步行約10分，從有樂町站步行約5分，就能抵達銀座的主要區域。

週六、日、假日為步行者天堂

中央通在週六、日、假日的12～18點（10～3月～17點）會變成步行者天堂（也有中止的情況）。

LANDMARK

A 銀座三越 ぎんざみつこし

老牌百貨公備齊了流行時尚到食品、甜點等高品質商品。位在正面入口的獅子雕像也很有名。

➡P.122

⇧建在銀座4丁目十字路口的銀座「門面」

LANDMARK

D GINZA SIX ギンザシックス

銀座最大規模的複合商業設施。館內各處都展示著藝術作品，也很推薦在購物途中來鑑賞。

➡P.124

⇧館內除了餐廳和商店以外，還有進駐「觀世能樂堂」等

LANDMARK

C 歌舞伎座 かぶきざ

2013年全新開幕，現在為第5代建築物。繼承前代的外觀和匠心，同時具備舒適性和功能性，打造成更便於使用的劇場。

➡P.122

⇧除了觀賞歌舞伎之外，裡面還有藝廊和頂樓庭園

PHOTO SPOT

E 奧野大樓 おくのビル

大樓復古的外觀相當引人注目。除了有藝廊進駐之外，現在還有手動式電梯，讓人有種穿越時空的感覺。

MAP 附錄③P.14 F-2

⇦保有昭和感的外觀讓人不禁想拍攝照片

LANDMARK

B 東京中城日比谷 とうきょうミッドタウンひびや

成為日比谷地區新地標的大型複合設施。也鄰近日比谷公園和皇居，綠意豐沛。

➡P.125

⇦作為下班順路逛逛和假日的玩樂場所而受歡迎

日比谷站

步行即到

1 在東京中城日比谷購物 ➡P.125

步行即到

2 天ぷら 阿部的炸什錦丼讓人感動 ➡P.126

步行即到

3 在歌舞伎座前拍紀念照 ➡P.122

步行7分

4 品嘗PIERRE MARCOLINI銀座本店的芭菲放鬆休息 ➡P.128

步行5分

銀座站

順便可以去這裡

東京車站·丸之內·日本橋區域

➡P.102

2024年5月 THE 皇家花園酒店 銀座六丁目開幕

以「GINZA POP」概念，館內採用了復古和摩登的共存設計，客房內使用了大膽生動的色彩，在社群上拍照打卡效果絕佳。

MAP 附錄③P.14 E-5

☎03-3541-1116
所中央区銀座6-203-1ほか11筆(地番)
IN 15:00
OUT 11:00 ¥純住宿13200円～、附早餐16200円～ 🚇地鐵東銀座站4號、A1出口步行3分

⇧客房內不僅時尚，功能性也十分齊全

2023年3月 直通車站、地理位置非常方便的 TOHO Hibiya Promenade Building

直通東京地鐵日比谷站，交通位置良好。裡面有充滿魅力的咖啡廳、餐廳、流行時尚、各式服務等共11家店進駐。

☎休L視店鋪而異
所千代田区有楽町1-5-2 🚇直通地鐵日比谷站

MAP 附錄③P.15 B-1

➡從地下2樓到地上2樓4層樓組成

在新舊融合的街道隨意走走

銀座隨意散步

大型複合設施仍持續誕生，目前正在進行大改變的銀座。絕對不容錯過的老店知名景點也要走去看看，實際感受現在的銀座。

拍照景點

SEIKO HOUSE GINZA 時鐘塔

1894年起開始守護銀座街道的象徵。現在的時鐘塔為第2代。

←有樂町　晴海通　銀座站　東銀座站　築地→

並木通　松屋通　銀座一丁目站

B4出口 START

和光　銀座三越　松屋銀座

GOAL

在無印良品購物的空檔

1 MUJI Diner ムジダイナー

使用國產蔬菜等的前菜、義大利麵、湯品的「午間全餐」2200円

「無印良品」的餐廳使用講究的食材，提供以義大利麵為主的義式地中海料理。還有令人開心的一點是無論午餐、咖啡、晚餐時間，隨時都能來這裡用餐。

03-3538-1312　所中央区銀座3-3-5 B1　休不定休　L11:00～21:00　地鐵銀座站B4出口步行3分

MAP 附錄③P.14 E-2

在氛圍沉靜的店裡好好放鬆

順道造訪

日本第一家製作紅豆麵包的老店 ➡P.130

銀座木村家 ぎんざきむらや

在烘焙麵包店區，含主打的紅豆麵包在內，販售約130種的麵包。也別忘了去看看樓上的咖啡廳和餐廳。

「櫻花紅豆麵包」1個200円

拍照景點

從1步行3分

在銀座購買時尚的文具

2 銀座 伊東屋本店 ぎんざいとうやほんてん

在1904年創業的文具專賣店尋找伴手禮。以「伊東屋」原創商品和直接進口的商品為主，設計和功能性優良、讓廣泛世代開心的商品也很齊全。不妨來這裡尋找心儀的商品吧。

03-3561-8311(代)　所中央区銀座2-7-15　休無休　L10:00～20:00(週日、假日～19:00)　地鐵銀座站A13出口即到

MAP 附錄③P.14 E-2

把各種魚設計在封面上的「美味魚筆記本」A6 Slim 330円～

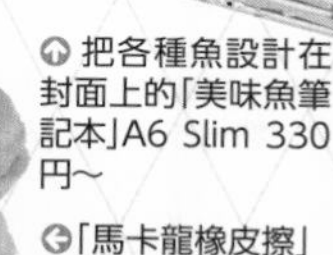

「馬卡龍橡皮擦」5塊裝660円

裝在行李箱等物品上面的「標籤」1個1100円

印有伊東屋LOGO的「托特包」4400円

朝向中央通，由13層樓構成的大型店鋪

從2步行3分

在人氣百貨地下樓層品嘗話題美食

3 銀座三越 ぎんざみつこし

LEAFULL DARJEELING HOUSE的「低咖啡因茶包」5個入各702円

這家百貨公司專門傳遞和銀座相符的優質迷人事物。地下2樓有話題甜點等，會以期間限定的方式登場。

03-3562-1111(大代表)　所中央区銀座4-6-16　休不定休　L10:00～20:00(餐廳11:00～23:00※部分店鋪有異)　地鐵銀座站A7出口即到

MAP 附錄③P.14 E-3

在9樓的休息空間「銀座露臺」稍作休息吧

順道造訪

能接觸到日本的傳統文化

歌舞伎座 かぶきざ

除了觀賞戲劇之外，還推薦大家到地下2F的「木挽町廣場」尋找伴手禮。

03-3545-6800　所中央区銀座4-12-15　休L視公演而異　地鐵東銀座站3號出口即到

MAP 附錄③P.14 F-4

不用買票也能進入「木挽町廣場」

◎紅磚色的建築物。也有店鋪和咖啡廳、酒吧進駐

◎挑高的寬敞空間

◎「蛋包飯」3000円（服務費另計）。光滑的雞蛋上面淋著自家製番茄醬

從4步行7分

午餐就吃傳統的洋食料理

5 資生堂Parlour 銀座本店（餐廳）

しせいどうパーラーぎんざほんてんレストラン

在東京銀座資生堂大樓4、5樓開店的名店，有如洋食料理先驅的存在。享用「牛肉可樂餅」和「蛋包飯」等代代相傳的料理。

☎03-5537-6241 所中央区銀座8-8-3 東京銀座資生堂ビル4-5F 休週一（逢假日則營業）
L11:30～20:30 ⊞地鐵銀座站A2出口步行7分
MAP 附錄③P.15 C-5

6F Sony Imaging Gallery - Ginza

ソニーイメージングギャラリーぎんざ

這家藝廊會和攝影師一起傳遞照片、影片的樂趣和嶄新的表現方式。

☎03-3571-7606 休無休
L11:00～19:00

◎舉辦各式各樣的攝影展，入場免費

B1 春水堂 銀座店

ちゅんすいたんぎんざてん

在珍珠奶茶發源地 ── 台灣很有人氣的咖啡廳。除了使用台灣茶葉的飲料之外，還有台灣麵食與點心等豐富的餐食品項，在這裡能輕鬆享受道地的美味。

☎03-6263-8344
休不定休
L11:00～20:30（飲品～21:00）

◎店內裝潢走亞洲風格，共有30個座位。在這裡能好好放鬆

◎在這裡能享用珍珠奶茶等創意茶飲以及台灣美食

從3步行1分

銀座4丁目交叉口的複合商業設施

4 GINZA PLACE

ギンザプレイス

以鏤空為主題，表現出傳統工藝之美的設施。除了NISSAN和Sony的展示間以外，還有星級大廚經營的餐廳等優質的餐飲店進駐。

☎休L視店鋪而異
所中央区銀座5-8-1
⊞直通地鐵銀座站A4出口
MAP 附錄③P.15 D-4

銀座東急廣場

Check!

假日是步行者天堂 最適合在銀座隨意散步

中央通在週六、日、假日的12～18點（10～3月～17點）會變成步行者天堂（也有中止的情況）

攝影景點

銀座華盛頓 銀座本店的女子畫

牆壁上畫著墊起腳尖，探頭偷看店內的女生的背影

←新橋　中央通

GINZA SIX　銀座CORE　GINZA PLACE

從5步行1分

在畫材店把優質商品帶回家

6 月光荘画材店

げっこうそうがざいてん

由歌人與謝野夫妻命名為「月光莊」的歷史悠久畫材店。商品全都是原創，上面印有「呼喚朋友」的法國號標誌。地下樓層也附設裱框工房。

☎03-3572-5605 所中央区銀座8-7-2 永寿ビルB1-1F 休無休 L11:00～19:00
⊞地鐵銀座站A2出口步行7分
MAP 附錄③P.15 C-5

◎「月光莊蠟筆」2600円

◎有3種顏色的「月光莊顏料別針」各990円

◎店內除了畫具和筆以外，也緊密地陳列著文具和雜貨等商品

從6步行7分

在妖精咖啡廳&酒吧品味夢幻的雞尾酒

7 Tir na nog

ティルナノーグ

以「妖精生活的樂園」為主題的咖啡廳&酒吧。在擺滿魔法小瓶子、天花板上有蝴蝶飛舞的異世界空間，品味店家獨創的雞尾酒吧。店內整體沉浸在異世界的氛圍中，日夜的氣氛迥然不同，也都值得一訪！

☎03-6274-6416 所中央区銀座5-9-5 チアーズ銀座B1 休不定休 L11:00～翌日4:00（閉店） ⊞地鐵銀座站A5出口即到
MAP 附錄③P.14 E-4

◎優美的「棉花糖雞尾酒」1300円～

◎店裡氣氛滿分

銀座的地標！

高品質的堅持在閃閃發亮

和光

わこう

和光位於SEIKO HOUSE GINZA地下樓層到4樓。鐘錶、紳士、婦女用品等，每樣都是從歷史和傳統的價值觀中培育出來的高品質商品。

☎03-3562-2111（代） 所中央区銀座4-5-11 休無休 L11:00～19:00
⊞直通地鐵銀座站B1出口
MAP 附錄③P.15 D-3

◎和光 本店1樓 Watch Square

◎「MANACO斜背手機包」46200円

銀座購物景點大集合

大人的優質商品一個接著一個！

奢華的街道——銀座充滿具有優質設計和品味的高級商品。不論是當成給自己的獎勵，或是當作送給重要之人的禮物，全都很適合！

東急PLAZA銀座

●とうきゅうプラザぎんざ

建在數寄屋橋十字路口的商業設施，建築物的設計是以江戶切子為主題。地下2樓到地上11樓的店鋪部分是以「Creative Japan」為概念，時尚潮流、美食和禮品等各種店鋪齊聚。

☎03-3571-0109 所中央区銀座5-2-1 休1/1、每年一次不定休 L商店、服務、咖啡廳11:00～21:00、餐廳、食物11:00～23:00 ※部分店鋪有異 交地鐵銀座站C2、C3出口即到

MAP 附錄③P.15 C-3

以江戶切子為概念的外觀是主要標誌

3F CIRCLE ●サークル

個性珠寶品牌選自世上的高級素材，搭配職人技術應運而生。

☎03-6263-8884

K18鑽石項鍊 30910円～

↓和天然鑽石組成的簡約質感設計

Magnolia collection 79310円～

←大顆阿古屋珍珠華麗非凡。K18的木蘭花鑽石耀眼奪目

3F TWG Tea

●ティーダブリュージーティー

新加坡發跡的高級茶葉品牌。在從各地直送的嚴選茶葉中混合新鮮水果等食材的原創商品眾多。

※價格有變更的情況

☎03-6264-5758

法式伯爵茶 5184円

←↓紅茶中帶有佛手柑的香氣，是鑲有美麗藍寶石色花瓣的熱門特調茶飲。

3F The PERFUME OIL FACTORY

●パフュームオイルファクトリー

不使用酒精與水，讓香氣持續散發的「OIL」香水專賣店。手工調製的高雅香氣，打造出優雅的每一天。

☎03-6264-5660

香水油31種（右） 6270円

玻璃香水瓶（左） 3168円

→埃及職人手工製作的專用香水瓶，和精密調配的香水油

要稍作休息就到這裡！

B2 SALON GINZA SABOU ●サロンギンザサボウ

提供日本飲食新風格的餐廳。使用夢幻的米「雪ほたか」的餐點和設計性高的甜品等獨特菜單豐富多樣。

☎03-6264-5320

L11:00～21:00

茶房聖代（茶套餐） 2100円

←裝在清酒木杯中的獨特聖代是以日本庭園為印象

要稍作休息就到這裡！

別製MARUTO聖代 2500円

←銀座店限定、滿滿抹茶風味的聖代

4F 中村藤吉銀座店

●なかむらとうきちぎんざてん

於1854年創業於京都宇治的老字號茶商。在咖啡廳能夠品嘗到使用抹茶製作的絕品甜點。

☎03-6264-5168

L10:30～19:30(茶葉販售～20:30)

6F EATALY銀座店

●イータリーぎんざてん

以義大利飲食文化為主題的義大利餐廳&超市。在超市可以買到採購自義大利約1500種的食材。

☎03-6280-6581(超市)

L10:30～22:30

生火腿、起司以量計價 50g 357円～

↑現切的生火腿與起司，風味也很特別

→也羅列許多在日本幾乎沒見過的罕見商品

小箱 麻葉 各3850円

↑本店限定的小箱。吉祥的麻葉花紋裡藏著「GINZA」的字樣

4F 漆器 山田平安堂

●しっきやまだへいあんどう

創業約100年的老牌漆器專賣店。提供適合現代生活風格的新漆器。餐具以外的品項也豐富齊全。

☎03-6263-9900

W起司蛋糕丹麥麵包 1個421円

←使用北海道產和法國產的2種濃厚奶油起司

B2 Viennoiserie JEAN FRANCOIS

●ヴィエノワズリージャンフランソワ

繼承M.O.F主廚Jean-François先生的技術，可以享受「法國香味」的點心麵包齊備。提供約30種現烤麵包。

☎03-5537-5520

GINZA SIX

●ギンザシックス

此區最大規模的購物景點，不僅有世界等級的名牌集結，還會發送最新的流行趨勢。時尚潮流、生活風格、美食等在這裡才能遇見的店鋪齊聚一堂。

☎03-6891-3390 所中央区銀座6-10-1 休不定休 L商店、咖啡廳10:30～20:30、餐廳11:00～23:0011:00～23:00 ※部分店鋪有異 交直通地鐵銀座站地下通道

MAP 附錄③P.15 D-4

銀座區最大等級的購物中心

澀谷 P.54
原宿表參道 P.64
淺草 P.78
上野谷根千 P.94
東京站丸之內日本橋 P.102
銀座 P.120
豐洲築地·月島 P.132
台場 P.136
新宿新大久保池袋 P.144
六本木 P.154

高品味路面店的雜貨也要CHECK！

可以得到獨樹一格的雜貨就是銀座的魅力。路面店陳列著讓人不禁想要購買的商品，也順路去逛逛吧。

金襴和香袋 各770円
使用天然香料。也備有豐富花樣

東京鳩居堂 銀座本店
とうきょうきゅうきょどうぎんざほんてん

1663年創業。陳列香和書畫用具、明信片、信紙、使用和紙的製品等商品的老牌專賣店。時尚的和風小物深受女性歡迎。

一筆箋 銀座
各418円
畫著銀座風景的中紙5色各5張裝

03-3571-4429 所中央区銀座5-7-4 休不定休 11:00～19:00 地鐵銀座站A2出口即到
MAP附錄③P.15 D-3

PENON 木製明信片
600円
木製明信片以日本和世界名畫為主題、重新利用間伐材所製成

銀座LOFT
ぎんざロフト

LOFT的次世代型旗艦店。以「永續」為主題的雜貨、健康雜貨、文具等約有5萬5000件雜貨陳列在此。

03-3562-6210 所中央区銀座2-4-6 銀座ベルビア館1-6F 休無休 11:00～21:00 地鐵銀座一丁目站5號出口即到
MAP附錄③P.14 E-2

虎へび珈琲 迷你托特包/Dark Blend(豆)100g入 2801円
推薦可買來當伴手禮的原創調豆和迷你托特包組

RIVERET 咖啡歐蕾馬克杯 3960円
圓形馬克杯可直接感受到木頭的質感

東京中城日比谷
とうきょうミッドタウンひびや

在藝術文化和娛樂的街道——日比谷全新誕生的大型複合設施。以約60家豐富多彩的店鋪和餐廳為首，電影院、空中庭園等遊樂場所也豐富齊全。眼前就有日比谷公園的地理位置也很有魅力。

03-5157-1251(受理時間11:00～20:00) 所千代田区有楽町1-1-2 休無休 ※部分店鋪有異 11:00～20:00(餐廳～23:00) ※部分店鋪有異 直通地鐵日比谷站A11出口
MAP 附錄③P.15 B-2

ORTIGIA擴香瓶 200ml ZAGARA
11000円
華麗的包裝與來自西西里島、活力充沛的香氣，十分受到歡迎

Tempo 西班牙材料製的復古花紋 原創拖鞋
4180円
拖鞋使用歐洲材料製作，色彩豐富有如藝術品

3F Tempo Hibiya
テンポヒビヤ

色彩豐富、充滿南歐藝術風格的家飾精品店。也有許多原創商品。

03-6206-1152

3F TODAY'S SPECIAL Hibiya
トゥデイズスペシャルヒビヤ

以「和食物共同生活的DIY」為主題，把今天當作特別的一天。餐具和食材、衣服、書和植物等各種生活用品一字排開。

03-5521-1054

TODAY'S SPECIAL TODAY'S SPECIAL

購物袋 1100円
買了許多東西也能安心的大尺寸包包

覆盆子原創餅乾
718円
覆盆子的酸甜滋味很美味

COOKIE FRAMBOISE TODAY'S SPECIAL

B1 鈴懸
すずかけ

擁有創業100年歷史的和菓子專賣店。使用自然的素材，致力追求從獲選「現代名工」的初代老闆手中傳承下來的和菓子。

03-6811-2206

鈴乃最中
1個119円
使用新潟生產糯米的香濃最中餅

要稍作休息就到這裡！

1F Buvette
ブヴェット

從早到晚都能到此享用美食的法國菜食堂。在充滿古董的懷舊空間裡，能品嘗到溫暖的傳統法國料理，受到大家喜愛。

03-6273-3193
11:00～21:00
(週六、日、假日9:00～)

比利時鬆餅
1870円
相當上相的擺盤也是魅力之一

1F ISETAN MiRROR Make & Cosmetics
イセタン ミラー メイク&コスメティクス

這間選貨店來自伊勢丹，匯集日本國內外奢華的美妝保養品。羅列豐富的品牌，還附設専門洗＆吹髮的店和美容儀器店。

03-6812-7157

集結約50家奢華品牌

能夠自由比較、試用，或向設計師諮詢等，購物形式相當自由自在

大約1000円午餐

銀座才有的高價值！

許多高級店聚集的銀座。不過，也有午餐花1000円左右就能品嘗的店散布各處。雖然是平價，但在挑選食材和烹調上都不惜心力的優良店就在這裡！

黑毛和牛漢堡排
1000円
使用黑毛和牛小腿肉製成的漢堡排，可以盡情享用肉原本的鮮味。午餐限量18份

肉類料理

牛庵 ●ぎゅうあん

要吃漢堡排，請在開店前排隊

廚師 津端優介先生

用實惠價格品嘗神戶牛午餐

神戶出生的老闆從當地的畜產農家直接進貨，因此能輕鬆品嘗神戶牛。午餐除了「黑毛和牛漢堡排」以外，「黑毛和牛鐵板壽喜燒」1080円也廣受好評。

✆03-3542-0226
所中央区銀座6-13-6 休週日、一
L11:30～13:30、17:30～21:30
地鐵東銀座站A1出口即到
MAP附錄③P.15 D-5

⊃店面位在大樓的地下1樓。老舊的招牌是標誌

⊂福島縣的村長曾經生活的建築物，移建而成的雅緻店內

天婦羅

天ぷら 阿部 ●てんぷらあべ

必比登推介刊載的全球認證店

曾在日本料理老店「なだ万」磨練廚藝的老闆所經營的溫馨店鋪。午餐也特別推薦放有2隻大炸蝦天婦羅的平價「天婦羅午餐」1650円。

✆03-6228-6077
所中央区銀座4-3-7 スバルビルB1 休無休 L11:30～13:55、17:00～20:55(週六、日、假日11:30～14:55、17:00～20:55) 地鐵銀座站A10出口即到
MAP附錄③P.15 D-3

雞蛋天婦羅請在中途切開，享受看看味道的變化

店長 奥村仁先生

⊃共16個座位的小店。每到午餐時間都會大排長龍

午餐炸什錦丼
1000円
在蔬菜和鮮蝦的炸什錦上面放2塊蔬菜天婦羅、半熟蛋天婦羅。平日午餐限定

蛤蜊細直麵
1700円
添加大山雞醬油的文蛤湯頭搭配細直麵條，堪稱絕妙組合

拉麵

むぎとオリーブ

嚴選食材的奢華拉麵

榮登《米其林指南》的餐廳。人氣菜單上的「蛤蜊細直麵」堅持選用產自三重縣桑名市的文蛤製作鮮美湯頭，帶來豐富且高級的味覺享受。溫潤的雞肉叉燒、給料大方的文蛤等食材也讓人眼睛一亮。

✆03-3571-2123
所中央区銀座6-12-12 銀座ステラビル1F
休週三 L11:30～15:00、17:30～21:30
地鐵銀座站A5出口步行5分
MAP附錄③P.15 D-5

⊃宛如時髦咖啡廳的裝潢也很適合女性入店用餐

稍微提高預算

名店午餐

「既然來到銀座，就想在名店吃午餐」，這樣想的人就要確認這裡。

✤在道地印度料理老店吃午餐

ナイルレストラン

已成為日本印度料理店先驅的歷史悠久餐廳。人氣的「雞肉咖哩午餐」要把清爽的咖哩醬和黃飯拌在一起再品嘗。

⊙辣味恰到好處的「雞肉咖哩午餐」1600円

☎03-3541-8246 所中央区銀座4-10-7 休週二、第1、3週三 L11:30～21:00(週日、假日～20:00) 🚇地鐵東銀座站A2出口即到 MAP附錄③P.14 E-4

✤可以輕鬆享用名廚的味道

LA BETTOLA da Ochiai

●ラ・ベットラ・ダ・オチアイ

落合務主廚的餐廳。可以輕鬆地享用絕品義式料理，大受好評。預約是從奇數月第1個營業日起，用電話受理2個月內的訂位。

⊙「午餐全餐(前菜+義大利麵+佛卡夏)」2420円

☎03-3567-5656 所中央区銀座1-21-2 休週日、一 L11:30～14:00、18:00～20:00(週五、六～21:30) 🚇地鐵銀座一丁目站11號出口步行5分 MAP附錄③P.14 G-2

✤咖哩豬排發祥的洋食店

Grill Swiss ●ぎんざスイス

為滿足前讀賣巨人棒球隊——千葉茂選手「希望趕快上菜，可是又想吃多一點」的點餐訴求而開發的豬排咖哩相當有名。懷舊的店內氛圍令人放鬆。

⊙使用日本國產豬里肌的「千葉選手的炸豬排咖哩」2420円

☎03-3563-3206 所中央区銀座3-4-4 大倉別館2F 休不定休 L11:00～20:30 🚇地鐵銀座站A13出口步行3分 MAP附錄③P.14 E-2

✤在銀座持續受到喜愛的洋食老店

煉瓦亭 ●れんがてい

創業127年的洋食老店。以蘸伍斯特醬品嘗的「元祖炸豬排」為首，必吃的洋食菜單一字排開。

⊙外皮酥脆的「元祖炸豬排」2800円

☎03-3561-3882 所中央区銀座3-5-16 休週日 L11:15～14:00、17:30～20:00 🚇地鐵銀座站A9出口步行3分 MAP附錄③P.14 E-2

洋食

喫茶YOU

●きっさユー

能魅惑所有人的鬆軟口感

創業45年以上的老字號喫茶店。可享用到「蛋包飯」和「拿坡里義大利麵」1300円～等正統洋食。令人懷念的古早味不分年紀擁有非常多愛好者。

☎03-6226-0482 所中央区銀座4-13-17 休無休 L11:00～16:00(週六、日、假日～15:30) 🚇地鐵東銀座站3、5號出口即到 MAP附錄③P14.F-4

⊙氣氛復古沉穩的店內。午餐時間人可能會比較多，建議可提早來店

蛋包飯套餐(附飲料)
1300円
鬆軟的蛋搭配蕃茄醬炒飯的古早味蛋包飯。蛋的Q彈口感美味到無與倫比

以蔬菜和鰹魚高湯製成的香雅飯
1000円
可享受蔬菜美味的香雅飯。加300円附當日現採蔬菜的沙拉

和食

ワイン懐石 銀座 囃shiya

● ワインかいせきぎんざはやシヤ

活用食材風味的香雅飯

由擅於設計新菜單的主廚提供新懷石料理。午餐限定供應35份，從招牌料理到豐富多變的特製香雅飯都能盡情享用。

☎03-3535-2227 所中央区銀座3-8-13 光生ビルB1 休週一 L11:00～14:00(售完打烊)、18:00～22:00(假日11:00～14:00) 🚇地鐵銀座站C2出口即到

MAP附錄③P.14 E-3

蔬菜料理

やさいの王様 銀座店

● やさいのおうさまぎんざてん

可享用豐富多彩的新鮮蔬菜

用全餐等方式提供新鮮蔬菜料理的店0家。作為在附近工作的銀座OL經常光顧的午餐景點也廣為人知。不僅有當季的食材，也會採用其他地方不常見的珍貴蔬菜。

☎03-3571-9881 所中央区銀座8-10-17 銀座サザンビル7F 休無休 L11:30～14:00、17:30～21:00 🚇地鐵銀座站A4出口步行5分 MAP附錄③P.15 C-5

滿滿的洋蔥！國王洋蔥漢堡排餐盤
1280円
飯、湯品、10種綜合蔬菜沙拉可續

咖啡廳餐點

METoA Cafe & Kitchen

● メトアカフェアンドキッチン

上相的華麗咖啡廳午餐

使用了大量蔬菜與有機食材製作，供應健康料理的咖啡廳。食用花的鮮豔色調讓食物看起來更加美味。沉靜的店內氛圍也合乎銀座午餐的格調。

☎03-6264-5761 所中央区銀座5-2-1 東急PLAZA銀座1F 休不定休(準同東急PLAZA銀座的公休日) L11:00～22:00(週六、日8:30～) 🚇地鐵銀座站C2、C3出口即到 MAP附錄③P.15 C-3

PADDLE BURGER LUNCH 1408円
有6種迷你漢堡可選擇，附沙拉及湯品的午間套餐

從老店到話題店

時尚咖啡廳&純喫茶店導覽

精選連內部裝潢都徹底講究的最新潮時尚咖啡廳，以及常年持續受到喜愛的老牌純喫茶店。好好地享受優質的時光吧。

這裡是魅力！
店內也能感覺到比利時皇室御用的巧克力師特有的品味和沉穩風格

↑用簡約時尚的內部擺飾統一風格的2樓咖啡廳

MARCOLINI香草閃電泡芙
咖啡廳935円
店鋪810円

↖鬆軟輕盈的奶油和泡芙非常搭配

MARCOLINI精選
6顆裝2511円

↑果仁糖6種裝
※內容視時期而異

可以盡情享用可可的香濃滋味！

MARCOLINI巧克力芭菲 1980円
使用從生產地挑選的可可豆。冰淇淋、奶油、醬料的味道融為一體，十分講究的芭菲

PIERRE MARCOLINI 銀座本店

●ピエールマルコリーニぎんざほんてん

可可豆的進貨和焙煎、調合等步驟都是自己動手。除了各式各樣的巧克力甜點以外，也能享用銀座本店限定的「MARCOLINI咖哩套餐」3080円~等餐點菜單。

03-5537-0015
所 中央区銀座5-5-8 休 無休
11:00～19:00
地鐵銀座站B3出口即到
MAP 附錄③P.15 D-3

享受時尚的空間 時尚咖啡廳

在和風咖啡廳放鬆歇息

咖啡果凍
1100円~
風味濃厚的咖啡果凍與上頭的香草冰淇淋是絕妙搭配

這裡是魅力！
能在洋溢和風時尚氛圍的空間享用美麗百匯，也有販售以時令水果點綴的原創冰棒

JOTARO SAITO CAFÉ

●ジョウタロウサイトウカフェ

以「傳統即新潮」為概念，致力於發揚和服作為現實服裝魅力的品牌所附設的咖啡廳。可享用季節百匯等吸睛的漂亮甜點。

03-6263-9961
所 中央区銀座6-10-1 GINZA SIX 4F
休 不定休 12:00～17:00
直通地鐵銀座站地下通道
MAP 附錄③P.15 D-4

↑店內整體裝潢雅緻，精心設計過的牆面令人聯想到和服的腰帶

SUZU 自家製蜂蜜檸檬汽水
748円

→使用自家製蜂蜜檸檬糖漿的清爽味道

SUZU CAFE -Ginza-

這家咖啡廳的利用方式廣泛，可以只點茶，也可以享用正宗餐點。自家製的飲品和麵包等菜單也展現出獨到的堅持。以每日更換的方式提供的甜點也廣受歡迎。

03-6228-6090 所 中央区銀座2-6-5 銀座トレシャス6F 休 無休 11:00～23:00(午餐～15:00)
地鐵銀座一丁目站8號出口即到
MAP 附錄③P.14 E-2

↓椅子和桌子、照明等自家公司設計的時尚裝潢也很吸睛

這裡是魅力！
充足的陽光從窗戶照進店內，讓人容易放鬆。一個人也容易走進去

SUZU CAFE名產卡士達布丁
680円
加入焦糖咖啡的越南風味，微苦的焦糖使布丁的甘甜更加突出

引人入勝的絕妙甘甜成熟風味的甜點

沉浸在復古的氣氛中

純喫茶店

Tricolore 本店

●トリコロールほんてん

於1936年創業的老店。「古董混合咖啡」使用中南美生產的高品質咖啡豆，接到點餐後會細心地以法蘭絨濾布手工沖泡出來。

☎03-3571-1811
所 中央区銀座5-9-17
休 需確認官方社群
L 8:00～18:30
🚇地鐵東銀座站4號出口即到
MAP 附錄③P.15 D-4

與芳醇的咖啡十分相襯

閃電泡芙 650円
招牌商品接到點餐後才會擠上奶油，並淋上巧克力

這裡是魅力！
店內有磚造的牆壁和暖爐、設計優雅的椅子和照明等家具，具有歷史悠久的名店才有的風情

➡沉穩的店內瀰漫著自然的高雅氣氛，以及老店特有的復古氛圍

GINZA WEST本店

●ぎんざウエストほんてん

這家洋菓子店＆咖啡廳自1947年創業以來，就作為能欣賞音樂的店吸引許多文人之類的顧客聚集。樹葉餅和餅乾都適合當作銀座的伴手禮。

☎03-3571-1554
所 中央区銀座7-3-6
休 無休　L 9:00～21:30(週六、日、假日11:00～19:45)
🚇地鐵銀座站C4出口步行5分
MAP 附錄③P.15 C-4

在特別的空間品嘗頂極洋菓子

千層派 550円
活用泡芙和樹葉餅兩者的特長，只有在喫茶店內才能品嘗的絕品甜點

這裡是魅力！
塞滿SP黑膠唱片的櫥櫃等能感覺歷史的家具也引人矚目

⬆許多名曲流洩的店內。彷彿流動著和外面不同的空氣，寧靜沉穩的氣氛很有魅力

資生堂Parlour 銀座本店 SALON DE CAFÉ

●しせいどうパーラーぎんざほんてんサロンドカフェ

起源於明治時代日本首家開設製造、販賣蘇打水和冰淇淋的「Soda Fountain」專區。用「冰淇淋汽水」品味當時的味道和氣氛吧。

☎03-5537-6231
所 中央区銀座8-8-3 東京銀座資生堂ビル3F
休 週一(逢假日則營業)　L 11:00～20:30(週日、假日～19:30) ※不可預約 🚇地鐵銀座站A2出口步行7分
MAP 附錄③P.15 C-5

長年受到喜愛的菜單，連外觀也很漂亮

冰淇淋蘇打(檸檬) 1150円
冰淇淋漂浮在色彩鮮豔的汽水上，可以感覺銀座歷史和品味的必吃菜單

這裡是魅力！
店內的紅牆很時尚。甜點也有裝著豐富當季水果的每月更換百匯，深受歡迎

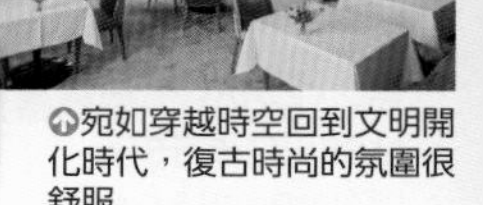

⬆宛如穿越時空回到文明開化時代，復古時尚的氛圍很舒服

CAFÉ PAULISTA

●カフェーパウリスタ

從明治時代就在銀座受到喜愛的名店。使用從全球嚴選直接進口的咖啡豆，可細細品嘗。「銀ぶら」的語源也有一種說法是指在這裡喝巴西的咖啡。

☎03-3572-6160
所 中央区銀座8-9 長崎センタービル1-2F　休 無休
L 9:00～19:30(週日、假日11:30～18:30)
🚇地鐵銀座站A4出口步行7分
MAP 附錄③P.15 C-5

在逛銀座的空檔享用香醇的咖啡

森林咖啡 770円
不使用農藥和化學肥料，可以享用咖啡豆芳醇味道的嚴選巴西咖啡

這裡是魅力！
也曾出現在芥川龍之介的小說等各種文學和繪畫作品中的名店

➡約翰・藍儂和小野洋子也曾經造訪，因而廣為人知

路面店限定

＼任何人都會開心的絕品大集合！／

美味的銀座伴手禮

點心老店聚集的銀座。店鋪的悠久歷史是美味的指標。把任何一個人收到都會歡欣雀躍的絕品伴手禮帶回家吧。

木挽町よしや

● こびきちょうよしや ●

可以烙上喜歡的印記 製作精巧的銅鑼燒

1922年創業的和菓子店。招牌商品是用1片外皮包裹十勝產最高級紅豆製成的銅鑼燒。可以烙上喜歡的印記，最適合拿來送禮。連麵糊都是手工製作，所以要訂購銅鑼燒的話建議先預約。

☎03-3541-9405
所中央区銀座3-12-9
休週日、假日
L10:00～18:00（售完打烊）
地鐵銀座站A7出口即到
MAP 附錄③P.14 F-4

銅鑼燒 5入864円
口味溫潤柔軟的銅鑼燒。從5入到30入都有

店面位於歌舞伎座背面，有時也會接到藝能工作者的預約

銀座 菊廼舍

● ぎんざきくのや ●

名人也喜歡的華麗點心

1890年創業的老牌江戶和菓子店。可以取得職人巧妙製作的眾多漂亮和菓子。「富貴寄」756円～裝著顏色豐富多樣的小江戶和菓子，不僅外觀漂亮，當成伴手禮也很受歡迎。

☎03-3571-4095
所中央区銀座5-9-17 銀座あづまビル1F
休週三（12月無休）
L9:30～18:00（週六、日、假日～17:30）
MAP 附錄③P.14 E-4

富貴寄 感謝 1620円
適合對關照自己的人表達平時的感謝或作為季節慰問品

能同時感覺傳統和風與現代時尚的店內也有內用區。也販賣店鋪限定商品

空也

● くうや ●

必定連日售罄的知名最中餅

以創業約135年的歷史而自豪的老店。知名的最中餅堅持不添加化學添加物，香濃的焦脆外皮和紅豆餡的風味絕妙地交織在一起。因為經常賣光，所以事先電話預約為佳。

☎03-3571-3304 所中央区銀座6-7-19 休週日、假日 L10:00～17:00（週六～16:00） 地鐵銀座站B5出口步行5分
MAP 附錄③P.15 C-4

最中餅 10個裝1100円
葫蘆形狀小尺寸。第2～3天是最好吃的時候

店面位在並木通旁邊。入口掛著門簾的簡單外觀

MATSUZAKI SHOTEN（銀座 松崎煎餅 本店）

● マツザキショウテンぎんざまつざきせんべいほんてん ●

以紫色（紫藤色）為裝飾重點的時尚店內。也有附設內用區

從江戶時代持續製作瓦煎餅而廣為人知的老店。瓦煎餅「大江戶松崎 三味胴」會在限定期間出現與季節有關的圖案。霰餅和御欠米菓等點心也廣受好評。

☎03-6264-6703 所中央区銀座4-13-8 岩藤ビル1F 休無休 L10:00～19:00 地鐵東銀座站3號出口即到 MAP 附錄③P.14 F-4

充滿季節感的美麗圖案

大江戶松崎曆 8入1296円
會隨著季節變換圖案的三味胴禮盒值得玩味

資生堂Parlour 銀座本店商店

● しせいどうパーラーぎんざほんてんショップ ●

1902年創業，歷史悠久茶室的旗艦店。漂亮的新鮮蛋糕和仿照「資生堂」象徵「花椿」的「花椿巧克力」等店鋪限定商品，也很豐富齊全。

☎03-3572-2147
所中央区銀座8-8-3 東京銀座資生堂ビル1F
休無休 L11:00～20:30
地鐵銀座站A2出口步行7分
MAP 附錄③P.15 C-5

山茶花巧克力 各270円
店鋪限定的10種夾心巧克力。有5顆、10顆的盒裝（盒子另外收費）

超過100年持續受到喜愛的老店

也有咖啡廳和餐廳、酒吧等店，傳播各式各樣的飲食文化

銀座木村家

● ぎんざきむらや ●

發泡奶油和紅豆餡的絕妙組合

作為紅豆麵包的始祖而廣為人知的老牌麵包店。紅豆麵包之後深受歡迎的「紅豆餡奶油」有紅豆餡和奶油的適當甜味會在口中擴散開來。推薦稍微加熱再品嘗。

☎03-3561-0091
所中央区銀座4-5-7
休無休 L10:00～20:00 地鐵銀座站A9號出口即到
MAP 附錄③P.14 E-3

店在中央通旁邊。也附設咖啡廳和餐廳

紅豆餡奶油 320円
發泡奶油和紅豆餡恰到好處地融合在一起，相當美味！

這裡也想去！
銀座 區域導覽
ぎんざ

咖啡廳 月光荘サロン 月のはなれ
◆げっこうそうサロンつきのはなれ

☎03-6228-5189 MAP 附錄③P.15 C-5

由畫材倉庫改造而成的咖啡廳
畫材店「月光荘」親自打造的咖啡廳兼酒吧。在採用古材等建材的店內，可以坐在庭木環繞的露天座位或放鬆的空間中享用茶飲和餐點。推薦美國南部的家庭料理「雞肉秋葵濃湯」1650円。

所中央区銀座8-7-18 月光荘ビル5F 休週一、不定休 L14:00～22:30(週日、假日～20:00) JR新橋站銀座口步行3分

位在住商混合大樓的頂樓，有如祕密基地的咖啡廳

美食 近大卒の魚と紀州の恵み 近畿大学水産研究所 銀座店
◆きんだいそつのさかなときしゅうのめぐみきんきだいがくすいさんけんきゅうしょぎんざてん

☎03-6228-5863 MAP 附錄③P.15 B-3

脂肪肥美的「近大鮪魚」讓人嘖嘖稱讚
這家店能品嘗到全球首家實現黑鮪魚完全養殖的近畿大學的養殖魚。除了近大鮪魚以外，還能品嘗比目魚、真鯛等新鮮的養殖魚。

所中央区銀座6-2 東京高速道路山下ビル2F 休不定休 L11:30～14:00、17:00～22:00(週日、假日11:30～14:00、17:00～21:00) ※食材用完打烊 地鐵銀座站C2出口步行3分

近大鮪魚與嚴選鮮魚握壽司御膳(特上)2600円

購物 無印良品 銀座
◆むじるしりょうひんぎんざ

☎03-3538-1311 MAP 附錄③P.14 E-2

讓食衣住行更豐富的世界旗艦店
用起來相當舒適的日用品就不用說了，也開發出各種類型的商品。尤以食品樓層品項最為豐富，集結許多以精選食材製成的商品，例如在店內焙煎的世界各地咖啡豆、時令蔬果等。也有附設餐廳和飯店。

所中央区銀座3-3-5 休不定休 L11:00～21:00 地鐵銀座站B4出口步行3分

義大利麵醬和生火腿、紅酒等一同陳列其中

咖啡廳 MERCER BRUNCH GINZA TERRACE
◆マーサーブランチギンザテラス

☎03-3562-9551 MAP 附錄③P.14 F-1

香醇的絕品綜合咖啡
用特製布里歐麵包製作的法式吐司套餐等具有飽足感的菜單豐富多樣。店內有可以眺望銀座街道的露臺座位，遍布奢華的空間。

所中央区銀座1-8-19 KIRARITO GINZA4F 休不定休(準同KIRARITO GINZA的公休日) L11:00～16:30(週六、日、假日10:00～)、17:30～21:30(週五、六、假日前日～22:00) 地鐵銀座站一丁目7號出口即到

「布里歐法式吐司早午餐」2100円～

景點 歌舞伎座ギャラリー
◆かぶきざギャラリー

☎03-3545-6800(歌舞伎座) MAP 附錄③P.14 F-4

重新發現歌舞伎的魅力！
淺顯易懂地介紹歌舞伎的設施。展示廳所在的5樓還有屋頂庭園，走下通往4樓的五右衛門階梯可達「四樓迴廊」，展示著介紹歌舞伎座歷史軌跡的模型、合影看板等。

所中央区銀座4-12-15 歌舞伎座タワー5F 休不定休 L10:30～18:00 ¥部分區域免費開放 地鐵東銀座站3號出口即到

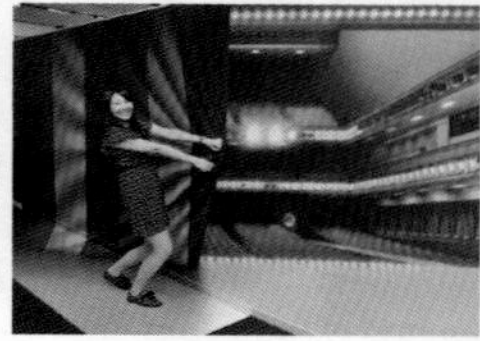
利用視錯覺原理打造的拍照景點也很受歡迎

購物 Del Rey 銀座店
◆デルレイぎんざほんてん

☎03-3571-5200 MAP 附錄③P.15 D-3

巧克力愛好者也不禁入迷的逸品
本店在比利時安特衛普的巧克力專賣店。以DelReY的代名詞鑽石巧克力為首，在比利時製造的巧克力每一樣都是極品。2022年1月店鋪移至現址。

所中央区銀座5-6-8 銀座島田ビル1F 休無休 L11:00～19:00 地鐵銀座站A1出口即到

「巧克力精選」4顆裝2484円

咖啡廳 BUNMEIDO CAFE GINZA
◆ブンメイドウカフェギンザ

☎03-3574-7202 MAP 附錄③P.15 D-4

甜點類超豐富的時尚咖啡廳
以蜂蜜蛋糕廣為人知的文明堂所打造的咖啡廳。也具備銀座店限定的菜單，從咖啡廳到午餐、晚餐都能廣泛地享用。裝飾在店內的大花窗玻璃也一定要看。

所中央区銀座5-7-10 EXITMELSA1F 休不定休(準同EXITMELSA的公休日) L11:00～20:00 地鐵銀座站A2出口即到

「和式甜食御膳(飲料套餐)」2500円

玩樂 日比谷OKUROJI
◆ひびやオクロジ

☎視店鋪而異 MAP 附錄③P.15 B-4

離中心商業區稍遠的祕密景點
將建於明治時代的JR高架橋下拱門變成商業設施。有樂町～新橋站之間長達300公尺聚集了不少大人會喜愛的商家，例如販售印染商品和皮革製品等物的雜貨店、餐廳及酒吧等。

所千代田区内幸町1-7-1 休L視店鋪而異 JR有樂町站日比谷口步行6分

高雅品項齊全的雜貨店齊聚於此

購物 Venchi Ginza
◆ヴェンキギンザ

☎03-5579-5930 MAP 附錄③P.15 D-2

在杜林誕生的高級巧克力
義大利老字號巧克力、義式冰淇淋專賣店的日本國內1號店。以從創業延用至今的食譜製作「榛果巧克力」等，提供各種風味典雅的巧克力。也很推薦義式冰淇淋。

所中央区銀座4-3-2 休無休 L10:00～21:00 地鐵銀座站C8出口即到

代表Venchi的「榛果巧克力」每公克19.5円(1個約190円)

咖啡廳 CAFE Stylo
◆カフェスティロ

☎03-3567-1108 MAP 附錄③P.14 E-2

能品嘗在館內蔬菜工廠採摘的蔬菜
位在「銀座 伊東屋」(→P.76)內的咖啡廳。菜單所使用的蔬菜都是採用在11樓的蔬菜工廠製作的食材。從午餐到晚餐都能廣泛利用。自然光照射進來的明亮內部裝潢也很時尚。

所中央区銀座2-7-15 12F 休無休 L11:30～20:00※過年期間需洽詢 地鐵銀座站A13出口即到

「無花果和藍起司的沙拉」1650円

美食 花信風
◆かしんふう

☎03-6206-6830 MAP 附錄③P.15 B-4

上等手延麵的自創素麵
可搭配日本酒享用嚴選食材的炭火燒和稻草燒。除了吧檯座和餐桌席之外，還有可容納最多20人的包廂，日常用餐到宴會等各種場合都可來此。

所日比谷OKUROJI 休無休 L11:30～14:00、16:00～22:00(週六、日、假日11:30～22:00)

有充足的吧檯座，一個人來訪也可輕鬆暢飲

日本的廚房

豐洲市場海鮮美食

開創新頁的豐洲市場。一般遊客可進入的餐飲、銷售區域天天人潮絡繹不絕。盡情享用以新鮮海產調製的豐洲市場美食吧。

↑只有吧檯的店內。空間開放，感覺很寬敞

豪華海鮮盛宴！奢華至極的丼飯

6街區 水產仲介批發賣場樓棟 3F

海鮮丼 大江戸

● かいせんどんおおえど

以豐富菜單自傲的海鮮丼專賣店。食材是由眼光銳利的專家每早去採買，使用嚴選的當季聖品。所有海鮮丼都可以追加喜歡的食材當配料。

☎03-6633-8012
🕒7:00～14:30

美味精選丼 3800円

↖海鮮丼內有中腹肉、海膽、蟹腳等7種食材。也有附味噌湯

→醒目的綠色暖簾，店內裝潢明亮而簡潔

↑吧檯座前方可欣賞師傅捏製壽司的模樣

6街區 水產仲介批發賣場樓棟 3F

寿司大

● すしだい

連挑嘴的人也會折服的人氣店。每天早上購入當季新鮮天然食材，以純熟技術供應料理。對「煮切醬油」及「岩鹽」也很講究。由於常常客滿，建議在開店前的早上5時抵達。

☎03-6633-0042
🕒6:00～14:00(最後入店時間配合關店時間結束)

精通魚知識的職人捏製的絕品江戸前壽司

店長精選套餐 5500円

↖除了店家精選的握壽司9貫、壽司捲、玉子燒之外，還可以自選1貫喜歡的食材請師傅捏製

MAP 附錄③ P.4

街區介紹

開發興盛的沿海街區。諸如從築地搬遷至此的「東京都中央批發市場 豐洲市場」、2024年誕生的鄰近商業設施「江戸前場下町」等，景點還在增加當中。

東京站 ↓JR山手線(外環) 有樂町站 ↓地鐵有樂町站 豐洲站 ↓百合海鷗線 市場前站
¥520円 🕒約35分

羽田機場第1、第2航廈站 ↓京急線(快特) ※直通地鐵淺草線 新橋站 ↓百合海鷗線 市場前站
¥940円 🕒約65分

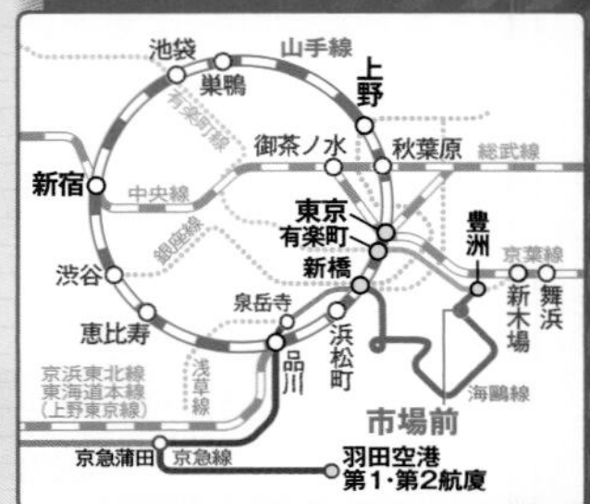

豐洲市場MAP

↑有明駅
豐洲市場
5街區 青果棟
7街區 管理棟棟
7街區 水產批發賣場樓棟
市場前駅前
市場前站
◎百合海鷗線
市場前駅前
←豐洲駅
參觀者通道
水產仲卸売棟
6街區 千客萬來設施用地
6街區 水產仲介批發賣場樓棟
有餐廳的是這3棟

東京都中央批發市場 豐洲市場

● とうきょうとちゅうおうおろしうりしじょうとよすしじょう

歷經約80年的築地市場步入歷史後，遷至豐洲的首都圈綜合市場。除了美食以外，還有鮪魚模型、小型載貨車展示等眾多看點，參觀時請遵守規矩。銷售區域的「魚河岸橫丁」也不要錯過了。

☎03-3520-8205
所江東區豐洲6 休週日、假日、休市日
※詳細資訊需確認官網
🕒5:00～17:00（餐飲、銷售視店鋪而異）
🚃百合海鷗線市場前站即到
MAP 附錄③P.4 G-5

澀谷 P.54
原宿 表參道 P.64
淺草 P.78
上野 谷根千 P.94
東京站 丸之內 日本橋 P.102
銀座 P.120
豐洲・築地・月島
P.132
台場 P.136
新宿 新大久保 池袋 P.144
六本木 P.154

充滿活力的美食聖地

豐洲 千客萬來

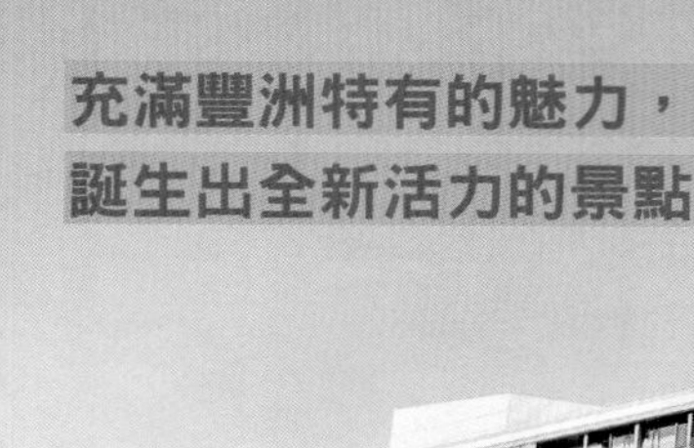

充滿豐洲特有的魅力，
誕生出全新活力的景點

快來看看！東京美食魅力齊聚一堂的美食街，以及可一覽豐洲景觀的溫泉設施的全新觀光據點！

豐洲 千客萬來

●とよすせんきゃくばんらい

由可吃到繼承築地傳統市場特有的新鮮美食的「食樂棟」，和可悠閒休息的「溫浴棟」組成的設施。充滿豐洲熱鬧、活力滿滿的風格，真的是千客萬來。

03-3533-1515
所 江東区豊洲6-5-1 休 無休
L 10:00～18:00※視店鋪而異 百合海鷗線市場前站步行4分
MAP 附錄③P.4 G-5

豐洲場外 江戶前市場

活用鄰接豐洲市場優勢，當地餐廳和有許多新鮮食材的店家櫛比鱗次。可在重現江戶街景的美食街感受食物的活力。

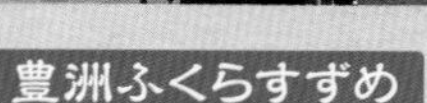

豐洲ふくらすずめ

可品嘗到白玉紅豆湯和最中等帶有「和風」感的甜點，以及講究的咖啡，在此和風咖啡廳裡小休片刻吧。

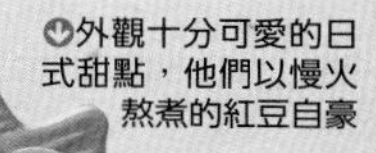

↓外觀十分可愛的日式甜點，他們以慢火熬煮的紅豆自豪

←使用豐洲市場食材的當地美食也不可錯過

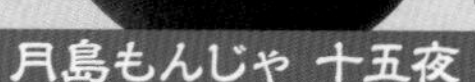

月島もんじゃ 十五夜

運用高湯和豐洲食材完成了月島名產「文字燒」，還有許多更加升級的餐點。

↑食樂棟集結了許多不同場景的餐廳

豐洲目抜大通

→可奢侈地享用來自全國各地的當季新鮮牡蠣

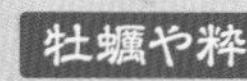

牡蠣や粋

以鑑定能力自豪的仲介商築地三代直營，豐洲市場唯一的牡蠣專賣店。

←↓8樓的足浴除了萬葉俱樂部的使用者外，也對外開放，日夜可欣賞到不同景色是其魅力

千客萬來 足浴庭園

客房

→可眺望水岸景色的客房

24小時營業的大型溫浴設施

露天浴池

東京豐洲 萬葉俱楽部

●とうきょうとよすまんようくらぶ

溫浴設施可泡到從箱根、湯河原運送而來的溫泉名湯。邊眺望隨著時間變化的東京灣景色，邊悠閒度過的露天浴池，舒緩連日的疲憊。

03-3532-4126
L 24小時營業 ¥ 得組合入館費：大人（國中生以上）3850円，兒童（小學生）2000円，幼兒（3歲～學齡前兒童）1400円，未滿3歲免費

築地

★つきじ

熱市場遷走後依舊熱鬧的海鮮美食街區

MAP 附錄③ P.24

街區介紹

在築地市場移至豐洲之後，依舊充滿活力的熱鬧街區。築地場外市場有多種豐富美食。歷史悠久的寺院、神社也值得一看。

東京站 → 地鐵丸之內線 → 銀座站 → 地鐵日比谷線 → 築地站 ¥180円 約10分

羽田機場第1、第2航廈站 → 京急線（快特）※直通地鐵淺草線 → 大門站 → 地鐵大江戶線 → 築地市場站 ¥590円 約35分

築地場外市場

招牌&新店 隨口品嘗美食

生氣蓬勃的店面一字排開，築地場外市場可謂美食寶庫！
一邊「隨口吃些好吃的」，一邊漫無目的地逛逛這些店吧。

菅商店 ●すがしょうてん

在築地場外市場罕見的茶餐廳。使用日本國產黑豬的燒賣、肉包等很受歡迎。以店門口的蒸籠蒸煮而成，可品嘗剛出爐的美味。

☎03-3541-9941 所中央區築地4-10-2 休週日、假日、休市日 L6:00～15:00 地鐵築地市場站A1出口步行4分
MAP 附錄③P.24 C-1

肉餡厚實的燒賣 黑豬肉的鮮美在口中散開

招 黑豬肉燒賣 150円

↑以鹿兒島縣產黑豬肩里肌肉為餡料，扎實的燒賣

まるー 浜田商店 ●まるいちはまだしょうてん

以口味、外觀皆衝擊性十足的「築地海膽包」為首，提供多種適合在築地漫步時享用的和菓子等。

☎03-3541-7667 所中央區築地4-13-3 休週日、假日、休市日 L5:00～12:00 地鐵築地市場站A1出口步行7分
MAP 附錄③P.24 C-1

新 築地海膽包 1000円

使用竹炭的黑皮和海膽搭配絕佳

↓使用海膽泥等，在奶油醬上再放上生海膽

味の浜藤 築地本店 ●あじのはまとうつきじほんてん

1925年創業的加工食品店。使用上等白肉魚等，追求食材原本的美味。其中的「炸玉米棒」亦為熱門商品，可充分感受玉米的鮮甜。

☎03-3542-2273 所中央區築地4-11-4 東急ステイ築地1F 休不定休 L8:00～14:30 地鐵築地市場站A1出口步行5分
MAP 附錄③P.24 C-1

滿滿玉米的鮮甜炸物串

招 炸玉米棒 420円

↑使用味道很甜的品種

つきぢ松露 本店 ●つきぢしょうろほんてん

提供壽司專用玉子燒的專賣店，特色是經過重重研究，開發出如何在冷卻後更顯醬汁美味。蛋以共同開發的飼料培育而成，蛋黃顏色有經過調整。

☎03-3543-0582 所中央區築地4-13-13 休無休 L6:00～15:00（週三、日、假日、休市日7:00～15:00） 地鐵築地市場站A1出口步行4分
MAP 附錄③P.24 C-1

邊走邊吃或在店內用餐皆可，多元的享用方式

招 shouro方塊 400円

↑招牌商品玉子燒「松露」的適口大小

新 玉子燒店的泡芙 500円

→以特製卡士達奶油與鮮奶油的雙重奶餡製成的商品

可享受2種口味的漸層風味 令人懷舊的古早味泡芙

紀文 築地総本店 ●きぶんつきじそうほんてん

以加工食品聞名的「紀文」本店。店門口陳列著廚房剛出爐的薩摩炸魚餅、人氣魚板、鱈寶等魚漿製品。僅築地才有的原創商品也很豐富。

☎0120-867-654 所中央區築地4-13-18 休休市日 L7:00～15:00 地鐵築地市場站A1出口步行5分
MAP 附錄③P.24 C-1

以魚漿重現御好燒

新 炸御好燒 500円

↖在魚漿中混入章魚、高麗菜、蝦等製成的絕品

不單單只有美食！2大參拜景點

既然來到築地，也務必參觀一下淵遠流長的寺院及神社。

消災解厄、信仰興盛的神社

波除神社
なみよけじんじゃ

1659年創建的神社。以祈求消災解厄、生意興隆而聞名，立有「壽司塚」等市場相關食品公司的塚也是著名特色。

↑供奉著可避災、化險為夷的「天井大獅子」

☎03-3541-8451 所中央區築地6-20-37 休無休 L9:00～17:00 地鐵築地站1號出口步行7分
MAP 附錄③P.24 C-2

擁有管風琴的珍貴寺院

築地本願寺
つきじほんがんじ

以京都西本願寺為本山的都內代表性寺院。本堂內有許多動物的雕刻、彩繪玻璃以及管風琴等值得一看的特點。

↑建築師伊東忠太設計的古印度與亞洲佛教樣式外觀

☎0120-792-048 所中央區築地3-15-1 休無休 L6:00～16:00（傍晚的修行16:00～結束後會關門） 直通地鐵築地站1號出口
MAP 附錄③P.24 C-1

池袋 巣鴨 山手線 上野 日比谷線 秋葉原 總武線 新宿 中央線 御茶ノ水 東京 大江戶線 京葉線 新木場 舞浜 渋谷 恵比寿 大門 銀座 築地 築地市場 浜松町 品川 京浜東北線 東海道本線（上野東京線） 京急蒲田 京急線 羽田空港第1・第2航廈

從正統文字燒到變種文字燒應有盡有！名店林立的

文字燒街

月島

下町的代表性美食——文字燒之街

★つきしま

名店林立的文字燒街上可以看到各式各樣的文字燒。意外的組合搭配説不定會一吃就上癮!?

滿滿的市場直送海鮮 不容錯過的王道人氣菜單

不倒翁文字燒★ 1672円

第一個想點的最推薦菜單，由大量豐洲直送海鮮堆疊盛盤

月島名物もんじゃ だるま粋な店

●つきしまめいぶつもんじゃだるまいきなみせ

人氣名店「月島名物もんじゃ だるま」的最新姐妹店。招牌的文字燒自不用說，從豐洲直送海鮮菜單到肉類料理等豐富菜色一應俱全。

☎03-5534-8128
所中央区月島1-22-1-123
休無休 L11:30～22:00(飲品為～22:30)，週六、日10:30～，假日11:00～
🚇地鐵月島站7號出口即到
MAP 附錄③P.24 B-5

創新版
螃蟹味噌文字燒 2453円

↑盛上松葉蟹的內行店家原創菜單。完成前加入沾滿蛋汁的蟹肉，讓鮮味更上一層樓！

↑桌位之間有擋版相隔，營造包廂感

路地裏もんじゃ もん吉本店

●ろじうらもんじゃもんきちほんてん

位於小巷當中，很多藝人會來訪的人氣店。新鮮食材堅持每天從豐洲市場進貨，文字燒使用費時熬煮的高湯堪稱絕品。

☎03-3531-2380 所中央区月島3-8-10 休無休
L11:00～22:00
🚇地鐵月島站7號出口步行3分
MAP 附錄③P.24 B-5

↑店家位於充滿下町風情的小巷中

在復古懷舊的氛圍中享用文字燒

吉特製文字燒 1650円

章魚、花枝等鋪滿海鮮配料的海鮮文字燒，分量滿點。

創新版
蛋包飯風格文字燒 1650円

↑配料有番茄、米飯、雞蛋等。推薦另外加點起司

もんじゃ蔵

●もんじゃくら

平日上午就開始有客人的人氣文字燒店。除了海鮮類的文字燒之外，還有在「蔵」特製的清湯中加入牛奶的白醬文字燒也很受歡迎。

☎03-3531-5020 所中央区月島3-9-9 休無休
L11:00～22:00
🚇地鐵月島站7號出口步行3分
MAP 附錄③P.24 B-5

↑店內寬敞，也很適合全家人一同前往

就算排隊也想吃到的人氣文字燒店

創新版
明太子鮮蝦奶油文字燒 1430円

↑自家製奶油白醬和明太子搭配絕妙

蔵特製文字燒 1450円

豪邁地加入了滿滿的鮮蝦、花枝、章魚等海鮮的人氣經典文字燒，猶豫不決時就選這道吧。

MAP 附錄③ P.24

街區介紹

約有70間文字燒店林立的下町美食街，有許多名人也會去的名店。品嘗下町孕育出來的名產文字燒，感受這條街特有的風情吧。

東京站 → JR山手線(外環) → 有樂町站 → 地鐵有樂町線 → 月島站
¥330円 L約20分

羽田機場第1、第2航廈站 → 京急線(快特)※直通地鐵淺草線 → 大門站 → 地鐵大江戶線 → 月島站
¥590円 L約40分

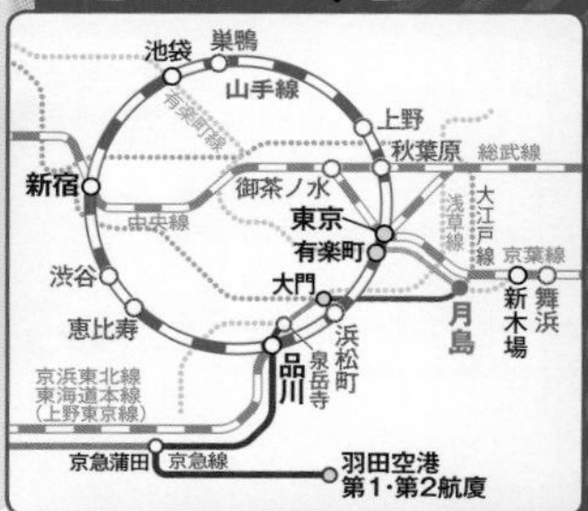

向「もんじゃ蔵」的資深店員問問 HOW TO MAKE 文字燒

1 拌炒配料

↑在預熱的鐵板上抹一層油，將碗中的配料倒到鐵板上拌炒，湯汁留在碗裡

2 製作擋牆

↑生食都過火後，將配料圍成甜甜圈狀，做出一圈擋牆

3 倒入湯汁

↑分2～3次將湯汁倒入擋牆中央，這樣可以增加文字燒的黏稠度

4 拌炒所有配料

↑將擋牆和湯汁攪拌在一起，直到有黏稠度後，再將配料薄薄攤開整形

5 完成

↑灑上青海苔，等到煎出焦痕即完成。用小鏟子將文字燒壓在鐵板上食用

台場

充滿娛樂設施的海濱度假區

★おだいば

MAP 附錄③ P.20

街區介紹

此區聚集著具備玩樂、購物、美食的大型設施，像是代表台場的「富士電視台本社大樓」和「DECKS東京Beach」等。地理位置能夠眺望大海和彩虹大橋，因此廣受歡迎。

東京站 → JR山手線（外環） → 新橋站 → 百合海鷗線 → 台場站
¥480円
約25分

羽田機場第1、第2航廈站 → 東京單軌電車 → 天王洲Isle站 → 臨海線 → 東京電訊站
¥630円（從羽田機場第1航廈站出發）
710円（從羽田機場第2航廈站出發）
約40分

台場海濱公園

● おだいばかいひんこうえん

大環景公園可將彩虹大橋和自由女神全部映入眼簾。魅力是不同時段可欣賞到不同景色的美。

☎03-5531-0852（台場海濱公園管理事務所）
所港区台場1 L自由入園
交百合海鷗線御台場海濱公園站步行3分
MAP 附錄③P.20 E-5

↑公園的東區有台場海灘

地理位置絕佳！ 海濱景點推薦SPOT

臨海的台場有非常多觀賞美景的絕佳地點，最適合來這裡散步！

©東京港埠頭(株)

↑這裡也是欣賞煙火的著名地點

↓高約11公尺的自由女神複製像

↑也有TOKYO CRUISE的乘船處

從海上眺望TOKYO摩天大樓

TOKYO CRUISE（東京都觀光汽船）

● トウキョウクルーズ
とうきょうとかんこうきせん

從「台場海濱公園」連結日之出棧橋、淺草的觀光船。可一覽彩虹大橋等東京港景觀，夕陽和夜景特別美麗。

→P.93

EMERALDAS（從台場海濱公園到淺草）
L視行程而異
¥大人2000円，兒童1000円

↑近未來的空間也相當有魅力

搭乘SKY Duck一覽東京灣

↑豐洲路線進入水中的畫面

水陸兩用巴士 SKY Duck台場 台場環景路線
L參照官網 ¥大人3600円、兒童1800円、3歲以下免費
※費用可能會變更

↑可盡情欣賞台場景色

水陸兩用巴士 SKY Duck台場

● すいりくりょうようバススカイダックだいば

搭乘水陸兩用巴士，眺望不同風情的台場景色。能從彩虹大橋底下仰望，體驗不同於一般的感受。

✆03-3215-0008（SKY Duck客服中心） 所江東区青海1-2-1 休週二、五 L10:00～18:00 臨海線東京電訊站即到

MAP 附錄③P.20 E-3

可欣賞到都市部和青海埠頭兩面的景色

↑遠處在彩虹大橋後方可看到東京鐵塔

遠程通訊中心瞭望臺Rounge ViewTokyo

● テレコムセンターてんぼうしつラウンジビュートウキョウ

設有按摩椅等的「瞭望臺Rounge」如其概念，可一覽灣岸區域，並悠閒欣賞東京美景。

✆03-4405-2694 所江東区青海2-5-10 休不定休 L15:00～19:30（週六、日、假日11:00～） 直通百合海鷗線遠程通訊中心站

MAP 附錄③P.20 F-1

↑也有充滿高級感的VIP室

可以看到起重機或貨物船等很有港邊風味的景色

©東京港埠頭(株)

↑龍門起重機看起來非常有魄力

青海南埠頭公園

● あおみみなみふとうこうえん

除了大型貨櫃船之外，每天還能看到許多船舶，海上還可看到東京灣跨海公路的風塔和房總半島，自豪的美景，令人讚嘆。

✆03-5531-0852（台場海濱公園管理事務所） 所江東区青海2 L自由入園 百合海鷗線遠程通訊中心站步行4分

MAP 附錄③P.20 F-1

彩虹大橋遊步道

● レインボーブリッジゆうほどう

有很多人不知道，其實彩虹大橋是可以步行橫渡的。從芝浦側出入口到台場側出入口約1.7km。

✆03-5463-0223（東京港管理事務所港灣道路管理課） 所港区海岸3地内～同区台場1地内 休第3週一（逢假日則開放，翌日休）、天候不佳時等 L9:00～21:00(11～3月10:00～18:00)，最終入場30分前 百合海鷗線芝浦埠頭站步行5分（芝浦側）

MAP 附錄③P.4 F-5

↓上方為高速公路，下方為一般道路和步道

彩虹大橋…其實是可以步行橫渡的

©東京都港灣局

→步道途中也有海邊的圖案和指示方位的地磚藝術

↑單趟約20～30分鐘可走完

※禁止騎自行車通行

散步可以順便來……台場麵包店

跟著香氣四溢的麵包香味，一起暢遊台場吧。

Bakery & Pastry Shop

● ベーカリーアンドペストリーショップ

有招牌經典甜點、使用季節水果的期間限定甜點，和許多精緻講究的麵包。可在附設的咖啡廳空間內用。

✆03-5500-6623 所港区台場2-6-1 休無休 L11:00～19:00（週六、日10:30～），內用11:00～18:30 直通百合海鷗線台場站

MAP 附錄③P.20 F-4

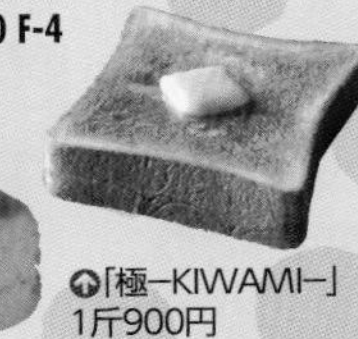

↓「起司蛋糕」700円

↑「極─KIWAMI─」1斤900円

LONGBOARD CAFE CALIFORNIA DRIVE IN

● ロングボードカフェカリフォルニアドライブイン

店內使用60年代的古董，重現加州的免下車餐廳，可在此享用美式美食&飲品。

✆03-3599-5300 所港区台場1-7-1 AQUA CITY ODAIBA 3F MUSEUM &MUSEUM內 休準同設施 L11:00～19:00（週六、日、假日～20:00） 百合海鷗線台場站即到

MAP 附錄③P.20 F-4

→「培根馬鈴薯泥漢堡」1250円

可遊玩的電視台 富士電視台

說到台場的觀光景點，當然不能錯過「富士電視台」。
可以從球體瞭望臺遠眺東京街區。
GACHAPIN與MUKKU博物館於2022年7月整修後重新開幕。

富士電視台本社大樓

● フジテレビほんしゃビル

矗立於台場的電視台也有開放一般遊客入場。可以登上球體瞭望臺、參觀節目的錄影棚布景等，有不少值得一看的地方。也有販售許多會讓粉絲心動不已的原創商品。

☎0570-088-081（綜合視聽中心9:30～21:00）
所港区台場2-4-8 休不定休、球體瞭望臺為週一（逢假日則翌日休） L10:00～18:00（球體瞭望臺的門票販售為～17:30） 交百合海鷗線台場站步行3分
MAP 附錄③P.20 E-4

眾多精彩之處值得一看！或許還有機會巧遇名人!?

新穎的金屬外觀設計為其特徵，室外也有不少展示

此等美景不容錯過！

↑可欣賞270度大全景，連彩虹大橋也一覽無遺。

←光彩奪目的東京夜景盡收眼底，也很適合當作約會景點

25F 球體瞭望臺「八玉」

● きゅうたいてんぼうしつはちたま

盡情眺望！

說到富士電視台的象徵，就是直徑32m的球體瞭望臺。可從地面上100m高處眺望絕景，270度環視臨海副都心，環繞美景令人拍案叫絕。
¥700円（中小學生450円）

從瞭望臺一覽東京絕景

能夠同時遠眺東京晴空塔與東京鐵塔，也用用看附顯示螢幕的望遠鏡吧

規模驚人的巨大壁畫非看不可！

5F GACHAPIN與MUKKU博物館

● ガチャピン・ムック ミュージアム

GACHAPIN MUKKU博物館

GACHAPIN和MUKKU的故事，隱藏在全手繪的地球誕生歷史繪卷中，還可觀賞懷念影像，以及珍貴的展示品。也有可體驗AR圖片的場所。

←搭乘圓頂手扶梯直通5樓後，會有約30公尺的巨大壁畫迎接

也有豐富的購物景點

販售許多來自人氣節目的獨特富士電視台特製商品，最適合當作伴手禮了！

1F 海螺小姐 Sazae-san商店

● サザエさんのおみせ

動畫《海螺小姐》的官方商店。豐富的商品陣容會令粉絲心癢難耐，還可以在店面買到現烤的「海螺小姐燒」210円。

☎03-5500-6075(FujiLand)
休不定休（視活動而異）
L10:00～18:00

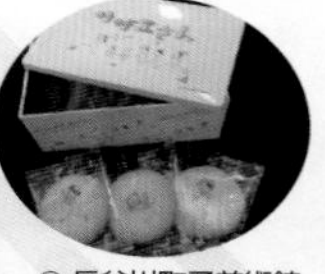
海螺小姐盒裝印花餅乾 1080円
© 長谷川町子美術館

1F 恰恰特快車＆吉祥物商店

集結了恰恰特快車、GACHAPIN、MUKKU等人氣角色商品的店鋪。店內色彩繽紛，甚至有提供嬰兒尿布台空間。

☎03-5500-6075
(FujiLand)
休不定休
(視活動而異)
L10:00～18:00

GACHAPIN玩偶 1870円
©GACHAMUKKU

©チャギントン
恰恰特快車軌道組 威爾森 3190円

7F 富士電視台周邊店

☎03-5500-6075(FujiLand)
休不定休（視活動而異）
L10:00～18:00

富士電視台的節目及電影、動畫等各種周邊商品一應俱全的店鋪。也會舉辦各式各樣的活動。

富士電視台員工食堂醬油拉麵 1包330円

鬧鐘君玩偶 2200円
©フジテレビ

絕景和人氣鬆餅的精彩合演

AQUA CiTY ODAIBA 3F

Eggs 'n Things 台場店 ●エッグスンシングスおだいばてん

以鬆餅和雞蛋料理而聞名，夏威夷發跡的休閒餐廳。露天座位不須多說，連彌漫度假感的室內座位也很推薦。任何一道料理都是分量飽滿。

☎03-6457-1478 所港区台場1-7-1 AQUA CITY ODAIBA 3F 休不定休(準同AQUA CITY ODAIBA的公休日) L9:00～21:00 交百合海鷗線台場站即到

MAP 附錄③P.20 F-4

「草莓、發泡鮮奶油和夏威夷火山豆」1507円

觀景點 也能看見彩虹大橋和遠方東京鐵塔的身影。也很適合早餐時間前來欣賞
露天座位 28席 預約 ○(17點～)
預算 午餐1500円～/晚餐2000円～

一邊感覺海風邊享受度假氣氛

DECKS東京Beach 3F

ISLAND VINTAGE COFFEE 台場店 ●アイランドヴィンテージコーヒーだいばてん

在夏威夷誕生的咖啡店，可以享用稀少的科納咖啡和巴西莓果碗等夏威夷特色料理。只要在優雅的露天座位品嘗，肯定可以享受到度假的氣氛。

☎03-6457-1715 所港区台場1-6-1 DECKS東京Beach 3F 休不定休(準同DECKS東京Beach的公休日) L11:00～21:00(準同DECKS東京Beach的營業時間) 交百合海鷗線御台場海濱公園站即到

MAP 附錄③P.20 E-4

觀景點 從露天座位能一望彩虹大橋。朝向窗戶的吧檯座位也很推薦。
露天座位 10席 預約 ×
預算 午餐1000円～/晚餐1000円～

使用鮪魚和酪梨，健康的夏威夷料理「醬油醃生魚蓋飯」1800円

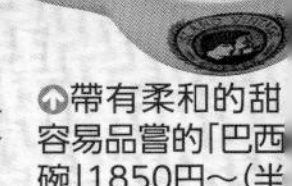
帶有柔和的甜容易品嘗的「巴西碗」1850円～(半1300円～)

絕景和美食都能享受！

海景咖啡廳&餐廳

台場是代表日本的海濱之一。一邊眺望架設在海上的彩虹大橋等美麗的風景，一邊享用奢華的料理吧。早上和夜晚的氣氛都超棒！

日之出啟航 從船上觀看的台場超棒！

美妙的午餐&晚餐航遊

Tokyo Bay Cruising Restaurant SYMPHONY

可以一邊享用法式、義式等全餐料理，一邊欣賞東京灣的絕景。遊船駛向台場之際，東京晴空塔等地標一覽無遺。

☎03-3798-8101(Symphony Cruise) 所港区海岸2-7-104 休無休 ※可能因天候不佳等因素而停駛 L11:50～14:00、15:00～15:50、16:20～18:20、19:00～21:30 ※航行前30分完成搭乘手續 ¥午餐巡遊8000円～，下午茶巡遊2800円～，夕陽巡遊8500円～，晚餐巡遊10000円～(皆含服務費)，僅乘船1800円～ 交百合海鷗線日之出站即到

MAP 附錄③P.4 F-4

從橋下仰望彩虹大橋是一大壓軸

在有如豪華客船的空間品嘗眾多美食

觀景點 電燈和間接照明營造出成人的氣氛。窗戶旁邊的座位很少，事先預約為佳。
露天座位 150席 ※雨天時不開放 預約 ○
預算 午餐1800円～/晚餐3000円～

DECKS東京Beach 5F

OCEAN CLUB BUFFET ●オーシャンクラブビュッフェ

在讓人聯想到客船的店內，幾乎全都能享受無時間限制的自助餐風格在充滿生活感的開放式廚房製作的界各國料理具備大約50～60種，相豐富。

☎03-3599-6655 所港区台場1-6-1 DECKS東京Beach 5F 休不定休(準同DECKS東Beach的公休日) L11:00～22:00(最終店時間20:00) 交百合海鷗線御台場海濱園站即到

MAP 附錄③P.20

「晚餐吃到的其中一道理。和洋交織成的料理讓人噴稱讚

AQUA CiTY ODAIBA 4F

cafe LA BOHÉME 台場 ●カフェラボエムおだいば

有海景餐廳、主餐廳、Bar Lounge這3間不同氣氛的房間，因此相當適合各種場合。提供連素材也很講究的正宗義大利麵和披薩、葡萄酒。

☎050-5444-6478 所港区台場1-7-1 AQUA CITY ODAIBA 4F 休無休 L11:30～23:00(餐點的L.O.為22:00，飲料的L.O.為22:30) 交百合海鷗線台場站即到

MAP 附錄③P.20 F-4

人氣菜單的「清蒸雞和青蔥的和風醬」1210円

觀景點 暖色的間接照明讓店內彌漫浪漫氣氛。窗戶旁邊的座位很熱門，必須預約。
露天座位 × 預約 ○
預算 午餐1925円～/晚餐3300円～

欣賞精彩夜景優雅的台場之夜

台場3大購物中心

豐富多樣的熱門美食和購物景點！

3座大型設施有熱門美食和最新遊玩景點，充滿娛樂性，一起出發吧。一天竟然一轉眼就結束了！

集結許多娛樂設施

DiverCity Tokyo購物中心

ダイバーシティとうきょうプラザ

概念為「劇場型都市空間」。匯集了美食到服飾店等各式各樣的店舖，可暢玩一整天。還有「便便博物館」等體驗型娛樂設施也很齊全。

☎0570-012780 所江東区青海1-1-10 休不定休 L11:00～20:00(週六、日、假日10:00～21:00)，美食區11:00～21:00(週六、日、假日10:00～22:00)，餐廳11:00～22:00 ※部分店鋪有異 交臨海線東京電訊站步行3分

MAP 附錄③P.20 F-3

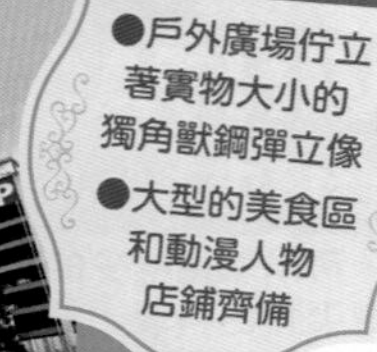

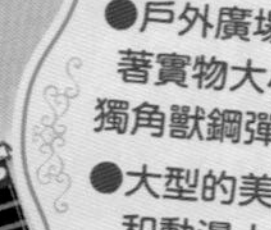

這是怎樣的購物中心?

●戶外廣場佇立著實物大小的獨角獸鋼彈立像

●大型的美食區和動漫人物店舖齊備

玩樂 2F 哆啦A夢未來百貨公司

ドラえもんみらいデパート

↓在「THE SECRET GADGET LAB」體驗《哆啦A夢》的祕密道具吧！

超越世代、國籍，深受世人喜愛的人氣作品《哆啦A夢》世界首家官方商店。除了店鋪限定周邊之外，還有可體驗「任意門」等祕密道具的區域。

☎03-6380-7272
L準同設施

↓也有可繡上喜歡的角色和「哆啦文字」的服務440円～

↑以標題LOGO為意象的「哆啦A夢文字馬克杯」1320円

玩樂 2F 東京便便博物館

うんこミュージアムトウキョウ

以「MAX便便好可愛」為概念，顛覆「便便」印象，展出可愛便便的博物館非看不可。除了「糞便遊戲」之外，還可以玩到體驗型遊樂設施等。

☎非公開 L準同設施
¥2100円、國高中生1500円、4歲以上1000円(週六、日、假日費用)※視時期會有變動

→館內非常好拍照。有豐富周邊商品的商店也很吸引人

←守護神UNBERTO鎮守的「UNBERTO ROOM」。進去就有機會提昇「運(便便)氣」！

景點 2F 實物大小的獨角獸鋼彈立像

じつぶつだいユニコーンガンダムりつぞう

「TOKYO鋼彈計畫」的其中一環。盡可能地重現作品中的變身模樣，看點是搭配燈光和音樂的魄力演出。

L自由參觀 ※2024年7月時資訊

←《機動戰士鋼彈UC》的純白機動戰士閃閃發光

玩樂 7F THE GUNDAM BASE TOKYO

ガンダムベーストウキョウ

這裡有限定鋼彈模型的販售、製作空間、鋼彈模型展示等，可以從各個角度欣賞鋼彈。

☎03-6426-0780
L11:00～20:00(週六、日、假日10:00～21:00)
※人多時會實施入店限制

↑廣大賣場中各種原型的鋼彈模型一字排開

←設置在7樓入口處的歷代鋼彈招牌是標誌

美食 2F Carl's Jr.

カールスジュニア

加州誕生的漢堡店。徹底管理品質的牛肉，直火慢烤成多汁肉排是其招牌。

☎03-5579-6692
L準同設施

↑放了150克安格斯牛肉排的「原創安格斯堡」1240円。點餐後才開始製作，可吃到熱騰騰的餐點

購物 2F HELLO KITTYのこんがり焼

ハローキティのこんがりやき

三麗鷗角色的甜點專賣店。除了在店內現烤的「焦烤餅乾」之外，還有販售霜淇淋及甜甜圈等。

☎03-3527-6118
L準同設施

↑「焦烤餅乾」冷掉也很好吃10個600円～

美食&購物都充滿娛樂感的欲望購物中心

DECKS東京Beach

デックスとうきょうビーチ

這是怎樣的購物中心?
●有主題公園、遊樂場所等許多娛樂設施
●全年展示SEASIDE DECK燈飾秀

有很多大人小孩都能玩得盡興的娛樂設施，還有在日本難得可以體驗到的遊樂設施。可感受海風的海景餐廳和夜間的燈飾秀也相當受歡迎。

☎03-3599-6500
所港區台場1-6-1
休不定休 L11:00～20:00(週六、日、假日～21:00，餐廳～23:00)
※部分店鋪有異
交百合海鷗線御台場海濱公園站即到
MAP 附錄③P.20 E-4

美食 4F 台場章魚燒博物館

おだいばたこやきミュージアム

集結了5間大阪人氣店的美食區。可在悠閒舒適的用餐空間，細細品嘗職人所做的多種章魚燒。

☎03-3599-3755
L11:00～19:30(週六、日、假日～20:30)

「天王寺アベノタコヤキやまちゃん」的「美乃滋蔥花炸花枝章魚燒」，該店相當講究麵糊

集結5間章魚燒名店，一層共有180個座位

玩樂 4F 台場一丁目商店街

だいばいっちょうめしょうてんがい

以昭和的懷舊商店街為形象。除了復古雜貨和日本傳統零食、遊戲之外，還有鬼屋和太空侵略者可以盡情暢玩。

☎03-3599-6500
(DECKS東京Beach)
L11:00～20:00
(週六、日、假日～21:00)
※部分店鋪有異

昭和的音樂流瀉而出

購物 4F Haikara橫丁

ハイカラよこちょう

「Bon Curry」是50多年前全球第一個市面販售的咖哩調理包357円

可感受到復古懷舊昭和風情的雜貨店。現場陳列著懷舊的角色周邊、駄菓子、玩具、偶像周邊等特殊商品，讓人有回到過去的感覺。

☎03-3599-1688
L11:00～20:00
(週六、日、假日～21:00)

玩樂 5F Brave Point 台場店

ブレイブポイントだいばてん

包套體驗有4個時間，從30分鐘到3小時之間可供選擇

可體驗生存遊戲，現場有仿造直升機和監獄的遊戲室。能空手去輕輕鬆鬆地玩也是一大賣點。

☎03-3599-2115
L11:00～20:00
¥包套體驗2小時3500円(週六、日、假日3800円)

可放上蛋糕玩樂的蛋糕餐盤770円

美食 5F 東京拉麵國技館 舞

とうきょうラーメンこくぎかんまい

齊聚了日本各地的6間拉麵名店，除了各店的招牌菜色以外，也能享用這裡才吃得到的原創餐點。

☎03-3599-4700
(AQUA CiTY ODAIBA)
L視店鋪而異

「頑者 NEXT LEVEL」的「特製海老沾麵」，關鍵是濃郁的湯頭1300円
※價格可能會異動

流行店家匯集的台場最新熱門景點

AQUA CiTY ODAIBA

アクアシティおだいば

臨海地區最大規模的美食區，進駐了各式各樣的餐廳，還有集結購物區的設施。有大型影城、也有「AQUA CiTY台場神社」，可在此愉快地度過一整天。

這是怎樣的購物中心?
●匯集了許多熱門店家
●從露臺能以彩虹大橋為背景，拍攝台場的象徵「自由女神像」

☎03-3599-4700
所港区台場1-7-1
休不定休 L11:00～21:00(美食區以外的餐廳～23:00，部分店鋪～翌日4:00)
交百合海鷗線台場站即到
MAP 附錄③P.20 F-4

「糖果櫃」可以把家裡打造成糖果屋1320円

購物 3F #C-pla

シープラ

專賣店網羅超過700種誘人扭蛋玩具。經常更換最新商品，讓人忍不住再三來訪！

☎090-6694-6520
L11:00～20:00
(週六、日、假日～21:00)

「角色合照機」可以體驗和扭蛋玩具愉快拍照

購物 3F Flying Tiger Copenhagen AQUA CiTY ODAIBA店

フライングタイガーコペンハーゲン アクアシティおだいばストア

丹麥發跡的雜貨店。約有2500件時尚幽默的商品一字排開。能輕易入手的價格也讓人心滿意足。

☎03-6457-1300 L11:00～20:00
(週六、日、假日～21:00)

購物 3F MUSEUM & MUSEUM

ミュージアムアンドミュージアム

☎03-3599-5302
L11:00～20:00
(週六、日、假日～21:00)

削鉛筆機「ANTIQUE SHARPENER」如古董擺飾660円

在形似美國街區的店內有5間商店和咖啡廳。販售雜貨的「CAPTAIN'S ROOM」，其商品很適合當贈禮。

2023年12月正式開幕

CITY CIRCUIT TOKYO BAY

1趟7分

●シティサーキットトウキョウベイ

日本唯一一座可在東京都中心體驗正統電動賽車的設施。除了可實際在賽道上奔馳之外，還有融合數位對映等的體驗。

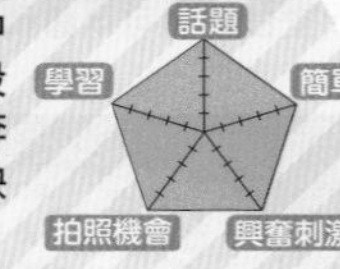

03-6380-7799
所江東区青海1-3-12 休12/31、1/1 L10:00～22:00 ¥1趟3500円～ 百合海鷗線青海A出口即到
MAP附錄③P.21 D-3

戶外卡丁車 3500円～

※有身高限制

可駕駛電動卡丁車奔馳在正式的戶外跑道上。除了戶外跑道外，也有適合小孩子的室內跑道。每種跑道都有身高限制，最好事先確認。

炫影飛旋

融合「刺激體驗」和「數位演出」的次世代型超級機動遊樂設施。驅使迴旋技術比賽得分的「SPIN-BATTLE」，兩人合作是勝負的關鍵。

擊音雲霄飛車

可自行操作「音樂遊戲」（節拍遊戲）的雲霄飛車遊樂設施。配合音樂有節奏感地按下按鈕，可用全身體驗聲光效果的演出。

可以體驗熱門VR的室內型遊樂園

東京JOYPOLIS

●とうきょうジョイポリス

約180分

使用最新技術的新遊樂設施陸續登場，持續進化的室內型主題樂園。規模為日本最大等級，可盡情享受其他地方接觸不到的刺激感和興奮體驗。

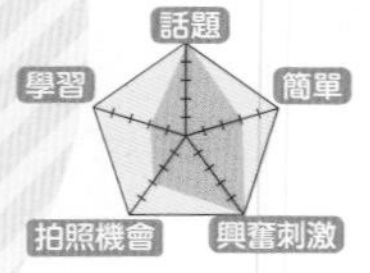

03-5500-1801 所港区台場1-6-1 DECKS東京Beach 3-5F 休不定休(準同DECKS東京Beach的公休日) L10:00～19:15 ※會有變動 ¥1200円，高中生、中小學生900円 百合海鷗線御台場海濱公園站即到
MAP附錄③P.20 E-4

遊樂景點大集合

附上分析圖表一目瞭然！

不僅能暢玩最新的VR遊戲，
還能和世界巨星或名人們拍紀念照，
這裡有許多其他地方體驗不到的娛樂。
在此將搭配分析圖表介紹時下該去的矚目景點。

在亞洲最大的室內型微型博物館，前往袖珍世界！

東京迷你世界

●スモールワールズ

約180分

總面積廣達7000m²，堪稱世界最大規模的微型博物館，體驗各種有趣項目，例如用最新科技及精密技術打造而成的「動態微型」世界，還有能夠製作自己的迷你人形，住進微型世界裡等。

話題 簡單 興奮刺激 拍照機會 學習

非公開 所江東区有明1-3-33 有明物流センター 休無休 L9:00～19:00(最終入場18:00) ※詳細資訊需確認官網 ¥2700円，國高中生1900円，4～11歲1500円(附居住權人形項目為4800円～) 百合海鷗線有明網球之森站步行3分
MAP附錄③P.21 B-5

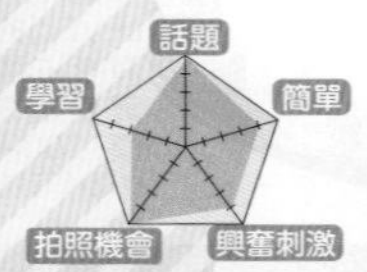

「新世紀福音戰士 格納庫」區域

迷你規格的「新世紀福音戰士」初號機、零號機、二號機近在咫尺。從發射臺彈射而出的場景充滿魄力

「世界小鎮」區域

以亞洲、歐洲5國為舞臺的區域。呈現以奇幻、蒸氣龐克要素點綴的原創世界

「關西國際機場」區域

在機場跑道上共計40架飛機輪流進行寫實起降，可在此觀察機場的營運

愉快地學習先進的科學技術

日本科學未來館

●にっぽんかがくみらいかん

約120分

話題 簡單 興奮刺激 拍照機會 學習

日本國立的科學館。從最新科技、生命奧秘、地球環境到宇宙探險，可體驗到最先進的科學技術。

03-3570-9151 所江東区青海2-3-6 休週二 ※有時會開館 L10:00～16:30 ¥630円，18歲以下210円，6歲以下的學齡前兒童免費(特展及球幕影院費用另計) 百合海鷗線遠程通訊中心站步行4分
MAP附錄③P.20 F-2

老老主題園

介紹老化現象所帶來的身體變化，以及應對這些變化的技術

你好！機器人

透過與機器人互動，以及介紹最新機器人研究，藉此想像未來與機器人的生活

七彩探索

在機器人所活躍的城市「七彩城」，思考與機器人共生的未來

行星危機

理解環境問題，展示一些我們現在能做的事情

巨星的蠟像聚集

東京杜莎夫人蠟像館

●マダムタッソーとうきょう　約90分

在全世界活躍的巨星和運動選手、日本明星等，陳列了70尊以上和真人一模一樣的等身尺寸蠟像。寫實的模樣讓人不禁大吃一驚。和你仰慕的對象一起合照吧。

話題／簡單／興奮刺激／拍照機會／學習

☎0800-100-5346　所港区台場1-6-1 DECKS東京Beach 3F　休不定休(準同DECKS東京Beach的公休日)　L10:00～18:00　¥當日費用2600円、3歲～小學生1800円(網路販售優惠票券中)　交百合海鷗線御台場海濱公園站即到　MAP附錄③P.20 E-4

草間彌生

世界級前衛藝術家也變成蠟像

E.T.

重現《E.T》的知名場景。穿上放在布景旁邊的連帽上衣，扮成主角艾略特吧

用超喜歡的樂高盡情遊玩！

東京樂高樂園® 探索中心

●レゴランドディスカバリーセンターとうきょう　約120分

用超過300萬個樂高積木裝飾的室內型設施。重新發現樂高積木樂趣，娛樂設施豐富多樣。

話題／簡單／興奮刺激／拍照機會／學習

☎0800-100-5346
所港区台場1-6-1 DECKS東京Beach 3F　休不定休(準同DECKS東京Beach的公休日)　L10:00～18:00　¥當日電子票費用2800円～3000円、2歲以下免費　※不接受成人單獨入場　交百合海鷗線御台場海濱公園站即到　MAP附錄③P.20 E-4

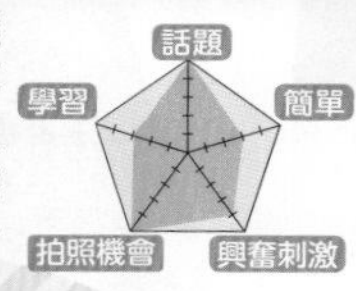

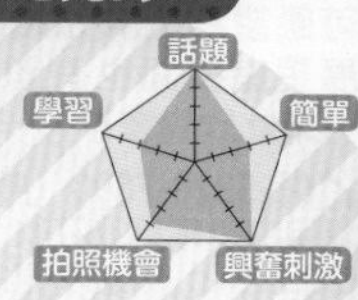

樂高工廠

重現樂高積木的工廠，可以體驗參觀工廠，學習樂高的歷史及其製作過程。全家出遊更開心

魔法般的XR主題公園

TYFFONIUM ODAIBA

●ティフォニウムおだいば　約30分

話題／簡單／興奮刺激／拍照機會／學習

使用超越VR的次世代科技，沉浸式體驗型的遊樂設施。能夠體驗「牠／IT Carnival」、次世代恐怖遊戲「CORRIDOR」等6種遊樂設施。

☎非公開
所江東区青海1-1-10 DiverCity Tokyo購物中心5F
休不定休　L11:00～19:30(週六、日、假日為10:00～20:30)
¥「牠／IT Carnival」3400円等
交臨海線東京電訊站步行3分
MAP附錄③P.20 F-3

牠／IT Carnival

闖入電影世界的絕望遊樂設施

設法用奇妙的幻視畫作拍下有趣的照片吧

東京幻視藝術館

●とうきょうトリックアートめいきゅうかん　約60分

體驗使用特殊機關和錯覺的藝術世界。也有許多江戶的街道和名作等人氣作品。可以自由拍攝，快來拍照吧。

話題／簡單／興奮刺激／拍照機會／學習

☎03-3599-5191　所港区台場1-6-1 DECKS東京Beach 4F　休不定休(準同DECKS東京Beach的公休日)　L11:00～21:00(最終入館20:00)　¥1200円、4歲～國中生800円、3歲以下免費　交百合海鷗線御台場海濱公園站即到　MAP附錄③P.20 E-4

鴉天狗

這裡可潛入江戶時代冒險。走在房間裡時，鴉天狗會突然弄破紙門跑出來，拍下被鴉天狗嚇到逃跑的瞬間吧

艾姆斯房間

身高會因站立位置變大變小的奇妙空間，變成忍者屋登場。和忍者一起利用視覺錯覺擺出有趣的姿勢吧！

尖叫岩壁

一旦掉落懸崖，底下就會有血盆大口的巨大鯊魚在等著!? 拍下緊抓住岩壁、快要被鯊魚吞下去的瞬間吧

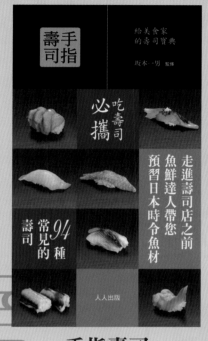

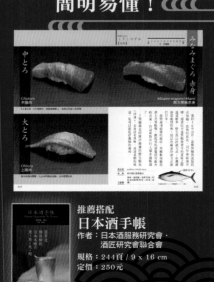

新宿

★しんじゅく

充滿玩樂、美食、購物景點的大都會地區

MAP 附錄③ P.16

東京的中心地・新宿的 經典景點巡遊

以下將一舉介紹會讓人很想去拜訪的新宿景點。

東京都廳

とうきょうとちょう

位於第一本廳舍45樓高202m處有兩間展示室，可眺望整個東京街景。展望室夜間也有開放，可來此欣賞夜景。

✆03-5320-7890（展望室專用導覽電話/平日10:00～17:00） 所新宿区西新宿2-8-1 休第1、3週二（南展望室）、都廳檢查維修日、過年期間(1月1日除外) L南展望室9:30～21:30(北展望室關閉中) ※最新資訊需確認官網 ¥免費 交直通地鐵都廳前站A4出口

MAP 附錄③P.17 A-4

Photo Spot

元旦時會特別開放南展望室，可看見最美的第一個日出

可免費從展望室眺望整個東京街景！

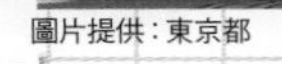

外部裝飾由草間彌生設計的鋼琴

圖片提供：東京都

南展望室有咖啡廳和商店等

街區介紹

新宿站東口有百貨商店和劇場匯集，西口有東京都廳等超高大樓林立，是東京數一數二的大都會地區。3丁目一帶的時髦咖啡廳和酒吧也深受歡迎。

東京站 → JR中央線快速 → 新宿站
¥210円 L約15分

羽田機場第1、第2航廈站 → 京急線（快特） → 品川站 → JR山手線（外環） → 新宿站
¥540円 L約45分

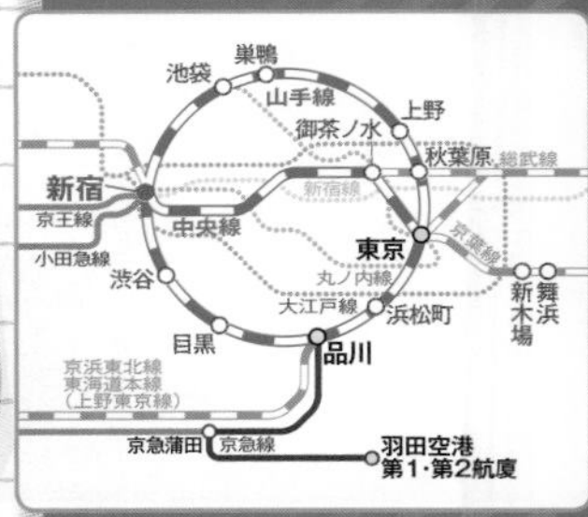

有各種類型的商店
直通車站的大型商業設施

NEWoMan新宿

ニュウマンしんじゅく

LUMINE經營的商業設施。新宿站MIRAINA TOWER剪票口裡外約進駐了100間商店，有走在流行尖端的店家，也有許多初次引進日本的店家，更有從早營業到深夜的店家，是相當方便好逛的購物天堂。

✆03-5334-0550（LUMINE. NEWoMan綜合客服中心） 所新宿区新宿4-1-6 休不定休 L11:00～20:30（週日、假日～20:00），站內美食8:00～21:00（週日、假日～20:30），甜點9:00～21:00（週日、假日～20:30），Food Hall站外為7:00～23:00（部分店鋪有異） ¥免費入場（站內入場費用另計） 交直通JR新宿站新南剪票口

MAP 附錄③P.16 E-4

2F 站外設施

800° DEGREES NEAPOLITAN PIZZERIA

エイトハンドレッドディグリーズナポリタンピッツェリア

在美國西海岸掀起客製披薩風潮的店。能夠自選食材，自行製作喜愛的披薩。經過華氏800度窯烤的麵團堪稱極品。

✆03-3353-1800 L11:00～22:00

800°原創精釀啤酒 (R)750円、(L)1100円

使用3種加州啤酒花

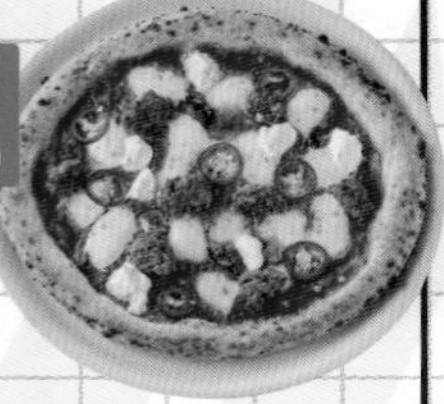

香辣肉丸 2180円（外帶2140円）

新宿店熱門料理，墨西哥辣椒的辛辣會讓人上癮

➲「熟成肉鹽漢堡排」2530円

BISTRO CAFE LADIES & GENTLEMEN

● ビストロカフェレディースアンドジェントルメン

美味的小酒館，可享用「オー・ギャマン・ド・トキオ」的主廚經手的美食餐點等名店料理。

✆03-5357-7933
休不定休
L10:00～19:30

➲和音樂、時尚、藝術連動的空間

Photo Spot

週日、假日新宿3丁目的部分地區會變成步行者天堂。拍下街上熱鬧的一景吧！

接觸流行時尚
和潮流尖端

伊勢丹新宿店

いせたんしんじゅくてん

海內外著名品牌的一流商店匯集於此。有許多限定商品的甜點區和看準潮流的Beauty樓層都值得矚目。

✆03-3352-1111(代) 所新宿区新宿3-14-1 休不定休 L10:00～20:00 交地鐵新宿三丁目站B3、B4、B5出口即到
MAP 附錄③P.16 F-2

自古就在新宿的
歷史悠久神社

➲至今仍被視為都會裡的綠洲

花園神社

はなぞのじんじゃ

德川家康在江戶成立幕府之前就是新宿的總鎮守，深受當地人信仰。由於也是保佑才藝和結緣的神社，有許多藝人前來參拜。

✆03-3209-5265
所新宿区新宿5-17-3
L境內自由參觀，祈禱9:30～11:30／13:00～16:30、社務所9:00～20:00 交地鐵新宿三丁目站步行3分
MAP 附錄③P.16 F-2

東急歌舞伎町TOWER

とうきゅうかぶきちょうタワー

飯店、電影院、劇場、LIVE HALL、夜間娛樂設施等進駐在內的超高樓複合設施。也別錯過熱鬧非凡的美食大廳。

✆無 所新宿区歌舞伎町1-29-1 休L視設施、店鋪而異 交西武新宿線西武新宿站正面口即到
MAP 附錄③P.17 D-1

聳入天際的高塔裡
有豐富多樣的娛樂設施

新宿歌舞伎hall～歌舞伎橫丁

● しんじゅくカブキホールかぶきよこちょう

以閃閃發亮的霓虹燈來迎接的娛樂美食大廳。以「祭典」為主題，北至北海道，南至沖繩，再加上韓國的靈魂美食都聚集於此。

✆無
休不定休
L6:00～翌5:00(部分區域有異)

➲霓虹燈、燈籠和屋瓦營造非日常的氛圍

北海道

海鮮丼、味噌咖哩拉麵、生帆立貝等，都是美食寶庫北海道會有的菜色！

✆03-6302-1668

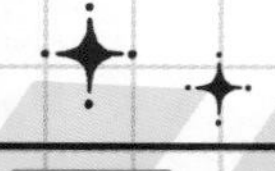

海鮮4色丼 2748円

長濱拉麵 988円

近畿

除了以大阪燒為首的大阪B級美食之外，還有可細細品嘗的京都傳統家庭料理

✆03-6380-3679

九州沖繩

九州的鐵鍋餃子和沖繩的炒苦瓜等，有豐富的當地美食。

✆03-6380-2566

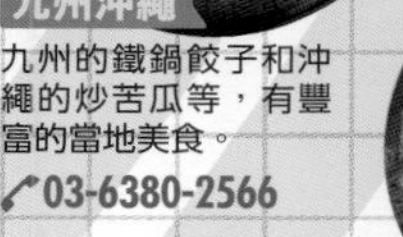

蔥燒 1208円

味道和氣氛都要講究 在新宿的舒適咖啡廳享用午餐&美味甜點

新宿3丁目有很多對流行敏銳的女孩支持喜愛的咖啡廳，不但餐點美味，氣氛也很棒。逛街逛到累的時候，不妨來這裡坐坐，度過悠閒時光吧。

有很多個性十足的咖啡廳

午餐 Lunch

位於大樓地下1樓 精緻講究的空間

店內多採用木製裝潢，氣氛居家溫馨，彷彿來到熟人家中作客般

TODAY'S PLATE（午餐） 1000円（週六、日、假日1200円）

今天的菜色內容是「番茄燉煮雞肉與蔬菜～香草風味～」 ※價格有可能變動

SCOPP CAFE

● スコップカフェ

隱身於大樓地下1樓的咖啡廳。每日更換的午餐最受歡迎，除了盤餐之外，還有義大利麵、鹹派等餐點可挑選。甜點使用當季食材手工製作。

遠離塵囂的隱蔽咖啡廳

03-6273-2767 所新宿区新宿2-5-11 甲州屋ビルB1 休無休 L11:30～22:30（週二～16:30），週六12:00～22:30（週日～21:00） 地鐵新宿三丁目站C1出口步行3分

MAP 附錄③P.16 G-4

所有座位皆為沙發座的店內加上講究的室內裝飾，有種懷舊氛圍

日西合璧的寧靜空間

ANALOG SHINJUKU

● アナログシンジュク

格窗、紙拉門等和式建材與古董家具相融合，可在獨特空間內休憩的咖啡廳。而且供應至17時的午餐每週都會更換菜單。

焦香莫札瑞拉起司和新鮮番茄漢堡排 1450円（週末為1630円）

滑順的起司和蕃茄的酸味搭配絕佳

03-3341-0075 所新宿区新宿3-12-12 吉田ビル4F 休無休 L12:00～23:00（午餐～17:00） 地鐵新宿三丁目站E3出口即到

MAP 附錄③P.16 F-3

「漢堡」午間套餐 1900円

附沙拉和法式薯條，分量充足！以沙拉為主食的午間套餐也是人氣餐點

Brooklyn Parlor SHINJUKU

● ブルックリンパーラーシンジュク

「BLUE NOTE JAPAN」所監製的咖啡廳，將音樂、書和空間融合在一起。店內陳列著各種領域的書籍，看到喜歡的也可以購買。

03-6457-7763 所新宿区新宿3-1-26 新宿丸井ANNEX B1 休不定休（準同新宿丸井ANNEX公休日） L11:30～21:00（飲品～21:30，週五、六～22:30） 地鐵新宿三丁目站C1出口即到

MAP 附錄③P.16 F-3

被音樂和書籍包圍的舒適空間

每週二都會舉行免費入場的音樂活動「Good Music Parlor」

店內裝潢為老闆親手打造

小巧可愛的「居家咖啡廳」

BOWLS cafe

● ボウルズカフェ

以著名的「丼飯」、盤餐、自製甜點等充滿質感的咖啡廳餐點為招牌。老闆親手精心打造的內部裝潢充滿溫馨感，待在這裡放鬆好舒適。

03-3341-4331 所新宿区新宿2-5-16 霞ビル1F 休不定休 L11:30～17:00 地鐵新宿三丁目站C1出口步行3分

MAP 附錄③P.16 F-4

C午間套餐1200円

主食為「碗公沙拉」，另附小菜、小甜點和飲料

想要享用最與衆不同的一盤
美味甜點 Sweets

遠離喧鬧之地 度過平靜時光

店內擺設全是老闆精挑細選的物品

coto cafe
● コトカフェ

隱身在大樓2樓的小巧咖啡廳。特別推薦每日更換的午間套餐和常備4種以上的季節性甜品。平日可外帶自家製檸檬汽水等飲品，不妨在散步途中順道過來買一杯。

☎03-6233-7782 所新宿区新宿5-17-6 中田ビル2F 休12/30～1/3 L11:00～19:30(料理～19:00)，週五、六、假日前日～20:30（料理～20:00）交地鐵新宿三丁目站E2出口即到
MAP附錄③P.16 F-2

衆莓芭菲 2280円
擺放了大量草莓，果醬、冰淇淋、烤餅乾也奢侈地使用大量草莓

注重照明的溫馨咖啡廳

BGM會配合當天的客人年齡層與時段播放

適合帶小孩一起來的舒適咖啡廳

可脫掉鞋子放鬆舒適的人氣可躺式座位，可帶嬰兒副食品入座

口味濃郁的法式巧克力小蛋糕上搭配牛奶冰淇淋的甜點

latte chano-mama
● ラッテチャノママ

以「為小孩和媽咪設想的咖啡廳」為概念。有營養均衡好入口的盤餐，也有色彩繽紛的甜點美食。

☎03-5341-4417 所新宿区新宿3-14-1 伊勢丹新宿店本館6F 休不定休（準同伊勢丹新宿店的公休日）L10:00～19:00 交地鐵新宿三丁目站B3、B4、B5出口即到
MAP附錄③P.16 F-2

溫熱巧克力蛋糕佐牛奶冰淇淋 981円

咖啡拿鐵 750円
拿鐵上的拉花會隨季節更換花樣

酥脆司康（2個）780円
照片為「巧克力碎片」和「原味」，可外帶

cafe WALL
● カフェウォール

位於大樓3樓的居家咖啡廳。人氣午餐為每天更換主食限平日提供的「營養均衡飯」1250円，還可品嘗使用當季素材製作的甜點和拿鐵拉花。

☎03-6380-5108 所新宿区新宿3-9-5 ゴールドビル3F 休無休 L12:00～21:00（週五、六～22:00）交地鐵新宿三丁目站C6出口即到
MAP附錄③P.16 F-3

來自國外熱門店的午餐&甜點

新宿匯集了來自國外的人氣店，尋找熱門話題菜單，享用珍藏的餐點吧！

騷豆花
● さおどうふぁ

以黃豆製成的健康甜點「豆花」專賣店。購入道地台灣食材及機器，堅持手工製作。除了豆花之外，還有不論晝夜都能品嘗的台灣美食。

☎03-3349-5828 所新宿区西新宿1-1-3 新宿MYLORD 7F 休不定休(準同新宿MYLORD公休日) L11:00～22:00(飲品～22:30)交JR新宿站南口即到
MAP附錄③P.17 D-4

滷肉飯 1188円
這道料理使用台灣醬油和辛香料，將豬五花肉煮得軟爛再放在白飯上。香料美味讓人食指大動

紅色燈籠令人印象深刻的店內。美食菜單也很豐富

Café Prunier Paris
● カフェプルニエパリ

「Café Prunier Paris」首間海外店，可奢侈地品嘗魚子醬，以及使用高級食材的稀有料理。

☎03-3352-1111（伊勢丹新宿店）所新宿区新宿3-14-1 伊勢丹新宿店本館B1 休不定休（準同伊勢丹新宿店公休日）L11:00～19:30交地鐵新宿三丁目站B3、B4、B5出口即到
MAP附錄③P.16 F-2

店內空間小巧簡約，僅有10席吧檯座

魚子醬馬卡龍 2860円
與「PIERRE HERMÉ PARIS」合作推出的伊勢丹新宿店限定菜色

煙燻鮭魚經典三明治午間套餐2530円
煙燻鮭魚三明治

韓國之旅 in TOKYO

新大久保導覽

日本最大的韓國城・新大久保。
尋找適合拍照打卡的韓國咖啡廳和潮流美食，
搭上這波韓風浪潮吧。

日本代表性的韓國城 新大久保

★しんおおくぼ

MAP 附錄③ P.23

街區介紹

大久保通和職安通周邊的韓國城非常受歡迎。除了韓國料理之外，還可體驗到韓國美妝、偶像周邊等韓國文化。

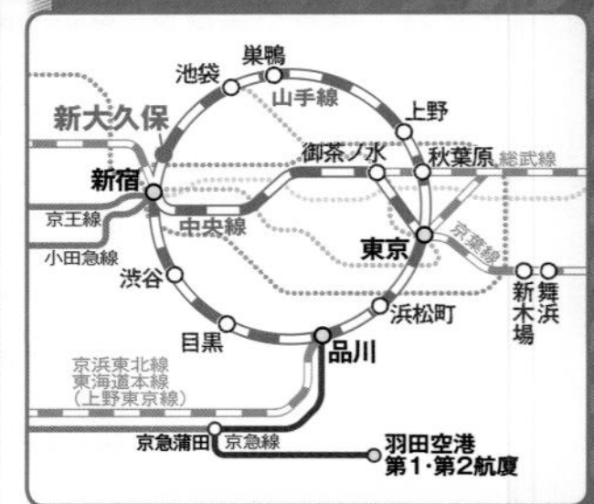

東京站	羽田機場第1、第2航廈站
↓ JR山手線(外環)	↓ 京急線(快特)
	品川站
	↓ JR山手線(外環)
新大久保站	新大久保站
¥210円	¥540円
約30分	約50分

#傳說中的時尚咖啡廳

空間感極佳的「韓國風」咖啡廳一間接著一間

二次元變成現實了!? 不可思議的藝術咖啡廳

2D 蛋糕 770円

不管從哪個角度看都是2D的神奇蛋糕

2D Cafe

●ツーディーカフェ

咖啡廳可以體驗到彷彿進入用線稿描繪的繪本世界。除了外觀可愛的飲品之外，種類豐富的甜點也大受好評。

新大久保站出來後，在前方的十字路口向右走，就能看到招牌

☎03-6457-3032
所 新宿区百人町1-7-5 座ビル1F 休 無休
L 11:00～21:30 交 JR新大久保站即到

MAP 附錄③P.23 B-5

浮在水面上 入口即化的起司蛋糕

融化巴斯克起司蛋糕 790円

餐點堅持「入口即化」的口感

純白色的店面讓人不禁想拍照！

GUF

●グフ

咖啡廳可以用湯匙享用鬆軟的溶解巴斯克起司蛋糕。獨一無二的水桌子拍起照來也很好看。

☎無
所 新宿区大久保1-16-19 2F
休 不定休
L 11:00～21:30
交 JR新大久保站步行5分

MAP 附錄③P.23 C-5

製作世上僅有一件的單品

BOM CAFE

●ボムカフェ

日本國內最大規模的韓國雜貨店，裡面常備有5000件以上的商品。在布製品上貼上喜歡的刺繡布貼，可自由客製化的服務也很受歡迎。

☎03-6228-0682
所新宿区大久保2-31-16 2F
休無休
L10:00～20:00
JR新大久保站步行4分
MAP附錄③P.23 C-4

刺繡布貼工藝
¥刺繡布貼一個100円
L10:00～20:00
預不需要

可嘗試組合各式各樣的刺繡布貼

可客製化的布製品也種類繁多

也有很多人製作偶像應援周邊

#可以體驗這些活動

從美妝產品到偶像商品！
介紹可「自行製作」的體驗

在解決化妝煩惱的課程中，選擇適合自己的方案

美妝課程
¥9800円
L1堂課70分
預可從官方LINE預約

Ancci brush

●アンシブラシ

以天然毛×高品質×低價格為原則，販售職人手工製作的美妝刷。也有舉辦由專業知識豐富的員工教授的美妝課程。

☎080-4656-1015
所新宿区百人町1-23-1 タキカワ百人町ビル2F
休12/30～1/2
L11:00～18:00
JR新大久保站步行2分
MAP附錄③P.23 A-6

學習應用專業的化妝技巧！

#這些是必買商品！

選購正宗韓國商品

目光聚焦在從店外就可看到的韓國商品上

K-foods

●ケーフーズ

從點心類到調味料、雜貨等，有非常多韓國商品。從以前就有的經典商品，到現今的話題商品都陳列於此，喜歡韓國的人絕對會愛不釋手的店家。

☎03-6709-6303
所新宿区百人町2-2-3TR Nビル1F
休無休
L10:00～23:00
JR新大久保站即到
MAP附錄③P.23 B-4

「Viyott 優格 優格口味・草莓優格口味」各1402円

「迷你蜂蜜藥果」289円

可在日本輕鬆試用到流行的韓國美妝品

IROHANI

●イロハニ

以肌膚保養為主的韓國美妝品專賣店。陳列在店裡的品項，都是所有店員親自試過後，精心挑選的產品。

☎070-5368-2481
所新宿区百人町1-9-12
休無休
L10:00～21:00
JR新大久保站步行即到
MAP附錄③P.23 B-5

HAIR+的「噴霧精華」是非常受歡迎的護髮噴霧2500円

圓形的外觀令人印象深刻

「Ice Bubble洗卸皂」可卸妝也可洗臉1580円

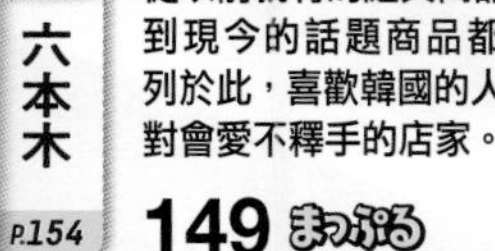

在新大久保 Shinokubo 吃什麼!?

yummy!

新大久保在韓文中稱為「Shinokubo」，是條充滿韓國風情的街道。到處都有韓國美食的名店。

絕對必吃！韓國美食

韓式拌飯、韓式壽司捲、醬油蟹等韓國城特有的美食一道接著一道！

附12種小菜的午間套餐

YOSUL

● ヨスル

從飯類到湯類，可從豐富的料理中選擇，以韓國料理為主，附12種小菜的午間套餐相當受歡迎。可以吃到16點，令人相當開心。

☎03-6233-7573
所新宿区百人町1-7-10 MIVIA新大久保ビル1F
休無休　L24小時營業
JR新大久保站即到
MAP 附錄③P.23 B-5

飛魚子飯蛸韓式拌飯 1738円
飯蛸恰到好處的辣味，和飛魚子顆粒的口感吃起來很有樂趣。附蒸蛋和湯

◐如咖啡廳般時尚的店家相當吸睛

◐「雪濃湯」牛骨湯的溫和口感很暖胃（附飯和小菜）1408円

テジョンデ

以韓國海鮮專賣店為概念，除了新鮮的海鮮料理之外，還有豐富的肉料理。店家會使用入口處水族箱裡游著的章魚製作料理，堪稱是極品。

☎03-3207-8881
所新宿区百人町1-6-15 NKビル2F
休1/1
L11:30～22:30
JR新大久保站步行2分
MAP 附錄③P.23 B-4

◐店家位於大久保通路邊大樓的2樓

◐新鮮到吸盤會黏在嘴上的「韓式活章魚」2618円

◐有5個包廂，一間最多可容納6人

飯蛸×起司的必吃新潮流料理

起司飯蛸 1人份1738円（2人以上出餐）
辣醬炒的飯蛸上加入滿滿起司炙烤的料理

活用新鮮食材的道地海鮮料理！

レトロトンマッコル

氣氛輕鬆的韓式料理店。使用滿滿起司的料理相當受歡迎，當中約有8成來店顧客會點經典料理「起司韓式壽司捲」980円。

☎03-3232-1588
所新宿区大久保1-15-17 サンハイム2F　休無休
L11:00～23:00
JR新大久保站步行5分
MAP 附錄③P.23 C-4

◐在發源店享用元祖口味。「起司韓式捲壽司」980円

整隻醬油蟹 3278円
將渡蟹放入醬油中醃製的料理，建議可將飯放入蟹蓋中拌味噌享用

最適合在新大久保散步的 外帶美食

想要輕鬆享用充滿獨特風格的韓國美食，推薦用外帶的

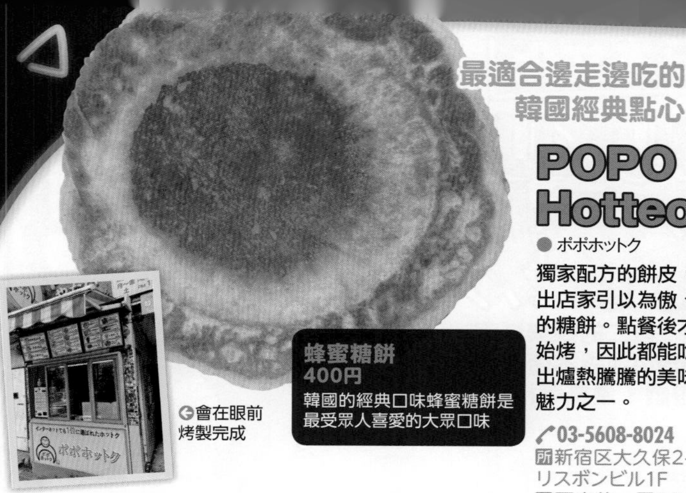

最適合邊走邊吃的韓國經典點心

POPO Hotteok

● ポポホットク

獨家配方的餅皮，製作出店家引以為傲、講究的糖餅。點餐後才會開始烤，因此都能吃到剛出爐熱騰騰的美味是其魅力之一。

蜂蜜糖餅 400円
韓國的經典口味蜂蜜糖餅是最受眾人喜愛的大眾口味

會在眼前烤製完成

☎03-5608-8024
所 新宿区大久保2-32-3 リスボンビル1F
休 不定休 L 10:00～21:00 交 JR新大久保站步行5分
MAP 附錄③P.23 B-4

新大久保邊走邊吃不可或缺的韓式熱狗

這是外帶專門店，可以享受邊走邊吃的樂趣

馬鈴薯起司米熱狗 500円
ジョンノ的招牌料理，味道不用說，會牽絲的起司也相當適合拍照

ジョンノ屋台村 新大久保駅前店

● ジョンノやたいむらしんおおくぼえきまえてん

有很多韓國的傳統輕食，開業約25年，必吃的糖餅和韓式熱狗等都是長年來深受喜愛的經典美食。

☎無
所 新宿区百人町1-6-15 NKビル1F
休 無休 L 10:00～22:00
交 JR新大久保站即到
MAP 附錄③P.23 B-4

輕便&分量滿滿的極品蛋三明治

培根蛋三明治 650円
用麵包挾著鬆軟的煎蛋和炒培根，再淋上甜醬汁的人氣三明治

事先在店門口的機臺買餐券後再點餐

HAPPY EGG

● ハッピーエッグ

攤販位於有豐富韓國商品的「首爾市場」內。也有販售糖餅和熱狗，每樣都可以嘗到剛出爐的味道，令人開心。

☎03-3208-1072
所 新宿区大久保1-16-15 豊生堂ビル1F 休 無休
L 10:00～21:00(首爾市場9:00～23:00) 交 JR新大久保站步行5分
MAP 附錄③P.23 C-4

甜點和可愛的食物也是必要的！ 甜品

韓國美食不是只有吃辣。也來享用外觀講究的極品甜品吧

HELLO! DONUTS

● ハロードーナツ

自豪的甜甜圈特色是中間沒有開洞。Q彈的質地和不會太甜的奶油等，共有15種韓式甜甜圈可購買。

☎03-6380-2449
所 新宿区百人町2-2-7 ソウルタウン1F 休 無休
L 11:00～22:00（週五、六～23:00） 交 JR新大久保站步行2分
MAP 附錄③P.23 B-4

位於聚集很多韓國店鋪的Seoul Town

超級可愛的韓式甜甜圈

「OREO奶油甜甜圈」是韓國的經典甜品460円

牛奶奶油甜甜圈 460円
奶油的形狀是可愛的花形狀，富有牛奶的濃郁之外，口感還有清爽的後勁

大膽使用韓國經典食材的一道料理

藥果炸彈刨冰 1500円
韓國的人氣傳統點心藥果放在韓式刨冰上，分量滿滿的甜點

METDORU CAFE

● メッドルカフェ

店名的METDORU是韓文的「石臼」之意。顧名思義，在這裡可以搭配韓國傳統點心，享用石臼磨的咖啡和抹茶飲品。

融合了傳統與現代的溫暖室內裝潢

☎無
所 新宿区百人町1-1-26 第三サタケビル1F 休 無休 L 11:00～22:00
交 JR新大久保站步行5分
MAP 附錄③P.23 B-6

充滿日本文化

在IKEBUKURO 暢享各種娛樂

池袋是東京數一數二的娛樂城市。
以新生的Animate池袋本店為首，
還有許多動畫、遊戲、漫畫等相關設施！

說到池袋的地標就是這裡！

太陽城 ●サンシャインシティ

擁有購物中心、水族館、瞭望臺、天文館、主提公園等特色不勝枚舉的大型複合設施。還有引進最新技術的遊樂設施，太多好玩的地方，完全不會玩膩。

☎03-3989-3331 所豊島区東池袋3-1
休L視設施而異 交JR池袋站東口步行8分

MAP 附錄③P.23 C-2

MAP 附錄③ P.23

瞭望臺

陽光60瞭望臺 TENBOU-PARK

●サンシャインろくじゅうてんぼうだいてんぼうパーク

主題為「365天都是絕佳公園日」，提供全新眺望體驗的空中公園。瞭望臺改頭換面之後變成室內設施，變成讓人想來好幾次的休憩場所！

☎03-3989-3457
所サンシャイン60ビル60F
休無休 L11:00～20:00（視時期而異）
¥700円～、中小學生500円～、學齡前兒童免費
※視時期而異

60樓的瞭望臺樓層變成眺望視野豐富的公園

太陽城內有豐富多彩的設施

可一覽東京各式各樣的地標

天空企鵝

寬約12公尺的水族箱就在頭頂正上方。黑腳企鵝游泳的姿態宛如飛過上空。

和企鵝一起在水中游泳的感覺！

還可以看到餵食時，追著飼料游泳的模樣

水族館

陽光水族館

●サンシャインすいぞくかん

日本首座都市型高樓層水族館。以環狀水槽、水母隧道等特色吸引不少遊客。在室外區域「海洋花園」還可就近看到企鵝等朝氣蓬勃的生物姿態。

☎03-3989-3466
所World Import Mart大樓頂樓
休無休 L9:30～20:00(秋冬10:00～17:00)
※有可能異動
¥2600円～、中小學生1300円、4歲以上800円～ ※有可能異動

水獺們的岸邊

可以看到小爪水獺生活在接近原生態系的環境。可愛又圓潤的眼睛萌到讓人受不了。

陽光岩礁水槽

展示了45種共1500隻魚，是設施內最大的水族箱。可以觀賞大型魟魚等等魚類的泳姿。

商品也要CHECK!

原創黑腳企鵝玩偶 2500円

黑腳企鵝變成玩偶登場，適合當伴手禮

原創豹紋鯊巧克力碎片餅乾 594円

酥脆的餅乾裡有滿滿的巧克力碎片！

街區介紹

以「太陽城」為首，擁有豐富遊樂設施的街道。再開發計畫讓池袋進一步發展，吸引了劇場、大型購物中心等各種領域的文化匯集於此。

東京站 → 地鐵丸之內線 → 池袋站
¥210円 L約16分

羽田機場第1、第2航廈站 → 京急線(快特) → 品川站 → JR山手線(外環) → 池袋站
¥610円 L約55分

▼樓層地圖
9F | 活動空間／animate hall BLACK・WHITE
8F | Space Galleria
7F | 主題商店 ONLY SHOP
6F | CD・DVD／Blu-ray、遊戲
5F | 動漫週邊商品
4F | 動漫週邊商品
3F | 漫畫、美術用品
2F | 動漫
1F | 動漫週邊商品・Animate Cafe Gratte 池袋本店
B2 | animaite Theater

全球最大規模的動漫商店

Animate池袋本店 ●アニメイトいけぶくろほんてん

全球最大規模動漫商店，具備劇場和多功能大廳等。除了商店裡有豐富的商品之外，還會舉行各種動漫相關活動，也是其魅力之一。

03-3988-1351
所豊島区東池袋1-20-7
休無休
L11:00～21:00（週六、日、假日10:00～20:00）
JR池袋站東口步行5分
MAP 附錄③P.23 B-1

1F

Animate Cafe Gratte 池袋本店

アニメイトカフェグラッテいけぶくろほんてん

提供將角色圖案印在飲料上的打印拿鐵和糖霜餅乾。

L11:00～19:30（週六、日、假日10:00～18:30）

※示意圖

Gratte（價格視商品而異）

選擇以紅茶為基底的飲料，再將角色圖案印在上層的奶油上。

將好看的角色圖案變成飲料和餅乾！

糖霜餅乾（價格視商品而異）

和飲料一樣可選擇喜歡的圖案，不妨點一組來拍照吧

※示意圖

©Kazuhiko Shimamoto·MOVIC
插圖:龍田Shiu

1・4-5F

動漫角色周邊商品

除了人氣商品之外，還有販售徽章、緞帶等，可在隨身小物上裝飾心儀動漫角色，或是主題顏色的商品。

⊙還有化妝包、吉祥物等豐富品項

一定可以找到尋覓已久的商品

進化升級的漫畫區也要注意！

2樓和3樓的漫畫區重新整修開放，3樓還有美術用品。

⊙2樓的櫃子變低，更注重視野和開放感，拿取商品時更加方便

⊙3樓有舉辦限定活動的「Wakuwaku空間」，可以找到推薦的作品

⊙店鋪入口有密勒頓的模型和可拍照的景點

在此迎接密勒頓模型！到這裡尋找寶可夢周邊吧

商店

寶可夢中心Mega Tokyo

●ポケモンセンターメガトウキョー

設有「Pokémon Go Lab.」、「Pokémon Card Station」和咖啡廳的官方商店。可來此尋獲文具、玩偶等豐富的官方周邊。

03-5927-9290（Mega Tokyo）、03-6709-0707（Pikachu Sweets）
所專賣店街alpa 2樓 休無休
L10:00～20:00（準同專賣店街alpa的營業時間） ¥免費入場

Pikachu Sweets by 寶可夢咖啡廳

外帶形式的咖啡廳。有許多寶可夢主題的甜點和飲品。

柯尼卡美能達天文館滿天（池袋） 天文館

●コニカミノルタプラネタリウムまんてんいけぶくろ

天象儀館的整個圓頂會投射星空。光與聲音交織的表演，讓星空體驗的臨場感更上一層樓。可「仰躺」的高級躺椅也很受歡迎。

03-3989-3546 所World Import Mart大樓 屋頂 休不定休 L10:00～21:00、週六、日、假日～22:00（商店11:30～21:00、週六、日、假日～22:00）¥1600円、4歲～小學生1000円（療癒型天象儀影像一律1900円，小學生以下不可入場）
※「草坪座位」、「雲座位」費用另計

視野無盡延伸 把星空深深印在腦海裡
⊙高級躺椅「草坪座位」、「雲座位」

商店

Gashapon Departmento Store 池袋總本店

●ガシャポンのデパートいけぶくろそうほんてん

位於「BANDAI NAMCO Cross Store 東京」內的扭蛋玩具專賣店。從最新商品到特殊玩具都有，品項相當豐富，千萬不要錯過稀有商品。

050-5835-2263
所World Import Mart大樓3F 休無休 L10:00～21:00 ¥免費入場

世界最大規模的扭蛋玩具新名勝
⊙寬敞的樓層設有成排的扭蛋機。人氣角色的商品也很充足

※照片為示意圖

★ろっぽんぎ

MAP 附錄③ P.18

街區介紹

有「東京鐵塔」、「六本木新城」、「東京中城」等購物、美食景點，也可逛美術館和欣賞夜景。

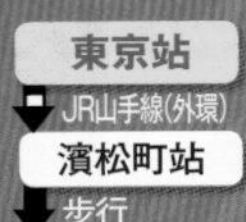

東京站	羽田機場第1、第2航廈站
↓JR山手線(外環)	↓京急線(快特) ※地鐵淺草線直通
濱松町站	
↓步行	
大門站	大門站
↓地鐵大江戶線	↓地鐵大江戶線
赤羽橋站	赤羽橋站
↓地鐵大江戶線	↓地鐵大江戶線
六本木站	六本木站
¥350円	¥590円
約20分	約40分

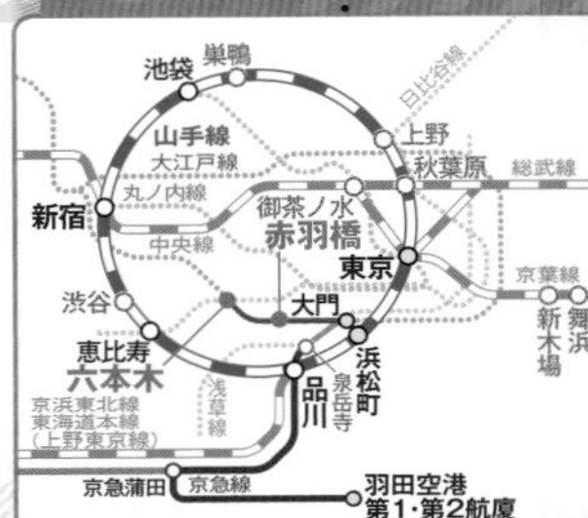
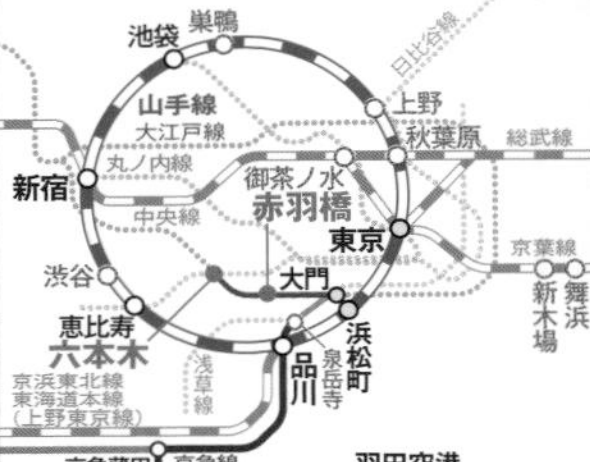

景觀！藝術！美食！

六本木新城暢快遊玩！

六本木新城是六本木數一數二的地標。可盡情享受高檔美食和藝術，感受名流氣息。也別忘了來展望臺欣賞絕美景觀喔！

東京街區一覽無遺！絕景令人感動！

薄暮中的東京夜景十分浪漫

森大廈52F

六本木新城展望臺 東京城市觀景

●ろっぽんぎヒルズてんぼうだい とうきょうシティビュー

眼前是整片東京街景

位於森大廈52樓的室內展望臺，可透過一整面玻璃觀景窗在高11公尺的挑高環繞式建築中欣賞絕景。可同時看到東京鐵塔和東京晴空塔！

✆03-6406-6652(東京城市觀景) 休不定休 ⏰10:00～22:00 ¥費用變動制

充滿娛樂的經典觀光地

六本木新城

●ろっぽんぎヒルズ

匯集各種潮流的大型複合設施。進駐了200間以上的商店和餐廳，還有可將整個東京都盡收眼底的超高層展望臺，以及美術館、電影院、電視台、庭園等許多值得一看的景點。

✆03-6406-6000(綜合資訊)
所港區六本木港區6-10-1
休⏰視店鋪、設施而異
🚇直通地鐵六本木站C1出口
MAP 附錄③P.19 B-4

⇧可說是六本木門面的地標塔

SKY DECK
六本木新城展望臺 東京城市觀景
森美術館➡P.155
森大廈
東京君悅酒店
西麻布
六本木櫸樹坂街
HILLSIDE
WEST WALK
METRO HAT
NORTH TOWER
六本木駅
麻布十番方面
HOLLYWOOD PLAZA
朝日電視台本社➡P.166
毛利庭園

在紀念品商店購買原創商品！

在展望臺欣賞完景色之後，不妨買些原創商品帶回家，當作來館紀念的伴手禮！

⇩以清爽水色為Logo設計的壓克力票卡夾

One-and-Only 票卡夾 各1210円

⇧印有「TOKYO CITY VIEW」Logo的托特包，保有側邊空間便於使用

東京城市觀景 棉製托特包 黑／自然 各550円

➲美術家飯川雄大「Decoretorcrab-Mr.Kobayashi,the Pink Cat-」的原創餐盤

飯川雄大 餐盤 S1430円、M2860円

⇩有「TOKYO CITY VIEW」文字設計，簡約好用的馬克杯

東京城市觀景 原創馬克杯 1320円

澀谷 P.54
表參道 原宿 P.64
淺草 P.78
谷根千 上野 P.94
日本橋 丸之內 東京站 P.102
銀座 P.120
築地・月島 豐洲 P.132
台場 P.136
池袋 新宿 新大久保 P.144
六本木 P.154

認識現代藝術的最新發展

森大廈53F

森美術館

●もりびじゅつかん

位於「六本木新城」森大廈最上層的國際化現代藝術美術館。以「藝術＋生活」為宗旨，積極舉辦藝術及建築、設計等多元豐富的企劃展。

✆050-5541-8600(代館諮詢)
休不定休(展覽期間無休)
L10:00～21:30(週二～16:30) ※可能會有變更 ¥視企劃展而異

照片提供：森美術館 Center Atrium Photo courtesy: Mori Art Museum, Tokyo

↑有很多新穎的企劃展，可了解藝術的現況

企劃展info
西斯特・蓋茨展
2024年4月24日～9月1日

在這裡休息

森大廈52F

THE SUN & THE MOON

●ザサンアンドザムーン

這家咖啡餐廳是由平價而舒適的咖啡廳，加上彷彿置身於天空之森的時尚餐廳所構成。

✆03-3470-5235(咖啡廳)、03-3470-0052(餐廳) 休不定休 L咖啡廳11:00～21:00(飲品～21:30)、餐廳11:00～15:00、18:00～20:00(飲品～21:00、週五、六～21:00，飲品～22:00)

←晚餐時段可眺望夜景

→可在約1000平方公尺的寬廣會場悠閒欣賞藝術品

展示場景：「新・北齋展 HOKUSAI UPDATED」森藝術中心畫廊，2019年

悠閒地欣賞豐富的展覽

森藝術中心畫廊

●もりアーツセンターギャラリー

位於森大廈52樓的藝廊。從世界著名美術館的館藏企劃展，到動漫作品、流行時尚等，推出各式各樣的展覽

✆03-6406-6652
休不定休
L¥視企劃展而異
※展覽會展期以外閉館

企劃展info
路易絲・布爾喬亞展：從地獄歸來。我跟你說，真是太棒了
2024年9月25日～2025年1月19日
詳細資訊需至HPhttps://www.mucaexhibition.jp/確認

TOKYO遠望
4752円
以羊羹呈現六本木新城等東京街道的剪影

有效期限：製造日起30

和菓子 結

●わがしゆい

名古屋製菓老店「兩口屋是清」的姐妹品牌。推出了許多味道佳、外觀也美的和菓子。

✆03-5411-1133
休準同設施
L11:00～20:00

精選商店比比皆是

NORTH TOWER B1

美食&禮品區

美食區有不少內用外帶皆宜的店鋪，禮品區則販售許多適合當作伴手禮或禮物的商品。還有其他地方吃不到的菜單及限定商品！

✆03-6406-6000(綜合資訊)
休L視店鋪而異 ¥免費入場

品嚐口袋名單上的
六本木美食！
與美食
邂逅

新城限定

Yammy's KYUU YAM TEI

●ヤミーズきゅうヤムてい

帶動香料咖哩熱潮的大阪名店。在此供應跳脫既有概念、獨一無二的咖哩。

✆03-6271-5553
休無休
L11:00～21:00

curry-ALL
1750円
每月輪流提供4種咖哩的六本木新城限定菜單

NEW STYLE GINZA SEMBIKIYA

●ニュウスタイルぎんざせんびきや

眾所熟知的水果專賣店經營的新型態商店，販售嚴選水果及甜點。也有休息室。

✆03-6447-0780
休無休 L11:00～20:00

水果三明治
8片1512円
夾入大量鮮奶油與草莓等水果的三明治

保存期限：當天

東京中城 とうきょうミッドタウン

匯集了國內外的人氣名牌店、餐廳和咖啡廳等約130間店家。另外還有美術館和舉辦各種活動的花園，整個空間就像一座城市。

03-3475-3100(11:00～20:00)
所港区赤坂9-7-1
休無休
11:00～20:00(餐廳～23:00)
※部分店鋪有異
直通地鐵六本木站8號出口
MAP 附錄③P.19 B-2

高雅成熟的綠洲空間 東京中城的遊逛方式

匯集許多能讓大人滿意的優質店家的複合設施。享用完可眺望露臺的午餐後，再去品嘗國際級甜點師傅的甜點，之後再去逛逛充滿特色的商店吧。

遊逛方式1 享用優雅的花園午餐

GARDEN TERRACE 1F

Pizzeria trattoria Napule

ピッツェリア・トラットリア ナプレ

大快朵頤使用正統柴窯烘烤的極品披薩

使用柴窯烘烤出嚼勁十足正統披薩的人氣義式料理店。可在明亮開放的氣氛當中，享用食材講究的義大利南部料理。可眺望花園的露臺座最有人氣。

03-5413-0711 休無休
11:00～14:00(週六、日、假日～14:30)、17:30～21:30

店內是令人聯想到義大利南部港鎮的爽朗空間

古典瑪格麗特披薩 1950円
窯烤職人烤製的自豪拿坡里披薩。Q彈香氣十足的餅皮、濃郁的起司和蕃茄的酸味，達到絕妙的平衡

GAROEN TERRACE 1F

NIRVANA New York ニルヴァーナ ニューヨーク

店名為「地上樂園」之意的印度菜餐廳

曾經深受紐約名流喜愛的傳奇印度料理店，可在高級豪華的空間，享用巧妙使用辛香料的料理。午餐時段提供自助百匯，晚餐時段提供全餐和單點料理。

03-5647-8305 休無休
11:00～14:30、17:00～22:00

午間自助百匯 3190円(週六、日、假日3300円)
提供5種咖哩和前菜等30種以上的料理吃到飽

建議預約可一覽花園美景的露天座位

遊逛方式2 在著名法式甜點店度過咖啡時光

GALLERIA B1

JEAN-PAUL HÉVIN

ジャンポールエヴァン

刺激五感、香味濃郁的巧克力

世界頂級巧克力大師尚保羅．艾凡的巧克力精品店。可以在附設的咖啡廳與甜點一同享用「熱巧克力」等飲品。

03-5413-3676
休不定休
11:00～21:00(咖啡廳～20:30 L.O.)

店內櫥窗陳列著巧克力、蛋糕、馬卡龍等商品

巧克力冰淇淋 1386円
運用可可風味製成的濃郁雪酪

PLAZA 1F

Toshi Yoroizuka

トシヨロイヅカ

品嘗專屬於自己的特殊甜點

人氣甜點師傅鎧塚俊彥的甜點店。點完餐點後，可在沙龍看師傅在眼前製作頂級甜點。好想在吧檯席上度過奢侈的一刻。

03-5413-3650 休無休
11:00～21:00(沙龍～20:00)

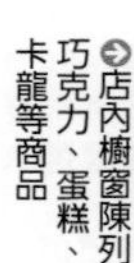

沙龍內充滿了特別的感覺。此外也有豐富的外帶餐點

浮島 1500円
使用餡泥的和風蒙布朗，佐焙茶冰淇淋

GALLERIA 3F

THE COVER NIPPON

ジカバーニッポン

接觸傳統技藝，重新認識日本的魅力

可感受到日本傳統工藝之魅力的生活風格商店。從食衣住的用品到古董、和服等日本全國的Maid in Japan商品應有盡有。

03-5413-0658 11:00～20:00

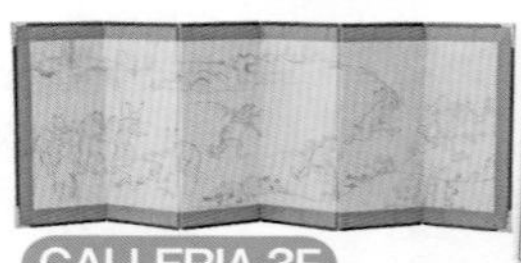

屏風 鳥獸戲畫 追猿 5500円
畫有鳥獸人物戲畫場景的高22公分屏風

十種綜合茶包 試喝茶包 1404円
可愛的包裝裡面裝著各式各樣的茶

遊逛方式3 在流行敏銳度高的商店購物

GALLERIA 3F

伊東屋

いとうや

獻給對日常用品也有所講究的人

銀座文具專賣店「伊東屋」經營的品牌。以「讓創意時刻更美麗、更愉快」為題，陳列許多從國內外嚴選的品項。

03-3423-1108 休無休 11:00～20:00

Mighty 原子筆 各11275円～
伊東屋原創筆記用品系列的店鋪限定設計

topdrawer「Bristol Journal」 1815円
以堅固書皮裝訂的筆記本。也很講究內頁選用的材質及顏色

舉辦各式各樣的展覽

建築物由世界級建築師黑川紀章所設計 ©國立新美術館

整個街上都是藝術！

善用六本木藝術三角優惠

持展覽票根即可享有參觀費折扣的「ATR優惠」正在國立新美術館、森美術館（→P.155）、三得利美術館實施中。

Art Triangle Roppongi

參加六本木藝術之夜

一年一度的藝術盛典。以六本木為舞台，街上四處可見當代藝術品、表演活動、影像藝術等作品。

©六本木藝術之夜執行委員會

接觸公共藝術

六本木新城內的公共區域設有6件，朝日電視台腹地內設有3件。

路易絲・布爾喬亞《Maman》2002年（1999年）

接觸最先端藝術，磨練感性

在六本木美術館盡情感受藝術！

以3座著名美術館所形成的三角形為中心，六本木有非常多的藝術景點，也有很多具有豐富想像力的作品！

國立新美術館

●こくりつしんびじゅつかん

波浪起伏的玻璃帷幕建築是六本木備受喜愛的地標。建築物本身就像是一座美麗的藝術作品。內有12間展示室，平時會舉辦各式各樣的展覽活動。

☎050-5541-8600（代館諮詢） 所港区六本木7-22-2 休週二（逢假日則翌日平日休） 時10:00～18:00（企劃展期間的週五、六～20:00，企劃展～17:30，週五、六～19:30） ¥視展覽而異 交直通地鐵乃木坂站6號出口

MAP 附錄③P.19 A-2

展覽空間為日本最大規模

活用廣大空間的嶄新展覽，博得不同世代的關注，吸引了眾多參觀者

企劃展info

Ei Arakawa-Nash: Paintings Are Popstars
2024年10月30日～12月16日
以2000年以來在紐約繪製各式各樣的畫家所繪製的作品為主。

倒圓錐狀的特殊建築樣式。店家本身就如一件藝術作品

附咖啡或紅茶的「蛋糕套餐」1540円

在這裡休息

2F Salon de Thé ROND

提供優質紅茶、種類豐富的甜點和三明治的茶沙龍。可在參觀完展覽後，度過悠閒的下午茶時光。

☎03-5770-8162 時11:00～17:30

剪成國立美術館形狀的「模切明信片」330円

有很多特別的商品，最適合拿來送禮

在這裡購物

B1・1F SOUVENIR FROM TOKYO

國立新美術館附設的美術館商店。除了原創商品之外，還有來自世界各國藝術家所製作的個性商品。

☎03-6812-9933 時10:00～18:00（企劃展期間的週五、六～20:00）

21_21 DESIGN SIGHT

●トゥーワントゥーワンデザインサイト

由三宅一生、佐藤卓、深澤直人3位設計師擔任總監，從設計的視點出發，提供各種訊息及提案的設施。

☎03-3475-2121 所港区赤坂9-7-6 休週二、展覽替換期間 時10:00～18:30 ¥視展覽而異 交地鐵六本木站7、8號出口步行5分

MAP 附錄③P.19 B-1

許多僅此才有的企劃

除了獨自舉辦的企劃展之外，也有實施國內外企業、教育、研究、文化機關所舉辦的計畫

企劃展info

未來的碎片：科學與設計的實驗室
2024年3月29日～8月12日

感受深植於日常生活中的設計

世界級建築師安藤忠雄所設計的建築物也非看不可

©Masaya Yoshimura

在這裡購物

21_21 NANJA MONJA

●トゥーワントゥーワンナンジャモンジャ

陳列許多可將「設計的視點」帶回家的個性原創商品，也有展覽相關商品。

時10:00～19:00

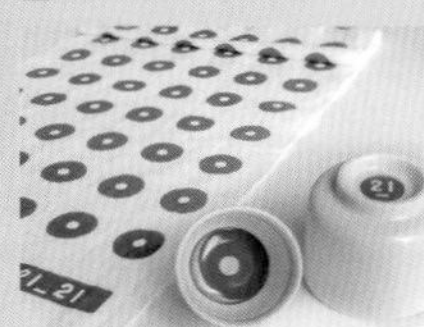

「21_21手巾」1430円（左）、「21_21小酒杯」1合1320円、5勺（90毫升）660円（右）

三得利美術館

●サントリーびじゅつかん

以「結合美，開創美」為美術館宣言，通過備具魅力的企劃展介紹繪畫、陶瓷、漆工藝、玻璃工藝等藝術作品。

☎03-3479-8600 所港区赤坂9-7-4 東京中城 GALLERIA 3F 休週二、展覽替換期間（咖啡廳在展覽替換期間也有營業，週一、二公休） 時10:00～17:30（週五～19:30），咖啡廳為11:00～17:30（展覽期間的週五～19:30） ¥視展覽而異 交直通地鐵六本木站8號出口

MAP 附錄③P.19 B-1

企劃展info

德川美術館展 尾張德川家的至寶
2024年7月3日～9月1日

也有收藏國寶

收藏約3000件美術品當中，也包含日本的國寶和重要文化財，可欣賞到相當貴重的作品

在這裡購物

MUSEUM SHOP

除了以收藏品為概念的原創商品之外，還有許多豐富生活色彩的商品。

時10:30～18:00（展覽期間的週五為～20:00，週二、展覽替換期間為11:00～） 休展覽替換期間的週二

「色鍋島小碟」

平時沒有常設展，隨時會舉辦備具魅力的企劃展

可慢慢欣賞美術作品

©木奧惠三

御膳房 六本木店

中華料理 ●ごぜんぼうろっぽんぎてん

主張「醫食同源」的中華料理名店。使用國產有機食材、中國進口的香菇、中藥材烹製出豐富的菜色。

高雅的店內氣氛沉穩，可悠閒享用午餐

03-3470-2218
所港区六本木6-8-15 第二五月ビル1F 休無休 L11:30～14:30、17:00～22:00(週日、假日11:30～14:30、17:00～21:00)
地鐵六本木站3號出口步行3分
MAP附錄③P.19 C-4

「過橋米線」中的麵以米為原料，和雞湯搭配絕佳2300円

當地主廚施展本領的正宗雲南料理

麻婆豆腐 1300円
經典中華料理的划算午間套餐。附沙拉、湯、小菜和飯

用最划算的方式享用美食！

1500円左右的實惠午餐

隨處可見外國人身影的六本木，聚集了各式各樣的美食餐廳。在價位合理的店內品嘗午餐，享受輕鬆美好的午餐時光吧！

組合超過100萬種！能夠自由訂做的漢堡

特製漢堡 1590円～
提供5種餡料、超過10種起司、20種以上的醬料及配料，可從中選擇自己喜歡的食材(照片為示意圖)

THE COUNTER 六本木

漢堡 ●ザカウンターろっぽんぎ

洛杉磯發跡的漢堡餐廳。除了供應推薦組合「招牌漢堡」之外，從餡料到配料皆可自由選擇的「特製漢堡」也大受好評。超過20種基本配料不論選幾樣都無需加錢，這點也令人開心。

03-5413-6171
所港区赤坂9-7-4 東京中城 GALLERIA B1
休不定休(準同東京中城的公休日)
L11:00～22:00
地鐵六本木8號出口即到
※價格、菜單可能會有變更
MAP附錄③P.19 B-2

想分食就點這個

4個迷你漢堡「Minis」1590円～。也適合小孩食用

一個人來也能自在用餐的店內吧檯

汁や 東京中城店

和食 ●しるやとうきょうミッドタウンてん

「茅乃舍」經營的餐廳，該品牌是起源於福岡縣的小醬油廠，主打無添加化學調味料、防腐劑的高湯及調味料。可品嘗到使用人氣高湯製成的湯品套餐。

03-3479-0880
所港区赤坂9-7-4 東京中城 GALLERIA B1 休無休
L11:00～20:30
直通地鐵六本木站8號出口
MAP附錄③P.19 B-2

盡情暢享充滿堅持的高湯美味

九州的豬肉味噌湯套餐 1300円
可品嘗到現煮的暖心美味。也有提供季節限定料理

隔壁的「茅乃舍」有豐富的高湯和調味料等

Krung Siam 六本木店

泰式料理 ●クルンサイアムろっぽんぎてん

可品嘗到經驗豐富的泰籍主廚所烹製的料理。午間時段提供「泰式酸辣麵」和「綠咖哩」等豐富菜色。在攤販風格的店內，大快朵頤道地的泰式料理吧。

☎03-6434-9350
所港區六本木7-10-4 休不定休
L11:00～14:30、17:00～22:00
交地鐵六本木站7號出口即到
MAP 附錄③P.19 B-2

以泰國的攤販為概念的店

泰式羅勒雞肉飯
1200円
雞絞肉炒羅勒。午餐時段附生春捲和湯品

美味順口一吃就上癮的道地泰國料理！

窯烤出爐道地美味的極品披薩

瑪格麗特披薩（附早晨現採三浦蔬菜製沙拉）
1580円
評價極高的披薩以高溫快速烘烤，使得外皮酥脆，內餡Q彈。沙拉分量也非常飽滿。

Sakura

義式料理 ●サクラ

能悠閒享受道地義式料理的餐廳。除了從拿坡里進口的窯烤披薩之外，還提供許多色香味俱全的高品質料理。港口直送的海鮮、當日現採的蔬菜等食材都經過精挑細選。

☎03-5786-3939
所港區六本木6-1-12 21六本木ビル1F 休無休
L11:30～23:00(平日午餐～15:00) 交地鐵六本木站3號出口即到
MAP 附錄③P.19 B-3

開放式廚房前方設有吧檯座，可以一邊觀看烤披薩的過程一邊享用料理

附設六本木最大規模紅酒店，其中備有3000瓶以上的紅酒，可帶著自己購買的紅酒進入

頂級氣氛！精選的晚餐

六本木有許多氣氛高雅和以料理自豪的店家。不妨在來自美國的牛排館或可眺望絕景的餐廳，度過一個美好的微醺之夜吧。

Stellar Garden

●スカイラウンジ ステラガーデン

位於「東京皇家王子大飯店花園塔」33樓的酒館。從一大片窗戶可眺望充滿魄力的東京鐵塔，也有豐富的食物菜單。

☎03-5400-1170(餐廳預約電話)
所港區芝公園4-8-1 ザ・プリンス パークタワー東京33F
休無休 L17:00～22:30(週四～六～24:30)
交地鐵赤羽橋站赤羽橋口即到
MAP 附錄③P.18 G-6

「Twilight頂級方案」13800円(含服務費) ※預約制

透過一整面的玻璃窗可將充滿魄力的夜景進收眼底

為眼前的環繞美景乾杯

使用熟成肉的頂級牛排

「頂級牛排」中可同時品嘗到沙朗和菲力26400円(服務費另計，2人份)

雅緻的店內

Wolfgang's Steakhouse 六本木店

●ウルフギャングステーキハウスろっぽんぎてん

紐約的人氣牛排館首間海外店。有很多菜色都可品嘗到使用了費時28天乾燥熟成的最頂級牛肉。

☎03-5572-6341
所港區六本木5-16-50 六本木デュープレックスM's1F
休無休 L11:30～22:30
交地鐵六本木站9號出口步行4分
MAP 附錄③P.19 C-3

RIGOLETTO BAR AND GRILL

●リゴレットバーアンドグリル

成熟風休閒餐廳內可品嘗到豐富的塔帕斯和窯烤披薩。店內相當寬敞，從站立席到包廂都有。

☎03-6438-0071
MAP 附錄③P.19 A-4
所港區六本木6-10-1 六本木新城WEST WALK 5F
休無休 L11:00～14:30、17:00～22:30(週五、假日前日～23:30，週六11:00～23:30，週日、假日11:00～22:30) 交地鐵六本木站1C出口步行3分

店內座位超過160席

摩登又正統的大人社交場所

「RIGOLETTO漢堡」使用自家製肉醬1650円

東京的熱門外出景點

還有很多好玩的地方！

東京行程絕對不可錯過、有許多博物館和娛樂設施的玩樂場所一口氣大公開！在此盡情玩樂吧！

從展望臺眺望絕景

事先預約制 250m TOP DECK

有舉辦從250公尺高的瞭望臺眺望東京都中心景色的體驗型導覽，中途還會順道經過MAIN DECK。因為採事先預約制，所以等候時間相對較少。

夜晚點燈後，氣氛會變得更加夢幻

布滿幾何鏡的近未來風格空間，可以欣賞景色映於鏡中的獨特懸浮感

150m MAIN DECK

2019年9月重新整修之後，四面所有的窗框、玻璃都改成了加大尺寸，如今能夠欣賞更加生動的景致。

從鋪設玻璃的地板能夠一窺145公尺正下方風景的「Skywalk Window」

晴天時可一口氣眺望東京的地標和富士山

注目夜間點燈！

東京鐵塔每天日落之後至24點會進行點燈。其中還有活動期間限定的特殊版本！

地標夜間點燈

眾所熟知的招牌點燈。有溫暖的冬季版本(右)與涼爽的夏季版本(左)兩種版本

「無限鑽石面紗」(Infinity Diamond Veil)

象徵新時代的光，令和元年開始的點燈

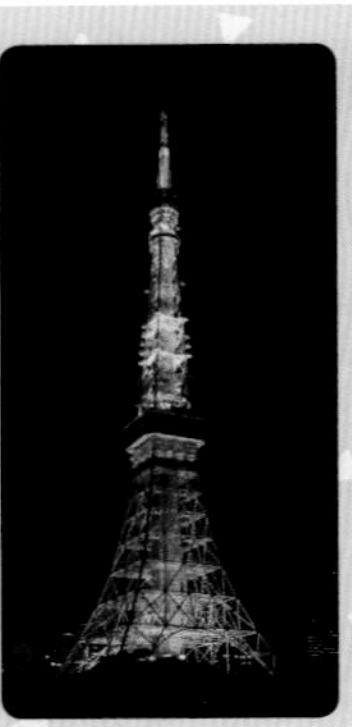

赤羽橋　東京站搭電車約13分

東京鐵塔 ★とうきょうタワー

至今仍持續進化的東京象徵

高達333公尺的綜合電波塔。1958年開業，當時是全世界最高的自立式鐵塔。設有兩座瞭望臺，還有聚集了各式商店、餐廳的FOOT TOWN。

☎03-3433-5111　所港区芝公園4-2-8　休無休
L MAIN DECK9:00～22:30，TOP DECK導覽9:00～22:15(最終導覽21:30～21:45)　※視人潮狀況可能會提早結束。FOOT TOWN視店鋪而異
交地鐵赤羽橋站赤羽橋口步行5分

MAP 附錄③P.18 F-5

	MAIN DECK	TOP DECK導覽	
大人	1200円	網路事先預約	2800円
		當日售票口購買	3000円
高中生	1000円	網路事先預約	2600円
		當日售票口購買	2800円
兒童(中小學生)	700円	網路事先預約	1800円
		當日售票口購買	2000円
幼兒(4歲以上)	500円	網路事先預約	1200円
		當日售票口購買	1400円

※TOP DECK的費用包含MAIN DECK的入場費。參觀TOP DECK必須參觀MAIN DECK遊覽

CYBER STADIUM

使用感測器和立體投影，可玩到曲棍球、腦訓練等4種遊戲

©RED°TOKYO TOWER

在RED° TOKYO TOWER遊玩

★レッドトウキョウタワー

位於東京鐵塔的FOOT TOWN內1樓、3～5樓的電子競技主題樂園。有全家人可一起活動身體的遊戲，也有正統的賽車遊戲，甚至還有需要動腦的解謎遊戲。

☎0120-210-519
所 港区芝公園4-2-8 TOKYO TOWER FOOT TOWN1·3-5F
休 無休 L 10:00～ ※結束時間每天不同，需確認官網
¥3000～4800円(RED°會員可折500円)※每天不同
🚇地鐵赤羽橋站赤羽橋口步行5分

RED° E-MOTOR

在高沉浸度的大型賽車裡，奔馳在賽車場上。也可頭戴VR裝置，加深臨場感的項目。

在FOOD TOWN 購物・吃美食

位於鐵塔腳下的多功能設施。內有美食區、伴手禮店等，推薦在前往瞭望臺前後抽空逛一逛。

3F Mother牧場咖啡

●マザーぼくじょうカフェ

提供鮮奶製成的霜淇淋等可品嘗到牛奶原本美味的甜點，也有販售酒精飲料、輕食。

☎03-6666-0333
L 11:00～20:00
(週六、日、假日10:00～21:00)

⬆美食區風格的座位空間使用起來很方便

⬅「東京鐵塔芭菲」高約33.3公分920円

⬅總共有14層「東京鐵塔堡」1100円高得嚇人!

2F 摩斯漢堡

●モスバーガー

位於美食區內，販售加了王牌特製辣醬、並以東京鐵塔為發想的限定漢堡。

☎03-5425-6302 L 11:00～19:00

東京鐵塔官方吉祥物

我們在東京鐵塔等你唷

諾朋兄弟

生性害羞的哥哥（左）身穿藍色，個性活潑的弟弟（右）則身穿紅色吊帶褲。這對雙胞胎兄弟永遠都是10歲

在鐵塔大神宮求御朱印

祭祀天照皇大神、大有來歷的神社。據說能保佑「結緣」和「學業成就」，有許多參拜訪客來訪。

⬆為了祈求東京鐵塔訪客的安全和健康所建蓋

➡不同季節會有不同圖案的可愛御朱印

奉拜
令和五年十二月一日
タワー大神宮

伴手禮就在官方商店購買!

塔內有兩間官方商店，分別是MAIN DECK的「THE SKY」和FOOD TOWN 3樓的「GALAXY」。

FOOD TOWN3F GALAXY ●ギャラクシー

MAIN DECK2F THE SKY ●ザスカイ

⬆「東京鐵塔熊」各3400円
※可能會有變更

搭地軌式纜車或纜椅前往 藥王院

位於高尾山半山腰，是高尾山藥王院的著名修驗道聖地。只要搭乘地軌式纜車等，就能輕鬆前往參拜。

搭乘這個吧！

高尾山地軌式纜車

地軌式纜車6分鐘可連接山麓的清瀧站和高尾山站。特色是以日本最大31度18分的角度往上爬。

高尾山纜椅

和地軌式纜車平行，12分鐘可到半山腰的觀光纜椅。可盡情欣賞充滿開放感的景色。

042-661-4151(高尾登山電鐵)
8:00開始每15分一班。末班時間視時期而異(索道椅9:00～)
單程490円、來回950円(纜椅同價)

↑位於山麓的地軌式纜車清瀧站

新手也能安心登山

高尾 高尾山口站步行5分

高尾山 ★たかおさん

有許多來自日本國內外觀光客來訪的登山景點，海拔599公尺的靈山。可從7個登山道路爬上山頂，可搭地軌式纜車或纜椅到半山腰。

042-649-2827(八王子觀光代表協會)
所八王子市高尾町 自由入山
京王高尾線高尾山口站步行5分(到地軌式纜車或纜椅搭乘處)
MAP P.163

推薦 邊走邊吃！

高尾山スミカ

地軌式纜車高尾山站旁的設施。有賣店和餐廳，也有「天狗燒」等可輕鬆享用的輕食。

042-661-4151(高尾登山電鐵)
所八王子市高尾町2182 休無休
10:00～16:30(冬季～16:00)
MAP P.163

↑「高尾山起司塔」內餡有3種起司混合的濃郁起司奶油的塔派，最適合當伴手禮 280円

→「天狗燒」加入大量黑豆沙餡的超人氣高尾山美食，經常售完，要吃要快！200円

→高尾山藥王院境內到處都有天狗像

有許多庇佑景點！前往附近的能量景點吧

大本山高尾山藥王院

★だいほんざんたかおさんやくおういん

高僧行基於744年創建的東國鎮護祈願寺，真言宗智山派的寺院。為與成田山新勝寺、川崎大師平間寺並列的關東三大本山之一。

042-661-1115(服務時間9:00～16:00) 所八王子市高尾町2177
休無休 8:30～16:00 ¥免費
高尾山地軌式纜車清瀧站6分，終點下車步行20分 P高尾山麓汽車祈禱殿廣場位於山麓(付費250輛)
MAP P.163

從藥王寺走30分到山頂

←山頂附近旺季時會非常擁擠。放晴時可從大見晴台看到富士山

夏天 在高尾山BEER MOUNT BBQ和欣賞夜景

高尾山展望餐廳於6～10月中旬，會開放期間限定的BEER MOUNT。邊在海拔488公尺眺望都心絕景邊喝的啤酒格外有風味。

高尾山展望餐廳

042-665-8010(10:00～16:00)
所八王子市高尾町2181 休開放期間無休(天氣不佳時休業) 11:00～17:00(視季節而異)，高尾山BEER MOUNT為13:00～21:00(L.O.20:45) ¥高尾山BEER MOUNT為2小時制(詳細資訊需確認官方HP，可能會變更)
地軌式纜車高尾山站即到
MAP P.163

→可欣賞絕佳景色搭配烤肉享用

↓可一覽都內最佳地理位置

這裡也很推薦！高尾山周邊景點

來到高尾地區若只有爬高尾山就結束，那就太可惜了！以下精選高尾山周邊的魅力景點。

高尾山口站步行即到

充滿受騙樂趣的美術館

幻視藝術美術館

★トリックアートびじゅつかん

↻位於高尾山口站附近，可輕鬆前往

館內以埃及遺跡為意象所建造，有很多利用視覺錯覺的幻視藝術。商店裡也有豐富的埃及製品。

☎042-661-2333 所八王子市高尾町1786 休週四(春假、暑假、寒假期間無休，詳細資訊需確認官網) L10:00～18:00(視時期而異) ¥1400円、國高中生1060円、小學生560円、幼兒550円 🚃京王高尾線高尾山口站即到 P無

MAP P.163

神奇房間畫有和高尾山相關的天狗正面。站在天狗左右兩側，人的大小也會改變

高尾山・天狗大人的魔力(艾姆斯房間)

法老的自然公園～象～

充滿魄力的空間，畫有大象、獅子、河馬等動物

空中神殿～謎題神殿～

地板被挖空，彷彿處於浮在空中神殿的空間。解開隱藏在畫中的謎題，並挑戰問題辨識實物和畫吧

↻1830～1843年創業

山藥蕎麥麵 1050円

6成蕎麥麵粉和山藥、優質粉打製的

高尾山口站步行約3分

說到高尾的蕎麥麵就屬這裡

高尾山 高橋家

★たかおさんたかはしや

江戶時代後期創業的老字號蕎麥麵店。使用同比例大和芋和山芋的山藥，恰到好處的黏稠感和風味，打造出名產山藥蕎麥麵。

☎042-661-0010 所八王子市高尾町2209 休不定休 L10:00～16:30(閉店17:00)、週六、日、假日～17:00(閉店17:30) 🚃京王線高尾山口站步行3分 P2輛

MAP P.163

活動

非住宿者也能參與

↻最多可住9人的客房

高尾山口站步行即到

在高尾山玩得更開心

TAKAONE

★タカオネ

位於車站附近的飯店&活動設施，提供營火、看日出、健行、陶藝體驗等各式各樣的活動。

☎03-6632-2163(預約中心) 所八王子市高尾町2264 L IN 15:00、OUT10:00 ¥純住宿8000円～ 🚃京王高尾線高尾山口站步行即到 P無 HP https://takaone.jp/hotel/

MAP P.163

高尾山口站步行即到

下山後返家前先來舒緩一下身心！

京王高尾山溫泉／極樂湯

★けいおうたかおさんおんせんごくらくゆ

高尾山口站旁的溫浴設施，有專用通道可直通車站。有露天岩浴池、檜木浴池、季節性浴池等7種浴池。

☎042-663-4126 所八王子市高尾町2229-7 休無休(可能會因設施維修檢查而臨時休館) L8:00～22:45(入館～22:00)，用餐處為9:00～ ¥1100円、兒童550円(週六、日、假日、11月、繁忙期間1300円，兒童650円) 🚃京王線高尾山口站即到 P110輛

MAP P.163

↻麥飯山藥松御膳1900円

天然溫泉 露天岩浴池

沐浴在明亮日光中的露天浴池

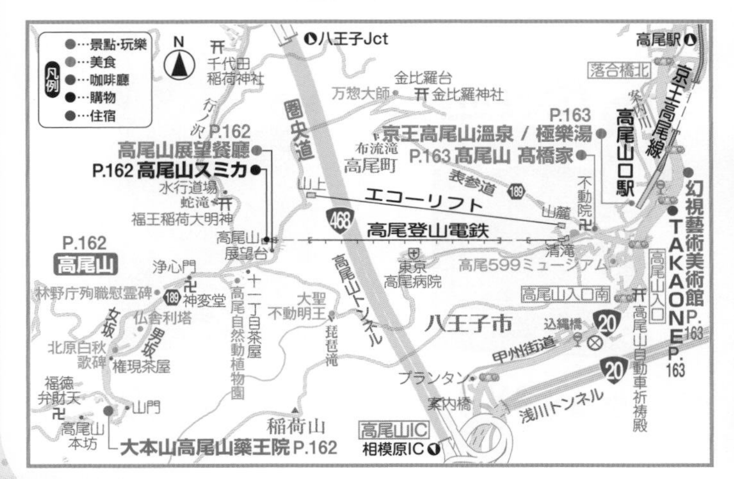

駒込 東京站搭電車約17分

被眼前展開的美麗書庫所迷住

東洋文庫博物館

★とうようぶんこミュージアム

展示「東洋文庫」收藏的東方文化珍貴資料及書籍。獨有的展示方式以及陳列約24000本書籍，看起來相當壯觀。

03-3942-0280 所文京区本駒込2-28-21 休週二（逢假日則翌平日休） 10:00～16:30 ¥900円 JR駒込站南口步行8分

MAP 附錄③P.2 E-1

➲「Morrison書庫」是創辦人岩崎久彌購買的書籍，陳列了一整面牆

➲附設的「オリエント・カフェ」連接到「智慧小徑」

➲從挑高的大面窗戶可眺望中庭

湯島 東京站搭電車約12分

豪華洋館令人不禁流連忘返

舊岩崎邸庭園

★きゅういわさきていていえん

建於1896年，由康德所設計的洋館建築庭園。除了洋館之外還有意趣相異的和館，也可在飲茶空間休息小憩。

03-3823-8340
所台東区池之端1 休無休
9:00～16:30 ¥400円
地鐵湯島站1號出口步行3分

MAP 附錄③P.22 A-5

➲可走進這棟氛極佳的復古懷舊洋館參觀

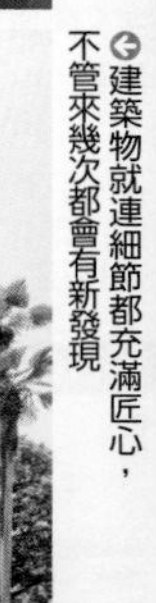

➲建築物就連細節都充滿匠心，不管來幾次都會有新發現

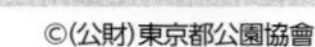

兩國 東京站搭電車約20分

近距離鑑賞日本引以為傲的藝術

墨田北齋美術館

★すみだほくさいびじゅつかん

收藏、展示浮世繪師·葛飾北齋作品的美術館。常設展中有展示和其代表作實物等大的複製畫，並透過觸碰式螢幕介紹北齋的生涯和人物個性。

03-6658-8936 所墨田区亀沢2-7-2 休週一（逢假日則翌平日休） 9:30～17:30（最終入館17:00） ¥400円（企劃展費用另計） 地鐵兩國站A3口步行5分

MAP 附錄③P.4 G-2

➲建築物為妹島和世設計 ©Forward Stroke

➲搭配影像介紹錦繪製作過程的區域，以及有工作室重現模型的AURORA（常設展示室）

四谷 東京站搭電車約10分

東京23區內唯一的國寶，全年開放

迎賓館赤坂離宮

★げいひんかんあかさかりきゅう

接待各國外賓的外交活動舞臺。新巴洛克風格的宮殿建築是明治時期以後第一座獲指定為國寶的建築物。絢爛華麗的內部裝潢令人印象深刻。

03-5728-7788
所港区元赤坂2-1-1
休週三（視接待、活動等可能暫停開放） 本館·庭園10:00～16:00（庭園～16:30），和風別館為一天10次的導覽行程
¥庭園300円、本館·庭園1500円、和風別館·庭園1500円、和風別館·本館·庭園2000円
JR、地鐵四谷站赤坂口步行7分
預庭園、本館·庭園不需要預約。參觀和風別館則需在官網報名
HP https://www.geihinkan.go.jp/akasaka/visit/

MAP 附錄③P.5 D-3

➲舉辦官方晚餐會的「花鳥之間」

➲最高規格的房間「朝日之間」

照片提供：內閣府迎賓館

赤坂 東京站搭電車約13分

櫻花樹環繞的複合式娛樂設施
赤坂 Sacas
★あかさかサカス

Sacas廣場和TBS放送中心

除了「TBS放送中心」之外，還有LIVE HOUSE、劇場等設施匯集的地區。春天約有100棵櫻花樹齊放，每個季節都會有TBS主辦的活動。

所港区赤坂5-3-6 休L視店鋪、設施而異 交視店鋪、設施而異 HPhttps://www.tbs.co.jp/ MAP附錄③P.4 E-3

TBS赤坂ACT劇場
ティービーエスあかさかアクトシアター

2022年7月起《哈利波特：被詛咒的孩子》的表演首次整新開幕。

☎03-3589-2277
休不定休
L¥視公演而異
MAP附錄③P.4 E-3

Sacas廣場
サカスひろば

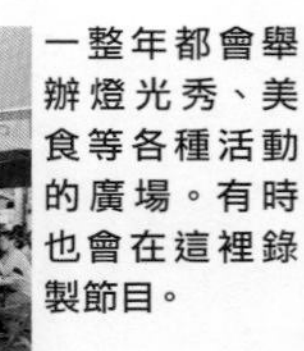

一整年都會舉辦燈光秀、美食等各種活動的廣場。有時也會在這裡錄製節目。

在BRUNCH PARK享受美味！

「Brunch Park」有商店&餐廳

可以盡情品嘗人氣節目與藝術家聯手打造的菜色，原創商品也務必去逛逛。

所港区赤坂5-4-7 THE HEXAGON 1F 休不定休
L11:00～16:00、18:00～21:30(週六日、假日11:00～17:00) MAP附錄③P.4 E-3

六本木 東京站搭電車約14分

可以看到最新的節目展覽
朝日電視台本社
★テレビあさひほんしゃ

1樓的「中庭」可免費入場，內有節目相關展示及「朝日電視台商店」。在六本木漫步時有空就順路去逛逛吧！

☎03-6406-1111 所港区六本木6-9-1 休無休 L9:30～20:30(週日～20:00)※可能會變更，詳細資訊需確認官網 交地鐵六本木站1號出口步行5分 HPhttps://www.tv-asahi.co.jp/teleasa/
MAP附錄③P.19 B-4

面對六本木新城的毛利庭園

在朝日電視台商店購買伴手禮！

「Go醬玩偶」1760円

「朝日電視台」的人氣節目商品一應俱全，也別錯過只有這裡才能買到的限定商品！
休無休 L10:00～19:00
MAP附錄③P.19 B-4

中庭
有現正播放中的熱門節目的展覽，可以感受到電視裡的世界。也有許多非看不可拍照景點！

在中庭內的「EX GARDEN CAFE」，能夠待在與毛利庭園相鄰的綠意空間，享用以嚴選咖啡豆沖泡的咖啡
L9:30～18:00

水道橋 東京站搭電車約10分

暢玩娛樂設施一整天！
東京巨蛋城
★とうきょうドームシティ

集結「東京巨蛋」、「SPA LaQua」、遊樂園等，可以在此暢玩一整天的休閒勝地。也有附設可購物、用餐的「LaQua」，玩法很多元。

☎03-5800-9999 所文京区後楽1-3-61 休L視活動、設施而異 ¥視設施而異 交JR水道橋站溪口即到 MAP附錄③P4. E-1

TOKYO DOME CITY ATTRACTIONS
とうきょうドームシティアトラクションズ

可體驗雲霄飛車、摩天輪等超過20種遊樂設施。也別錯過活動！

☎03-3817-6001
休無休 L11:00～20:00(閉園)
※可能會有變更
¥免費入園，一日護照4200円，兒童2800円(週六、日、假日、特定日4500円，兒童3100円)
MAP附錄③P.4 E-1

室內運動設施 SPO-DORI!
おくないがたスポーツしせつスポドリ

可輕鬆在室內活動身體的室內運動設施。抱石攀岩設施有東京最大規模的牆壁，還可玩擊球、投球、高爾夫。

☎03-3812-4415 休無休 L抱石攀岩、打擊遊戲區10:00～22:00，高爾夫球場8:00～22:00(週六、日、假日9:00～) ※視時期、活動內容，可能會變更 ¥擊球一次500円～，抱石攀岩大人一天1700円(※初次入會登記費用另付800円)，高爾夫訪客1個打擊區50分一人3500円
MAP附錄③P.4 E-1

汐留 東京站搭電車約4分

地標為宮崎駿設計的大時鐘
日本電視台大廈
★にほんテレビにっテレタワー

從新橋站、汐留站也很近，交通方便

地下2樓～2樓的「日本電視台PLAZA」商店及餐飲店雲集，是一般遊客也能進入的區域。還有玻璃窗環繞的錄影棚「MY STUDIO」。

☎0570-040-040
所港区東新橋1-6-1
休L視店鋪、設施而異 交JR新橋站汐留口步行3分 HPhttps://www.ntv.co.jp/
MAP附錄③P.24 A-2

MY STUDIO
可透過玻璃窗觀摩現場直播的錄影棚。在「MY STUDIO前廣場」也會進行現場直播的錄製。

©日テレ

日本電視台大時鐘

©Studio Ghibli

宮崎駿導演設計的大時鐘。12、13、15、18、20點（假日10點也有）的3分鐘前，機關就會隨著音樂開始運作。

參觀《Hirunandesu !》
ON AIR
每週一～五11:55～13:55播出
參觀資訊
https://www.ntv.co.jp/hirunan/
從網站上報名。填入姓名、年齡、電話、地址、報名人數、報名日期。限19歲以上的女性參加。

在日テレ屋購買伴手禮！
除了「空次郎」和節目相關周邊之外，還有販售吉卜力工作室的周邊商品。
☎非公開
休無休
L10:30～18:30
MAP附錄③P.24 A-2

「空次郎玩偶」2200円
©NTV

多摩 東京站搭電車約60分

和人氣角色度過夢幻時光
三麗鷗彩虹樂園
★サンリオピューロランド

能和三麗鷗的人氣角色互動交流的室內型主題樂園。從兒童也能遊玩的遊樂設施到正統的音樂劇表演都有，各個年齡層的人都能玩得很開心。

📞042-339-1111 所多摩市落合1-31 休不定休
L視日期而異(需確認官網)
¥3600円～、3～17歲2500円～ ※可能會有變更
🚃京王相模原線、小田急多摩線多摩中心站步行5分

Miracle Gift Parade
ミラクルギフトパレード

以「奇蹟」為主題的遊行。從「草莓王國」來的Hellt Kitty為首，還有許多角色會搭乘色彩繽紛的花車登場，邀請來賓們前往充滿奇蹟的童話世界。

マイメロディアンドクロミマイメロードドライブ

搭乘酷洛米設計的「Eco My Melocar」，巡遊美樂蒂與夥伴們居住的馬里蘭州遊樂設施。

角色會見公寓

見面型遊樂設施以角色們居住的高級公寓為概念，可在5個不同主題的房間和角色拍照。

品川 東京站搭電車約10分

使用最先端技術的娛樂水族館
Maxell Aqua Park 品川
★マクセルアクアパークしながわ

位於品川王子大飯店內的都市型娛樂設施。展示了約有350種共2萬隻生物，豐富多彩的演出是其魅力。距離品川站也很近，地理位置極佳。

📞03-5421-1111(語音導覽)
所港區高輪4-10-30 品川王子大飯店內 休無休 L視時期而異(需確認官網) ¥2500円(另有中小學生、幼兒費用)
🚃JR品川站高輪口即到
MAP 附錄③P.4 E-6

表演劇場

採用水幕等各種演出效果的海豚表演。演出效果組合會隨季節和日夜變化，任何時候去都會有不同的樂趣。

Wonder Tube

長約20公尺的隧道型水族箱。有各式各樣的魟在此生活，世界罕見的「昆士蘭鋸鰩」也是非看不可。

在IN THE BLUE購買伴手禮!

以「在BLUE(海)的世界中自由玩樂」為概念，也有許多原創商品。

➲「Maxell Aqua Park品川原創水母軟糖」850円

神奈川/川崎 東京站搭電車約50分

接觸國民漫畫家的想像力
川崎市 藤子・F・不二雄博物館
★かわさきしふじこエフふじおミュージアム

可親身感受藤子·F·不二雄所講究的「SF微不思議」世界觀的博物館。眼前是一片令人返回童心、流連忘返的空間。許許多多可愛的展示品也讓人不禁會心一笑。

📞0570-055-245 所神奈川県川崎市多摩区長尾2-8-1 休週二 L10:00～18:00(指定入場時間開始60分以內進場) ¥1000円、國高中生700円、4歲～小學生500円
🚃JR・小田急小田原線登戸站生田綠地口搭川崎市營接駁巴士(付費)約9分 HP https://fujiko-museum.com
MAP 附錄③P.3 A-4

購買票券!

入場時間 參觀博物館採完全預約制，無現場售票。決定好想去的日期和時間後，事先購票吧。

發售時間 每月20日開始販售下個月1日～15日的票，當月5日開始販售16日～31日的票。

購買方法 ●網路
HP https://www.e-tix.jp/fujiko-museum/
※購買後會發送QR CODE，以此進場

草原

©Fujiko-Pro

將《哆啦A夢》中熟悉的空地化為現實。還有立體的角色和「任意門」，是超熱門的拍照景點。

展示室

展示藤子·F·不二雄親筆畫的漫畫原畫和各種相關作品。2樓的展示室會定期舉行不同的企劃展。

稻城 東京站搭電車約45分

五花八門的遊樂設施令人興奮不已!
讀賣樂園
★よみうりランド

從刺激的遊樂設施到小孩子也能玩的設施都有，種類豐富。熱門的海獅秀和「製造業」體驗遊樂區「Goodjoba!!」，以及各種季節性活動完全玩不膩，是座可以暢玩一整天的遊樂園。

📞044-966-1111
所稻城市矢野口4015-1 休不定休
L10:00～20:30等 ※視時期而異
¥一日護照大人5800円(含入園費用)等
🚃京王相模原線京王讀賣樂園站搭空中纜車「Sky Shuttle」，或讀賣樂園前站搭經由往寺尾台团地的巴士5～10分，よみうりランド下車即到

力保美達月亮太空船☆

可體驗到力保美達D的製作工廠和宇宙旅行。透過遊樂設施中的遊戲展開變化也是其魅力。

➲以時速最大110公里跑完1560公尺的「Bandit雲霄飛車」

➲以日清食品的商品「日清炒麵U.F.O」為主題的遊樂設施「Splash U.F.O.」

TOKYO

感受最新穎的歡欣雀躍！

時尚住宿Stay指南

既然都來到東京了，住宿場所當然也不能馬虎。快來參考以下概念飯店、社群熱門飯店等當紅住宿，讓觀光更加充實！

可感受到傳統文化的淺草風格擺設

↑充滿淺草風格的雅緻摩登客房

↑早餐是以洋食為主的自助百匯

↑特色是以墨色、朱色、灰色為主的配色

淺草站 步行即到

the b 淺草

● ザビーあさくさ

鄰近淺草的主要街道·國際通，是最適合觀光和商務差旅的飯店。免費輕食服務「tottette」和免費濃縮咖啡等充實的服務也是其魅力之一。

☎03-6284-7057
所台東区西浅草3-16-12
IN 15:00 OUT 11:00
¥T10000円～
筑波快線淺草站A2出口步行即到
MAP 附錄③P.7 B-2

這裡是流行之地！

2023年7月剛開幕，提供免費輕食等特殊服務

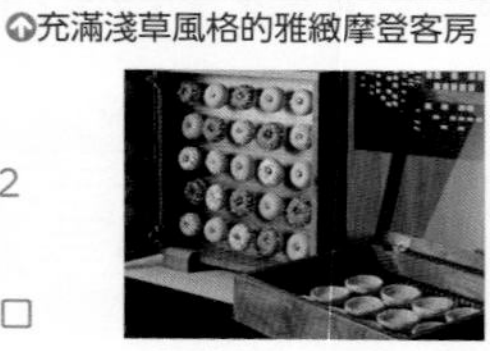

↑提供甜甜圈和蛋塔等免費輕食

充滿無印良品風格的住宿體驗

©Nacasa & Partners

↑寬敞的「D房型」客房散發木質溫暖，令人心曠神怡

↑可在飯店內的和食店「WA」享用日本各地的當地口味

※照片為範例

這裡是流行之地！

大多數盥洗用品、備品都可在樓下的「無印良品」實際購買。客房處處體現了「無印良品」的理念。

銀座站 步行3分

MUJI HOTEL GINZA

● ムジホテルギンザ

日本首間體現「無印良品」理念的飯店。針對睡眠與姿勢研發的床墊、質感溫和的浴巾、柔和的照明等，待在「無印良品」風格的優質放鬆空間中，紓解旅途中的疲勞吧。

☎03-3538-6101
所中央区銀座3-3-5
IN 15:00 OUT 11:00
¥T20000円～／W17000円～
地鐵銀座站C8出口步行3分
MAP 附錄③P.14 E-2

這裡是流行之地！

搭計程車5分鐘內就能抵達東京車站和歌舞伎座等觀光景點，最適合當作觀光據點

↑早餐的自助百匯菜色豐富，補充一整天的活力

在最高層的露天浴池享受最頂級的療癒

可在銀座體驗奢侈的露天浴池

↑和風時尚設計的客房

八丁堀站 步行5分

宜必思尚品東京銀座酒店

● イビススタイルズとうきょうぎんざイースト

大受好評的大浴池，是銀座區唯一位於最高層的附露天浴池，是飽富創造力的生活風格飯店。從空中露臺可一覽晴空塔在內的東京景色。

☎03-3555-1230
所中央区新富1-2-13
IN 14:00 OUT 11:00
¥T9000円～
JR八丁堀站A3出口步行5分
MAP 附錄③P.4 F-3

※S=單人房，T=雙床房，W=雙人床。 ※刊登資訊為2024年1月採訪內容。費用可能會修改或視時期而變動。此外，可能會另計住宿睡。單人房、多人共住除外，刊登的住宿費用為兩人住宿時的每人應付費用。

盡情觀光之後
泡泡溫泉放鬆歇息
©Nacasa & Partners

這裡是流行之地！

身處東京卻能享受溫泉。溫和不刺激，是對保養肌膚有益的鹼性單純溫泉

位於新宿區域，地理位置好

烤魚、味噌湯，加上有機蔬菜沙拉，小菜分量十足的早餐

在充滿沉靜氛圍的「舒適雙床房」好好放鬆

新宿三丁目站 步行8分

ONSEN RYOKAN 由緑 新宿

オンセンリョカンゆえんしんじゅく

可悠閒泡在從箱根源泉運送來的溫泉中，享受奢華時光的旅館。在和風客房好好地休養身體，一邊欣賞坪庭一邊盡情享用和食餐廳「夏下冬上」的當季料理吧。

03-5361-8355
所 新宿区新宿5-3-18
IN 15:00
OUT 11:00 ¥T7000円～／W11000円～
地鐵新宿三丁目C7出口步行8分
MAP 附錄③P.5 D-2

天空橋站 步行即到

羽田大都會飯店

ホテルメトロポリタンはねだ

「HANEDA INNOVATION CITY」裡的飯店，位於第3航廈隔壁一站的天空橋站正上方。除了機場之外，要去東京、品川、橫濱等地的交通也很方便，最適合當作觀光、商務的據點。

03-3747-1101(代)
所 大田区羽田空港1-1-4 HANEDA INNOVATION CITY ZONE A IN 15:00
OUT 11:00 ¥視時期而異
東京單軌電車天空橋站步行即到
MAP 附錄③P.2 E-6

午餐和晚餐供應紐約風味的義大利美食

屋頂展望甲板「THE ROOFTOP」可眺望360度的開放式景色

沉穩的木紋調打造出精緻又優雅的內部裝潢

這裡是流行之地！

在沉穩的氣氛當中，有以飛機和跑道為主題、充滿玩心的擺設

文化和潮流交會的
優質之旅的棲息之木

可一覽羽田機場的機場面客房

話題飯店

受到矚目是有原因的。前往可以體驗到別具一格旅宿經驗的場所吧。

夜晚的霓虹燈添增了客房和街頭的一體感

位於17樓的餐廳&酒吧空間

新宿站 步行7分

HOTEL GROOVE SHINJUKU, A PARKROYAL Hotel

ホテルグルーヴシンジュクアパークロイヤルホテル

開設於「東急舞伎町TOWER」的飯店。特色是與街道連結，以及可感受到城市歷史的內部設計。

03-6233-8888
所 新宿区歌舞伎町1-29-1
IN 15:00 OUT 11:00
¥T18645円～
JR新宿站東口步行7分
MAP 附錄③P.17 D-1

標誌性的空間設計

簡約但正統的三溫暖

池袋站 步行2分

hotel hisoca ikebukuro

ホテルヒソカイケブクロ

以「附超可愛三溫暖的飯店」在社群引起話題，所有客房都附設乾蒸或蒸氣式三溫暖的飯店。

03-6692-8181
所 豊島区西池袋1-10-4
IN 15:00 OUT 11:00
¥T12600円～
JR池袋站西口步行2分
MAP 附錄③P.23 A-2

照片提供: Nacasa & Partners

受到日本文化薰陶的國際料理

從客房可眺望澀谷街頭

到處都有澀谷風格的設計

澀谷站 步行6分

※照片房型為37000円

東京澀谷英迪格酒店

ホテルインディゴとうきょうしぶや

日本國內第4間英迪格酒店。用創意表現出隨著時代不斷變化的澀谷風格。

03-6712-7470
所 渋谷区道玄坂2-25-12
IN 15:00 OUT 11:00
¥W24000円～
JR澀谷站八公口步行6分
MAP 附錄③P.11 B-4

先掌握在都內移動的基本知識

東京的交通指南

確保在東京移動時通行無阻且旅途舒適。將介紹如何善加利用JR、地下鐵、巴士以及船等交通工具，讓觀光更有效率。

一看就懂！

東京主要路線圖

透過MAP確認從出發地至目的地區域或景點的路線、轉乘車站等資訊。先了解主要區域的交通網絡會比較安心。

記載與本書高度相關的路線

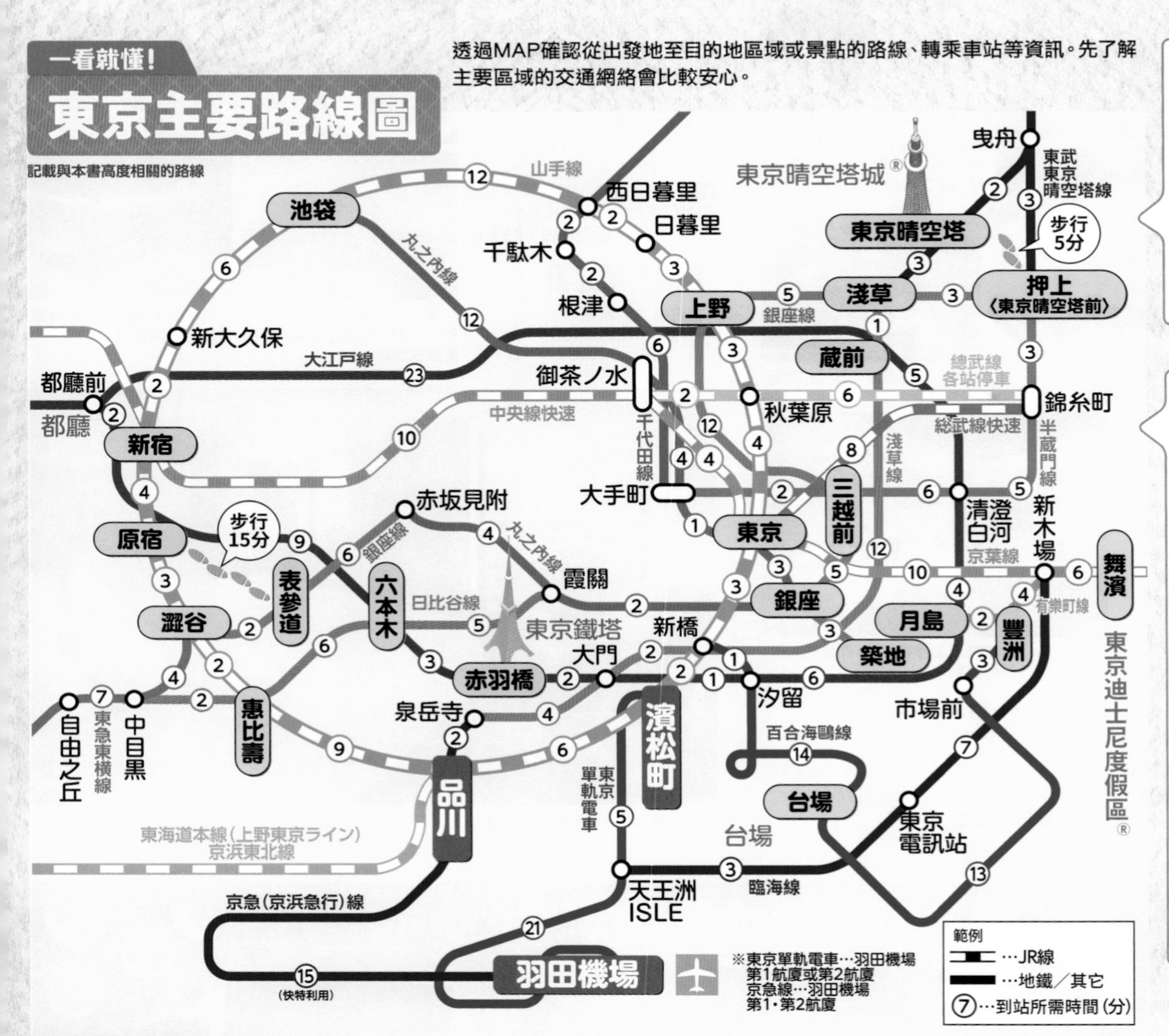

以環狀山手線為基礎

銀色車身與黃綠車門的電車環繞著東京都中心行駛。順時鐘行駛的路線稱為「外環」，逆時鐘行駛的路線稱為「內環」。連接東京站、新宿站、上野站、池袋站等總站。白天以5分鐘為間隔行駛，相當便利。

羽田機場的交通

羽田機場的起降航廈有3處，日本國內線飛機起降的是第1航廈與第2航廈。不論哪個航廈都能搭乘京急線或東京單軌電車前往都心區域。

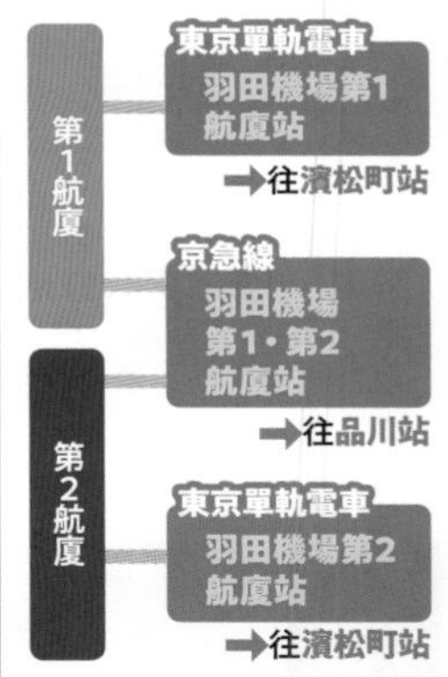

剪票好輕鬆！

交通IC卡乘車券&行動版

省去了每次都要買車票的流程，也不用再準備零錢。幾乎都會提供比一般車票還便宜的折價優惠。也能透過手機使用具備相同功能的APP。

能夠交互利用的IC卡乘車券

以Suica及PASMO為首，在都心區也能使用下列的交通IC卡乘車券。

●Kitaca（JR北海道） ●TOICA（JR東海） ●manaca（名古屋鐵道／名鐵巴士／豐橋鐵道／名古屋市營地鐵／巴士） ●ICOCA（JR西日本） ●PiTaPa（關西圈／岡山圈私鐵／地鐵等） ●SUGOCA（JR九州） ●HAYAKAKEN（福岡市營地鐵／巴士） ●nimoca（西鐵等）

※所有票卡都不能跨區使用（部分區域除外）。例：從名古屋（JR東海）前往新宿（JR東日本）不能使用TOICA

行動版Suica

JR東日本的APP。Android終端裝置及iPhone皆有支援。

行動版PASMO

支援關東圈私鐵、巴士。也是Android終端裝置及iPhone皆有支援。

※皆有可能出現機型或OS版本不支援導致無法使用的情況

善加利用！

轉乘便利地圖

東京地鐵由東京Metro與都營地鐵2家公司經營。可透過月台柱或告示板上的「轉乘、出口導覽圖」來確認方便轉乘的車輛。JR山手線等也有同樣的輔助工具。

標示出該車輛附近的電梯、樓梯、廁所等，以及鄰近出口可通往的設施等

※照片為示意圖。與實際刊登物有所不同

非常方便！

即使站名不同仍能轉乘的車站

其實東京有不少站名不同，卻意外因為距離很近而能轉乘的車站，先記下來的話到時候旅行就會很方便。

大手町站（僅都營三田線）◀步行5分▶**二重橋前**（丸之內）**站**◀步行5分▶**東京站**（JR京葉線除外）

大手町站（僅東京Metro東西線）◀步行5分▶**東京站**（JR京葉線除外）

日比谷站（僅都營三田線）◀步行5分▶**二重橋前**（丸之內）**站**

銀座站◀步行5分▶**有樂町站**◀步行7分▶**東京站**（僅JR京葉線）

六本木站◀步行10分▶**乃木坂站**

一定要下載！

轉乘導覽APP

不論是在出發前還是移動過程中，轉乘導覽APP都是觀光時的好幫手。雖然有各種APP可以利用，但這裡列出幾個比較推薦的。皆有提供鐵道、飛機的相關資訊。

Ekispert

NAVITIME

移動時推薦！

划算的車票

JR及地鐵等有販售各種可自由上下車的車票。一天當中使用越多次越划算。其中也有能在48小時、72小時內使用的車票。這裡選出幾種特別划算的車票。

※標示★的車票也有PASMO、Suica版。詳細資訊請至官網確認

	價格	使用區域等	主要售票處
★都區內巴士	760円	東京23區內的JR東日本快速・普通列車的普通車自由座	東京23區內的JR東日本各車站的自動售票機・對號座售票機・綠色窗口
★東京Metro・都營地鐵通用一日乘車券	900円	東京Metro・都營地鐵全線東	東京Metro・都營地鐵各車站的自動售票機
★東京Metro 24小時券	600円	東京Metro	東京Metro各車站的自動售票機
Tokyo Subway Ticket ※詳細資訊需確認官網	24小時券800円 48小時券1200円 72小時券1500円	東京Metro・都營地鐵全線	一都7縣（關東・山梨）以外的部分便利商店機台等（購買優惠券） ※在東京Metro各車站・都營地鐵主要車站事務所等處兌換乘車券
羽田機場起訖地鐵1DAY券	1500円(PASMO)	東京Metro・都營地鐵全線（附羽田機場第1、第2航廈～泉岳寺站的來回一次）	京急線羽田機場第1、第2航廈站的有人剪票窗口
★都營通票	700円	都營地鐵・都電・日暮里・舍人線全線・深夜巴士與江東01系統除外的都營巴士全線（深夜巴士若支付另計追加費用即可搭乘）	都營地鐵各車站的自動售票機 都電・都巴士車內
百合海鷗線一日乘車券	820円	百合海鷗線全線	百合海鷗線各車站的自動售票機

搭水上巴士邊觀光邊移動也不錯◎

TOKYO CRUISE（東京都觀光汽船）

●トウキョウクルーズとうきょうとかんこうきせん

淺草往日之出棧橋、台場方向的觀光船。由各具特色的9種觀光船航行，其中也有具備甲板的船隻。一邊感受宜人海風，一邊欣賞東京景色吧。

所台東区花川戸1-1-1(淺草營業所)
休無休 ¥HOTALUNA(淺草～日之出棧橋)1400円、(淺草～台場海濱公園)2000円等

日本橋 CRUISE®

●にほんばしクルーズ

繞行日本橋、神田川的航線，一趟為45 ～ 90分鐘。各觀光船都會有個性鮮明的導遊隨行，為遊客解說相關歷史及特點等，帶您重新發現東京的魅力。

☎03-5679-7311(東京灣CRUISING)
所中央区日本橋1-9番地先 日本橋船着場 休視行程而異 ¥神田川觀光船90分鐘航線2500円～等 交地鐵日本橋站B12出口即到

Tokyo Mizube Line

●とうきょうみずベライン

從兩國路經淺草、竹芝，往台場的航線。參加夜晚巡遊能夠欣賞東京晴空塔、東京鐵塔的燈光秀，飽覽不同於白天的東京街區美景。

☎03-5608-8869 所墨田区横綱1-2-13 HULIC RYOGOKU RIVER CENTER內(兩國RIVER CENTER乘船處) 休週一、二 ¥兩國～台場1200円等(中途不能下車，航行資訊需確認官網)

免費or100円！

巡迴&社區巴士

作為來回各景點之間的交通工具自不用說，甚至可以把巡迴＆社區巴士視為兼具遊覽東京功能的觀光巴士來使用。下列的巴士皆無需預約，而且乘車費用不是免費就是只收100円，非常划算。

丸之內Shuttle

乘車免費

繞行丸之內(新丸大廈)至大手町、日比谷、有樂町地區。

Metro link日本橋E線

乘車免費

繞行東京站八重洲口至日本橋周邊、京橋、寶町等地。

Megurin

乘車1次100円

循環繞行台東區內。行駛路線有利於淺草、上野周邊的觀光。

Chii-Bus

乘車1次100円

循環繞行港區內。青山及赤坂、麻布西等，總共有8個路線。

第十四畫

第十五畫以上

伴手禮精選特輯

東京晴空塔城®·東京MIZUMACHI® 附錄

INDEX從P.175開始！

日文假名

第一畫

第二畫

第三畫

第四畫

第五畫

索引

INDEX

符號、英文

【 MM 哈日情報誌系列 38 】

東京'25

作者／MAPPLE昭文社編輯部
翻譯／陳怡君、林琬清、林庭安
特約編輯／翁湘惟
發行人／周元白
排版製作／長城製版印刷股份有限公司
出版者／人人出版股份有限公司
地址／231028 新北市新店區寶橋路235巷6弄6號7樓
電話／（02）2918-3366（代表號）
傳真／（02）2914-0000
網址／www.jjp.com.tw
郵政劃撥帳號／16402311 人人出版股份有限公司
製版印刷／長城製版印刷股份有限公司
電話／（02）2918-3366（代表號）
經銷商／聯合發行股份有限公司
電話／（02）2917-8022
第一版第一刷／2022年11月
第二版第一刷／2024年10月
定價／新台幣500元
港幣167元

國家圖書館出版品預行編目(CIP)資料

東京'25／MAPPLE昭文社編輯部作；
陳怡君、林琬清、林庭安翻譯．第一版．—
新北市：人人出版股份有限公司，2024.10
面； 公分．—（哈日情報誌；38）
ISBN 978-986-461-401-1（平裝）

1.CST：旅遊 2.CST：日本東京都

731.72609 113012449

MM日本38
202410